中国社会科学院　学者文选

金岳霖集

中国社会科学院科研局组织编选

中国社会科学出版社

图书在版编目（CIP）数据

金岳霖集／中国社会科学院科研局组织编选. —北京：中国社会
科学出版社，2000.11（2018.8 重印）
（中国社会科学院学者文选）
ISBN 978 - 7 - 5004 - 2842 - 8

Ⅰ.①金…　Ⅱ.①中…　Ⅲ.①社会科学—文集②金岳霖—文集
Ⅳ.①C53

中国版本图书馆 CIP 数据核字（2000）第 47414 号

出 版 人	赵剑英
责任编辑	李树琦
责任校对	朱文苓
责任印制	王　超

出　　版	中国社会科学出版社
社　　址	北京鼓楼西大街甲 158 号
邮　　编	100720
网　　址	http：//www.csspw.cn
发 行 部	010 - 84083685
门 市 部	010 - 84029450
经　　销	新华书店及其他书店

印刷装订	北京市十月印刷有限公司
版　　次	2000 年 11 月第 1 版
印　　次	2018 年 8 月第 2 次印刷

开　　本	880×1230　1/32
印　　张	13.25
字　　数	313 千字
定　　价	79.00 元

出 版 说 明

一、《中国社会科学院学者文选》是根据李铁映院长的倡议和院务会议的决定，由科研局组织编选的大型学术性丛书。它的出版，旨在积累本院学者的重要学术成果，展示他们具有代表性的学术成就。

二、《文选》的作者都是中国社会科学院具有正高级专业技术职称的资深专家、学者。他们在长期的学术生涯中，对于人文社会科学的发展作出了贡献。

三、《文选》中所收学术论文，以作者在社科院工作期间的作品为主，同时也兼顾了作者在院外工作期间的代表作；对少数在建国前成名的学者，文章选收的时间范围更宽。

中国社会科学院

科研局

1999 年 11 月 14 日

目　录

编　者　的　话

金岳霖（1895—1984），字龙荪，湖南长沙人。中国现代著名的哲学家、逻辑学家，杰出的教育家，一代宗师。生前系中国社会科学院学部委员，哲学研究所一级研究员、副所长。主要社会兼职有：国务院学位委员会第一届学科评议组成员，《中国大百科全书》哲学卷编委会顾问，中国逻辑学会会长、名誉会长，中国逻辑与语言函授大学名誉校长等。曾被推选为第三届全国人民代表大会代表，第二、三、五、六届全国政协委员。

金岳霖是中国现代少数几位有自己完整体系的哲学家，也是公认的能写进世界哲学史的中国哲学家。

早年他在美国哥伦比亚大学作博士论文《T.H.Green 的政治学说》时，头一次感到"理智上的欣赏"，"最初发生了哲学的兴趣"。1921 年他到英国留学，受休谟、摩尔和罗素的影响很大，接受了朴素实在论的观点和逻辑分析方法。回国后，他完成了《论道》和《知识论》两部重要的哲学著作。《论道》是中国现代哲学中最系统完备、最富有独创性的本体论著作，也为中国哲学界提供了一个融会东西方哲学智慧、运用严密的逻辑分析和逻辑论证方法阐述哲学本体论问题的样板。《知识论》在中国哲学史上第一次建构了一个系统的、完整的知识论体系，是中国哲学史上第一部技术性很高的哲学专著，为中国哲学家在世界哲学领域里争得较高的地位做出了重要的贡献。

金岳霖和冯友兰及其他同事一起形成了清华哲学学派，也可以称作中国实在论学派。当年张申府著文说："如果中国有一个哲学界，金岳霖当是哲学界的第一人。"

金岳霖是中国现代最有成就的逻辑学家。他早在中学时代就有很强的逻辑意识。1926年到清华大学教逻辑，后出版"国内惟一具有新水准的逻辑教本"《逻辑》(贺麟语)。该书是我国早期系统介绍数理逻辑的少数教材之一，影响了中国几代逻辑工作者。1949年以后，金岳霖主编全国高等学校逻辑教材《形式逻辑》，组织编写《逻辑通俗读本》，支持创办中国逻辑与语言函授大学，在逻辑学普及方面做了大量卓有成效的工作。他是使逻辑学在现代中国发展起来的最重要的逻辑学家。

金岳霖是中国现代杰出的教育家。他从事高等教育三十多年，亲手创办了清华哲学系，历任清华哲学系主任、文学院院长；1952年全国各大学的哲学系都合并到北京大学，他又担任新北大哲学系主任。他明确提出，教育的内在目的是使受教育者得到个性的完善和发展，使人类优秀的文化得以保存、延续和发展，从而推动社会走向更高的文明。他批评美国高等教育分科过细的弊端，提倡教育改革。他在长期的教学活动中实践着自己的教育思想，为中华民族培养出一大批学养深厚、成果斐然、蜚声海内外的哲学家和逻辑学家。逻辑学家沈有鼎、王宪钧、胡世华、徐孝通、周礼全，哲学家冯契、任华，计算机专家唐稚松院士，国际著名数理逻辑学家、美籍华人王浩，台湾著名学者殷海光等都曾就学于金岳霖的门下。这在中国现代教育史上是罕见的。

金岳霖对政治学也有精深的研究。他早年留学美国学的是政治学，并先后获硕士和博士学位。他撰写的政治学论文强调了人的自由和首创精神、政治思想的时代精神及以法治理国家的法制精神。他的博士论文在半个世纪以后仍有西方学者在引用。

金岳霖在治学态度和治学方法方面有许多值得我们学习和借鉴的地方。

金岳霖一生热爱哲学，对哲学的探索十分执著。他称自己是"哲学动物"，就是把他"放在监牢里做苦工"，也"仍然是满脑子的哲学问题"。他的《论道》和《知识论》两部重要著作都是在抗日战争期间完成的。特别是巨著《知识论》，完稿以后在一次躲空袭时丢失了。他毫不犹豫地重写！从昆明写到北平，花了近5年时间硬是把六七十万字的《知识论》重写出来了。这件事在哲学界一直传为美谈。

金岳霖认为，研究哲学必须有"彻底的和经过训练的怀疑态度"。思想起于怀疑，不怀疑就不可能发现问题，也就无法进行科学研究。所谓"彻底的怀疑"，是说科学无禁区，对任何事物和任何问题都要问个"为什么"。所谓"经过训练的怀疑态度"，是说要学会正确的怀疑态度和正确的怀疑方法，反对简单地怀疑一切，否定一切。

金岳霖认为，搞哲学的人必须有较高的逻辑修养。哲学的任务不在于告诉人们一些结论，它的兴趣在于"那些获得这些思想和使这些思想相互联系的方法"。哲学必须以清晰的逻辑分析和严谨的逻辑论证来支持。一个哲学家如果承认他的信念是从理性得出来的，那么他的观点站得住站不住，"必定由他们的推理的可靠性来决定"，也就是说必须"由逻辑来决定"。因此，他要求从事哲学工作的人一定要有清晰的思维，科学的方法，深邃的分析，严密的论证。一句话，要有逻辑头脑。

金岳霖做学问的又一特点是融会中外古今。他对西方哲学和中国哲学都有深刻的理解。他不仅将中西哲学思想进行比较，指出其不同之处；更能将中西古今的哲学思想融会贯通，形成自己的哲学体系。读过《论道》一书的人大概都能体味到，它既有西方哲学的思想精髓，又有中国传统哲学的隽永意蕴，是金岳霖融会中西古今哲学思想的代表之作，也是他自己认为最满意的一部形而上学著作。

金岳霖的一生是从事哲学和逻辑学教学与研究的一生，是在学术上、工作上、政治上不断追求进步的一生，是风流儒雅、天真浪漫、光彩照人的一生。

刘培育

2000 年 4 月 10 日

·哲　　学·

自由意志与因果关系的关系[*]

我的脾气是没有办法的，我虽然觉得在报纸上不能谈哲学上的大问题，而我看别人家讨论这种问题，我就觉得手痒，不知不觉地提起了笔杆和大家讨论来了。这篇文章是读了潘大道先生的文章有感而作的，早就做好，但每日做别种工作，没有抄写出来，昨日志摩要文章，所以拼命地抄写出来给他。我觉得我们寻常对于"自由意志"与"因果关系"均看得太死，我们把它们当作一种概念，好像数学里的"点"，几何里的"直线"，彼此都有绝对的意义，所以发生冲突。我觉得如果我们能用点分析的工夫，我们就觉得自由意志没有绝对的意义，而新式的因果关系也没有旧式的呆板。有一点意思应该预先声明：我们的问题，是自由意志与因果关系，问的是"意志与事实之间是否有因果关系，如果有因果关系是否意志就自由或者就不自由？"至于离开因果关系而论，意志之究竟自由与否不在本文范围之内。我把本文分作三段：一段论自由意志，二段论因果关系，三段论自由意志与因果关系的关系。

＊ 本文原载于《晨报副刊》第 59 期，1926 年 8 月 23 日。——编者注

一　自由意志

完全在心理范围之内的意志

这类的意志与本文无大关系，说它自由也可，说它不自由也可，我们没有事实上的标准来解决这问题。比方我说"我要爱月光，我就爱月光"，某甲说这意志有因，所以不自主，所以不自由；某乙说这意志无因，所以自主，所以自由。彼此各持一说，就是争一年两年，或者仍是各是其是，各非其非。这类的意志自由与不自由，好像"命运"一类的思想，不相信它的人，无法否认它，无法使相信它的人承认它不存在；而相信它的人，也无法可以证明它，使不相信它的人承认它存在。这问题不在本文范围之内。至于方才所说的有因无因的"因"，在第三段再论。

心理与事实发生关系的意志

在这类意志里，我们可以分作两部分来讨论：（一）从事物的束缚性方面论到意志的自由与不自由；（二）从意志方面论到事物上的影响，然后凭影响以定意志之是否自由。

1. 从事物到意志

我先举几个例，再讨论事物与意志自由与否的种种关系。

（a）就把我自己来做一个题目：我的朋友或者不知道，我自己很知道，我是一个极要好看的人，但有时拿镜子一看，觉得自己的"尊容"实在是不敢恭维，也就只得置之一笑。我这副面孔限制我要好看的意志，那是不容易否认的，但我不觉得我不自由。

（b）有一个外国人说，如果一个人没有吃过北京的烧鸭，就是没有享过人生的福。北京的烧鸭，非常有名。每天杀鸭也不知道多少，但是政府没有禁止杀鸭的事实，教育界、慈善家也没有反对杀鸭的主张，对于杀鸭一事我们没有事实上与心理上的束缚，然而我们杀鸭的时候，却不觉得自由。

(c) 比方我要出去，第一次我的母亲不许，第二次天下雨了，路不能走。我的意志两次受外界的束缚，而我的态度不同，我觉得我的母亲侵犯我的自由，而天老爷的雨不曾侵犯我的自由。

(d) 二十年前的中国女子与男人没有社交，英美女子在中国与男人有社交。二十年前的中国女子不觉得不自由，而英美女子听见这类的事实，照她们自己的心理看起来，觉得中国女子不自由，她们自己也就觉得她们自由。我们所注意的，是她们自己没有束缚，而她们觉得自由；有束缚的人不觉得不自由，这同是一种束缚而有两种反感。

现在不举例了。总而言之，事物上的束缚与意志的自由与否关系不一，可分为六种，而六种之中有两种是没有关系的关系，但在理论上不能轻视它。这六种关系如下：

有束缚 {
(1) 不觉得不自由，也不觉得自由；
(2) 觉得自由；
(3) 觉得不自由。
}

无束缚 {
(1) 不觉得不自由，也不觉得自由；
(2) 觉得自由；
(3) 觉得不自由。
}

从束缚方面看起来，性质不同，有时是心理上的事实，有时是事物上的事实。但无论性质如何，事实依然是事实，我们没有反感的时候与自由不发生关系，有反感的时候才发生关系。从意志一方面看起来，它的性质差不多完全是心理。问题不是绝对的有没有自由，是相对的觉得不觉得自由。两方面中间的关系是事实与心理的关系。

2. 从意志到事物

"意志"两字暂时可以改作"目的"两字。目的在心而曾否达到，在事实上没有标准的一类，我们不去理它。心中的目的是否达到，有事实上的标准的一类，我们才可以在此处讨论。在这种情形之下，目的与阻碍有四种关系如下：

有阻碍$\left\{\begin{array}{l}（1）能达到目的；\\（2）不能达到目的。\end{array}\right.$

无阻碍$\left\{\begin{array}{l}（3）能达到目的；\\（4）不能达到目的。\end{array}\right.$

以上（3）与（4）均不发生问题。（3）如果无阻碍，能达到目的，多半是不劳心不费力，目的虽然达到，不见得就有自由与不自由的反感。(4) 如果没有阻碍而又不能达到目的，那么两方只有没有关系的关系，事实上没有问题发生。（1）有阻碍而能达到目的，我们觉得我们有进行的能力，有创造的工夫，因此我们也就觉得自由。(2) 如果我们遇着阻碍，或者是阻碍太大，或者是目的太远，或者是决心不坚，我们的目的不能达到，我们就觉得心物两违，就觉得不自由。

以上讨论的结果，就是无论从哪一方面看起来，心理与事实间的意志自由与不自由的问题，不是完全心理问题，也不是完全事物问题。完全在事物方面的问题，自然是不在本段范围之内。

甲乙两段所讨论的本来是一个问题，不过是一个问题从两方面讨论就是了，但是费了这样多的工夫，还没有论到因果关系。

二　因果关系

因果的关系是不容易说的，它是一种方程式，本来是从观察得来的，而仅由观察又不能成其方程式。我们也可以把它分成（甲）（乙）两段讨论。（甲）段论旧式的因果论，（乙）段论新式的因果论。我预先声明，此处的新式因果论是对于我个人为新式，对于他人，或者已是旧而又旧，亦未可知。

旧式的因果论

现在人民思想中的因果关系，仍然是旧式，大约是说，"有因必有果，有果必有因，因生果，果由因而生，无因不成果，因上有因而现在之因为果，果下有果而现在之果为因。"照这样看起来，困难的问题就不少，列举数端如下：

1. 丢下了背景

比方我打你一拳，你痛，你可以说我的"拳打"是因，你的"痛"是果。不错，我现在且不管我拳打的力量的大小，你的身体的强弱。这类问题都与本题有关，但是我们现在可以不管。我们且问你我的身体在这种情形下居何等地位？如果我没有我的身体，我就不能打；如果你没有你的身体，你就不会痛，同时我们又不能说我的身体是因的一部分，你的身体是果的一部分。更进一步而言，不但你我均有身体，而且都是动物。如果我是植物我就不容易打；如果你是植物，你就不容易痛。如此一层一层地推上去，就把宇宙包括在里面了。我们单讲因果不讲情形就很易丢下背景，把背景丢下，就很难有因果关系。

2. 丢下了因果中间的媒介

仔细的研究起来，我的拳打如果是因，你的痛不见得就是这个因的果，因为我拳打与你痛之间，有许多生理上与化学上的变化。这种变化又居什么地位呢？这种变化，从关系密切方面看起来，应该是我的拳打的果，你的痛的因。但这样说起来，因果之间又有因果，而普通当作有直接关系——因产生果——的因果，就没有直接关系了。我们不能不想到因果中间的媒介，但是想到媒介就有问题发生。

3. 时间问题

旧式的因果论，总是觉得因在果之前而果在因之后。这种思想与事实就有点不容易融洽的地方。比方我们看见一本书从桌上掉到地板上，我们说这种现象是书与地球彼此相吸的结果。但这种吸力无论何时均存在的，与那一本书在那一时的跌落没有什么关系，而与书的跌落有关系的吸力，就是正当那本书跌落的时候的吸力。如果我们把那时的吸力当作因，把书的跌落当作果，那么，因与果是同时的，因不一定在果之前，而果自然也不一定在因之后。理论因虽在前，果虽在后，而理论的前边，不见得就是事实上的前边。

4. 理论上的"必"与事实上的"必"①

旧式的因果论似乎说有因必有果，有果必有因。理论上的"必"现在不论。现在所要提出的，理论上的"必"和事实上的"必"混乱起来就有困难问题发生。在第一条中，我们已经说过背景的重要，但那种背景是不能分开的背景。还有一种背景是可以分开的背景，比方我的房子生了火，我觉得慢慢的热起来了。如果我说火是因，我四周的热度增加是果，有因必有果，这话自然是可以说得过去。但是如果我们把理论上的"必"，混乱到事实里面，我们不小心的时候，或者就不说有因必有果，而说在我房里有生火的事实，必有我四周热度增加的结果。后面这句话不能成立，因为如果我们把火炉四周的空气设法隔开，我的四周的气温就不见得增加，而两种事实就不发生因果关系。

新式的因果论

1. 说到这里，就不能不谈新式的因果论。因为新式因果论是从理论上的困难得来的，而理论上的困难，一大部分就是那个"必"字。休谟（Hume）老早说过，因与果（某因某果）在事实

上可以看得见，摸得着，而它们中间的"一定的关系"看不见摸不着，而这种关系一方面一定要从经验中得来的，再一方面又不能从经验中得来。罗素也说，理论上有"一定"，事实上没有"一定"，而因果关系，不是"空空洞洞"的理论问题，是一个事实问题，所以它的"一定"的关系，应该是事实上的"一定"。但事实上怎样能有"一定"呢？如果因果律在科学上有用，它的用处不仅限于已往的事实，它对于将来一定也要有用。而将来的事实现在还没有发现，不能说到"一定"。

柏劳德（Brocd）说罗素的思想五年一变，他现在的思想不知道如何。他从前的意思，以为如果我们谈因果，就不能不谈因果律，谈因果律就不能不谈到归纳方法，谈归纳方法就不能不谈归纳原理，而归纳原理不是从归纳方法得来的。这归纳原理约言之如下：

> 如果甲种东西或事实，在（a）种情形下，与乙种东西或事实，常常发生一种特别关系，则甲种东西或事实，在（a）种情形之下大约总是与乙种东西或事实发生那一种关系，而那一种关系发生的次数增加，向之所谓大约者也无量的增加差不多到"一定"的地位。①

这原理是归纳方法的根据，也是因果律的根据。可见因果关系中的"一定"，不是寻常的一定，是差不多一定的"一定"。

2. 从这种原理发生的因果关系，与旧式的因果关系大不同。以上说的不过是不同中之一种。旧式的因果关系，似乎有创造的性质存乎其中，似乎是说因可以创造果，果是由因而生。新式的

---

① 　罗素：*Our Knowledge of the External world*，第222页。

因果关系就没有这类的性质，它不过给我们一种推论的可能。我们在某种情形之下遇着一种事实，我们可以推论到另外一种事实；由因可以推论到果，由果可以推论到因，因与果居平等的地位，它们的关系是一种互变的关系。

3．互变的关系，突然听见的时候或者不免误会，应该说几句解释的话。比方天气有变化，有时天晴有时下雨；北京城里的景象也有变化，有时人力车上亦有油布，有时没有，大约是落雨的时候，人力车上就有油布。这两种变化有一种特别关系，大凡是有其一多半就有其二。然而下雨并不"产生"人力车上的油布，也不创造人力车上有油布的事实。落雨与泥泞的关系，分析起来也是这类的性质。这样说起来，旧式的因果论，与事实不甚相符，理论也不充足。

4．如果因果关系是一种互相变化的关系，因果的前后就不是重要的问题。我们所谈的因果关系，不是旧式的因与果，果由因而生的关系。如果因造果，在事实上因不能不在前，而果也就不能不在后。但是如果我们用互相变化的关系来解释因果，我们只能说如果在某种情形之下，有某甲事发生（多数与少数，现在不计）"大约"（差不多一定）就有某乙事，事实上不必有什么先后的问题。理论上由因可以推论到果，由果也可以推论到因，也就不必有先后的问题。某甲事之为因，某乙事之为果，不过是名称上的便利而已。

因果关系在本文范围之内，已经说够了，用不着再说下去。它的要素，可以略举如下：

（a）至少要有两件事实。

（b）要有某某种情形。

（c）因果关系是事实上的关系。

（d）"大约"等于差不多一定。

（e）因果关系可以说是"在某种情形之下，如果甲……大约就乙"。

（f）在某种情形之下，如果甲……就乙，如果丙……就丁，不见得如果甲丙……就乙丁。

三　自由意志与因果关系的关系

完全在心理范围中的意志

数月前，徐志摩先生在本刊内曾经发表他要飞的意志。我虽然不是诗人，有时候也想脱离俗世，也想飞，也要飞。如果我说"我想飞我就要飞"，我的意志岂不自由吗？但这类的意志自由与否不在本文范围之内，在第一段已经说过；因为这类的意志没有因果关系。理由如下：

1. 我想飞，我要飞，在心理上是一件事实。

2. 想飞与要飞的"飞"还没有变成事实。

3. 如果把"我"字拿开，把想飞与要飞当作两事，理论上没有推论的可能，由"想飞"不能推论到"要飞"，由"要飞"也不能推论到"想飞"。

完全在心理范围之内的意志自由与否，不在本文范围之内，因为它没有因果的"因"。它在历史上或者有原因，但历史上原因的"因"，不是方程式因果的"因"（详后）。

与事实发生关系的意志

1. 与事实发生关系的意志，大都没有上述的因果关系。在第一段已经说过，我们对于一种事实，不见得有一定的反感，而我们的目的也不见得一定达到。那自然不是说我们对于一种事实没有反感，也不是说我们的目的不能达到。我们对于事实虽有时有反感而不一定有反感，我们的目的虽有时可以达到而不一定能达到。总而言之，意志与事实没有普遍的关系，而因果关系一定要有普遍的性质，要有差不多一定的"大约"关系。与事实发生关系的意志没有差不多一定"大约"的性质，它不能有因果关系。

2．心理与事实间之有关系，是我们大家公认的。俗语说饱暖思淫欲，饥寒启盗心。詹姆士也曾经发表情感与身体互相变化的言论；华德生并且把行为当作心理。但这问题范围太大，意见不同的地方也太多，我们在这地方不能讨论。我们现在所应当注意的：

（a）心理的范围比意志广，心理与事实的关系不见得就是意志与事实的关系；

（b）心理与事实间之有关系是一问题，而那种关系是否为因果关系，又是一问题；

（c）意志的定义，各有各的不同，我们很难武断。如果我们把"饿"和"要食"当作两件事，把"饿"当作事实，把"要食"当作意志，似乎可以说事实与意志发生因果关系。

3．但"要食"一类的事，不容易把它当作意志，而"饿"与"要食"更不容易把它们当作两件事。饿就是要食。所以即使把要食当作意志，也就不能发生因果关系。饱暖与淫欲，饥寒与盗心，自然是有一种关系。但如果我们用点分析工夫，我们就觉得饱暖、饥寒没有大约一定的意义。五十分的饱暖与百分的饱暖就不相同，而淫欲的程度也大有分别，严格地说起来，也就不容易发生因果关系。

4．话虽然是这么说，我们寻常总觉得我们有一种心理，大约就有一种原因，岂不是原因是因，心理是果吗？我们在这里所应注意的是历史上的原因，不一定是因果的"因"。历史上的原因，不过是以往的事实，以往的事实不见得在将来照样复现。我们只能说"有了某甲事，然后有了某乙事"；我们不能说"有某甲事，大约就有某乙事"。

5. 照以上所说地看起来，意志与事实极少因果关系。我们不能说它们一定没有因果关系，但我们可以说，这类的关系在意志与事实间算是极少的了。现在更进一步，不但说意志与事实极少因果关系，而且说，就是有因果关系，意志也不见得因此就自由，也不见得因此就不自由。照新式的因果论看起来，因果间没有创造的性质，所以不能有因产生果、果由因而生的思想。就是意志有因，它也不是那个因所产生的意志，所以不见得有因就不自由。另一方面，就是意志有果，已经达到的结果也不是意志所产生的，所以就是有果也不见得自由。

6. 以上可以说是我们讨论的结果。现在要说几句应该声明的话。我们的问题，不是意志自由与不自由，说它自由也可以，说它不自由也可以，双方均有理由可说。照我们现在所应用的知识的程度看起来，我们或者不能下一个精密的断语。我们的问题，也不是完全在事实范围之内的因果关系。我的意见是没有事实上的因果关系，我们的目的很难达到，而我们的意志也就因此不自由。我们的问题，在第一段之内已经说过，问的是：意志与事实之间是否有因果关系，如果二者之间有因果关系，是不是意志因此就自由，或者因此就不自由？这问题的答复，在本段第五条，已经简略的说明了。

冯友兰《中国哲学史》审查报告*

对于中国哲学，或在中国的哲学，我是门外汉，不敢有所批评，有所建议。但读了冯先生的《中国哲学史》，有一点感想胡乱写出来。

我很赞成冯先生的话，哲学根本是说出一种道理来的道理。但我的意见似乎趋于极端，我以为哲学是说出一个道理来的成见。哲学一定要有所"见"，这个道理冯先生已经说过，但何以又要成见呢？哲学中的见，其理论上最根本的部分，或者是假设，或者是信仰；严格的说起来，大都是永远或暂时不能证明与反证的思想。如果一个思想家一定要等这一部分的思想证明之后，才承认它成立，他就不能有哲学。这不是哲学的特殊情形，无论什么学问，无论什么思想都有，其所以如此者就是论理学不让我们丢圈子。现在的论理学还是欧几里得"直线式"的论理学，我们既以甲证乙，以乙证丙，则不能再以丙证甲。论理学既不让我们丢圈子，这无论什么思想的起点（就是论理上最根本的部分）总是在论理学范围之外。则一部分思想在论理上是假设，在心理方面或

---

* 本文写于 1930 年 6 月 26 日，原载于冯友兰著《中国哲学史》，商务印书馆 1934 年 9 月出版。——编者注

者是信仰。各思想家有"选择"的余地。所谓"选择"者，是说各个人既有他的性情，在他的环境之下，大约就有某种思想。这类的思想，就是上面所说的成见。何以要说出一个道理来呢？对于这一层，冯先生说得清楚，可以不必再提。

各人既有各人的性情，又有各人的环境，有些人受环境的刺激就发生许多的问题。有些问题容易解决，有些问题不容易解决，这些不容易解决的问题有种种不同的关系可能，而问题的总数可以无限。在这样多的问题里面，有些是已经讨论过的，有些是未曾讨论过的；有些是一时一地的，有些是另一时一地的；有些是一国所注重的，有些是另外一国所注重的，哲学的问题也是这些问题中的问题。欧洲各国的哲学问题，因为有同一来源，所以很一致。现在的趋势，是把欧洲的哲学问题当作普通的哲学问题。如果先秦诸子所讨论的问题与欧洲哲学问题一致，那么他们所讨论的问题也是哲学问题。以欧洲的哲学问题为普遍的哲学问题；当然有武断的地方，但是这种趋势不容易中止，既然如此，先秦诸子所讨论的问题，或者整个的是，或者整个的不是哲学问题；或者部分的是，或者部分的不是哲学问题，这是写中国哲学史的先决问题。这个问题是否是一重要问题，要看写哲学史的人的意见如何。如果他注重思想的实质，这个问题比较的要紧；如果他注重思想的架格，这个问题比较的不甚要紧。若是一个人完全注重思想的架格，则所有的问题都可以是哲学问题；先秦诸子所讨论的问题也都可以是哲学问题。至于他究竟是哲学问题与否？就不得不看思想的架格如何。

谈到思想的架格，就谈到论理学。所谓"说出一个道理来"者，就是以论理的方式组织对于各问题的答案。问题既如上述有那样多，论理是否与问题一样呢？那就是问：有多少种理论呢？对于这一个问题，当然要看"论理"两字的解释。寻常谈到"论理"两字，就有空架子与实架子的分别。如果我们以"V"代表可以代表任何事物而不代表一定的事物的符号，"V_1"是最先的符号，我们可以有以下的表示：

(1) $V_1 \rightarrow V_2 \rightarrow V_3 \rightarrow V_4 \rightarrow \cdots\cdots V \rightarrow \cdots\cdots$

如果我们以甲、乙、丙、丁等代表一定的事物的符号，我们可以有以下的表示：

(2) 甲→乙→丙→丁→……

前一表示是空架子的论理，后一表示是实架子的论理。严格的说，只有空架子是论理，实架子的论理可以是科学，可以是哲学，可以是律师的呈文，可以是法庭的辩论。如果我们把论理限制到空架子的论理，我们还是有多数论理呢？还是只有一种论理呢？对于这个问题有两个看法：一是从论理本身方面看，一是从事实方面看。从论理本身方面看来，我们只能有一种论理，对于这一层，我在《哲学评论》讨论过，此处不赘。事实方面，我们似乎有很多的论理。各种不同的论理学都各代表一种论理，即在欧美，论理的种类也不在少数。先秦诸子的思想的架格能不能代表一种论理呢？他们的思想既然是思想，当然是一种实架子的论理。我们的问题是把实质除开外，表明于这种思想之中的是否能代表一种空架子的论理。如果有一空架子的论理，我们可以接下去问这种论理是否与欧洲的空架子的论理相似。现在的趋势是把欧洲的论理当作普通的论理。如果先秦诸子有论理，这一论理是普通呢？还是特殊呢？这也是写中国哲学史的一先决问题。

哲学有实质也有形式，有问题也有方法。如果一种思想的实质与形式均与普遍哲学的实质与形式相同，那种思想当然是哲学。如果一种思想的实质与形式都异于普遍哲学，那种思想是否是一种哲学颇是一问题。有哲学的实质而无哲学的形式，或有哲学的形式而无哲学的实质的思想，都给哲学史家一种困难。"中国哲学",这名称就有这个困难问题。所谓"中国哲学史"是中国哲学的史呢？还是在中国的哲学史呢？如果一个人写一本英国物理学史，他所写的实在是在英国的物理学史，而不是英国物理学的史：因为严格的说起来，没有英国物理学。哲学没有进步到物理学的地步，所以这个问题比较复杂。写中国哲学史就有根本态度的问题。这根本的态度至少有两个：一个态度是把中国哲学当作中国国学中之一种特别学问，与普遍哲学不必发生异同的程度问题；另一态度是把中国哲学当作发现于中国的哲学。

根据前一种态度来写中国哲学史，恐怕不容易办到。现在中国人免不了时代与西学的影响，就是善于考古的人，把古人的思想重写出来，自以为是述而不作，其结果恐怕仍不免是一种翻译。同时即令古人的思想可以完全述而不作的述出来，所写出来的书不见得就可以称为哲学史。

如果我们把中国的哲学当作发现于中国的哲学，中国哲学史就是在中国的哲学史，而写中国哲学史的态度就是以上所说的第二个根本态度；但这不过是一种根本的态度而已。我们可以根据一种哲学的主张来写中国哲学史，我们也可以不根据任何一种主张而仅以普通哲学形式来写中国哲学史。胡适之先生的《中国哲学史大纲》就是根据于一种哲学的主张而写出来的。我们看那本书的时候，难免一种奇怪的印象，有的时候简直觉得那本书的作者是一个研究中国思想的美国人；胡先生以不知不觉间所流露出来的成见，是多数美国人的成见。在工商实业那样发达的美国，竞争是生活的常态，多数人民不免以动作为生命，以变迁为进步，以一件事体之完了为成功，而思想与汽车一样也就是后来居上。胡先生既有此成见，所以注重效果；既注重效果，则经他的眼光看来，乐天安命的人难免变成一种达观的废物。对于他所最得意的思想，让它们保存古色，他总觉得不行，一定要把它们安插到近代学说里面，他才觉得舒服。同时西洋哲学与名学又非胡先生之所长，所以在他兼论中西学说的时候，就不免牵强附会。哲学要成见，而哲学史不要成见。哲学既离不了成见，若再以一种哲学主张去写哲学史，等于以一种成见去形容其他的成见，所写出来的书无论从别的观点看起来价值如何，总不会是一本好的哲学史。

冯先生的态度也是以中国哲学史为在中国的哲学史；但他没有以一种哲学的成见来写中国哲学史。成见他当然是有的，主见他当然也是有的，据个人所知道的，冯先生的思想倾向于实在主义；但他没有以实在主义的观点去批评中国固有的哲学。因其如此，他对于古人的思想虽未必赞成，而竟能如陈先生所云："神游冥想与立说之古人处于同一境界。"同情于一种学说与赞成那一种学说，根本是两件事。冯先生对于儒家对于丧礼与祭礼之理论似乎有十二分的同情，至于赞成与否就不敢说了。冯先生当然有主见，不然他可以不写这本书。他说哲学是说出一个道理来的道理，这也可以说是他主见之一；但这种意见是一种普遍哲学的形式问题而不是一种哲学主张的问题。冯先生既以哲学为说出一个道理来的道理，则它可注重的不仅是道而且是理，不仅是实质而且是形式，不仅是问题而且是方法。或者因其如此，所以讨论《易经》比较辞简，而讨论惠施与公孙龙比较的辞长。对于其他的思想，或者依个人的主见，遂致无形地发生长短轻重的情形亦未可知。对于这一层，我最初就说不能有所批评或建设。但从大处看来，冯先生这本书，确是一本哲学史而不是一种主义的宣传。

论手术论[*]

一　前　言

在天文学及物理学中的原子论研究的对象大都不是我们普通所谓能直接经验的东西。量一星与另一星的距离，说它是几亿几兆英里，所量者不过是天文台或试验中的现象，或举动，或事实。原子论的情形一样，说电子的半径等于 2×10^{-13} 厘米。从试验方面的证实着想，也不过是形容试验室中的某种举动或某种手术与表示由此种举动或此种手术所能得到的结论。这种情形是事实。

手术论就是把这种事实变成学理。为达到此目的起见，一方面把感觉世界中的事物，另一方面把思想世界中的概念，均视为我们在研究程序中所运用的手术。这个办法与常识相反，与普通哲学思想也相反。它似乎有以下的便利。

自然与我们对于自然的知识打成一片，没有所谓"符合"的问题。这个问题虽未解决，而实取消。

我们对于自然界所得的知识，其真假问题只有手术方面的相融，或概念方面的一致，事实上知识的可靠性反因此而严格。

在非感觉世界，即天文学或电子学世界，这样的学理可以免除玄而又玄的思想；可是，这一层不必要求把习惯变成学理，只要承认严格的手术习惯，毫无根据的思想就自然而然地取消。

手术论虽有以上的便利，也有很大的困难，根本问题还是要看我们的看法如何。本文提出一种看法所有的困难，所以也是对于手术论的一种批评。在未提出批评之前，我们要把批评的对象弄清楚。手术论虽持之者众，而最初把它提出来作理论化的研究者，据我所知，就只有哈佛大学的 Bridgman 氏。以下的批评完全是由他的 Logic of Modern Physics 而引起的。在这本书中，手术论的中坚思想有以下一句话表示："一个概念就是与它相应的一套手术。"本文的批评虽由 Bridgman 的书而引起，可是所批评的不必就是他的手术论。读者请注意以下诸点。

（一）本文所批评的不是手术，而是一种手术论。在物理学与天文学方面，手术的引用必有其事实上的理由；研究物理学与天文学的人们，根据他们的理论，或经验，或工具，或研究的对象，对于各种手术不免有所批评，有所选择，有所取舍；局外人因为没有相当的训练，对于这种手术似乎没有批评的理由或根据。我既是局外人，我对于这两门学问所引用的手术，不敢有所批评。

（二）本文所批评的不是物理学与天文学范围之内的手术论而是普遍的手术论。关于这一层，Bridgman 的思想似乎有界限不清楚的毛病。有时他所说的似乎是物理学天文学范围之内的手术论，有时他似乎又把手术论推广到这两门科学范围之外。即以他所说的 Physical Concepts 而论，如果这是物理学的概念，Concepts in

Phzsics，我也不敢有所批评；但 Bridgman 又以为 Physical Concepts 与 Mentals Concepts 是两种不同而又相对待的概念，果然如此则所谓 Physical Concepts 就不仅是物理学的概念了。无论如何，以下所批评的不是限于一两门科学的手术论，而是普遍的手术论。

（三）研究物理学与天文学似乎不能离开手术，这似乎是一件事实。物理学与天文学是否包含（Contain）限于这两门科学范围之内的手术论，我可不知道。这问题似乎是物理学家与天文学家的事体，我们弄哲学的人们似乎不能过问。本文所要表示的是：物理学与天文学虽可以包含狭义的手术论，而不能蕴涵广义的，或普遍的手术论。那就是说这两门科学可以说得通，而普遍的手术论不必就说得通；普遍的手术论说不通，这两门科学不必就说不通。

普遍的手术论仍以 Bridgman 的那句话为中坚思想："一个概念就是与它相应的一套手术"；不过所谓"一个概念"者是任何概念，而不是一门学科中的概念而已。本文假设 Bridgman 的手术论是普遍的手术论，分以下诸点讨论。

二 惟一的手术

普遍的手术论要以手术去定任何概念的意义。以手术去定概念的意义，非有惟一的手术不成，这一点是 Bridgman 所承认的。但他的所谓"惟一"似乎有两层意思：（1）是一套手术与另一套手术的分别，而每一套均为惟一，例如以触觉去量长度与以视觉去量长度，所运用的手术根本不同，所以概念亦因此而异；（2）是在某一套手术中，具某种条件的手术是惟一手术，否则不是。前一层意思本文视为不必讨论，后一层意思则非提出讨论不可。

1. 惟一手术的要求

惟一的手术有以下的要求。

a. 一套手术之中，事实上每一次所运用的手术，因为它是具体的占时空的事体与另一次所运用的手术至多只能相似，不会完全相同。执任何事实上所运用的手术以定一概念的意义断然不成；因为在一套事实上所运用的手术之中，有比较近实际或比较合标准的程度不同的问题。

b. 既然如此，我们在一套手术之中，用哪一次所运用的手术去定一概念的意义呢？有选择，就有标准问题。没有标准，就只有武断。定标准可以武断，用标准绝对不能武断。选择既不能免，所引用的标准是怎样的标准呢？

c. 无论所用的标准是什么，在主张普遍手术论的人们所用的标准也要有手术方面的根据才行；不然，手术论或者根本不是学理，或者虽是学理而不是普遍的学理。这一点在不主张手术论的人们没有问题。

2. 惟一的手术标准

a. 惟一手术的标准免不了是一大堆的"如果——则"的命题，而这一堆"如果——则"的命题之中，"如果"部分之下列举手术方面的条件。例如量这张桌子的长度，虽量十次，其中不必就有一次是惟一的手术。可是如果所用的是标准"尺"，运用尺的路线是"直线"，运用时尺与尺的相接毫无"间隔"，房子里没有影响尺的长短的"温度"……等等，则所运用的手术是惟一的手术。

b. 从历史方面、事实方面或习惯方面着想，不持普遍的手术论，这个说法没有什么问题。我们可以采取步步为营的办法，承认最初的起点是武断的，不必是正确的；但手术虽不必正确，而长度的印象，或"长"的概念不因此就模糊；同时概念正确，手术可以渐次进步，慢慢地逼近正确。

c. 从理论方面着想，同时又持普遍的手术论，这个历史上的起点就发生问题。这个起点也是手术。但是，它是什么样的手术呢？它能不能做一概念的定义呢？它是不是惟一的手术呢？它既是武断的起点，当然不是满足某种标准的手术，当然不是惟一的手术；以之为定义未尝不可，但所得的概念可不是满足普遍手术论的条件的概念。

3. 惟一手术的循环

如果手术论是普遍的，所有的概念都要有惟一的手术，如此则惟一手术不免循环。关于循环，我们似乎要特别注重以下诸点。

a. 概念的循环或者是不能免的。但在不主张普遍手术论的人们，这方面的循环没有多大的问题，因为我们知道概念，或我们对于概念的知识，不因此就循环。概念的定义是一件事，而某具体事物能以某概念去摹状或形容又是一件事；对于后者的认识不必根据对于前者的知识。用一句很普通的话表示，我们可以知某事物之然，而不知其所以然。设以 A，B，C，……等代表概念，箭头代表它们的循环，$x_1 x_2 x_3$……$y_1 y_2 y_3$……$z_1 z_2 z_3$……等代表个体；我们可以用以下方法表示普通所谓概念的循环。

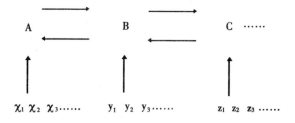

　　这方法表示：A，B，C，……等概念虽循环，而 $x_1x_2x_3$……等是 A，$y_1y_2y_3$……等是 B，$z_1z_2z_3$……等是 C，至少不跟概念的循环而循环。

　　b. 持普遍的手术论，情形就不同。$x_1x_2x_3$…… $y_1y_2y_3$…… $z_1z_2z_3$……等不是普通的东西，而是运用的手术；A，B，C，……等不仅是概念，而且是一套惟一的手术；同时最重要的问题就是 $x_1x_2\ x_3$……之中，那一手术是 A 套的惟一手术，$y_1y_2y_3$……之中，那一手术是 B 套的惟一手术，$z_1z_2z_3$……之中，那一手术是 C 套的惟一手术。如果我们不知道 $x_1x_2x_3$……之中，那一手术是 A 套的惟一手术，我们不知道 A 概念的定义，如果我们不知道 A 概念的定义，我们当然不知道 $x_1x_2x_3$……之中，那一手术是 A 套的惟一手术。概念与我们对于它的知识是一件事。在此情形之下，不懂 A，B，C，……等循环，而 $x_1x_2x_3$……之中，那一手术是 A 套的惟一手术，$y_1y_2y_3$……之中，那一手术是 B 套的惟一手术，$z_1z_2z_3$……之中,那一手术是 C 套的惟一手术……等也都循环。下页图表示此处所说的两方面的循环。

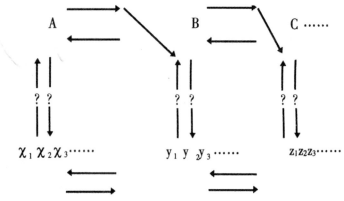

　　c.（b）条的情形有害与否，要看手术论是否普遍。如果手术论不是普遍的而是一门学科的手术论，则（b）条的循环可以因内

外的不同而免除。那就是说，一门学科范围之内的概念虽均须满足手术论的条件，而范围之外的概念（不必满足手术论条件的概念）仍可以利用以为那一门学问的起点，好像几何学利用宽长厚以定"点"的意义一样。这样一来，无论概念是否循环，知识有先后，概念有秩序，一门学科的系统可以形成，而（b）条的循环可以取消。如果手术论是普遍的，则概念与我们对于它的知识是一件事，（b）条的循环使我们感觉到所须要的惟一手术在理论上永不能得到。

4. 惟一手术之永不能得

a. 照普遍的手术论看来，任何的概念均要有一套惟一的手术去定那概念的意义。普遍的手术论之说得通与否，最低限度，当然要靠任何惟一手术之能得到与否。如果我们能用一无乖于手术论的方法，得到惟一的手术，手术论至少在这一点上不至于发生问题；如果用同样的方法不能得到惟一的手术，则普遍的手术论在这一点上就说不通。所谓无乖于手术论的方法，从正面说就是满足手术论的要求，从反面说，就是取消随随便便抓一手术说它是惟一手术那样的方法。

b. 照以上（3）段（b）（c）两条看来，在持普遍手术论的条件之下，惟一手术是理论上所不能得到的手术。其所以不能得到的道理，一方面因为手术论要严格，另一方面因为它是普遍的。要严格，所以不能随随便便找出一套手术说它是惟一的手术；从这一方面着想，这个随随便便的方法的错处就是模糊。要普遍，所以也不能随随便便找出一套手术说它是惟一的手术；从普遍这一方面着想，这个随随便便的方法的错处是手术论的内部会因此不一致。既然如此，每一概念要有一套惟一的手术，每一套惟一的手术要有它所以能称为惟一的标准，而这标准就是其他的许许多多套的惟一手术。这样一来，一步一步地推下去，欲得一套惟一的手术，非先得无定数套的惟一手术不成。那就是说惟一的手术根本就得不到。

c.严格的惟一手术既得不到，则以之为定义的概念当然就不严格。事实上这种概念之不严格似乎是 Bridgman 之所承认的，概念既不严格，则根据严格的概念才能说得通的推论当然是说不通。很进步的科学中的推论不仅是普通所谓"归纳"的，也是普通所谓"演绎"的；无论归纳推论的情形如何演绎推论非有严格的概念不成。这一层我在别的地方讨论过，此处不重新讨论。要严格概念才能说得通的推论如果说不通，则以之为基本工具之一的科学是否在理论上能站得住脚，就发生问题。天文学与物理学的原子论，似乎是最要利用这种推论以为工具的科学，同时它们又是最注重或者最需要手术的科学。如果我们主张普遍的手术论，最需要手术的科学反因普遍的手术论而发生在理论上能否站得住脚的问题。

三　正　确　问　题

1．正确的意义

这里所谈的正确是经验中手术方面的正确。兹特从以下诸点讨论。

a．从常识方面着想，我们大都假设自然是固定的。"固定"两字在此处没有不变的意思。我们所要表示的是英文中的"precise"，例如这条路，当我们量它的时候，有一固定的长度。如果我们量了好些次，其结果相等，我们说度量靠得住，所得的长度就是那条路的长度。从经验方面着想，结果相等是度量正确与否的标准，相等就正确，不相等就不正确。从自然方面着想，固定的长度（仍以路为例）是结果相等的理由，我们可以说前者是后者的必要条件。这不是说那固定的长度不能变，如果它变了，变的原因是自然界的原因，而不是经验方面的原因。这个假设说得通与否是另一问题。

b. 除以上假设之外，我们大都也假设概念是绝对的。这不过表示在常识方面逻辑家之所谓"同一律"是大多数人无形之中所承认的。某事物是不是绝对地四方是一问题，而四方绝对地是四方似乎是大家所承认的。不仅如此，即"相对"也绝对地是"相对"。我们可以用绝对的概念做标准，看我们的试验或经验是否正确。在这一方面我们大都不盼望经验或试验方面的正确性能够达到概念方面的绝对正确性；虽然如此，经验愈近概念，正确的程度也愈高。

c. 这两个假设大都兼用，不过用的时候，那一假设比较地重视，那一假设比较地不重视，很有分别。直接研究事物的时候，大都注重第一假设，计算与推论的时候，大都注重第二假设。人事与学问复杂化之后，这两假设大都同样重视。兹特分别讨论。

2. 自然的固定与正确

a. 假设自然有固定，只要我们没有故意弄出来的错误，试验的结果大都不至于相差很远。同时多数次的平均结果，一定比较地逼近自然的固定事实。自然界的固定是平均结果的比较可靠性的根据。那就是说，因为自然界有所固定，所以我们的经验或试验有达于均衡的趋势。例如量一疋布，几次之后得大同小异的结果；从常识的理论着想，其所以大同者因为那疋布有固定的长度，其所以小异者因为每一次度量均有它的特殊情形。

b. 为什么不把平均的手术视为普遍手术论所要求的惟一手术呢？假设自然有固定，试验数次即可中止，说这几次试验之中其平均结果靠得住，是一句有根据的话。不假设自然有所固定，而直接以平均的手术为惟一的手术，情形就大不相同了；试验的次数愈多愈好，而平均结果之靠得住与否本身即为问题；因为平均结果可以因试验的次数不同而不同，所以把任何平均的结果视为惟一手术所能得到的结果本身即为一假设，并且没有本身之外的根据。

c. 在不持普遍的手术论的人们的立场上，假设自然界有固定，这一个办法是否说得通，是否没有困难是一问题。在主张普遍的手术论的人们的立场上，不假设自然有所固定，而以平均手术为惟一的手术，这一办法之有困难，似乎是毫无问题。假设自然有固定，我们有标准可以使我们把离大多数试验太远的试验置之不理。没有这个假设，就没有这个标准，而离大多数试验太远的试验，我们没有理由把它撇开，而平均结果反因此而靠不住。如果要平均结果靠得住，势必要每一次的试验靠得住，如果每一次试验有靠得住与否的标准，那就用不着平均结果了。自然固定的标准虽可以不用，别的标准仍不能不用。主张普遍手术论的人们即不用这个标准，那么，用什么标准呢？

d. 自然有固定是常识方面的假设，在耳闻目睹的事物范围之内，这个假设似乎没有多大的问题。但知识推广到天文学世界与电子论及原子论的世界，知识的对象没有五官合作所能给我们的一种直接的实在性，情形就大不相同了。对于这类事物最重要的知识工具是推论，而推论这一工具的引用，非有绝对的概念不成。

3. 绝对的概念与正确

a. 推论非绝对的概念不成。即以同与等而论，不绝对则无传递质（transitivity），无传递质，则不能引用根据此传递质的推论。关于这一点，卜荫加雷似乎讨论过，这里从略。所谓不能推论者，是说推论说不通，不是说若勉强而推论之，其结果一定不符事实。我们有时或者可以用不通的推论，碰巧得到可靠的知识；可是，知识虽有时可以碰巧得到，而推论之说不通仍为问题。

b. 普通手术论的概念是否绝对呢？似乎不能。这一点，即在主持手术论的人们似乎也不至于反对。如果手术论的概念是绝对的，则概念的定义之所以形成，似乎有非手术论的成分在内，那就是说在一大堆的"如果——则"的命题之中，一定有不靠惟一手术以为定义的概念在内。这样一来，手术论就不是普遍的手术论了。

c. 手术不是不能变更的事实，不仅如此，它既是具体的事体，没有两次完全相同的手术。惟一手术不仅不能得到，即能得到，而它在实际上的情形也不能例外。既然如此，用之以为概念的定义，那概念就不能绝对。绝对的概念决不能从不绝对的手术得到。以概念为绝对，则概念与手术之中，至少有一为绝对可以用之以为推论的工具。以手术定概念的意义，两者之中无一为绝对。即令在事实上推论的可靠性虽因种种手术而增加，在理论上，推论反因普遍的手术论而说不过去。

d. 这里所批评的不是物理学或天文学。在各种科学中，物理学的知识大都是我们所承认为最正确的知识。这里所批评的也不是手术，手术与手术论不同。物理学似乎因手术的正确而正确，但是否因手术论而正确就有问题。这里所批评的也不仅是手术论，而是普遍的手术论。此处的问题完全为理论问题。事实上知识的正确与否受手术的影响，不受手术论的影响；手术愈正确，知识也愈正确。理论上知识的正确与否，受普遍手术论的影响。如果主张普遍的手术论，则一方面自然有固定这一假设取消，另一方面概念的绝对性不能得到理论上的标准取消，则因引用手术而得到的正确知识，反因普遍的手术论，而失其正确的根据。

四　自然与对于自然之知识

主张普遍的手术论，则概念与我们对于概念的知识不能分开；

这一层，前面已经讨论过。不仅如此，即自然与我们对于自然的知识也不能分开。本文以为前者非分不可，后者也非分不可。

1. 时间方面的先后问题

a. 根据我们对于自然界的知识，我们可以得到自然界的先后。假设 x_1 代表离地球三年外的一件事实，x_2 代表我们现在才能经验的 x_1。x_2 发生之后，根据我们的知识，我们说"x_1 在三年前已经发生了"。可是 x_1 虽在三年前已经发生，而我们在三年前不知道它发生。这里的三年前是自然界的三年前，不是知识历史中的三年前。兹以甲乙两图表示此内容不同的时间。乙的已往没有 x_1 这一件事，可是根据 x_2 这件事实，我们说 x_1 在甲的世界三年前已经发生。兹以下页丙图表示之。

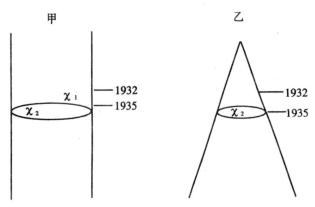

b. 如果自然与我们对于自然的知识混而为一，问题就大不相同了。我们的世界就只有乙那样的世界。（乙那样的世界当然老是在那里膨胀的世界，这样的膨胀世界是手术论的一部分的思想，不是天文学家与物理学家所讨论的宇宙膨胀论。）如果只有乙那样的世界，我们对于 x_1 怎样安插呢？如果我们以知识历史的时间为时间我们绝对不能说 x_1 在"三年前"已经发生；如果我们能说 x_1

在"三年前"已经发生，我们所谓时间一定不是知识历史的时间。在表面上我们似乎有两个办法：一个是说 x_1 与 x_2 根本没有时间上的关系；一个说它们同时。如果从后说，则所谓"x_1 在 x_2 发生三年之前已经发生"，不过是说"x_1 在离开 x_2 发生的地点三光年那样远的地方发生"。前说不容易用图形表示，后说可以表示如下。

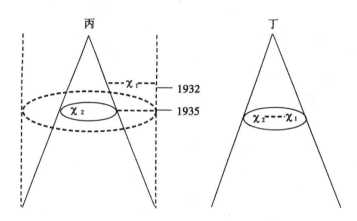

c. 以上两说均有问题。第一说法根本否认 x_1 与 x_2 为两件事体或一件事体的两端，所以根本说不通。即退一步着想，假设此说能通，也没有用处；因为 x_1 与 x_2 在知识历史上有时间关系，说它们在自然界没有时间上的关系等于说自然界与我们对于自然的知识在时间上不能混在一块。第二说法也说不通。如果 x_1 与 x_2 同时，则由 x_1 到 x_2 的光根本不能动；如果由 x_1 到 x_2 的光根本不能动，则 x_2 当然没有发生。如果 x_2 已经发生，则由 x_1 到 x_2 的光至少已经动了；光既动了，x_1 与 x_2 不能没有时间的先后。

总而言之，x_1 与 x_2 既不能没有时间方面的关系，也不能同时发生；时间方面的先后既不能免，（b）条的问题总要发生。（b）条的问题发生，自然界与知识界不能相混。

2."动"概念等等

不持普遍的手术论,不把我们对于自然的知识当作自然,"动"概念虽不与动的东西同时"动",没有什么可以批评的地方。虽然有少数人盼望"风"概念能够刮起北平的土来,这样的人究竟是少数。可是,如果把知识与自然合而为一,这少数人的盼望就变成理论与事实两方面的问题了。

a.Velocity 的定义,照 Bridgman 看来有两个,但无论所用的是哪一个,根据手术论,定义总是一套惟一的手术。这一套惟一的手术虽本身同时是一件动的事件,可是它的动法不是有 Velocity 的东西那样"动"法。如果把自然与知识合而为一,Velocity 概念与五官经验中的手术二者之中,一定有不相融洽的地方。批评五官的经验是现在所常有的一件平常的事;若根本否认五官的经验,恐怕科学的大本营也就根本取消。

b."动"概念的情形与以上所说的一样。物理学家量动的东西的手术,虽然也是动的事体,但不随所量的动的东西而动。即以量动的电车而论,Bridgman 所说的那个办法,虽然免不了有举动在内,而这种举动没有跟着电车而跑到别的地方去。最显而易见的是量光的速度的手术。光的速度虽可量,而量此速度的手术没有跟着光一直飞到天文世界里去。

c.总而言之,照普通的眼光看来,动的东西虽然动,而"动"概念无所谓动与不动;有 Velocity 的东西虽然有 Velocity,而 Velocity 这一概念无所谓有无 Velocity。在持手术论的人们,"动"概念就是一套动的手术;表面上看起来不仅动的东西动,而且"动"概念也动;其实这完全是两件动法不同的事体。无论概念能动与否,这两件动法不同的事体总得要分别清楚;一件是手术,一件不是;一件是知识方面的事体,一件不是。这两件事既要分别清楚,自然与我们对于自然的知识也就不能混而为一。

五　证实的理解

证实是科学所不能缺乏的；此处的问题是对于证实的理解。

1. 证实的意义

a. 常识对于证实的意见可以分为两层：一是从意义着想，一是从工具着想。从意义着想，常识以为证实的意义就是思想与事实符合；从工具着想，常识以为证实就是表示此符号的举动或手术。符合或者有绝对的，或者没有绝对的，而只有程度或高或低的符合。关于这一点，我们不必讨论。无论如何，手术愈精，符合的程度愈高。这意见说得通与否是另一问题。

b. 如果我们主张普遍的手术论，证实的意义就不是符合。知识与自然合一，我们对于一套手术所问的问题不是它与自然符合与否，而是它是否是一套惟一的手术。我们根本既没有离开知识的自然，也没有离开手术的自然；既没有离开手术的自然，当然没有手术与自然是否符合的问题。我们既然没有符合问题，证实的意义当然不是符合。证实的意义既不是符合，又是什么呢？

c. 证实的意义既不是符合，那么，照普通的眼光看来，它或者是许许多多套的手术的融洽，或者是命题的一致。在持普遍手术论的人们，这两个说法不同的标准就是一个标准。概念既就是手术，命题当然也是手术命题方面的一致，当然也就是手术方面的融洽。既然如此，我们只说手术的融洽已经够了。问题是手术的融洽是否能视为证实的意义。

2. 独立的证据

证实中的证据，其可贵处在独立。所谓独立的证据者就是说证据不是思想所蕴涵的，或者证据不是思想所产生的。

a. 以上所说的常识方面的意见，无论有毛病与否，的确使我们能说证实中的证据是独立的证据。我们的思想或者与自然符合，或者不符合。我们的手术或者能够表示此符合，或者不能。但无论如何符合与我们的手术是独立的。至少照普通的眼光看来，独立的证据是科学所不能缺乏的。

b. 如果我们持普遍的手术论，我们能不能说手术的融洽给我们的思想一种独立的证据呢？这问题当然不是科学中的手术能不能供给我们以独立的证据。事实上我们不能不承认精确的手术对于科学是非常之有用的。我们的问题是在主张普遍手术论条件之下，手术的融洽在理论上我们能不能说它给我们的思想任何独立的证据。仅仅是一致的思想，是逻辑方面的思想，算学方面的思想，没有独立的证据，这样的思想决不能视为自然科学方面的知识。即持手术论者也有分别物理意义与算学意义的必要。

c. 什么是物理意义呢？主张手术论者的说法以为思想之有物理意义就是说它有物理手术为根据，思想之有算学意义就是说它有"心"（Mental 不是 Psychological）的手术为根据。物理手术，追根穷源，仍是视觉、触觉、听觉等方面的事体。从常识着想这些事体不是思想。若以物理手术定思想的意义，这些事体同样地是思想。经验方面的融洽就变成了思想上的一致。物理手术的融洽没有物理手术范围之外的标准。说某思想有物理意义仍不过是说它与其他的思想一致而已。物理手术的融洽不能给思想任何独立的证据。

3. 符合呢？一致呢？

a. 持手术论的人们有时也说算学概念有时有物理意义，有时没有物理意义。所谓"有"是怎样的"有"呢？如果算学概念有绝对性，而此绝对性非任何物理手术之所能达，则算学概念不能就"是"物理手术。它们的关系不是一致或融洽，而是某程度的符合。如此，"有"物理意义的算学概念就是与物理手术相符合的概念。可是，这样的解释又把符合的思想引进来了。在持普遍手术论的条件之下，我们没有符合的问题，"有"物理意义不能作本条的解释。

b. 算学概念之"有"物理意义，既不能视为与物理手术相符合，我们似乎只能把"有物理意义"当作"等于某种物理手术"。可是如果我们有这样的解释，另外一问题发生，那就是"无"物理意义的问题。算学概念与物理手术为什么不老是合一的呢？不主张普遍的手术论，这个问题不成问题，因为手术与概念本来是两件事。这问题发生，我们只有一个答案。我们只能说物理手术没有算学概念那样自由。同时我们似乎也得要承认这比较不自由的情形不是从手术方面来的，而是从物理方面来的。算学概念也是手术。比较自由或不自由当然不根据于手术之为手术，而实根据于物理之为物理。

c. 如果物理手术与算学概念同样地自由，则算学概念老是有物理意义的：如果算学概念仅有时有物理意义，则物理手术与算学概念不同样地自由。两相比较，我们似乎可以说物理手术比较地不自由。既然如此算学概念与物理手术不属于一个范围之内。二者之间，如果有证实问题发生，证实的意义仍是符合，而不是融洽或一致。这样话又说回来了。如果证实的意义是符合，则自然与我们对于自然的知识要分别，概念与我们对于概念的知识要分别；果然如此，则普遍的手术论，从第五节看来，也说不通。

以上二、三、四、五各点不是对于物理学或天文学的批评，不是对于手术的批评，不是对于限于一两门科学范围之内的手术论的批评，而是对于普遍手术论的批评。对于 Bridgman 的思想，本文是否批评，我不敢说；因为这位先生的手术论究竟是普遍的手术论与否，颇不易说。但对于 Jeans 的思想，本文似乎是一个早就应该提出的批评，因为他的手术论无疑地是普遍的手术论。

中国哲学[*]

一

在三大哲学思想主流中，人们曾经认为印度哲学是"来世"的，希腊哲学是"出世"的，而中国哲学则是"入世"的。哲学从来没有干脆入世的；说它入世，不过是意图以漫画的笔法突出它的某些特点而已。在懂点中国哲学的人看来，"入世"的说法仅仅是强调中国哲学与印度、希腊的各派思想相比有些特点；但是对于那些不懂中国哲学的人，这个词却容易引起很大的误解。它的本意大概是说，中国哲学是紧扣主题的核心的，从来不被一些思维的手段推上系统思辨的眩目云霄，或者推入精心雕琢的迷宫深处。正像工业文明以机器为动力一样，哲学是由理智推动的，这理智不管是否把我们赶进死胡同，总可以把我们引得远离阳关大道、一马平川。而在理智方面，中国哲学向来是通达的。

人们习惯于认为中国哲学包括儒、释、道三家。这三家在单

---

[*] 本文 1943 年写于昆明，曾油印少量份数分送给有关人士。英文稿载于 *Social Sciences in China* Vol. I，No. 1，1980。中译文载于《哲学研究》1985 年第 9 期。钱耕森译，王太庆校。——编者注

提的时候又往往被说成宗教。在早期，儒家和道家本是地道的哲学，因此是先秦百家争鸣的两家，那个时期的学派纷纭是中国历史上无与伦比的。由于词语未尽恰当，我们不打算对此作任何描述。把一些熟知的哲学用语加之于西方哲学足以引起误会，用于中国哲学则更加不妙。例如有人可以说先秦有逻辑家，这样说就会引得读者以为那时有一些人在盘算三段推论，研究思维律，甚至进行换质换位了。最近有一篇文章把阴阳家说成科学的先驱，这也不是全无道理，于是这样一来阴阳家就成了某种严格说来从未实现的事业的先驱；读者如果根据描述把阴阳家想象成古代的刻卜勒或伽利略，那是接受了一批思想家的歪曲观点。

儒家和道家是中国固有的，是地道的国货。释家则是从印度传入的，不知能不能算中国哲学家。传入外国哲学与进口外国商品不完全一样。例如在上个世纪，英国人曾经惊呼德国唯心论侵入英国，他们说："莱茵河流进了泰晤士河。"但是英国人尽管惶恐，他们的泰晤士河并没有就此变成一条莱茵河；英国的黑格尔主义虽然承认来自外国，是外国引起的，却分明是英国哲学，尽管它的英国色彩不像洛克哲学和休谟哲学那样鲜明。释家在中国，无论如何在早期是受到中国思想影响的，实际上有一段时间披上了道家的法衣，道家可以说成了传播佛法的主要代理人。但是释家有一种倔强性格抵制了道家的操纵，因此它虽然在某种程度上变成了中国哲学，在基本特色方面却不是与固有中国哲学没有区别的。

下面几节要挑出几个特点来讨论。我们尽可能不用固有名词，不用专门术语，不谈细节。

二

中国哲学的特点之一，是那种可以称为逻辑和认识论的意识不发达。这个说法的确很常见，常见到被认为是指中国哲学不合逻辑，中国哲学不以认识为基础。显然中国哲学不是这样。我们并不需要意识到生物学才具有生物性，意识到物理学才具有物理性。中国哲学家没有发达的逻辑意识，也能轻易自如地安排得合乎逻辑；他们的哲学虽然缺少发达的逻辑意识，也能建立在已往取得的认识上。意识到逻辑和认识论，就是意识到思维的手段。中国哲学家没有一种发达的认识论意识和逻辑意识，所以在表达思想时显得芜杂不连贯，这种情况会使习惯于系统思维的人得到一种哲学上料想不到的不确定感，也可能给研究中国思想的人泼上一瓢冷水。

这种意识并不是没有。受到某种有关的刺激，就不可避免地要发生这种意识，提出一些说法很容易被没有耐性的思想家斥为诡辩。这类所谓诡辩背后的实质，其实不过是一种思想大转变，从最终实在的问题转变到语言、思想、观念的问题，大概是领悟到了不碰后者就无法解决前者。这样一种大转变发生在先秦，那时有一批思想家开始主张分别共相与殊相，认为名言有相对性，把坚与白分离开，提出有限者无限可分和飞矢不动的学说；这些思辨显然与那个动乱时代的种种问题有比较直接的关系。研究哲学的人当然会想到希腊哲学中的类似情况。从这类来自理性本身的类似学说中，可见他们已经获得了西方哲学中那种理智的精细；凭着这些学说，哲学在某种意义上变成了锻炼精神的活动。然而这种趋向在中国是短命的；一开始虽然美妙，毕竟过早地夭折了。逻辑、认识论的意识仍然不发达，几乎一直到现在。

其所以如此，可以举出一大堆原因；但是不管出于什么原因，哲学和科学受到的影响确实是深远的。科学在西方与希腊思想有紧密联系。虽然不能把前者看成后者的直接产物，却可以说前者的发达有一部分要归功于希腊思想中的某些倾向。实验技术是欧洲文化史上比较晚起的，尽管对科学极为重要，却不是产生科学的惟一必要条件。同样需要的是某些思维工具；人们实际提供的这类工具，很可以称为思维的数学模式。微积分的出现是对科学的一大促进，这表明处理数据的手段同通过观察实验收集数据同等重要。欧洲人长期用惯的那些思维模式是希腊人的。希腊文化是十足的理智文化；这种文化的理智特色表现为发展各种观念，把这些观念冷漠无情地搬到种种崇高伟大的事情上去，或者搬到荒诞不经的事情上去。归谬法本身就是一种理智手段。这条原理推动了逻辑的早期发展，一方面给早期的科学提供了工具，另一方面使希腊哲学得到了那种使后世思想家羡慕不已的惊人明确。如果说这种逻辑、认识论意识的发达是科学在欧洲出现的一部分原因，那么这种意识不发达也就该是科学在中国不出现的一部分原因。

中国哲学受到的这种影响同样是深远的。中国哲学没有打扮出理智的款式，也没有受到这种款式的累赘和闷气。这并不是说中国哲学土气。比庄子哲学更土气的哲学是几乎没有的。然而约翰·密德尔敦·墨雷（John Middleton Murray）曾说过，柏拉图是个好诗人，黑格尔则是个坏诗人。根据这个说法，也许应该把庄子看成大诗人甚于大哲学家。他的哲学用诗意盎然的散文写出，充满赏心悦目的寓言，颂扬一种崇高的人生理想，与任何西方哲学不相上下。其异想天开烘托出豪放，一语道破却不是武断，生机勃勃而又顺理成章，使人读起来既要用感情，又要用理智。可是，在惯用几何模式从事哲学思考的人看来，即便在庄子哲学里，也是既有理智的寒光，而又缺少连贯。这位思想家虽然不能不使用演绎和推理，却无意于把观念编织成严密的模式。所以，他那里并没有训练有素的心灵高度欣赏的那种系统完备性。

然而，安排得系统完备的观念，往往是我们要么加以接受，要么加以抛弃的那一类。作者不免要对这些观念考察一番。我们不能用折衷的态度去看待它们，否则就要破坏它们的模式。这里也和别处一样，利和害都不是集中在哪一边。也许像常说的那样，世人永远会划分成柏拉图派和亚里士多德派，而且分法很多。可是撇开其他理由不说，单就亚里士多德条理分明这一点，尽管亚里士多德派不乐意，亚里士多德的寿命也要比柏拉图短得多，因为观念越是分明，就越不能具有暗示性。中国哲学非常简洁，很不分明，观念彼此联结，因此它的暗示性几乎无边无涯。结果是千百年来人们不断地加以注解，加以诠释。很多独创的思想，为了掩饰，披上古代哲学的外衣；这些古代哲学是从来没有被击破，由于外观奇特，也从来没有得到全盘接受的。中国历史上各个时期数不清的新儒家、新道家，不论是不是独创冲动的复萌，却决不是那独创思想的再版。实际上并不缺乏独创精神，只是从表面看来，缺少一种可以称为思想自由冒险的活动。我们在这里谈的并不是中国哲学长期故步自封的实际原因。早在某些哲学蒙上宗教偏见之前，用现存哲学掩饰独创思想的倾向已经很显著了。不管出于什么现实的原因，这样的中国哲学是特别适宜于独创的思想家加以利用的，因为它可以毫不费力地把独创的思想纳入它的框子。

三

多数熟悉中国哲学的人大概会挑出"天人合一"来当作中国哲学最突出的特点。"天"这个词是扑朔迷离的，你越是抓紧它，它越会从指缝里滑掉。这个词在日常生活中用得最多的通常意义，并不适于代表中国的"天"字。如果我们把"天"了解为"自然"和"自然的神"，有时强调前者，有时强调后者，那就有点抓住这个中国字了。这"天人合一"说确是一种无所不包的学说；最高、最广意义的"天人合一"，就是主体融入客体，或者客体融入主体，坚持根本同一，泯除一切显著差别，从而达到个人与宇宙不二的状态。恰当地表达这个观念需要用一整套专门术语，本文不打算一一介绍。我们仅限于谈谈它的现实影响。如果比较满意地达到了这个理想，那就不会把自己和别人强行分开，也不会给人的事情和天的事情划下鸿沟。中国哲学和民间思想对待通常意义的天，基本态度与西方迥然不同：天是不能抵制、不能反抗、不能征服的。

西方有一种征服自然的强烈愿望。人们尽管把人性看成"卑鄙、残忍、低贱的"，或者把人看成森林中天使般的赤子，却似乎总在对自然作战，主张人有权支配整个自然界。这种态度的结果，一方面是人类中心论，另一方面是自然顺从论。这对科学的影响是巨大的。促进科学的因素之一，是获得征服自然所需要的力量。没有适当的自然知识，就不能征服自然。只有认识自然规律，从而利用自然，人才能使自然顺从。一切工程奇迹，一切医药成就，实际上，全部现代工业文明，包括功罪参半的军事装备，至少在某种意义上都可以看成用自然手段征服自然以达到人类愿望的实例。从自然与人类隔离的观点，产生的结果是清楚的——胜利终归属于人类；但是从人类有自己的自然天性、因而也有随之而来的相互调节问题这个观点，产生的结果就不那么清楚——甚至可以变成胜利者也是被征服者。

自然与人分离的看法带来了西方哲学中彰明昭著的人类中心论。说人是万物的尺度，说一物的本质即是其被感知，或者说理解造成自然，人们就以为自然并非一成不变。在哲学语言中，"自然"概念包含一种可以构造的意思，心智是在其中自由驰骋的；在日常生活语言中，人类所享有或者意图享有的自然，是可以操纵的。我们在这里说的并不是唯心论或实在论，那毕竟是意识的构造物。我们是说中国和西方的态度不同，西方认为世界当然一分为二，分成自然和人，中国则力图使人摆脱物性。当然，中国的不同学派以不同的方式解释自然，给予自然不同程度的重要性；同一学派的不同思想家，同一思想家在不同时期，也可以对自然有不同的理解。可是尽管理解不同，都不把人与自然分割开来，对立起来。

到此为止，我们仅仅接触到了人性。西方对自然的片面征服似乎让人性比以往更加专断，带来更大的危险。设法使科学和工业人化，是设法调和人性，使科学和工业的成果不致成为制造残忍、屠杀和毁灭一切的工具。要保存文明，就必须设法控制个人，控制社会，而唤醒人们设法这样做的则是一些思想家。我们应当小心谨慎，不能随便提征服。在一种意义上，而且在一种重要的意义上，人的天性和非人的天性是从来没有被征服过的。自然规律从来没有为了人的利益、顺从人的意志而失效或暂停；我们所做的只是安排一个局面，让某些自然规律对另一些自然规律起抵制作用，俾使人的愿望有时得以实现。如果我们想用堵塞的办法来征服自然，自然就会重重地报复我们；不久就会在这里那里出现裂缝，然后洪水滔天，山崩地裂。人的本性也是一样。例如原罪说就会造成颓废心理，使人们丧失尊严，或者造成愤怒的躁发，使人们成为破坏分子和反社会分子。

哲学或宗教给人一种内在的约束，法律给人一种外在的约束，这类约束是任何社会都需要的，也都为中国哲学所承认，但是这并非鼓吹取消各种原始本能的作用。这样就产生了一种情况，由于缺乏恰当的词语，可以姑且把它描述为自然的合乎自然，或者满意的心满意足。我们的意思并不是用这样的词语暗示说，残酷、野蛮的事例在中国历史上比任何其他民族少；杀人如麻、嗜血成性、为所欲为的事情在中国历史上跟别处一样俯拾皆是。我们的意思是说，王尔德（Oscar Wilde）看到的那种不合自然，在维多利亚时代合乎自然的生活里是没有的。中国人可以有些话反对不合自然，但是并不吹捧自然的生活，似乎非常满意于自己的心满意足。在现代，我们大概惯于认为心满意足就是停滞不前、精神松懈、苟且偷安。这种现代观点本质上是鼓励向自己造反，其副产品是心理受折磨，再也不能保持生活上平安宁静。这个观点是与我们在这里试加描述的观点背道而驰的。中国人满意于自己的心满意足，表现出一种态度，认为对于他自己来说，每一件事都是给定的，因而都是要接受的；借用布拉德雷（F.R.Bradley）一句名言来说，就是人人各有其"位分和生活"，其中有他自己的自然尊严。儒家虽然认为人人都可以成为圣贤，但是做不到也并不形成心理负担。既然见到人各有其位分和生活，一个人就不仅对自然安于一，而且对社会安于一了。

四

个人不能离开社会而生活，这是不言而喻的。希腊哲学和中国哲学都体现了这个观点。从苏格拉底到亚里士多德，无不特别强调良好政治生活的重要性。这些学者既是政治思想家，也是哲学家。他们的基本观念看来是认为个人要得到最充分即最"自然"的发展，只能通过公道的政治社会为媒介。哲学涉及生活之紧密有如文学，也许比很多其他学科更为紧密。那些生来就研究哲学的人，以及那些由于自由受到政治侵犯或社会侵犯而投身于哲学的人，都不能不把上述真理当作自己的前提之一，或者积极原则之一。人们企图提供现今所谓的人生观，企图理解人生，给人生以意义，过良好的生活，这是研究哲学的动力，比大家重视的纯粹理智更原始的动因。由于人们要过良好的生活，所以生活与政治相连结这条原则把哲学直接引到政治思想，哲学家直接或间接地与政治发生联系，关心政治。

这个传统在西方没有完全贯彻，中断的原因之一将是下节讨论的主题。然而它在中国几乎一直保持到今天。中国哲学毫无例外地同时也就是政治思想。有人会说道家不是这样，可是说这话就像说鼓吹经济放任的人并非鼓吹一种经济政策，并非陈述经济思想。尽管无政府有时是指不要政府而言，无政府主义毕竟还是政治思想。在政治思想方面，可以说道家所鼓吹的同儒家相比是消极的。它认为儒家鼓吹的那类政治准则是人为的，只会制造问题而不解决问题。这种消极学说自有其积极基础。道家的政治思想是平等和自由，甚至可以说都推到了极端。它把一切皆相对的学说搬到政治领域，根本反对硬扣标准，而政治准则就是以某种方式硬扣标准。标准可以有，却不必硬扣标准，因为事物的本性中本来就有不可改变的标准，根本不必硬扣，需要硬扣的标准必定与引起硬扣的情况格格不入。道家的政治思想是政治上自由放任，它的消极意义仅仅在于谴责政治上过分硬扣的做法，并不在于不采纳任何政治目标，道家和儒家一样有自己的政治理想。我们可以把那种理想描述为可以在卢梭的自然状态中达到的自由平等境界，再加上欧洲人那种自然而然的不屈不挠的精神。

与道家相比，儒家在政治思想方面要积极得多。孔子本人就既是哲学家又是政治家。他十分明智地不当独创的思想家，宣称自己只是宪章文武，祖述先王之道。他在有意无意之间，成功地使自己的创造性思想带上了继承传统的客观意义。他是可以把自己描述成新儒家的，因为他使自己的思想不带个人性质，也就成功地使它成为独一无二的中国思想。在政治上不出现倒退的时候，它大概能够引导中国思想沿着它的轨道前进，在政治上出现倒退的时候，它也很容易把后来的思想捏进它的模式。那模式就是哲学和政治思想交织成一个有机整体，使哲学和伦理不可分，人与他的位分和生活合而为一。"天人合一"也是伦理与政治合一，个人与社会合一。

哲学和政治思想可以有多种多样的联系。人们可建立一个形而上学体系，再从其中推出若干有关政治的原则，也可以投身政治，喜爱一种与他的哲学并无系统联系的政治思想。政治思想可以与某种哲学体系有内在联系，与这位哲学家有外在联系，或者与某位哲学家有内在联系，而与他的哲学有外在联系。这两类情况都会颠倒错乱，不是哲学在政治上失势，就是政治思想失去哲学基础。例如英国的黑格尔主义提供了一种政治思想，与这种哲学体系有内在联系，但是与那些哲学家们的联系非常外在，以致这一体系和这些哲学家都不能说对英国政治发生了什么影响，只有格林（T.H.Green）除外。

儒家政治思想与哲学家及其哲学都有内在联系。儒家讲内圣外王，认为内在的圣智可以外在化成为开明的治国安邦之术，所以每一位哲学家都认为自己是潜在的政治家。一个人的哲学理想，是在经国济世中得到充分实现的。由于儒家思想在中国成了不成文的宪法，国家的治理多半用柔和的社会制约，而不大用硬性的法纪；在这样的国家里，杰出的哲学家和大师的地位即便不高于在野的政治家，至少与在野的政治家相等，同法治国家的杰出律师一样。一位杰出的儒家哲人，即便不在生前，至少在他死后，是一种无冕之王，或者是一位无任所大臣，因为是他陶铸了时代精神，使社会生活在不同程度上得到维系。因此人们有时说中国哲学家改变了一国的风尚，因此中国哲学和政治思想意味深长地结成了一个单一的有机模式。

五

　　哲学和政治的统一，总是部分地体现在哲学家身上。中国哲学家到目前为止，与当代的西方哲学家大异其趣。他们属于苏格拉底、柏拉图那一类。在英国，桑塔雅拿（Govbge Santayana）在他那本《独白》里大声疾呼，而不只是发表一般声明，说他是现代苏格拉底。在当代的哲学家中，确实可以说数他发挥了超过学术意义的文化影响，他钻研了并且越出了学术性的哲学，踏进了人文学的领域。可是老实说，现代苏格拉底是再也不会有的，连现代亚里士多德都出不了。从斯宾塞（Hevbert Spencer）起，我们已经意识到应该明智一点，不必野心勃勃地要求某一位学者独立统一不同的知识部门。每个知识部门都取得了很多专门成就，要我们这些庸才全部掌握是几乎不可能的。可惜苏格拉底式的人物已经一去不复返。一部现代百科全书可以使知识得到某种统一，有利于进一步提高知识。可是通过现在的分工办法，可以把知识一口一口咬下，加以改进，加以提高，丧失这样一种统一也不一定是憾事。在某种意义上，苏格拉底式人物一去不复返则是更加值得惋惜的。

　　现代人的求知不仅有分工，还有一种训练有素的超脱法或外化法。现代研究工作的基本信条之一，就是要研究者超脱他的研究对象。要做到这一点，只有培养他对于客观真理的感情，使这种感情盖过他可能发生的其他有关研究的感情。人显然不能摆脱自己的感情，连科学家也很难办到，但是他如果经过训练，学会让自己对于客观真理的感情盖过研究中的其他感情，那就已经获得科学研究所需要的那种超脱法了。这样做，哲学家就或多或少超脱了自己的哲学。他推理、论证，但是并不传道。除了分工以外，这种超脱的倾向使他成为超脱的逻辑家，超脱的认识论者，或者超脱的形而上学家。往日的哲学家从来不是专职的。职业哲学家的出现可以对哲学有些好处，但是对哲学家似乎也有所损伤。他懂哲学，却不用哲学。

采用这种做法之后，哲学当然也有所得。我们对每个哲学部门的问题比以前知道得多了。虽然还不能把哲学家的个性与他的哲学完全拆开，毕竟为客观性打下了一个基础，使哲学比以前更能接受积累。其所以在这一方面有所进步，是由于表达工具有了改进，思路得以分明的技术发达了，这是不容忽视的。任何一个人，可以仍然有权采取任何适合于他的禀性的哲学，却不能随心所欲地表达他的思想。有所得的还不限于哲学，哲学家也得到了一种超脱的理想。我们可以把这超脱描述为一种美妙的怀疑主义，在这种怀疑主义里，可以说希腊的明朗渗透进了希伯来的美妙，希伯来的美妙软化了希腊的明朗。有幸接近这种理想的人会妙趣横生，怀疑主义并不使他尖酸刻薄，美妙也不使他冒冒失失地勇往直前。他不会是个好斗士，因此可以失掉人们瞩望于他的社会作用；他有鉴于好斗士可以办坏事，就只好既消极又积极。理想是很难达到的。哲学一超脱，就成了一条迂回曲折的崎岖道路，布满技术性的问题，掌握它需要时间，需要训练，需要学究式的专一，在全部掌握之前往往会迷失方向，或者半途而废。一个人即便取得了某种程度的成就，也不能成其为现代苏格拉底。

中国哲学家都是不同程度的苏格拉底式人物。其所以如此，是因为伦理、政治、反思和认识集于哲学家一身，在他那里知识和美德是不可分的一体。他的哲学要求他身体力行，他本人是实行他的哲学的工具。按照自己的哲学信念生活，是他的哲学的一部分。他的事业就是继续不断地把自己修养到进于无我的纯净境界，从而与宇宙合而为一。这个修养过程显然是不能中断的，因为一中断就意味着自我抬头，失掉宇宙。因此，在认识上，他永远在探索；在意愿上，则永远在行动或者试图行动。这两方面是不能分开的，所以在他身上你可以综合起来看到那本来意义的"哲学家"。他同苏格拉底一样，跟他的哲学不讲办公时间。他也不是一个深居简出、端坐在生活以外的哲学家。在他那里，哲学从来不单是一个提供人们理解的观念模式，它同时是哲学家内心中的一个信条体系，在极端情况下，甚至可以说就是他的自传。我们说的并不是哲学家的才具——他可以是第二流哲学家，也可以具备他那种哲学的品质——那是说不准的；我们说的是哲学家与他的哲学合一。哲学家与哲学分离已经改变了哲学的价值，使世界失去了绚丽的色彩。

译者附识　本文是我的老师金岳霖先生于1943年用英文撰写的，首次公开发表于我国1980年出版的《中国社会科学》英文版创刊号。译者译自 *Social Sciences in China* Vol.1 No.1, 1980年。当其时，仅为便于自学起见，我曾约元枚同志尝试合译了一份初稿，并呈送金先生指正。不料，于呈送过程中不慎遗失。现在，我们尊敬的金先生不幸已于1984年10月19日病逝。师友们震悼之余，筹备隆重纪念之。我的老师周礼全先生和我的老同学诸葛殷同同志遂与《哲学研究》编辑部共同约我把此文重译出来。这使我深感惶愧。金先生的这篇著名论文，虽难免受到时代的局限，然其思想深邃，新意迭出，英文地道，加之先生文风独特，所以我甚感难以完成重任。但纪念、学习、介绍、研究自家师长的学术思想，又责无旁贷。并且，我的老师王太庆先生欣然同意亲予校对。于是，我遂勉力重译出来，谨向金先生深表缅怀之情；谨向王、周两位先生和元枚、诸葛两位同志以及编辑部的同志深表谢忱。敬请师友和广大读者们不吝批评指正。

道、自然与人 *

序

在 1943—1944 那一学年，我接受了美国国务院的邀请，访问了美国。这对我来说是一件很好的事，它使我认识了许多朋友，否则我是不可能认识他们的；它也使我可以很自由地感受到美国公众舆论的走向。但是，当意识到作为回报我必须要做的事情时，我就有一种内疚感，因为对于要做的工作我没有充分的准备。虽然教授只是做教授，而不必比新教徒（protestants）的抗议（protest）做得更多些，但是他必须提供一个主题作为一种文化交流的内容。我在中国多年以来是教逻辑和认识论的，但是如果在美国来教这样的课程就无异于往 Newcastle 运输煤炭。我本人不是一位汉学家，因此以西方思想系统的术语来处理中国历史的问题完全是我力所不能及的。我倒有兴趣在美国介绍中国的思想，然而我也不是做这一工作的合适人选。胡适很多年来做的就是这样的工作，他也许是更合适的。我对中国思想有某些看法，我愿意

---

* 本文写于 1943—1944 年访问美国期间。英文稿收入《金岳霖文集》第 2 卷，甘肃人民出版社 1995 年版。胡军译。——编者注

在任何地方来谈论我的看法。公平的原则要求我把这样的看法视为我自己的，而不是历史上的思想家们的，以免把这些可能是站不住脚的思想归罪于这些思想家们。在下面的篇幅中，我用英语节录了几年前出版的一本书[①]的部分。在中国目前的条件下，不要说在图书馆里找不到这一本书，就是我本人手头上也无此书。下面的篇章是我在坎布里奇洛威尔大厦和芝加哥东方研究院的和平宁静的环境中完成的。我增加了论《自然与人》的一章。这一章在原来的书中是没有的，增加它的目的是使本书的思想多少易为人接受。不管这本书是不是值得写或出版，但是它却给了我一个机会向哈佛大学、芝加哥大学，尤其是向美国国务院，表示我由衷的谢意。

[②]

一

　　我们以通常所谓的特殊事物或客体为例，如北京颐和园湖边那棵玉兰树，我们在此已经向你描述了这一特殊的客体及其位置；它在远近闻名的北京中的同样闻名的颐和园之内，而且它被划归为木兰科。曾经看到这棵树的人当然会回忆起它的"形状"和"特性"及它所在的位置。对于他们没有必要作什么进一步的介绍。如果他们的记忆是生动的话，他们就会在自己的心灵中看见那棵树。但对那些记忆不好或以前从未看见过这棵树的人来说，在他们的直接经验的范围内就没有这样的印象。

　　假如他们中的某些人不知道什么是玉兰花树或不知道它长得

---

①　"几年前出版的一本书"即《论道》，商务印书馆1940年9月出版。——编者注

②　原稿中缺第一章的标题及第一节的标号。——编者注

是什么样的，那么我们就得说上好多属于木兰科的树的知识。尽管所有这些陈述对于那棵玉兰树而言都是正确的，但它们并不仅仅对于那棵玉兰树才是正确的。这些陈述对于许多木兰科的树都同样是正确的，如它们也同样适用于国会图书馆前的那两棵玉兰花树。可见，虽然这些陈述告诉了我们玉兰花树是什么样的，但它们并未确切地指示那棵特定的玉兰花树的形状、树龄或大小，或它有多少树枝或它的树枝是否是直的，等等。因此要确切地知道那棵特殊的玉兰花树，我们还需知道关于它的其他一些事情。如果说我们是科学家或饱学之士，那么我们就会更加详尽地描绘那棵树，而不仅仅回答那些已经提出的问题，也同样应该回答那些可能提出的其他种种问题。如果拙于言辞，我们可以尝试着去画画。如果画画还是不能达意，我们可以照相。但我们又何以能确信这样的相片是在北京照的，而不是在好莱坞照的？显然，不管我们怎么努力，我们在显示那棵玉兰花树的“那个”的特殊性时注定是要失败的。当我们确信，事实上并没有其他的树和这一描述或画或照片完全一样的时候，但我们至少同样确信存在着这样的可能性即存在着不可否认的这样一种东西。在相关的事实结合之前，关于这一可能性的问题不是偶然的。任何事物只要不是自相矛盾的就是可能的。对 x 的最细致的描述对于 y 也可能同样是充分的：x 是 ϕ, Ψ, θ, ……而且 y 也是 ϕ, Ψ, θ, ……这并不矛盾。习惯于大生产的美国人比起中国人来应该说是更容易理解这一点。

我们现在谈到的是关于玉兰树的描述的问题。描述就得运用抽象的意念。抽象意念是一种工具，把一共相或一类共相从其他的共相或其他一类共相区别开来。说一个苹果是红的可能是完全正确的，如果这是正确的，那么它就排除了如它是绿的这样的可能性。它使你忽略其他的可能性，如这一苹果可能比别的苹果更大一些，或它比别的苹果更圆一些等等。它是红的这一命题也没有揭示出这一苹果的大小或形状，它的功能只是彰显某一共相，而不涉及其他的共相，排除掉其他的可能性。不应看轻抽象意念的作用，它们是经验具有可传授性的基础。特殊的经验没有可传授性。比如我不能仅仅告诉你我的朋友的名字让你去火车站接我认识了多年而你却不认识的一个朋友。我必须用抽象的术语来描绘他，比如说他个子高，有不少白发，或他有点驼背并有点瘸，等等，等等，……而且要依赖于这样的可能性即在同一列火车上再没有和这样的描绘相像的其他人。描述是非常有用的，但它们并不总能使你与你关于被描述的客体的经验协调一致。说某一棵树是高大壮观的玉兰树并不会使你不感到意外，当你遇到那棵树，看到"那"高的，"那"壮观的时候。

　一特殊的事物或客体从来就不仅仅是一共相或一类共相。温斯顿·丘吉尔在他那个时代是一位最有个性的人物之一。你可以尽可能多地对他进行描述，而且不管你对他描述是多么的充分和完满，然而你所能得到的也只不过是一堆共相，一类所谓的丘吉尔性的东西，它们可能为另外一个英国人或美国人所具有。亚里士多德也不是亚里士多德性的东西的总和。有这样一个玩笑，说所有亚里士多德的著作都是由另外的一个同样姓名的人所写的。对这一玩笑的通常的反映是，不管亚里士多德的著作是谁写的都没有什么本质上的区别。这是因为我们都只不过是他的读者，而不是他的妻子。如果我们是他的妻子，那么我们当然会比别人对这样的事实给予更多的关怀。虽然我们不可能想象有两个完全相同的亚里士多德，但这样的可能性的确不是不可能的，即所谓的亚里士多德的性质可以为许多人所共享，而其中的每一个人都是特殊的个体。由于其中的每一个人都是享有一类共同共相的特殊客体，因此就特殊性这一点而言，没有一个特殊客体就仅仅是一堆共相。可见，以抽象意念为术语的描述不可能揭示一特殊客体的特殊性。

在描述之外，我们还运用其他的工具来达到特殊客体。我们开始我们讨论的第一句话就利用了专名。为了在我们的心中达到特殊的玉兰树我们就不得不利用专名。我们依靠命名或手指或以有固定结构的参照系来指示。把事物指示出来可能是最简单的、最方便的一件事，因为对于大多数的事物我们不必麻烦给它们起名。但是用手指是一个行动，它需要共同的时间和空间方面的经验。正如你不能用手指示一棵未命名的树并且让你的远在其他城市的朋友来欣赏它的形状和颜色一样，你也同样不可能用手指示出过去。命名有它的长处。名称忠实地指示着被命名的事物。约翰·杜过去很瘦，现在却很胖。但不管他是瘦还是胖，约翰·杜还是约翰·杜。当一个特殊事物不能被用手指出来或不能被命名时候，那么经常的做法就是以有固定结构的参照系来指示。最常被运用的参照系就是时间和空间。在如此如此时间和如此如此地点的一个事物使已被提及的事物特殊化了。在特殊的环境中，有时只运用一种工具也就够了。但是更多的时候则必须要运用很多的工具来进行描述。这正如我们在讨论玉兰花树的第一句话时候所做的那样。

但特殊化的工具只能运用于殊相或适用于殊相的名称，严格说来，它们并不能运用于特殊事物或客体。一殊相不同于共相仅仅是因为它的特殊性，而不是因为它是一客体。即便是殊相的样型也只是外在的样型。作为外在的样型，殊相不具有特殊事物或客体的实质性、现实性和可能性。一套共相并不能组成一客体，也不能形成一套殊相，因为这两者都没有我们通常所说的所谓的"实体"。可能如果我们求助于时间的话，那么我们就能更容易地看到，一殊相是不同于一特殊的事物或客体的。殊相是一去不复返的，一旦它们消逝，它们也就永远消逝了。然而在特殊的事物或客体中却有着某种具有永久性的东西。可见，特殊化的工具只能使我们达到殊相，严格说来是不能达到特殊事物或客体的。让我们在此还是回到开头谈到的那棵玉兰花树。它总处在变化之中。然而考虑到目前它在特殊的时间所呈现出来的特殊的形状和特性而言，它们是不能变化的，因为它们并不会持续。确实，不同的殊相会连续不断地出现。而且这些连续不断出现的殊相可能会成为我们观察变化的标准，但是这些殊相中的任何一个都不可能转换成另一殊相。当然在这中间确实有某种东西在变化，就目前而言这某种东西是令人不可捉摸，使人疑惑不解的。

当我们描述时，我们把不同的共相区别开来。而当我们用手指或用命名或运用参考系的时候，我们是在指示殊相。正如我们已经指出的那样，在玉兰花树中有某种东西，它既不是一共相或一套共相，也不是一殊相或殊相的名称。如果我们把描述或指示叫做表现，那么有这样的所谓"那个性"使表现变得迷惑难解。在每一个特殊的事物或客体中都有这样一种东西，它就是"这个性"或"那个性"或 x，它是不能被表达的。在某种相对的意义上说，珠穆朗玛峰是一恒常的存在。但即使它也经常不断地经历着一系列的变化。用另一种不同的方式说，在"它"之中或周围总有连续不断的不同的殊相或连续不断的不同的共相的实现。我现在正在抽烟，我手中的这支烟着实使人感到困惑不解。它的纸的部分来自于造纸的工厂，作为植物它需要从阳光、水和土壤中吸取营养。它的烟草的部分也可以同样的方式追溯其来源。然而毫无疑问，水或阳光或土壤并没有转化成为香烟：有某种东西却经历了不同的转化过程，正如同我把制服换成了工作服一样。就我所知，香烟逐渐地消失了，它的某些部分变成了烟，不久就消失在空气中；它的其他部分变成了烟灰，而剩余的部分由我把它们弹入烟灰缸内。这支烟的"同一性"似乎消失了。然而如果情况果真像这样简单的话，那么我们便会发现说"这"烟灰是"那"香烟的一部分是毫无任何意义的一件事。在这中间必定有某种东西从香烟变成了烟灰，这正如一大学生从二年级升入三年级一样。

你们可能会以现代物理学的术语来考虑这样的问题，把这不可表达的 x 解释为是电子。你们可能会说，组成这或那的特殊客体的是特殊的电子束，所以它们是不可表达的。显然，这样的解释是不正确的。因为特殊电子的特殊组合事实上是可以表达的；只要它是殊相，它就能够被表达出来。而且只要它实现了一共相，它当然也能被表达。但在这特殊的电子及其组合背后的支撑物是不可表达的 x。在推进上述的讨论过程中，你们把从可表达的到不可表达的可分析过程误解为是从宏观到微观的科学过程。在物理学中，有从大到小的归约过程，或从复杂到简单的归约过程。这是企图以微观的术语来解释宏观的东西。科学所要解决的问题不是一星球是如何的大或一电子是如何的小。在这两者的背后存在着一不可表达的 x。显然，电子是可以表达的，而且在将来如果它能以它百万分之一的实体来描述，它依然是可以表达的。但是在这二者背后仍有不可表达的 x。

你们可能会建议，这里所谓不可表达的 x 可能就是一形态，一样型，一惟一的形式或偶然性质的一种畸形结构。一特殊的事物或客体就是这样的东西。但如果它仅仅是这样的东西，那么它也就没有什么不可表达的东西了。不管一结构是如何的畸形，或将来是如何的畸形，它总是可以运用共相来描述，而且可以被命名或用手指指示或运用参照系来指定。于是，实际的困难就这样产生了，我们可能没有那么多的意念或术语来描述这样的结构。或者我们不知道足够的东西来确切地表达它。显然我们因此而显得笨拙，最终以至失败。但是，从理论上讲，它仍然是可表达的。

如果它是可表达的，那么描述之于它，在某种意义上，正如亚里士多德的性质之于亚里士多德。如果我们准备要去指出这一结构，那么我们可能要比指出亚里士多德与亚里士多德的性质的关系来得更为困难。如果我们把亚里士多德性或罗斯福性称之为综合的可能性（所谓的综合可能性是指这样的一种可能性，即这种可能性是组合在一起的，而不是从相互之间的关系推论出来的），那么它们仅仅是班级，而我们目前对之所知的充其量只是其中的一个成员。但是知道了班级中的一个成员是一个实际的问题，而不是一个理论的问题。这样的说法也同样适用于所谓的畸形的结构。不管一结构是多么的畸形或惟一的，在理论上讲，它并不是不可表达的。

二

我们所熟悉的常识世界，包括它的历史和科学，都属于可表达的领域，虽然我们经常遭遇到那种使我们无法表达的窘境。从语言的观点看，用来表达的工具是符号、词语和句子。我打算把那些关于语言的困难问题抛开，而直接从用语言来表达的所谓意义开始。在此很有必要把意义的内容和被表达的客体这两者区别开来。作出这样区别的一个最简单的方式就是以下面的简单句子作典范，"这张桌子很矮。"一方面你理解说出这一句话的人所表达的意义，在另一方面你也处在一种语境之中，和说出这一句子的人处在同样的语境中。前者就是所说的内容，而后者就是客体。当这两者都借助于句子得到表达的时候，它们也就不再是句子了。在这里，我们无须考虑感叹句或问题句表达什么这样的问题。为了某种目的我们现在只需考虑陈述句所能够表达的东西。陈述句通常是由名词或代词或专名、形容词、指示词和动词、或其他的修饰词或量词组成的。从表达内容的角度说，这些词中有的是表达意念，有的如代词和名称则指示感觉材料或意象。我们感兴趣的是句子的特殊内容，这就是所谓的命题。命题不同于表达它的句子，也不同于由命题表达的事实或客体。命题的构成材料是意念、意象或感觉材料。

在明显的综合思想的过程中，意象和感觉材料是类似于具体的或类似于特殊的实体。在思想的分析结构中，它们并不存在。它们虽然是思想的或感觉的，但是它们不是意念。在某种意义上，它们是私人的，因此除非借助于意念，它们是不能传达的。它们向我们提供了有关感觉的和精神的丰富性和多样性。在某种意义上，尽管它们是私人的，但是它们却不是没有客观性，因为它们是经验能够传达的基础，虽然它们本身不是传达的工具。我们从表达它们的词语中可以清楚地看到这一点。一串没有经验内容的专名或代词或指示词如果它们不与名词、形容词和动词结合在一起，就不能表达任何东西。那棵玉兰花树的位置不仅仅是以专名的形式表现出来的，而且也是以描述的形式的表现出来的。如果没有描述，我们显然是不能够进行交流的。同样，没有意念，我们也不能交流，尽管我们有意象和感觉材料。

抽象意念是我们进行交流的工具。作为内容的抽象意念是以共相为其客体的。不管被给定的一共相是什么样的，它至少是可辨认的，是可以与其他的共相区别开来的。每一共相就是其自身，它包括属于自身的一切，而排除了一切不属于自身的其他东西。你能从下述的例子中很容易地看到这一点。比如壁炉架的红色花岗岩既不仅仅是红色的，也不仅仅是花岗岩，也不是这两者。这一意念尽管很简单，然而要表达它却也不是很容易的一件事。可能正是它的简单才是我们不能清晰地表达它。我们在这里所强调的是共相的可分离性，从意念的角度讲，正是这种可分离性才是使每一共相从综合具体的整体中抽象出来的基础。说这一苹果是红的，并不仅仅是说到红色，而不考虑到它的圆或甜或酸等等，在具体的存在中，这些属性是不可分割的。一意念只反映某一方面，而不反映整体；它只是抽象的，而不是具体的。不管名词与形容词之间在语法上有什么样的区别，它们表现的是同一方面的属性。由它们表达的意念仅仅表达的是部分，而不是整体。当我们说这一椅子或那一书桌时，我们习惯于把这样的表述看作是指示一完整的具体的客体。在我们早期的生活中，情形似乎是这样的。但是如果你对之进行分析，那么你就会发现是特殊的环境向你提供了这样的整体感或具体感。你也会进一步发现，离开了环境，"这"和"那"就变得不确定了，而且由它们提供的信息也只仅仅是它们所指示的东西是可以运用椅子或桌子这样的术语来表达，而无须考虑到它们是红的或绿的或是由铁或木头做的。

我们关于意念所说的一切也同样适用于命题。命题也同样仅仅是表达我们经验的某一方面。只有通过把大多数尚未说及的东西撇在一旁的办法，我们才能确切地说到其他的东西。我们可能只有通过依次说及事物（当然也是依次撇开事物）的办法才有可能达到某种程度的确切性，而得出关于客体的几乎是完全描述的结论。但没有一命题自身能够达到完整性。如果我们企图说及一切事物，那么就等于我们什么也没有说。如"在所有的 F.D.R. 之后是 F.D.R."这样的陈述的目标是要达到完整性和确定性。虽然它可能经验某种确定性，但它实际上并没有真正陈述任何东西。罗斯福不可能是任何别的人或别的东西。这一姓名是一专名，除非作出法律上的改变，它只能适用于某一以这一专名命名的个人，不管他是谁，他就是他本人。如果他出现了一会儿趋于极右一会儿又趋于极左这样的情形，于是有人会这样说，他"不忠实于自己，他出卖了自己的事业"，那么他所说到的不是从出生到死亡这一时期中具体的罗斯福这一人，而是以政治意念和信念来描述的那个人的罗斯福性质，而现在他不能再这样来描述了。如果这一陈述是正确的，那么罗斯福仍旧是罗斯福，虽然在政治上，从某种角度讲，他已不再具有罗斯福所具有的性质了。这一陈述确实说了些东西，因为它没有说及某些东西。

命题具有这样的分离性。这种仅仅表达某一方面的性质，使被表达的这一方面能够与其他的方面抽象出来，分离出来。这一看法没有考虑到特殊的命题或普通的命题或普遍的命题或它们是否是真的还是假的。我们所具有的知识的总和就是我们所拥有的并能够断定的全部真命题。如果我们知道很多历史事实，那么我们就能够断定相当广泛的特殊命题和普通命题。如果我们知道许多自然科学的命题，那么我们也同样能够断定相当广泛的普遍命题。具有常识就具有了断定命题的能力。一些命题是真的，而另一部分的命题则是许多人信以为真的命题。知识在知识者中是综合的或组合的，而不是在任何我们所能断定的真命题中。但是我们所拥有的知识是有限度的，确实有相当多的真命题我们从未意识到，从未被我们掌握，从未被我们断定过。整个的真命题系统反映世界，也同样反映着我们在其中过着的感性的和精神的生活的世界。即便我们经常因为不能够表达我们的感性的和概念的经验而大惑不解，但我们也不能因此而否认整个经验世界也仍然是在可表达的王国之中。我们的生活是综合的，但我们能够表达我们是怎样生活的这一事实是由于如下的事实即我们的综合性的生活能够从不同的方面做有成效的处理。可用来断言整个世界的整个命题系统就是由不同方面组成的整体。这些方面相互之间能够抽象地加以区别。正是通过这样抽象的特点，完整的感性的和概念的世界才能说是属于可表达的世界的。

我们在此并不是仅仅考虑真命题。一假命题与真命题的区别在于它是假的，它并不因为自己的虚假性而不具有自己的特点。

不管是真还是假，命题不是特殊的就是普通的，或者就是普遍的。一特殊命题表达的是这样的思想内容即它断定的是一特殊的客体或由"这是一张桌子"或"黄先生是英雄"这样的句子表述的事件。指示词和专名表示的是殊相，而谓词描述的则是共相。一普遍命题表达的是断定共相间相互联系的思想内容，如"不论一个x是什么，如果它是一个人，他就是要死的"这样的句子表达的就是共相间的关系。在这一事例中，有一点是很清楚的，这就是不管这一命题是真的还是假的，它处理的是能够加以区别的部分。一普通命题介于特殊命题和普遍命题之间，它不是特殊的，也不是普遍的。它是根据时间和空间的参照系对许多特殊的客体而作出的总结。如"1492年之前居住在美国的是红色印第安人"或"在满清统治下的中国人梳着辫子"表达的就是这样的命题。社会科学与自然科学相比的一个困难是，直到目前，前者仅能够发现真的普通命题，而不能作超越时间和空间的推论。显然我们不能够期望中国人现在还仍然梳着辫子，因为他们现在早已不在满清的统治之下了。尽管有时间和空间的局限性，一普通命题处理的仍然是可以相互区别的部分。

在一命题成为真的或假的之前，它为了能够具有任何意义，必须要满足某种关于意义的条件。在这里，我不准备从纯粹逻辑的角度讨论这些条件。因为从那样的条件，我们不必关心认识论，而我们目前关心的重点是与认识论有密切关系的问题。以同一律和矛盾律为例。这两个思维律都是这一条件的不同的方面。同一律是这一条件的积极的方面，而矛盾律则是其消极的方面。这两个方面的综合要求每一个意念与自身要有同一性，而与其他的方面要能够区别开来。这些方面形成了不同于综合和具体的分析性的抽象的核心。这一核心是对不能区别的或能够区别而未经区别的东西作出区别的基础。如果一命题不是它自身或者是自身之外的其他东西，那么这一命题可以没有意义，这就是说，它根本就不是命题。显然，这一意义的条件较之于真假的问题具有优先性。这倒不是仅仅因为真命题是有意义的，而假命题同样是有意义的。我们将在下一部分讨论它。这一条件本身不能以它的完整性来表述。表达意义的条件只能在它本身的部分中得到表达。

可表达的世界是这样的王国，它可以以共相的术语来描述，也可以殊相的术语来描述或用手指或命名或指示。正如我们所已经看到的那样，一不能表达的 x 既不是一殊相或一套殊相，也不是共相或共相的结合。它不可能是通常意义上的真或假的命题（不管是特殊命题或普通命题或普遍命题）的主语或谓语。在某种意义上说，我们可以说知道历史和各个方面的自然现象，但我们却不能说我们知道不能被表达的 x。虽然我们在理智上能够把握它，但此种把握到的对象却不是概念知识或感性经验的客体。要把握它，我们所需要的是一种理智的想象，这是对理智的局限性的一种认识，要越出理智的过程，不是回到理智的本质，而是要超越理智的范围。正因为如此，我主张在理智的想象和理智的反映之间作出区别，因为后者主张回到纯粹的理智，如研究逻辑，而前者却快速地越过理智而进入不可表达的事物，使它们具有消极方面的清晰性，因此也使它们具有了非感性的可经验性。

三

确实存在着不可表达的东西，但理智的精巧却可以使它们成功地呈现在人类的沉思之中。这似乎是不可想象的，逻辑作为研究的客体是与我们研究的内容有区别的，它不能在其整体性或本质中表达出来。在两个方面，其内容与客体是不相符合的。第一个方面是，你处在逻辑—中心的困境之中。任何与逻辑打交道的企图在任何方面总是设定了它的存在。你可以尽你所能把逻辑塞进一个系统之中，但最终你却会发现某些属于逻辑的东西留在了该系统之外。当我们考察一逻辑系统的开头部分的时候，我们就能更容易地看到这一点。我们在此以《数学原理》中初始意念和命题为例。如果你认识到它们是一逻辑系统的开端，那么你就会假定与它们相连的意念和命题都留在该系统之外了。如果你不假定它们，那么你也就相应地不能把它们看作是该逻辑系统的开端。我在此并不准备讨论所谓的不同的逻辑系统的问题。承认了不同的逻辑系统也就自然而然地承认了有些逻辑留在了任何的系统之外。我们的目的是要说明，即便承认一个系统为惟一的系统，那么我们也就必须要假定逻辑，这一假定的逻辑在这所谓的惟一的系统之外。试图以任何一种方式来表达逻辑，这也就同时似乎在实质上以另一种方式将其视为未经表达的东西。在这种意义上，要达到完整性的企图也就失败了。

我们应该在此审查一下逻辑系统的秩序问题，蕴涵不同于推论。如果能够记住这一区别，你就会发现在《数学原理》中实质上有两种秩序。一种是水平的秩序，它是一种蕴涵的方式。另一种是垂直的秩序，它是一种推论的方式。从组织一个系统的观点来看，在某种意义上，推论更为重要，因为没有它，这一系统就不能展开。然而在形式上，推论只是系统中的一个部分。虽然推论的原则被视为初始的命题，但它与其他的部分不同，更为重要的是，系统中的每一推论形式上是外在于系统的，因为虽然每一个水平的秩序是蕴涵的形式表现（或类似的东西，等等，等等），但没有一个垂直的秩序是推论的形式表现。在前者，读者的职责不是要去做出蕴涵，如某些东西蕴涵某些东西。但在后者，很明显他的职责就是去做出推论，因为正是他在做推论。在后一秩序中的每一推论就是材料，这正如我的书桌的颜色就是我所要表达的材料一样。涉及原则的括号仅仅引导我认识到这样的材料是推论，如同经验告诉我那颜色是棕色的一样。关于它没有形式的东西。回到表现的问题上来，我们可能会说，蕴涵能在形式上得到表达，而推论却不能够，因为说水平的线表现的是蕴涵，垂直的线自身是事件或活动的秩序。这样，在展开的系统中的一个很重要的因素就不得不处在这一系统之外。

第二个方面是，从本质的观点着眼，逻辑自身也很难得到表达。假定我们以不同的逻辑系统为例。为了更好地说明问题，我们暂且不管以下的问题即同一逻辑是否有不同的逻辑系统或不同的逻辑有不同的逻辑系统或是否它们或它们中的某些是逻辑系统。我们以同一律或同一原则来说明问题。在《数学原理》中，同一律表示为 p→p，在三值系统中表示为 pCp，在四值系统中表示为 p>p，在刘易斯教授的五值系统表示为 p ⊰ p。这些表示都是不一样的，但它们却都被认为表示的是同一律或同一原则。由于每一个都被认为表示的是同一律，所以没有一个表述是惟一的。也可以说，没有一个表述穷尽了它的本质，因此对于任何一个表述，我们会感到它虽然表示了这一原则的某些方面，然而这一原则的其他方面却被遗漏了。你可能会说，之所以如此是因为我们假定了上述的不同逻辑系统都是逻辑的系统。由于这样的假定没有给予讨论，所以使我们觉得我们能够成功地表示同一律的某些方面。这一说法应该说有其一定的理由，但是如果我们采取任何一个系统，那么我们得到的是同样的现象。比如以《数学原理》为例。我们可以得到，p→p，p≡p，x＝x，A⊂A，R ⊙ R，……我们是否把这些都看作是对同一律的表示吗？在某种意义上，它们都是一样的，但在另一种意义上它们却彼此不同的。如果我们是逻辑学家，我们可能会求助于这些表述，因为上述的表述都是同一律的值。我们会说表述的可变性体现了同一律的本质，而没有任何相互矛盾的方面。但是，同一律表述的可变性既不表现它的部分的值，更不表现它的所有的值。更为重要的是，作为同一律表述中的一个表述，在表现其值的同样层面上，它什么也没有表述。然而它也确实展示了某些东西，即表述同一律的形式。但是，它本身却不是同一律的表述。就同一律的完全的和本质的表述来说，后者始终是令人费解的一件事。

上面的讨论仅仅是要指出，即便在逻辑的领域内也有着不可表述的东西。但是如果我们的目标不是本质或完全性，那么我们就会在逻辑命题的这些表述中发现错误。只要承认表述上的差异性，只要承认被表述的东西的差异性，只要我们在理智上超越了它们，那么我们就能得到所要表述的东西的本质及其实体。我们作为逻辑学家必须坚持分析的立场，必须分别地看待 p→p, p≡p, A⊂A, ……以便使我们能够充分地认识到它们之间的差别。我们希望我们能够站在分析的立场上来充分地认识它们的特点及其它们之间的区别。但作为哲学家，我们也要能够审查它们的表述形式或其中的任何一个，并通过它们来掌握被表现的对象的本质或实质。逻辑学家能够帮助哲学家。在过去的半个世纪中，逻辑学所获得的进步使逻辑的表述更为清晰了。与过去相比，它们不再显得笨拙，却显得更为完全综合。但即便如此，逻辑还始终不能使我们去表达逻辑中不能被表达的东西，它只不过使我们比以前更牢固地把握住它。就目前我们所讨论的表述问题而言，逻辑学的最近进展使它的以相互联系的意念为基础的表述显得极为清晰。

哲学世界的一个常识性的看法是认为自语重复是命题的真值，它不断定事实，却指示了一切的可能性。在一个方面它不可能是假的，在另一方面它必须是真的。关于它不可能是假的这一点，我们无须讨论，逻辑教科书对此有较多的论述。对于哲学家来说较为重要的是自语重复必须是真的这一点。有很多的事物是不可能假的，但在任何一种意义上，也不能说是真的。然而我们现在不关心这样的问题。我们现在不讨论自语重复为什么是必须是真的，因为为什么它不能是假的也就是它为什么必须是真的理由。我们所最关心的主要问题是：究竟是在什么意义上说自语重复是真的？是以大写 R 开头的实在（Reality）真的？或者说是在实在背后的东西真的，或者用斯皮尔丁（Spaulding）教授所谓的非描述语词说，情状真的？或者说是先验的心灵真的？可能，从每一自语重复都是思想的规范这样的观点来看，我们倾向于把它看作是惟一与心灵相联系的存在。但如果仅仅心灵是真的，那么我们实在是看不出心灵必须总是是真的，或者说它必须曾经是真的？如果说的是心灵是真的，那么当然它就是真理，而且它可能就是先验真理。但如果它是自语重复意义上的真理，那么它就必须也是其他某种东西的真。讨论这一问题将必然会涉及很复杂的问题，我不打算在此讨论这样的复杂问题。而只是坦率地指出，自语重复的真是道的真，或者运用一个更为熟悉的术语说，是逻各斯（Logos）的真。

就目前而言，对我们来说，关于自语重复的重要性并不在于道的真或者逻各斯的真，而是在没有提及道或逻各斯的情况下，它作为主语或谓语是真的。科学或历史方面的转瞬即逝的事件或偶然的事实都是不稳定的客体。从这样不稳定的客体的观点来看，逻辑确实是这样的主语，我们并不知道我们究竟谈论的是什么或我们所说的究竟是不是真的。但是从本体论的角度，我们知道我们在谈论道或逻各斯，而且知道我们关于它们所说的一切是真的。由于没有断定任何的事实，更由于认为每一事情都是可能的，所以自语重复并不企图涉及与历史和科学相关的事实。但这并不意味着，它就是与本体论也是中立的。正是由于没有断定任何的事实，所以自语重复才有可能谈论终极实体。在这一方面，确实可以看出逻辑学家的技能。然而这里所说的是关于宇宙的最基本的东西。是否可能拥有另一套陈述，给出最充分、最完备的描述？自语重复被称之为准命题。我们是否可能有另一套准命题来断定每一件不关于事实的事？在这一方面，我们确实一筹莫展。当我们看见某些十分重要的东西是与此相关的时候，我们也实在是没有能力来构造出这样的陈述。我自己本人没有这一方面的能力，我所能做的一件事就是回到不可表达的 x。然而要描述这不可表达的 x 却也有着很多的困难。我不能感觉到它，也不能指出它来，也不可能借助于时间和空间，更不可能描述它。我们只能依靠理智的想象。或者我们把握着它或者我们不能。如果我们不能把握着它，那么对于它我们就无能为力。

如果我们能够把握着它，我们也同样是处在困难之中。让我们现在给这不能表达的 x 一个专名。尽管 Stuff 一词可能会使我们感到一种沉闷、乏味的感觉，但我们不能够想出一个比"Stuff"更好的名字了。专名并不具有概念所具有的可推断的意义，因此它就显得枯燥无味，但是如果我们能够直接接触到被命名的事物，那么我们借助于名字而获得一种从其他名字不可能获得的恰当的感觉。我们认为，质料（Stuff）对于不可表达的 x 来说是一适当的名字。必须承认，在日常的语句结构中，质料这一名字只能是主语，而不能是谓语。更为重要的是，从通常的意义上说，由这样的语句表达的陈述不是命题，也不是在自语重复意义上的准命题。遗憾的是，我们必须使用语言，而且根据怀特海的"哲学是运用语言的有限性来表达宇宙的无限性"的思想，我们同样可以认识到，这样的有限性和没有成效的思想是我们不可能避免的，我们应该尽可能地努力去超越这些局限性。在下面的章节中，我将利用消极的命题和积极的命题来使那些已经把握了质料的人更紧地把握住它。

四

在这一部分中所有以质料这一名字为主语的表述都不是定义，虽然它们类似于定义。定义中的术语代表着概念，而概念则是共相的意念形式。质料不是共相。因此，以质料为主语的句子也就当然不是定义。在可表达的领域内，我们有另一类陈述来引进如在演讲和信函中的个体。在这一部分中的某些句子与这样的引进的相似之处是很明显的，因为其功能是相同的。你可以把这样的引进运用于汤姆或威克或哈雷，但只是在质料这一点上，这样的引进不适合于它。质料不是个体。虽然这些陈述并不是定义或不是引进，但是它们却使我们能比以前更牢固地把握着质料。

对积极陈述的辩护存在于消极陈述之中。在此之前的一个分析已经揭示出这样一点，即对任何一个特殊具体的个体事物而言，从"它"所代表的观点看，所有共相和殊相的总和将使我们达到不可表达的 x。达到 x 的方式表明，有一定数量的消极陈述，当然这是以与第一部分中的讨论相一致的以及已经把握着了不可达的 x 为条件的。有关质料的消极陈述是毫无疑问的。质料不是共相。如果它是共相，它就能以共相来描述了。质料也同样不是殊相。因为如果它是殊相，那么它也就相应地可以以日常的名词来命名了，或用手指出来，或借助于时间和空间而确定下来。它也不是个体。因为如果它是个体，那么它就具有自己的特点，并借此使自己与别的个体区别开来。尽管每一个体事物都有自己的质料，质料对于所有的个体事物都是共同的，但是，显然，质料本身不是个体事物中的任何一个。它既不是具体的，也不是抽象的。因为如果它是具体的，那么它就能在感觉经验中被经验到；如果它是抽象的，那么它就能借助于概念的思维而得到。它也同样不能说是存在或非存在。因为如果说它是存在，那么它就具有某些特征。如果说它是非存在，那么就是对某些特征的否定。质料必须能够被描述。它既不是开端，也不是终点。因为如果它是，那么这种肯定就意味着时间。我将在后面指出，它是时间的非常重要的条件，但是在目前我们无须考虑这一点。像这样的消极陈述，真是可以说举不胜举。我们可以这样总结道，质料不属于任何的共相，这就是以另一种方式说它是不可表达的。在可表达的层次上，我们当然会使自己自相矛盾，但是如果我们使自己超越了可表达的王国，那么我们只不过以日常陈述的形式运用某种工具使我们比以前更牢固地把握着质料。

这些消极陈述使我们能够断定某些积极陈述。通过上面的叙述，我们将会看到，质料是纯粹的潜在的可能性。在可表达的领域中，所谓潜在的可能性是指使某一东西成为某种在任何时间内还不是某种事物的性能。如果 A 在时间 2 能够变成 B，尽管在时间 1 它还不是，那么 A 具有使自己成为 B 的性能，不管时间 1 和时间 2 之间的间隔是长还是短。这一术语并不排除也不限制于价值标准。这样，A 先生或许有成为一个大演员的性能，而 B 先生则只有成为一个数学家的性能，而不管是好的或坏的或极其一般的数学家。在可表达的领域内，我们倾向于这样说，当 A 先生的某些共相或殊相并没有变成其他的共相或其他的殊相的可能的时候，这位 A 先生（我们说，这是一个个体事物）有着使自己成为 B 的性能。显然，一殊相不能变化，因为一事物走出这一殊相之后，该殊相也就死亡。如果一个事物走进了一殊相，那么这一殊相也就诞生。如果第三个殊相作为中介出现，那么我们也只不过有着一个殊相的无穷回溯的系列，在其中不断地有殊相死亡，也有殊相不断地诞生，然而没有殊相会发生变化。这一殊相生灭的过程可能确实会导致某些事物的变化，但是殊相本身是不会发生变化的。共相也不会发生任何的变化。在秋天，如果我们发现某些树叶由绿色变成了红色，很显然作为共相的绿色并没有变成作为共相的红色。这里存在着我们将在后面称之为可能的实现的连续序列。这一连续系列可能导致某些事物实现变化，但是共相本身在这样的序列中是不可能发生变化的。由于共相是这样的一种东西，它不依赖于时间和空间，因此说共相的变化就是自相矛盾。

然而，变化终究是随处可见的事情。在日常生活的世界中，我们有正当的理由把变化归之于被假定是可表达的事物或事件、状态和过程。但是如果我们按照我们目前讨论的方式继续进行下去的话，那么我们就会发现可表达的东西本身是不会变化的，而且我们也只有笨拙地运用代词、指示词和专名来成功地表现变化。质料也同样不能变化。但是它却与所有的变化有关。如果我们从可表达的世界中借用潜在的可能性一词，那么我们可能会说，质料是纯粹的潜在的可能性。正因为有质料潜伏在桌子中才使桌子成为一个客体，而不仅仅是一大堆的共相或殊相。也正因为质料与共相和殊相在一起才使其本身有可能通过代词、专名和指示词被指示出来，使它有变化的能力，尽管共相和殊相是不变化的。然而，可表达性是以分离性为基础的。因此，所有可表达的东西都是我们全部经验中有限定的存在，它们都是具有自己的限制性的方面。这张木头桌子有以"这"指示出来的质料在其中，叫作"这张木头桌子"。这张桌子在一定的时间内有可能变成某种东西比如"燃烧的桌子"，但是它却绝对不可能变成比如"奶牛"这样的东西。通常，我们会说这张木头桌子虽然可能变成燃烧的桌子，但却不可能变成奶牛。总之，它变成为什么东西是有所限制的，而且也要受制于像这张木头桌子不能控制的偶然性。但是如果我们谈论质料，那么我们就不应将其与这张木头桌子或那个红苹果混淆起来。我们能够很容易地看出，它作为一种潜在的可能性是无所不在的，是纯粹的。如果不管共相和殊相，质料可以变成任何东西。使世界发生变化的这种丰富的多样性仅仅在一种很小的程度上反映了质料的无所不在的潜在性，因为虽然我们可以很容易地看出这一点与目前这一世界有关，但是它却不会局限于任何一种具体的形式。

质料也是纯粹的能动性。在可表达的领域内，就作为一种动力因而言，能动性是指对对象施加影响的一种行为。能动的、活动的、现实的都与能动性有关。可能在英语中，actual 一词与 real 一词紧密相连，所以我们也就不容易在能动性意义上发现它与行动之间的关系。不管怎么样，我是在正对当前发生作用的意义上来运用 actual 一词的。当然，actual 包括能动性在内的，而不仅仅意味着主动，而且也意味着受动。这就使我们想起了关于因果理论的一个老问题。可能某些阅读这一部分的读者会认为当偶然性的意念引入的时候，他们感觉到了认识论考虑的紧迫性。认识论的考虑当然是不可避免的，而且也并不局限于目前这一段落。但是对我们而言，偶然性并不仅仅是指认识论方面的。我不拟在此阐述我的某些看法。在这里，我只是说，我相信殊相生灭的偶然性。用能动性的术语说，这里的偶然性可以用这样的说法来表达，即作为共相的因果关系始终是有效的，它们相互影响，以至于不能确定其中的哪一个在特定的地点或时间能够实现。这就是说，虽然作为共相关系的 A—B 在相同的条件下总是有效的，但在殊相的领域内当"a"发生时"b"是否总是发生是不确定的，因为 b 是否发生所依赖的条件在现实中从来就不是相同的。在最广泛意义上的进化论可能从未重复自身。如果它能够重复自身，那么在所谓重复过程中时间一定是停顿的。无论如何，我采取并赞同上面的观点。我必须同样要指出，在可表达的特殊事物或事件，状态或过程的领域内，能动性是有限制的，是偶然的。a，b，c，d，……的能动性不是纯粹的，但潜伏在 a，b，c，d 之中的质料的能动性却是纯粹的和无条件的。

　　由于我们已经涉及到因果关系问题，我们可以接着这一话题继续进行讨论。如果我们谈论到作为共相的因果关系问题，那么我们就不能有时间中第一原因的观念，因为共相是脱离时间的。同样我们也不能在殊相领域内说什么时间中的第一原因，其理由是除非我们放弃作为共相的因果观念，否则我们就会涉及宇宙的开端问题，而宇宙本身是无所不包的，所以它不能有开端。以原因和结果的语言来谈论，我们就不能说什么没有原因的原因。如果我们把话题转到质料上去，那么我们就能很容易地看到，存在着无须推动、不会停顿的能动性。我们虽然不能以没有原因的原因这样的术语来谈论质料，但我们却可以指出，它多少类似于自由意志。从哲学思想的立场来看，自由意志的观念是否能够运用于可表达的领域内是一个问题，自由意志这一术语还不像没有原因的原因这样的说法遭到公开的反对，除非我们以后者来定义前者。如果我们借用自由意志这一术语并进一步剥除它的通常内容，那么我们就可以运用它来这样说，质料的能动性具有自我意志的属性，因此它是自由的。这一说法所要传达的意念是，质料的能动性是绝对的，是纯粹中最纯粹的，就它本身而言，质料是能动的，是现实的。

　　质料也是纯粹的实质性。我们已习惯于本体这样的说法。我们经常说这一或那一本体。所谓的本体的特征所指的就是一定的质料性，一定的硬性，以及独立于给定本体所具有的本质的规定。在我们经常运用这一术语的意义上，本体明显的具有可描述性，而且也可以不同的范畴对之进行分类。质料不是任何这样的本体，正如同不是任何可表达的事物或事件或状态或过程的潜在性或能动性一样。由于质料是纯粹的潜在的可能性，所以它不能局限于任何特殊的范畴；由于它是纯粹的能动性，所以它本身不在转瞬即逝的事件、不稳定的客体和偶然的事实的变化的链条之中。但是既然质料自身不是本体，而是潜在于所有的本体之中的，所以它就是实质性。没有它，共相只不过是空洞的可能性，由于不存在事物或事件，殊相也将停止存在。正是质料将实质性给了本体，因为没有它即便是本体自身也只不过是空的可能性。如果否认了它的硬性，那么就没有东西具有硬性，否认了它的抵抗力，那么也就没有东西具有抵抗力。可能，传统的看法是认为，性质所附着的基础会给我们实质性的观念。但是就这一观念能够定义说，它不是我们所谓的质料。一切本体所具有的共同的最基本的特性也不是我们所谓的质料，我们不可能建筑起一棵树或一座金字塔，使其承担起所有的事物。

五

对于上面的讨论，我们还可以补充很多东西。其中有些东西我们将在后面涉及，在此我们将要讨论的是一个比较特殊的问题。在这样处理的时候，我们将使自己遭遇到不同于我们的程序的看法，因为不同于上述的陈述，我们在此挑选出的一个陈述有着它自己的下属术语，在运作的环境中经常运用这样的术语。我们可以说，质料是完全没有性质和数量上绝对的恒久性。我们同意这样的看法，即看上去像普通命题的这一陈述是没有意义的，因为性质这一术语包含着经验性的环境，而在这里却没有这样的环境。而且像恒久性和数量这样的术语需要行动，而在这里却不能有这样的行动。不管怎么样，我在这里并不以常识意义上的意义为目标，我追求的是要通过一套非常的陈述来传达意味。

这一陈述在事实上确实使我们不能以任何的方式来描述质料。在通常的意义上，以任何方式去描述它，就是把某种性质赋予了它。而把某种意义赋予质料就是否认它具有某种其他的性质。以任何方式去描述它就是去限制它，也就是侵犯了它的纯粹的潜在的可能性和能动性。这倒不是因为像红或绿或方或圆这样的形容词不能适用于质料，因为很显然质料不能以这些形容词中的任何一个来描述。同样像真实或存在这样的形容词也不适合用来描述质料。"真实"这一术语能够被定义，尽管我们在这样做的时候可能会失败。这就说明概念"实在"是与其他的概念相连的，与之相关的共相能够通过与其他共相的联合而得到理解。如果质料是真实的，那么它就是可以表达的。我们知道，像"自然的"一词，"真实的"这一术语可能具有极其丰富的含义。我曾经统计过，好像它有二十多个含义。而且我相信这些含义也并没有穷尽它所有的不同的含义。但是其中每一个含义都是相互不同的，因此每一个含义都是可以定义的。这就是说，每一个都是概念。因此我们也可以说，它是共相或我将在后面所说的可能性的意念形式。任何一个人只要他把握住了质料，那么他就不得不承认，质料既不是共相，也不是可能性。同样，我们因此不能说，质料是存在。从这样一方面，我们可能会更容易准确地理解质料的性质。说质料是存在就是在另一方面限制了它，正如说它是实在的就不能说它是不实在的，说它是绿的就否认了它是红的一样。"存在"一词在日常用法以及我本人的习惯用法上较之于"实在的"这一术语含义要狭窄些。"存在"的意念包含着过去、现在和未来。孔子虽然现在已经不存在了，但是却可以说他是实在的。未来的世界状态现在虽然还不存在，但是它却也是相当实在的。说质料是存在的，就是在很多方面限制了它。而且如果你所谓的存在是指在目前占有实在的空间的话，那么说质料存在就是说质料局限于一定的空间和一定的时间。质料是不能有这样的限制的。

在没有进一步运用更为具体的论证来说明之前，我们可能再一次笼统地说，没有什么形容词可以用来描述质料，如果这样来描述是要将某种性质加给质料的话。但是你可能会这样说，质料一定是同质的，因为如果任何一个人把握住了质料，那么你必定会承认这张椅子和那个苹果的质料是绝对相同的，尽管这两个客体是不一样的。这样说并没有错。假如所谓同质不是指质料的性质上的属性。因为从消极方面说，如果质料在性质上是相同的，那么它就不能够进入像这张椅子或那个苹果这样不同的事物中去。从积极方面说，由于它确实进入了这样不同的事物之中，那么它在性质上肯定不是同质的。它只有在没有任何性质这样的意义上，而不是在具有相同性质的意义上，才可能是同质的。显然，如果它有任何性质，那么它就能够用性质这样的术语来表达。借用目前战争中经常运用的一个词"冻结"，那么我们就可以说它被"冻结"在那一共相之中。在我们的共相中"冻结"，它就不能进入其他任何别的可能之中，它的潜在性、能动性和实在性就不是纯粹的。物质的核心是，质料必须是在其潜在性、能动性和实在性方面绝对自由的，这样它才能成为这个现实世界多种多样事物的潜在实体和无限可能世界的事物无限丰富性的潜在实体。

这一陈述的第二个部分在某些方面更为重要。质料不仅不具有任何性质，而且它在数量方面也是恒常的。我意识到，这两个术语只有在某种具体的运用中才具有清楚的意义。当涉及到质料时，这样具体的运用是不可能的。然而，我们必须借用这样的术语来传达我们的想法，这一想法就是全部的（如果我们可以运用这一术语的话）质料既不增加，也不减少。质料既没有旧的也没有新的；没有旧的质料正在消失或死去，也没有新的质料产生或挣扎着形成。类似于质料的一个非常古老的意念或想法是这样的，它认为无不能生成有，同样，有也不会变成无。从某些角度来看，这是一种非常重要的思想。但是，从意念所需的表达角度来看，这样的看法虽然含义丰富，然而却显得有些笨拙。很难断定这样看法适用的范围。这一看法所带来的后果使它在某些方面表达得更清晰，例如物理学中的物质不可灭性。在这里我现在所关心的问题是如何使这样的思想运用于质料。质料不能够增长，因为任何增长必须是新的和有时间性的，那么我们也就不能否认质料的种种其他性质，其后果就是质料是可表达的。这样的论证也同样适用于关于质料的减少的说法。如果质料可以增长，而不能减少，那么就会出现这样的情况，即不会有任何其他的质料。如果质料的增长和减少保持同样的速度，那么有的部分就是新的，有的部分就是旧的。虽然质料的数量是一个常数，所以新的质料从何而来和旧的质料又去向何处都是不可回答的问题。显然，旧的质料是不可能变成新的质料的，因为既然没有任何的性质，质料就不能说是变化的，也不能说新的或旧的。如果新的质料来自于不是质料的其他任何事物，那么新质料就是无中生有。如果旧质料消失于任何不是质料的其他事物，那么它也就是从有变成了无。总而言之，如果我们说质料既可增长也可减少，我们就会遭遇到这样的难题，即无可变成有，有也同样可变成无。这就会得出一个相反的看法，即质料是恒常不变的，是无限的。

在我们注意不把我们常识的现象世界或科学的客观世界与潜在的、无所不在的质料混同起来的时候，我们就有可能得到这样的看法，即我们可以从我们关于前者的思想中得到后者。我们可以能量守恒定律为例。这一定律本质上就是从传统的看法发展而来的。传统的看法认为，无不能变有，有也不能变无。从常识的世界着眼，这一看法可能是很容易明白的。我们一想到"材料"或"实体"或"物质"，我们就知道它们是既不能被创造也不能被毁灭的。手表制造者可能会这样说他创造了手表，母鸡也可能说它创造了鸡蛋或小鸡。但这两个事例都是从某种材料而制造手表或鸡蛋或小鸡的。我们确实知道，某些创生模式是遵循一定的规律的，而另一些并不遵循规律或至少是我们不知道它们遵循一定的规律。但是,不管遵循还是不遵循规律,作为基本的材料既无所谓创生也没有什么停止存在。虽然这一原则是否能得到证明或证实或符合不是我们在这里所关心的问题,但是它却成功地描述了自然现象或我们关于它们的经验。在自然科学领域内这一原则的最新解释是将能量与物质紧紧地结合在一起。这一解释对两者之间的关系作了更进一步的分析,认为物质与能量是可以相互转化的,物质—能量既具有非创造性也具有不可毁灭性。非常有可能,在将来我们可能发现其他事物的恒久不变性可能被利用来作为物质变成能量或能量变成物质的标准。如果是这样的话,那么事物的不可毁灭性仍然是不可改变的,因为如果不是这样的话,转化的方程式从根本上说就是没有任何意义的了。

当我们谈论物质—能量或将来所谓的第三或第四实体时,我们正在谈论的不是质料,虽然渗透其中并潜伏在它们后面的仍然是质料。在物理科学的客观世界中,物质—能量可能被认为是所有存在着的事物的最基本的成分,它的恒久不变性可能被用作为任何一种存在形式的对称或传递的转化方程式的中介。不可毁灭性的原则可能有这样的功能,在科学领域内它可能被看作是一种方法论的原则,这就是说,它可能仅仅由这一功能而得到证实,而没有必要由它和外在实在的符合而得到证实。我本人并不知道事实是否就是如此的。但假如是这样的话,它也不会使我们看不到这一原则不仅仅只是方法论的原则,看不到它是以下述思想为其基础的,这一思想是无不能变成有,有不能变成无。我们会毫无疑问地怀有这样的思想,如果我们理智地进入质料的王国的话。我确信有质料。我并且断言,这样的信念是建立在经验基础之上的,且通过理智推测的途径而得到质料。在此不可能有什么证实或证明的问题。因为证实局限于殊相的领域之中,而证明则被限制在共相领域之中。质料则既不是殊相,也不是共相。如果某人得到了它，那么上述的陈述将显示它的意味并将引导他比以前更为坚固地把握住它；但是，如果一个人没有把握住它，那么这些陈述就丝毫也帮不了他。它们在自语重复的意义上不是命题。它们是形而上学的命题，既不能由历史和科学来证实或否证，也不能从逻辑和数学来演绎出来；它们只能在消极的方面由下面这样的思想得到证实，这一思想认为如果没有质料，那么我们就不能在感觉中和理智中体认经验中必不可少的东西。我意识到关于质料的这些说教并不是新的，因此我们当然对此不必大惊小怪，但是我也并不因此认为它的有是可以怀疑的，因为所有否认它的论据在我看来都是不相关的。

道

一

让我们从抽象开始我们的讨论。抽象是在思想中把某些部分从其综合的和具体的整体分离出来。它是把不可分离的东西或未曾分离而可分离的东西区别开来。在1943年，你不可能把美国总统和罗斯福夫人的丈夫这两者区别开来。这就是说，你不可能把其中的一个放置在海德公园，而把另一个放在华盛顿。我们现在所提到的这个绅士同时具有这两个方面。当这两者没有分开的时候，这两者是不可分离的。然而，它们是可分离的东西，这就是说，它们可以分别地加以辨认。与具体相区别的抽象从未把具体的个体分割成无数具体的个体。它不能这样做，也从未打算这样做。它的全部目的只在于引导我们去思考和去说出具体的东西。除抽象之外，并没有另外的方式去处理具体的个体事物。如果你与罗斯福先生握手，你所握的是他的手。如果你和他拥抱，你所拥抱的是他的身体，你不可能以任何一种具体的整体的和更为广泛的方式与他接触。只有通过抽象的方式，我们才有可能在思想只把握住他。抽象的重要性很容易为人们所忽视，这只是因为在我们的日常生活中抽象几乎是在每一分钟中都发生的事。我们说话或我们思想的时候，我们就是在进行着抽象的工作。同样的道理，由于在我们的日常生活中综合也是经常发生的，所以综合的重要性也容易为人们所忽视。但是当我们强调综合的重要性的时候，我们没有去反对抽象的作用，因为综合显然就是对抽象的综合。

抽象是在思想中进行的，它是意念或概念的抽象。我在此所运用的意念是在严格的抽象意念的意义上使用的。而且为了方便，我也只限于那些真实的意念或概念，排除那些不可能的或矛盾的意念。我也将把概念看作是实体或单位，在思想中，它们是基本的单位或单一的成分而不是复合体。这并不是说，这样的实体或单位本身是可以脱离它的发生的环境的。"方形"在某一时刻或环境进入我们思想的时候是一单位，而在下一个时刻或不同的环境中却成了命题或相互联系的概念如平行四边形、直角三角形的每一条边都等同于另一条边等等，等等中的可分离的因素。在我们的思想的单位中，不存在着终极性的单一成分或终极性的复合体。但是在思想中出现的条目是以单一成分或单位的形式出现的，只要它们不矛盾，我们就叫它们是概念。如果记住了内容和客体之间的区别，那么我们就能看到概念就是存在于思想中的内容，而不是客体。当一个人想着一个正方形，他就在思想中有着正方形这一概念，但是他不是想着"正方形"这一概念，而是正方形的性质。这就是说，他所想到的对象是客体。概念是我们迄今叫作共相而在后面我们将叫作可能性的观念形式。

概念是以经验为基础的，但是概念不必直接的以经验为基础。我们能够从具体中抽象地得到概念，也同样能够以从抽象到抽象的方式得到概念，因此我们不仅仅有概念的结构，而且也有概念的等级。除了逻辑之外，概念没有限制。这就是说，概念是不能自相矛盾的。在思想中作为单一成分所出现的矛盾的意念根本就不是概念。经验和事实仅仅限制了概念的运用，而不是它们的存在。没有经验或事实内容的概念可以在思想中出现，但在实际上并不如此。我们能够想到"食火龙"或"独角龙"。但是除非为了哲学的目的，它们一般不会出现在思想中。因此概念既不是矛盾的，也不是真的，也不是假的。如果一个意念是矛盾的，那么它就不是真实的，虽然这样的意念可能会进入我们的思想之中，但它不是概念。我们不能说一概念是真的，因为它是单一的成分或单位，而且我们并没有通过它断言任何事情，由于没有与内容或共相相符合的客体，所以它只是一空类。因此，像这样的概念也不能说它是假的。谈到概念，只能说我们采用了或我们讨论了概念。在这一方面我们是受了经验或事实的影响。因而，"方的圆"这一意念不是概念，"女巫"这一概念既不是假的也不是真的，在目前我们很少运用这样的概念。

概念是共相和可能性的观念形式（形式是观念意义上的）。每一共相都是一类客体所共享的一个方面。比如，人性是两足动物中的一类所共享的，马性是四足动物中的一类所共享的。我是在积极的方面运用共相这一术语的，因而可以说存在是一共相，而非存在则不是一共相，但共相或可能性的无限性则是一共相。这就是说，一共相总是显示一类客体，而空类并不包含于任何的共相之中或任何一共相的观念都包含着共相"真实"的逻辑构造。因此，如果这个世界从未有过一条龙，那么"龙性"就不是共相。我们的概念并不受到共相的限制，它们也没有穷尽所有的共相。我们的有些概念是某些空类的限定词，它们是概念，但没有与之相符合的共相。还有那些我们没有想到的共相。因此概念的世界反映着共相世界的过去。这两个世界是交叉的，不是完全重合的。当概念反映着共相，它们就是共相的观念形式。

不是共相的观念形式的概念表达的是可能。可能这一术语排除了一切矛盾的东西，其他的一切都是可能。那些不可想象的东西，即使是极端荒谬的，但只要它不是矛盾的，就是可能。一可能如果是思想上的可能，那么它就是思想的对象，而不是内容。因此虽然它由作为思想内容的概念来表达，它不是概念，因为它是思想的对象。正如哪里有未被认识到的共相，哪里就有可能，这样的可能还不是概念。虽然可能可能没有被想象到，但它们是可以想象的。可想象的世界和可能世界是两个并存的世界，因为说这两个世界是有限制的，这是矛盾的。通过引进可能这一术语，我们就可以把共相定义为现实了的可能。我们现在暂且不考虑现实，而在后面给出它的定义。共相是现实了的，而可能就其为可能说并不是。前面的陈述的大意是说，共相是客体（事件）中的一类所共享的一个方面或我们的共相的观念总是逻辑地包含着"实在"的共相。这些陈述的目的是要表明共相的现实性。"方形"的共相是实在的，因为实际上存在着方形的东西，或换句话说，存在着方形的客体。我们中的绝大部分人是停留在常识的层次上的，所以我们会承认某些客体或事件的实在性，正是这些客体或事件给了我们这一毫无疑问的实在感。那种实在感也是与通过那些客体和事件现实的可能相一致的。

但正如我们在第一章中已经指出的那样，特殊事物或特殊客体给分析带来了不少困难。有些事物是变化的，却也有持续性。有些事物由于与共相及其殊相的结合而持续存在。由于共相不能发生变化，而殊相不能持续，那些发生变化并且持续存在的东西既不是单独的共相或单独的殊相，也不是共相和殊相的结合。共相和殊相仅仅是这样的东西的某些方面，是质料给了它们统一性和个体性。仅仅是可能的可能是缺乏实在性的，但是除非它是矛盾的（这样的事例其实根本不是可能），它就是不可能现实的。此处所理解的可能的现实仅仅是指质料进入可能之中。一共相也只不过是有质料在其中的可能。我们不打算在此介绍具体化原则和个体化原则。我们将假定现实总是包含着具体和个体的。具体化和个体化的现实寓存于与共相结合的殊相之中。常识所认为的现实是以我们所说的质料在其中的可能或有共相在其中的并通过具体化和个体化的原则的具体的个体。共相和可能之间的区别是共相是现实了的，而可能却未必是。共相是可能，因为它是现实了的可能。

我们是从抽象和概念开始讨论的。概念是我们思想的内容，当然并不仅仅局限于它的内容。当我们想起方形的时候，我们并不是在想"方形"这一概念，也不是在想由所有的方形东西共享的"方形性"这一概念。与我们的概念相一致的我们的思想对象或者是已经现实的可能或者是还未现实的可能。显然，我们的思想并不局限于已经现实的可能或未现实的可能。我们有时会积极地想到空无或零或无限，但我们知道它们仅仅是可能。通过思考能为我们思考的可能本身的事实，传统逻辑对零的忽略，使它变成一个很不充分的思想工具。在另一方面，并不是所有的共相都在我们的思想范围之内，除非我们抱着相反的唯心主义的观点。我们必须承认至少存在着有些人还未曾听过的微观世界的现象。这也同样适用于可能。因此，虽然概念世界不是共相世界的一部分或现实了的可能，但是任何能够想象的或者可以想象的都是可能。由于所有的数量本身就是可能，因此可能的数量必然是无限的。与可能的数量相比，共相的数量确实就要小得多。这就是说，从可能的数量角度来看问题，现实的东西只不过是可能的东西的一小部分。或者用宇宙中可能世界的术语来说，我们当前的世界只不过是现实的微不足道的一部分，是这个无限过程中的一个阶段。

由于概念是我们思想的内容，所以我们的概念与我们很容易就处在一种非常密切的关系之中。如果审查我们的概念，那么我们就会发现某种内在的关系存在于概念和概念之间，存在于不同层次的概念之间。逻辑本身就能引导我们看到，某些概念蕴涵着其他的概念或与其他概念是等同的，而经验和科学却向我们提供了另一些关系。概念能够被编织成图案。虽然我们可能没有包含所有概念的巨大单一的图案，但是我们却确实具有小的概念图案及各种不同的探究线索。我们对此有着很大的兴趣。这些图案部分是演绎的，部分是归纳的。由于在图案中相联系的环节部分是真命题，它们也就显示出与之相联系的共相和纯粹的可能的图案。一知识系统就是一概念图案。由于它是知识系统，所以它也表示一共相和可能的图案。在此我们仅仅是说它们是共相和可能的图案，我们并不在意去讨论它们是什么样的图案。在认识论中，我们的兴趣是在概念的图案。这样的概念图案是我们从我们关于共相和可能的图案的经验所获得的。但是在逻辑和数学中，我们的兴趣只在于最基本的图案。无论是从概念的角度来看，还是从共相或可能的角度来看，这样的基本的图案都是不可避免的。式就是这样最基本的图案中的一个。

二

式就是这样的可能，把所有的可能按照析取的方式排列起来就形成了式。"所有的可能"这一术语可能会招致这样的反对意见，类型论就是为了应付这一反对意见而产生的。在目前这一部分，我们没有必要考虑事物是充分的还是不充分的。从困难的角度看，我们打算运用所有的可能这一术语不仅仅是指完全性，而且也是指可能的不同的层次、秩序或类型。所谓的析取就是逻辑上所熟悉的析取，这就使我们把式规定为绝对流动的。这就是说式是绝对的无形式的。式中的任何一个可能不能是流动的，不管它的现实是多么的宽广或容易。或许我们可以运用像内涵和外延这样的术语来讨论问题，不管一概念的外延有多广，内涵有多小，与式这一概念不同，与概念相一致的可能从来不是流动的或无形式的。除式之外的任何可能必须至少有一形式，因此也必须有一定硬性。这等于是说，它有一定的界限，清楚地划定什么是属于它的，什么是不属于它的。或者运用与空间类比的语言说，什么在它的范围之内，什么不在它的范围之内。任何东西只要不符合这一概念的定义，据此我们就可以说它在这相应的可能之外。式中的任何可能可以接受或拒斥。即便是像存在这样广泛的可能也是既接受又拒斥。它接受存在，而拒斥非存在。式中的任何一可能都可以分成积极的和消极的，但是式却不能这样划分。对于式而言，没有这样的界限来确定什么在它的范围之内，什么在它的范围之外。其理由很简单，式是无外的。每一事物必须在式之内。说任何事物都是内在的，在我们日常生活的环境中是毫无意义的。但是从本体论和形而上学的立场而言，我们就不能说它是没有意义的了。式的绝对的可流动性使得它是无所不包的。在中国的一部小说中，一只猴子一个筋斗可以翻出十万八千里路去。他可以很容易地翻出一个国家去，但是他怎么样也翻不出如来佛的手掌去。如来佛手掌的无所不包正如同式的无所不包。这正是因为式是绝对流动的，所以它才可能是无所不包的。我们已经谈到质料进入可能的话题，我们把可能的现实定义为质料进入可能，而且我们还把共相定义为现实了的可能。就质料而言，式是无所不包的。某些人可能会因此说这是旧说新传，并没有新意。因为古希腊人和欧洲人一直在谈论形式和质料。在中国，中国人也一直在谈论理和气。现在我们又在喋喋不休地谈论式和质料。一点不错，我们讨论的是同样的东西。但是不管是好是坏，我们毕竟是从不同角度来讨论式和质料的。无论如何，部分地说，这是现代性的工具使我们对所谓的区别作出负责任的反映。我们并不认为古代的思想已经被证明为是无用的。我们也不能因为这样的思想是古代的，就说它是无用的。就我们所能看到的而言，它们是最简单的将逻辑与本体论和形而上学联系起来的理论。逻辑本质上是式的表现。形而上学本质上是对质料的沉思。本体论本质上研究的是作为道的一个基本成分的质料。然而，在此谈论这样的话题有点离题。从质料的观点，我们强调说式是无所不包的这样一点也就足够了。而更为重要的一点是，式的无所不包并没有给质料的潜在性和能动性带来任何的限制。

我们有一个形而上学的原则，两个元逻辑学的原则或一个本体论原则的两种形式。一个形而上学的原则是说，质料进出于可能。这一原则所以是形而上学的原则是因为它是通过我们对质料的沉思而直接谈到它的。这一原则是重要的，因为它不仅是整个过程和现实的原则，而且也是有限的时间阶段或曾经经验或未曾经验的变化的原则。在当前的这一章中，我们已经谈到，关于质料的任何陈述既不是通常意义上的命题，也不是自语重复意义上的准命题。它不可能得到形式的证明或经验的证实。证明是属于思想结构的内容的世界，归根结底，它假定了式。而后者是属于过程和实在展开过程中的客体和事件的世界，同样它也假定了我们正在谈论的原则。虽然我们不能说，它可能得到证明或证实，因此从常识的方面我们不能说它是正确的。但是从形而上学和本体论的角度我们却不得不承认它。从形而上学的角度我们必须承认它，因为如果我们把握住了质料，那么我们就能够很容易地看到它的纯粹的潜在性，能动性，实在性，它完全没有性质这一点如果从质料进出可能这一方面来看是必须有它作为中介起作用。从本体论的角度我们必须承认它，因为一旦质料被把握住了，上述的原则描述了任何实在性的形式以及从微观到宏观的任何过程。如果我们不能以任何方式把握质料，那么这一原则就确实是难以理解的了。但是如果我们能够成功地把握住质料，那么我们就能在抽烟和天文学的命题等事例中发现它的种种实例。即便是我们的手的一个微小的运动也是质料进入和走出可能的原因。一个人抽烟的时候，质料就离开"香烟"这一可能，而进入了"烟"和"灰"的可能之中，如此等等。

这一原则不仅仅是能够站得住脚的，而也是非常重要的。它要比先前有关质料的任何陈述都重要，只是因为在上一章中我们没有时间谈到它而已。事实上，它是所有关于实在性陈述的基本原则。它是具体和个体原则的基础，是时间原则的基础，是变化原则的基础，是真实性和存在原则的基础。它是实在性的核心的根本基础。有关这一方面的思想是很不容易表述的，但是我们还是要努力这样去做。假如你是一位已经习惯于形式的结构或图案或秩序的逻辑学家或数学家，你就会对这一结构或图案或秩序的一致性或合法性或真理性深信不疑。你可能会对自己的工作感觉到很满意，一如鱼网的织补者欣赏自己织出的好的鱼网不会漏掉任何鱼。但是正如鱼网织补者不会自己供给鱼一样，鱼网自己也同样不会去捕鱼。你会认识到，不管事实是怎样遵照你的形式的结构或图案或秩序，它们或你本人都不可能向实在性提供基础的，这样的基础就是所与性或硬性，是你所经验到的所有事实的核心。所谓的所与性或硬性，我不是说它们是静止不变的。即便我们面对具体不变的东西如我们有时在经验中所碰到的那些相对不变的东西，像同一个东西在消失了一段时间之后又出现，我们就会受不真实的感觉影响。实在性贯穿于整个过程，而且实在性或存在不是别的就是变化和能动性的表现。这里的意思是说，在事实或存在或实在中的某些东西在抵制操纵，简单说来就是这样。不管我们运用我们的理性作了多么多的说明，我们必须把它看作是当然的东西。这一硬性或所与性是我们的形而上学原则所提供的。在这样简短的段落中我们不可能充分展示这一原则的重要性，但是随着讨论的进展，它的重要性及其意义就会为我们强烈地感受到。

本体论原则有两种形式，其中一个是说，无无质料的式。我们已经表明了式的无所不包性，而且也指出这样的无所不包性是与质料相关的。质料出入于可能。从式来看，质料并没有出入，它总是在那里。式中的某一可能，在比较特殊的例外的情况下，可能没有是空的，即没有质料在其中。如果是这样的话，那么它就不是现实了的可能，这就是说，它不是一共相。之所以如此，是因为任何这样的可能都有一定程度的硬性。能的进入可能有一定的规则。因此，如果这些规则得不到满足，能的进入可能是不可能的。所以，"方形"这一可能要求四边形，与此相应，当然也要求四边和四个角，等等，等等。这些规则使不同的部分导致内在的和外在的区分。只要对于一可能而言存在着内在的和外在的这样的情形，那么质料可以在可能之内，也许在可能之外。式不是任何一个可能。虽然式这一概念在意义上是明确的，这意义就是与它相应的可能绝对是没有任何硬性的，这种情形就完全地导致了能进入可能的规则的形成。把质料与孙猴子、式与如来佛的手掌相比，你就能看到，质料是永远不可能在式之外的，因为式是没有边界的，是无外的。因此，式是不得不现实的，这就是说，式不可能无能。

另一个则与上述的形式可能相反，它首先表达的是：无无式的质料。这两个形式表达的是同一个本体论原则。所以，同样的理由也可以适用于第二个形式，所以我们也就无须在此重复这样的理由了。然而，我们必须注意的是，对于这两者，我们不能仅仅说"不存在"。这就带进了一个我们至今还未讨论到的很重要的因素。虽然质料是不可表达的，关于它的陈述也并不是通常意义上的命题。式则显然是可以表达的。从理智上，我们尽可以说，式是绝对没有硬性的。而且如果一个人把握了质料，我们就可以非常清楚地看到，无质料的式和无式的质料是相互矛盾的。在最全面和最深刻的意义上，它们是没有任何意义的。正是在这里，逻辑、形而上学和本体论是一致的。我们在此讨论的这一原则将对质料所作的形而上学沉思的结果与对式的理智的公式结合起来，确立了实在的终极性的基础，因此逻辑上矛盾的也就是本体论上无意义的。当然，从我们至此一直在讨论的角度来看，这些原则也并没有给我们提供一个仅仅是偶然的世界，一个现象的世界，甚至或者是一个意外的世界。但是，它们也确实提供了一个实在的世界或一种实在的状态，或一种实在的形式。对于这样的世界，自语重复不仅仅是不可能假的，而且必须是必然的真的。

这些原则是有区别的，因为本体论原则主张的是关于实在的最小值，而形而上学原则断言的则是关于实在的最大值。它们也在督促我们的方式上有区别。前一段的讨论显示了督促我们去接受本体论原则的方式。对式的分析使它成为绝对流动的，认为任何东西可以脱离式的陈述很容易地看出是相互矛盾的。我们可能会说，在逻辑上，我们被迫去接受这一原则的。然而，接受它并不会使我们谈论任何关于我们恰巧生活于其中的世界情形，它只是使我们接受这个宇宙。而形而上学原则却督促我们对质料作沉思。否认这一形而上学原则并不会清楚地导致矛盾。这就是说，这一原则并不是逻辑地迫使我们去接受它。然而如果一个人从根本上接受了质料，那么这一原则有这样的一种不可避免的情形使我们能够成功地把握它。在这不可避免性中有一种"必须"，它不同于逻辑上的必然性。人们认为伏尔泰可能说过这样的话，他没有看见必然性。并没有逻辑上的必然性迫使一个乞丐生活下去，然而他的生活环境却必须是有逻辑的必然性的。在所与性和硬性面前，我们不得不接受形而上学的原则。

三

　　式的绝对流动性，形而上学原则的不可避免性，和本体论原则的必然性，所有这些使我们不得不讨论先验的问题。让我们首先讨论关于式和质料方面的问题。假如我们把质料看作是原材料，把式看作是一种模型。这里就产生了一个这样的问题，即模型是否总能和原材料相适应。式的绝对流动性使它成为一令人注意的模型。在一种方式上，模型是有形状和形式的，而在另一种方式上又是没有形状和形式的。原材料不适应于模型是不可能的。如果我们从质料开始，我们也会得到相同的结果。质料是完全没有性质的。让我们看一下我们现在还未考察的可能及其一些例外的情形。让我们以时间和空间为例。我们所以要以时间和空间为例，是因为它们一直被认为是直觉的先验形式，通过这种形式本体被纳入时间和空间的现象之中。由于质料是原材料，时间和空间是模型，事情就完全不一样了。我们没有什么逻辑上的理由来保证，质料不会拒绝时间和空间的模型。如果质料拒绝这样的模型，正如在目前它拒绝进入"龙"这一可能之中一样，我们只不过是没有时间和空间罢了，一如在目前我们没有龙。没有时间和空间虽然是不真实的，但是并不是矛盾的。然而这与说这儿没有马是不一样的。因为后者如果是假的就是假的。如果它是假的，那么就不能说它从来没有真过。因此，我们可以看到有两种先验的形式。一种是不可逃避的形式，整个的逻辑系统都禁止它的可逃避性。

这样的形式就是式。另一种是这样的形式，它以前、现在和将来都是不可逃避的，实在的所与性或硬性使它成为不可逃避的。这样的形式就是时间和空间以及式中的其他可能。让我们把第一种叫作理性的先验形式，第二种叫作非理性的先验形式。第二种先验形式蕴涵第一种先验形式，而第一种却不蕴涵第二种。从推论的观点看，前者显得更为重要些。但是从经验的观点来看，则应该说后者也同样显得更为重要些。

我们已经说到，无无质料的式和无无式的质料是矛盾的。但我们是否已经得到了确保式永远是有质料在其中的东西了吗？是的。实在的形式或状态就是。我们没有谈及除此之外的任何东西。在这里，否定似乎意味着更多的东西，而肯定则没有断定什么东西。在这里，我们再一次必须注意这样的一个事实，即流动性与富有成果性是不能共存的。式是不可逃的，因为它是绝对的流动的。但是它的不可逃或它的必然的现实并不导致任何东西的形成。如果我们想知道即便在最模糊的含义上我们究竟事实上生活在一个什么样的世界之中，那么我们就会看到从我们的知识中得到的结论只能是式是必然会有质料在其中的。在另一方面，时间和空间之间的关系是非常重要的。我们并不知道作为一种结果，是否存在着大峡谷或尼加拉瓜瀑布，或太阳和月亮，但是我们确实知道有时间和空间及因有了时间和空间而产生的一切事实。这是富有成果的，但是我们却不能逻辑地假定情况就不能是另一种样子。看来，这样的困境是不可避免的。如果式毫无疑问是不可逃脱的，那么它的现实就是完全没有任何结果的。如果式的现实根本上就是有成果的，那么式就不能保证是不可逃脱的了。理性的先验形式是逻辑的不可逃脱的，但确实是绝对富有成果的。然而作为非理性的先验形式，它的现实虽然是富有成果的，但是决不是不可逃脱的。前者使我们对实在的形式具有逻辑的确信，而后者使我们具有了某种世界应该具有的事实性的基础。正是由于同时接受了这两者，我们才能最终解释宇宙。我们的世界就是在这个宇宙的过程及其实在中现实的。

至此，我们还是没有对先验性作出任何解释。到现在为止，我们的讨论假定了先验形式是这样的形式，它或者是不得不现实的，或者是永远现实的。我们同样也没有说到，从认识论的角度讲，我们究竟是如何才能达到形式的。你们中的某些人可能会怀疑，虽然我们相信存在着先验的形式，但我们却不相信有先验的方式抽取或达到那些形式。虽然我们相信我们具有先验的知识，但是却不相信我们有先验的方式知道或达到知识。这样的怀疑是有道理的。我们不愿意在此讨论认识论的问题。我们只是要指出，存在着先验的命题或陈述，虽然我们得到或掌握或断定这些命题或陈述的方法或过程不能说是先验的。因此考虑到命题或陈述，对我们而言，关于先验的问题是合理性或真理性或可操作性的问题，而不是达到或派生出它们的方式的问题。一命题或陈述是先验的，如果它必须的是真的或必须是真的。也存在着两类先验的命题或陈述。一类是不得不真的命题或陈述。另一类是必然是真的。所有的自语重复都是属于第一类。而归纳，比如说，就属于第二类。关于自语重复我们无须在此再说些什么。归纳原则已在别处讨论过了，虽然还不能使人感到满意，但不管怎么样这一讨论是要表明它的先验性，即在任何情况下它都是真的。

本体论的原则是上述的第一种先验陈述。它不可能是假的，因为如果否认它就是矛盾。我们先前关于此一原则的不可避免性的讨论是从它的现实的观点着眼的。我们曾经说过，形式的绝对的不可避免性使它的现实完全没有什么意义或是没有成果的。对于本体论原则我们也可以这样说。这一原则是不能假的这一点没有必要在此再作讨论。但是它的无可非议的合理性却不能使我们有什么收获。作为结果，我们只是仅仅知道有这样永恒的形式，它无须是任何特殊的形式，有这样的状态，它无须是任何特殊的状态。确实，我们相信有宇宙存在，但是在这宇宙中过去或现在或将来是否有某种世界，我们却没有办法使我们自己确信这一点。这一原则的合理性仅仅向我们提供了可以说仅仅是最基本的东西。这一最基本的东西也可以说就是自语重复所能断定的东西。对于这最基本的东西而言，它们是合理的，是真的。否则的话，自语重复不可能是假的这一点在哲学上就不能等值于它必然是真的这一点。从这一方面考虑，本体论原则也同样是重要的，它确实说了某些东西，虽然它所说的东西并不能描述我们在这一个或那一个特殊世界中的经验。它虽然没有说关于我们通常叫作事实的任何东西，但是它却断定了关于实在的最基本的东西。

形而上学原则是第二种先验陈述。由于形而上学原则是一种非理性的先验原则，所以要讨论这样的原则就显得更为困难。非理性的先验陈述之所以是先验的，是因为它对于我们的经验或我们经验中的那些可能是偶然性的东西持一种绝对消极的态度。正是这种消极的态度使理性的先验陈述完全是可以表达的。形而上学原则不是消极的，否定它不是矛盾的，肯定它则说的是关于所有可能世界，我们这一世界当然是包括在其中的。否认质料进出可能也许是很难令人接受的，或者甚至与我们通常的看法是相反的。但是承认这一点却并不是矛盾的，因此逻辑并没有强迫我们接受这一原则。如果我们在通常的意义上把质料看作是一件事物或一个客体，我们可能或许会把所有的矛盾堆积在质料之上，但是我们却根本没有任何的权利来这样看待质料。如果我们正确地把握住了质料，那么我们就必须承认这一形而上学原则。我们会不由自主地看到，质料跑进或跑出的正是可能的纯粹的潜在性和能动性，因为它在同一时间内在数量上是不变的，是完全没有任何性质的。我们不得不说这一原则是有效的，虽然我们没有方法说否认它就是矛盾。正是通过形而上学的沉思，而不是通过逻辑分析，这一原则才为我们所接受的。

说否认形而上学原则并不矛盾是一件事，说这一原则说的任何事情都是关于这个世界的则是另一件事。前者仅仅意味着这一原则说了些什么，意味着它不是绝对的否定的，它无须说关于事实或经验的任何事情，而只是说它很少对于这一个世界说了些什么。进一步的讨论必须阐述清楚在什么意义上说这一原则说的是关于这一世界的。我们非常清楚地知道，逻辑上自语重复并没有说什么东西。这不仅仅是说它没有断定在未来会发生什么，或没有断定过去发生了些什么，它只是意味着它没有断定任何事实。它没有说任何关于事实必须遵循的规律，或在作为现象的给定的事实背后的活动，或经验的表现。我们的形而上学原则也没有在使我们没有得到关于历史或科学知识的意义上说过任何东西，然而，我们却可以这样说，它说了一切，当然不是关于事实的，而是本质上的事实性的核心东西。我们是在下述的意义上这样说的，即给定一事实或经验中的任何一项或任何变化或自然或时间中的任一阶段，我们发现它是进出可能的质料的能动性的表现。这一原则是展示任何事物的本质的最全面的方式。本体论原则没有说及任何事实，是关于实在的绝对的最底值。形而上学原则没有说及事实，是事实性的最大值。通常说来，自语重复是必然真的，因为它也没有断定任何事实，然而却展示了一切事实背后的本质，因此不管可能会成为什么样的事实，它总是具有自己的本质的。如果这一原则断定了某一东西是事实，那么它就有可能是假的，因为偶然性有可能发生，使得某一东西不成为一事实。如果这一原则展示了某些而不是所有事实的本质，那么它也可能是假的，偶然性也可能发生，于是某些甚至大部分的事实没有这样的本质。

这两个因素的结合，即既不断定任何事实又展示所有事实的本质，就会是这样的，即形而上学原则就可能断定可能或许会成为什么样的事实。它也同样是先验的，尽管否认它并不是矛盾。

虽然我们首先讨论的是先验的形式，但是我们得承认先验的原则却是更重要的。关于式和本体论原则，我们简直不能说哪一个更重要或哪一个更基本，因为每一个都直接地蕴涵着另一个。式的不可逃性也就是原则的必然性。但是对于形而上学原则和某些形式或可能如时间或空间来讲，相对而言的重要性的问题就是另外一个问题了。我们可能感觉到，时间和空间必须是现实的，然而我们却很难给我们的这种感觉给出像样的理由。然而，我们应当承认形而上学原则，时间和空间当然可以被看作是事实。在下面的章节中，我们将会更清楚地看清这一点。

四

现在是讨论道这一概念的时候了。道就是有质料在其中的式或有式的质料。因此，它就不是纯式或纯质料。借用康德的表述，当然不是严格意义上的，我们可能这样说，道如果是纯式，那么它就是空的；如果道是纯粹的质料，那么它就是流动的。可以说，道是宇宙，但是它又不像后者，因为它不能以总体和全体来表述，而这两者是宇宙的不可分割的部分。逻各斯这一术语可以在其原来的意义上被运用来既指某一思想的表述也指内容这两者。但是如果它的内涵被扩大也同时指涉思想的客体的话，那么它就是我们在此所说的道。在《圣经》中有这样的一段，在其中运用了英语的"word"一词来翻译"logos"一词。《圣经》的汉语译本是用"道"一词来翻译的，似乎也找不到更好的对应词来代替道。不管怎么样，这里所使用的道这一词并不局限于思想的表现和内容，也同样指涉思想的对象。当说到有道的时候，我们并不仅仅是在谈论说有思想或在思想，而且也同样是说存在着宇宙。

我们可以在两种不同的方式上谈论道。这两种方式是道一和道无限。前者是指道在内涵上的最小值，后者是指道具有最小值的内涵本质。如果我们说到逻各斯，而且让我们也同样谈到生理学，那么这一点就是很容易理解的。从外延上说，生理学可能是逻各斯的一部分。但从内涵上说，它具有纯粹的逻各斯的本质的东西。说到关于生理学的某些东西时候，我们也就同时通过暗示在谈论着逻各斯。但是当说到逻各斯的时候，我们并没有谈论到生理学。道一和道无限之间的关系类似于逻各斯和"……学"之间的关系。只是关于道无限，我们没有指明"……学"中的哪一种。这样的比较可能把我们引向道无所不在的观念：任何东西只要是可表达的就是道的一部分，即便是表达本身也是道的一部分，因为表达是属于由种种"……学"所涵盖的领域。没有任何东西可以逃避道。由道一看，整个宇宙都是可以理解的。宇宙中的任何一部分，由道无限看，也是可以理解的。

然而我们暂时只讨论道一。道一是不可否认的。本体论原则担保了道一。否认道一本身就是矛盾的。一般说来，任何矛盾的东西就是纯粹的无。这是绝对的无。存在着这样一些无，它们没有纯粹性，没有绝对性。比如说在这间房子里没有任何东西并不意味着在那里是纯粹的或绝对的没有任何东西。它只不过是说在特殊的时间没有通常所要的东西，或者说断定有东西在那里的命题是假的。关于这样所谓的无，应该是没有问题的，至少在目前是这样的。但是，矛盾的问题却可能由此而产生。你可能说，当然，这里存在着矛盾，我们的思想史充满着矛盾。在人类思想史上当然是充满着矛盾的，因为矛盾是一种存在，所以在思想的过程之中也就现实地产生着矛盾。无论如何，这就意味着矛盾的意念是作为思想的内容而产生的，而不是作为与这些意念相关的事情或客体而产生的。另外，矛盾的意念只是产生在思想的过程之中，它们并不在思想的结构之中发生任何作用。它们可能在你准备论文的时候产生，但是一旦你认识到存在着这样的矛盾的时候，那么在你定稿的时候这样的矛盾也就不再出现了。我们必须记住，产生矛盾的意念是一事件，是矛盾的形成，并不是说它本身是矛盾的，沿用我们在此所采纳的方法，它不过意味着"矛盾"可能的现实，它并不意味着本身有矛盾的可能的现实。矛盾作为一种现象是每天都会发生的。矛盾意念的产生仅仅是思想者自身的矛盾。或许，我们是在暗中摸索，没有任何清楚的思想产生。或许，我们更应该说，当谈到矛盾意念产生的时候，我们并不是说矛盾的产生是矛盾的，而是说这一意念是矛盾的，并不是意念作为产生的事件是矛盾的，而是作为结构的一部分的意念由于内容的不合理而被排除，因为在道的展开过程之中，相应的可能的现实是不可能的。

在这里所采取的讨论步骤是为了易于理解，它并不是一个形式的步骤。形式上，我们应该说，是道一谴责矛盾。说否认道一是矛盾的并不是仅仅指通常意义上的任何一类陈述，因为矛盾的本质归根结底并不在逻辑的范围之内，而是与我们的断定没有式的质料或没有质料的式的思想方式有关。断定道一就等同于排除了矛盾。因此断定道一，我们也没有断定任何别的东西。本体论原则仅仅是断定了实在的最低值，我们把这样的最低值一直看作是道一。正如我们早已指出的那样，道一并不蕴涵道无限。我们把道无限看作是特殊种类的世界的无限可能。由于我们只是在一般的意义上讨论，所以我们没有考虑任何特定种类的世界。因此，通过断定道一，我们也就顺便断定了我们当前世界的实在性，正如断定了逻各斯，我们并不就断定了一种状态，在其中物理学或化学或历史描述或解释自然现象。我们可能有道一，然而我们这样特殊的世界并不必存在。

假如我们以下面的方式来描述我们目前的世界。假如我们有这样的世界，对于这一世界下面三类包罗无遗的命题都是真的，这就是说，所有真命题都包括在下面的三类之中：

1. 一类普遍命题　P，Q，R，……
2. 一类普通命题　p，q，r，……
3. 一类特殊命题　Φ，Ψ，θ，……

所有这些命题的总和描述了我们这个当前的世界，也同样断定了我们恰巧生活于其中的这一特殊世界。普遍命题中的某些命题是科学原则或自然律，它们归属在整个"……学"的不同的范畴之下。普通命题中的某些命题可以在历史和社会科学中发现。特殊命题中的某些命题可以在历史和新闻报道中发现。一部真正有价值的百科全书应该涵盖这些命题中的重要的部分。然而这些命题中的大部分，至少在目前，我们还未发现。我们说当断定道一的时候我们并未断定我们目前这一世界的存在，其真正的意思是说，虽然陈述"道一是"或本体论原则是正确的，那么所有这些包罗无遗的命题中的每一个可能是假的。采取这样颇费心思的过程是因为在此思议这一被描述的状态其实要比想象这一状态来得更容易些。例如它不同于想象一个其中没有空间的状态，因为想象包含着类似于具体的意象或图像，所以是占空间的。但它却可以是思议的。在此被思议的这一状态很可能是真的，道一或本体论原则是有效的。

我们可以进一步拓展上述的思想。我们能够很容易地思议这样的可能性，即普遍命题是真的，而其他的命题则是假的。如果是这样的话，那么我们只能具有一种类型的世界，但不是这一特殊的世界。从自然律的角度看，自然还是和以前一样，但其他所有东西却和现在的大大不同了。也有这样的可能，即第二类和第三类的命题部分是真的，部分是假的，而第一类的命题却完全是假的。如果是这样的话，那么在某种方式上我们可以有现在这样特殊的世界，而不可能具有其他类型的世界。但这样的特殊世界并不属于以第一类命题描述的类型。同样，我们也可能有三类完全不同但却真的命题，如果是这样，那么我们就会具有完全不同的世界，而且特殊的世界也与我们恰巧生活在其中的世界是不同的。但是不管我们怎么样思议，重要的一点还是留了下来，即本体论原则是有效的，存在着道一。任何可以思议的东西都是可能的，因为它们并不是矛盾的。只有矛盾的东西才是不可思议的，因此道一也就必然会得到断定。在后面我们将试图指出，所有的可能世界都是能够现实的，但是那是形而上学原则的结果，而不是本体论原则的结果。

如果我们从另一不同的角度来讨论，那么我们将更容易清楚地看到道一的无所不在的性质，只要我们不要忘记某些含义。我们容易忘记这一点，因为这些含义有着假的嫌疑，我们总是不能将这一点保存在记忆之中。因此作为一个人，人又往往会有错误，所有这些都使得一个人总容易忘记他是一个动物，是一个活的存在，一件东西，更基本的是他是有质料在其中的式的一个部分。绝大部分的人会感到极大的愤怒，当人们告诉他们他们是动物，告诉他们他们是东西的时候。他们因此会感到吃惊，他们会因自己显然缺乏健全的理智而感到怜惜。然而，一个东西并不是一个人，但同时一个人却十分确定的是一个东西。说一个人是一位生理学家在某一所大学教书或正在写或已经写完了一本书显然要比说他是一个人或一个动物或一件东西提供了更多的信息。说他是一个东西确实只给我们提供了很少的信息。而说他有式的质料的一部分则什么也没有说。但是这并不意味着这一陈述是假的。事实上，第一个蕴涵着第二个。自我中心的思想经常使个人看不到他的基本的特性是与其他个人的是紧密相连的。而人类中心的思想则使人们看不到人类的基本特殊是与其他的动物、其他有生命的存在和其他的东西是紧密相连的。明智的态度是要以普遍同情的态度来说话，但是我们不打算这样做，因为我们目前较为关注的是道一的无所不在的性质。从任何一个东西开始，不管相关概念的内涵有多么丰富，你也只是从道无限的一部分开始的，在所有的时间里你都是在道一的王国之内。这一点适用于存在的事物，但也同样适用于任何可以想象或可以思议的事物。因此，想象或思议你自己就是任何一件东西。你总是不能够逃避你自己与其他事物共享的那些特性。能够思议的纯粹意外事件，最无谓的东西都不过是道一展开过程中的一个阶段和实在中的一个东西。

至此我们一直在说道是不能否认的，说我们断定道等于什么也没有断定，说断定任何东西我们也就断定了道一。我们在此更为关注的是道一的无所不在性以及道无限的多样性。我们不久将谈到这两者之间的关系，但是在这样做之前，我们还需对有关道一的某些问题做进一步的澄清。虽然我们可以在形式上就式谈论什么东西，但是我们却不可以在形式上就质料谈论什么东西。在一种意义上关于道一我们没有什么东西可以说的。而在另一种意义上我们却可以说很多关于它的话。由于道一就是宇宙，因此在整体上和统一体方面关于它是没有什么东西可以说的。不能说它是开始或终结，说它增长或减少，说它是存在或不存在，说它是真实或不真实，……在形式上，可以把主语归属于谓语，但道一作为主语出现的陈述是不可能作出的。在道一作为谓语出现的所有陈述都是合理的。当然在这样的陈述中是存在着相当多的困难的，然而在这里我们可以对此略而不计。这里的关键是，道一是不能归属于除它本身之外的任何东西的。但是，虽然在它的整体性上道一就是永恒的无所不在的统一体，这就是在用另一种方式说道一是宇宙，因此无须在此提及它的整体性。虽然宇宙的任何部分并不是宇宙（因此用物理学家和天文学家描述成的以多少光年为半径或直径的球体并不是我们这里所谓的宇宙），但是道一的任何部分却仍然是道一。正是这种独立的适用性使我们可以思想或谈论关于道一的情形，而关于道一的整体性和统一性我们却是无话可说的。

五

本体论原则是针对于道一的，而形而上学原则则是道无限的原则。这两者之间的关系可以分析成两个不同的方面。对于我们理解道来说，这两个方面是同样重要的。其中的一个方面是有机的部分对有机的整体之间的关系，另一个方面则是一类包含于另一类的关系。类的包含关系使我们能够说包含类是真的话，那么被包含的类也是真的。这种基本的相同性是包含类和被包含类都具有的。但是有机部分对有机整体的关系却没有这样的共同特性。显然，虽然在一方面一个勇敢的男人是男人，但在另一方面虽然血液循环与人体有着有机的联系，然而它却不是人体。有机性是一包含有内在和外在关系的系统。它们的关系是这样的，部分可能是相互联系的或相互依存的，部分和部分之间可能是独立的。但是整体总是要依赖于它的部分的。因此给定部分的性质，那么有关整体性质的某些方面也就同时被揭示出来了。正因为如此，所以我们可以从已绝种的动物的骸骨来恢复它们身体的结构。这两种关系各有其长处，也各有其短处。它们的结合可以使我们从道无限来谈论道一，因为道无限不仅仅被包括在道一之中，同时它也是道一的一个有机组成部分。在此只要有一点儿想象就可能会给我们很大的帮助。可以把道比作一段丝绸，它有不同的图案，由经纬编织而成。这一丝绸的任何一部分并不仅仅是经线和纬线，而且也显示出了图案和花样的一部分。这整块的丝绸是紧紧地联系在一起的，如果其中一部分脱离开了它，那么其他的部分就会自动地补上。在此我们想象得到的丝绸是静态的，而道既可从静态观察，也可从动态观察。或许我们可以用我们的心灵的眼睛看到这样一幅画，在画中，一条流动的小溪跳跃着流过崎岖不平的岩石而激起阵阵浪花。每一浪花都是水的浪花，然而每一浪花也同样都属于整个图案。因此当水流受到激荡，就会形成不同的图案。画面既可以得到澄清，也可以被歪曲。但是，如果我们不去考虑被歪曲的方面，那么我们就可能通过类比而得到关于道的看法。道既是水流，也是图案。它既不是它的水流，也不是它的图案；它是有机整体中的一类实体和事件。我们可以分别地和间接地谈论它，也可以整体地谈论它。从意念可以得到表达的角度来看，正是不同的适用性使道保持不变，然而却与宇宙不同。

我们已经提到，道可能类似于逻各斯，如果后者不仅仅是思想的表现和内容，而且也是思想的对象的话。不真实的思想的问题在细节上可能是不同的，但是我们仍然可以很容易地看出，即便是没有平常所谓客体的不真实思想依旧是道的一部分。在不真实的思想中也一定有其逻各斯的。假定想象我们的知识几乎是完全的，即我们完全充分知道几乎每一件应该知道的事情。我们的百科全书至少可以大体上分成两个分支，即历史和科学这样两个领域。一部分处理的是特殊的事件，另一部分处理的是普遍的图案。我们的知识不仅仅反映道，而且它本身也同样是实在中的一个个体和道的展开过程中的一个阶段。这样的反省所揭示的是什么呢？历史部分揭示的是过程和现实性，而科学揭示的是普遍的图案。我们将在后面谈论前一个问题，而现在集中谈论后一个问题。我们的看法是，这一图案只不过是各种"……学"之中多种多样花样中的一种，而所谓的"……学"通过自然律、设定和方法论原则将各种不同的自然律相互之间紧密地联系起来。这些作为部分或花样的不同的"……学"被编织成一有机的整体，这就是图案自身。关于不同的"……学"之间的相互联系我们有很多可以说的。从相互间的距离来说，有的要比其他的似乎联系得更紧密；从推演的能力方面来说，有的要比其他的更强；从内在的联系讲，有的要比其他的组织更紧凑；从内容来看，有的要比其他的更来得丰富些，等等，等等。但是它们之间的联系类似于一个国家内的城市之间的联系。没有一个城市是不可以达到的，虽然某些道路可能并不直接通向某一城市。生理学可能与地质学相去甚远，但这两者之间决不是毫无关系的。它们之间可能没有直接的联系，但是通过间接的方式，如通过生物学、动物学、植物学、地理学等学科，我们就能从生理学走向地质学，或者从地质学走向生理学。

这样的图案不是我们所谓的逻各斯或道，因为就其本身而言，它是空的，是静止的，是没有现实性的，它就像没有筛过任何东西的筛子，或者它就像没有光线照射的窗帘显得毫无颜色一样。我们在此并没有谈论质料和式之间的关系，而只限于谈论现实的和假定的之间的关系。我们分析地谈论普遍的图案，而没有涉及特殊事件和客体的具体过程。实际上，每一事件都依赖于其他的事件。电影胶卷在此可以被用来作一个比喻。所有胶卷中的画面并不能组合成一完整的电影，因为它们必须以某种图案放映才能成就一完整的电影。这些画面也不限于图案，因为如果这些画面是不同的，那么整个电影就将完全不同。正如必须将图案和胶卷中的画面结合起来才能成就一电影一样，只有将过程和图案综合起来才能形成道或逻各斯。在最后一个段落中，我们曾经强调了图案，在此我们必须谈谈事件和客体的阶段或流。特殊的客体就其特殊性而言是可以指称的，是可以参照的，或是可以表达的。

然而它们的特殊性是绝对不可以描述的，它们本身只有通过展示共相或它们实现的可能才能得到描述。这就是说，特殊事件或客体像筛过的筛子弥漫于图案，像光线穿透窗帘。图案就是共相的内在联系，而不同的"……学"是内在相连的花样。是特殊的事件、客体具体过程和流赋予图案以生命和现实性，是图案使具体过程的流具有可理解性。如果我们所谓理性是指与自觉的决定相联系，那么道就不能说是理性的。但是，它是完全可以理解的，因为它是完全与图案相符合的。

如果给定了道无限和道一的关系，那么你就能看出不仅仅道无限是道一的全体，而且道无限的有机性也是道一的统一体。这就是无限和一，一和无限的关系。道无限的有机性将从特殊事件和客体的角度来讨论。从某一角度来看一事物，一特殊事件或客体反映的是整个宇宙。从认识论的角度来看问题，我认为，特殊的客体和事件在内在和外在两个方面都是紧密联系在一起的。如果不是这样的话，那么知识将是不可能的。但是，这一看法并不与特殊客体和事件是有机整体的思想相冲突。首先，内在关系和外在关系并不总是或一般说来是对称的。这就是说，如果 x 在外在关系上是与 y 联系着的，那么 y 未必就与 x 有外在关系。其次，存在着各种各样的有机性；有的单从性质方面要求部分之间的相互影响，而有的不仅仅从性质方面而且也从关系方面要求同样的相互影响。就关系讲，没有一个特殊客体或事件可以独立于其他的特殊客体或事件；每一客体或事件都是如此，因为其他客体或事件也是或过去是或将来是如此这般的。特殊性从来就不仅仅是局部的或仅仅是特殊客体或事件的性质或属性。如果它是这样的话，它就可能重复自己，因为它可能脱离它的环境，一旦可以脱离，就没有什么理由说它不能重复自己。但是正如我们已经指出过的那样，一殊相是不能重复自己的。这就是说，它不能脱离它当下的环境，它的当下的环境同样也不能脱离间接的环境。假定我们不在讨论宇宙，而是局限于讨论宇宙的任何一个阶段，我们称之为在时间1的世界。时间1的世界中事件的重复也意味着时间1世界的重复。我们可以很容易地看到，时间1世界是不能重复自身的，不管是在连续性的意义上，还是在孤立的意义上，都是不可能的。连续性意义上的时间1世界的重复自身就是时间1的停止，而孤立意义上的时间1世界重复自身就是使它自身从它的前后的环境中脱离开来。这一世界最终将导致宇宙的重复。宇宙的重复就是对宇宙自身的否定。因为能够重复自身的宇宙从根本上说不是宇宙，它也不是整体性和统一性意义上的道。由于一殊相是不能重复的，所以它必须反映整个宇宙。每一殊相是如此，是因为其他的殊相是或过去是或将来是如此的。

如果将上面所讨论的要点牢记在心头，那么我们就能够进一步说些关于普遍同情的话。从这样的思想的角度来看问题，我们可以说宇宙就在我们之中，而不仅仅是我们在宇宙之中。"天地与我并生，万物与我为一"这一思想完全可以用来解释其他的生命现象，但这样做可能会偏离我们此处所讨论的问题。罗素曾经在什么地方这样说过，人们追求永恒，而从不想使自己无限制的胖起来，这就是说，他们想存在于所有的时间之中，而不想占据所有的空间。从美学的角度来看，人们当然不希望自己无限制的胖起来。而经济学和心理学却驱使人们去追求永恒。这后一方面的愿望在东方表现得不这么强烈，它只局限于统治者。生活的富裕可能使追求永恒的想法在西方尤其强烈。然而，这样的想法在实质上是很粗陋的。以我们在这里的讨论的思想为基础，如果我们自觉地意识到我们与宇宙及与宇宙中的每一事物所共享的基本的统一性，那么我们就能从这种意义上说，我们是充溢着整个的空间和时间的，而这样的意义是不能给我们上述那种粗陋的满足感的。对于一个富有哲学智慧的心灵来说，这样的意义是能够慰藉人心的，因为正是这种意义使他意识到他对自己周围的每一事物给以普遍同情。希望有一个不老的躯体的想法会夺取一个人应该具有为变化、成长和衰老所带来的种种乐趣。希望有一个永恒的心灵的想法实际上是惩罚一个人使他具有包括排遣上帝样的孤独和寂寞。想要上面的一个或想同时要上面的两个想法都不过是在追求别人所不能具有的一种特权。这样的企图是想要借助于下面的手段来保持自我中心的地位，这一手段就是扩大差异、忽视同一性。我们可以看到，正是西方的古希腊和希伯莱的传统把作为宇宙一部分的人类看作是整个宇宙的中心，把自我看作是整个人类的中心。如果普遍同情在这样的条件之下是可能的，那么它就却与上述的思想是极不相同的。只有通过认识到人是处在有质料的式或有式的质料的海洋之中，我们才能获得自己的普遍同情，自己的无所不在和自己的永恒。

正如其他的人在另一个方向上走向了另一极端一样，我们也在这一方向上走向了极端？如果在实际生活中，比如一只蚊子咬了我一口，我们准备作出什么样的反映呢？如果你可能的话，就打死它。但是我们不能因为这只蚊子咬了我们一口而谴责它。因为这只蚊子的工作就是咬人。请不要把性质的世界和价值的世界混为一谈。在存在者所享有的民主体制下，每一个人都有与其不同的角色相适应的作用。成为一个人就是一份工作，你喜欢也可以叫作停泊地，但不是地位；它是人应该保持的职责，而不是供人贪婪注目的遗产。在道的展开过程中，人与蚊子都有相应于他们不同角色的作用。人的作用是那些在同样时间内的人的客体所不能逃避的，正如蚊子的作用是在同样时间内是蚊子的客体所不得不完成的一样。一旦人成为了尘土，那么作为人的作用也就停止，但作为尘土的作用也就相应地开始了。在蚊子和人的角色中，一个咬，一个打。在物理客体的角色中，它们有物理上的接触，在其中有能量的转换及其所产生的化学后果。咬和打的语言在此是与这两个客体是相适应的，蚊子的作用是咬，而人的作用则是打。而这样的语言对于它们的物理客体的角色中的一个或两个来说都是不相适应的。我们并不是要求蚊子或人忘记各自的蚊子性或他的人性，我们只是要求他们记住在同样的时间内他们都是客体，这与要求美国总统或来自内华达的参议员不要忘记他们也同样是美国的公民一样。

可能有人会说我们的这些看法会阻碍进步。在西方一个被普遍认同的看法似乎是认为，无论如何进步部分的是由于人对自然的征服。这就意味着后者的武断态度。如果人只是一味地努力使自己与自然或自然的上帝和谐相处而无所事事，那么希腊的明朗、希伯莱的美妙、罗马的法律、欧洲的科学和美国的大工业都将是绝对不可能的。谈论进步是一个很困难的话题，尤其是在与道的展开相联系的这一方面来谈这一话题使我们更感觉到困难。作为人，我们当然会将自己的感情放在人性方面，但是当我们以超然的态度来看这样的问题的时候，我们的这种感情就会淡漠。没有任何理由可以使我们认为进化的链条会在人类出现之后打住。如果我们能够有超然的态度，那么我们在努力发现人性中使我们赞叹不已的优良品行方面一无所获而感到莫大的遗憾。但是即便把我们自己限制在人类历史方面，我们所知道的关于进步的一切也显然并不完全是积极方面的。更为重要的是，即便在一般的意义上来谈论进步，我们的看法也不会阻碍进步。你必须记住，我们在此所提倡的不是指导人类行动的原则，它没有发布戒令反对打死蚊子或建筑庞大的桥梁或研究自然现象的实验室，而是提倡一种沉思的看法，一种旨在拓展我们的视野而决不阻碍我们行动的超然的理解。如果我们把它看作是由人强加的宇宙最小抵抗力原则的话，那么这样的看法确实阻碍了通常意义上所谓的进步。但是如果把它看作是对实在和过程的认识，在这样的认识过程之中不管我们做什么，我们都是在道的展开过程之中起作用，那么我们就没有必要完成作为人来说更少的东西，虽然我们必然会感觉到自己更像是存在着的民主体制下的要素。

实在与过程

一

从可能现实的角度看有四种类型的可能。在下面我们将依次讨论这四种可能。

不得不现实的可能就是必然的。这样的可能如果没有现实就是矛盾的。因此这样的可能必然是共相。如果我们记住了前面的讨论，那么我们就会很容易地看到，式就是这样的一种可能。虽然这样的可能的数量不大，但是这样可能不仅仅局限于式。作为式的必然现实的结果，可能的现实是现实的，由此这一可能也是现实的。由于不得不现实的可能必然是共相，共相也同样是必然的。从逻辑的观点看，从我们在上面已经提到的自语重复来看，这样的可能当然是重要的。但是从认识论的角度来看，这些可能并不是重要的，它们的现实也并不必然导致我们目前这样的世界。

如果一种可能在我们上一章已经讨论过的意义上现实的，那么这样的可能就是总是现实的可能。这样的可能没有现实并不就是矛盾的，只不过并不是偶然的。总是这一术语意味着时间。我们不应该在时间的意义上来谈论这种可能，因为时间本身就是这样的可能。但是如果我们从时间方面说，我们就能很容易地看到在一段时间内这些可能是没有现实。这些可能的现实是由于形而上学原则。它们的现实并不是由于纯粹的逻辑方面的原因，而是由于所与或硬性和现实的核心，这是我们在经验中经常碰到的。不管我们怎么努力都不可能摆脱它们的。这一类可能的数目也并不是很大的，然而可能要比第一类可能的数目要来得大些。变、空间和时间就是这样的可能。在此我们可以清楚地看到，形而上学原则在某种程度上的重要性。不得不现实的可能当它们现实时只不过给出了实在的最基本的东西，而并不能展示我们所熟悉的形状或特性。是形而上学原则指出，实在是逻辑地要我们接受的，而且必然是要变的，是有时间和空间的，等等，等等。其结果就是，我们已经拥有一种世界，它在很大的程度上与我们生活于其中的世界是极其类似的，因为不仅我们有变，有时间，有运动和空间，而且也有参照系使实在很有秩序地分解成多样性。这样的宇宙可能并不是詹姆士所说的宇宙，它从来就不是现实的状态。

如果一可能曾经现实过或未曾现实过或曾经现实而现在成虚，这样的可能叫作不老是现实的可能。这类可能的现实既不是必然的，也不是强制性的。这一类可能的数目必然是无限的。式中的绝大多数的可能就属于这一类。我们可以用偶然的实在来代替式中的可能。我们所碰到的绝大多数的事物就是偶然的实在。我们常常对所谓"纯粹的事实"不屑一顾。如果我们对共相或共相间的关联感兴趣，我们的这种蔑视是有其理由的或者是可以得到证明的，但是我们却从不确信我们可以始终对所谓"纯粹的事实"持这样蔑视的态度。"纯粹的事实"是被给与的，它有一种硬性。它们是不能被忽视的，除非假定一参照标准，依据这样的标准宣布它们是不相干的，这正如狐狸扔掉了葡萄是因为葡萄太酸一样。在这两种事例中，都有包括被忽视了的所与，所与似乎更接近于偶然的实在，而与必然的实在相去较远。由于某种原因使我们接受了后者，这就使我们感到这样的接受是有道理的。由于单是这样的原因还不能使我们接受前者，所以我们所能做的只不过是说

"它就是这样"。

　　自然史告诉我们，植物和动物在它们现实的时候，它们中有极大数量的植物和动物曾经现实或已经成虚。如果它们具有想象的能力，它们可能把自己想象成注定是要永久存在的。曾经有过一段时间是不存在人类的，将来也可能人类不再存在。几年前有一个新闻记者为巴尔福冷淡的态度所激怒，他说道，巴尔福似乎总是意识到间冰期而且在感情上也似乎有了准备去迎接另一个冰河期。很困难说这样的意识是否可能使人类的生命深感不安，是否可能降低人类的声音及其怒气，但是如果这样的意识也能够使人类的重要性的观念有所改变的话，那么它对于人类来说无疑是非常重要的。从我们的观念看来，这样的意识确实是非常健康的，然而从长期进化的观念来看，这样的意识并不适用。我们也没有必要过分地为此深感不安。在人类之外是否有可能出现超人实际上也不会有太大的区别。我们已经接受了人是要死的观念，相反追求永恒的观念则是站不住脚的。我们也同样能心平气和地承认了以下的观念，即人类历史的伟大时期已经过去。没有理由假定我们应该为人类将来的终结而苦恼不已、痛苦万状。虽然进化是不会重复自身的，但是可能的现实却是可能重复现实的。在人类灭绝后的几百万年或几亿年之后人类发展的另一个阶段的出现并不是不可能的。

　　我们在此感兴趣的并不是人类的命运，而是以我们的术语来复述自然的历史。当我们说啮齿虎和龙出现之后又灭绝，我们在此只是说在道的展开过程中有这样一段时间，那时啮齿虎性和龙性现实了而后来却成虚了。当我们说不存在龙的时候，我们是说在目前龙这一可能并没有现实。我们没有理由假定在道的展开的过程之中从来没有或将来也不会有龙，因为龙性不是老是现实的可能。它当然既不是必然的，也不是不可能的，既不是永远现实的，也不是永远不现实的。它是这样的可能，即它的现实并不是必然的。这样的话也同样适用于人类。我们的存在也并不是逻辑上必然的。虽然对于我们而言，我们的存在是非常重要的。然而对于任何一类存在来说，与某一概念相关的可能的现实显然是很重要的，是很有意义的。从我们的观点来看，我们可能看到蚂蚁的灭绝，但是从蚂蚁的观点来看，如果它们有能力回答问题，它们就有可能不同意我们的看法，并且对这样的看法表现出极大的愤慨。伏尔泰不能欣赏乞丐的观点是因为伏尔泰没有注意到伏尔泰之为伏尔泰的本性。如果他对乞丐的窘境有更多的同情的话，那么他就会看到即便是乞丐也应该有生存下去的权利。情况可能是这样的，按照某种既定的价值标准，人类可能要比别的类更有价值，或者说伏尔泰要比乞丐更有价值。但是价值是一种规定，而不是一种描述。被指定为是价值的东西并不总是与被描述为是性质和关系的东西相一致的。辨别不同的领域，我们就能清楚地看到，有价值的东西在道的展开的过程中并不总是必然的。从某种价值观来看，正是具有偶然性的东西才是有价值的。考虑到我们自身的存在，对于我们中的大多数人而言并不是活得长寿就能使我们快乐，但是有意义的经验却能够在生命中得到不断的累积。大多数人可能会珍惜瞬间的爱情或短暂的精神上的享受或成功发现的时刻，而不是整年的机械的毫无色彩的生活。即使是在日常生活环境中，意外的期待，深陷在汪洋大海之中，对逝去的懊悔，对过去的回忆，才使得人的生命和生活不同于一般的存在。

在此我们不是对上述的特殊标准感兴趣，我们关心的仅仅是不老是现实的可能的作用问题。正是这种可能的现实才向宇宙提供了丰富性、多样性和它的色彩。显然如果仅仅是必然的和老是现实的可能是惟一现实的可能，那么宇宙将是沉寂的、荒芜的和惨淡的。由于许多可能的世界被排除在宇宙之外，宇宙自身也不会存在。我们将在后面指出，如果宇宙的确实实在在地包含所有我们认为是实体的东西，那么所有不老是现实的可能就会在过程中现实。形而上学原则将使我们确信这个宇宙是丰富的、多样的和有色彩的。虽然任何不老是现实的可能的现实不是必然的，但是整类不老是现实的可能的现实并不就是偶然的。如果不老是现实的可能本身是偶然的，那么质料可能会停留在必然的和老是现实的可能之中，而形而上学原则也将不是统一的原则。

一可能如果仅仅在所有的不老是现实的可能曾经现实或现在现实的时候现实，那么它就是老不现实的可能。由于在过去或现在或将来不可能有这样的时间，在其中所有的不老是现实的可能都现实了，所以这样的可能就是老不现实的可能。这样的可能的现实不是不可能的，因为如果它们是可能的，那么这样的可能也就不是可能了，而是不可能了。虽然它们是老不现实的，但它们依然是可能。这就是说，与这样的可能相一致的意念并不是矛盾的意念，而是真正的概念。可能我们有很好的方式来定义这样的可能。但是从讨论不老是现实的可能出发，我们发现最方便的方式就是以不老是现实的可能来定义这样的可能。我们现在以"无穷"这样的可能为例来说明这一点。显然"无穷"是一老不现实的可能。或许我们最好从与这一可能相关的概念开始讨论。这样的意念当然不是不可能的，就我们现在所能知道的而言，它并没有被证明为是矛盾的。作为一意念或概念当然它不是不真实的，因为即便那些宣布它是不真实的人也是在反对它，而不认为他们自己反对的是无。有些人可能会把想象与概念混淆起来，因此把真正是不可想象的无穷也看作是不可思议的。但是如果它是真正地不可思议的，那么它就会被证明是矛盾的。然而它不是矛盾的。因此问题不在概念方面，而在可能方面。作为一可能，无穷必须得到承认，而它作为一可能是老不现实的。正是由于缺乏可能的现实，所以使得相应的概念看上去是不真实的。

可能关于无穷可分性的看法会使我们一直在努力探索的东西明确起来。说一英尺长的木棒可以无限地分割下去，实实在在地是在说它从未被无限地分割过或从无限小的观点看是否认无限分割是实在的一个事实或一个项目。正是因为无限分割是老不现实的，所以无限可分性是一个正确的理论。反过来说也是一样，正因为无限可分性是一个正确的理论，所以无限分割从未得到现实。承认在现实采取具体和有限的形式的世界中无限可分性理论的合理性，我们就会认识到无限分割不是一个具有现实性的事实，而是过程的一个极限。这一过程会无限地接近于这样的极限，但是永远不可能达到这样的极限。如果我们认为这样的极限是可以达到的，那么无限可分的理论也就不攻自破了。无限可分的理论要求无限可分的可能是老不现实的可能。它只有在这样的情况下才能现实，即它的现实并不是先验的矛盾。它不能是现实的，因为现实的过程本质上是不老是现实的可能的现实过程，在它现实之前这一过程必须是完全的。但是，这样的过程不可能是完全的。

前两类可能是重要的，因为其中的一类向我们提供了关于实在的绝对的最低值，而另一类则向我们提供了关于事实性的所与的终极基础。后两类可能由于不同的理由也是相当重要的。不老是现实的可能给我们以道的丰富性、多样性和完全性。而老不现实的可能是重要的是因为它向我们提供了思想和思考的工具。从与它们相应的概念来看，这些可能作为可能并不是很重要的。我们说"无穷"、"无"……是极其重要的，不是从它们是可能的观点来看的，因为作为可能它们是老不现实的可能，而是从与它们相应的概念的观点来看，因为它们是思想过程中最重要的润滑剂，是思想结构中最重要的联系项。事实上，没有它们，我们根本不可能进行思想。即便是在日常生活中，我们也经常能够有效地运用比如像"未来"或"明天"这样的老不现实的可能。明天作为一个变项是不可能现实的，但是它的值如1944年1月15日，即1月16日却可以被我们在不到24小时内经验到。一旦我们经验到了它，它当然也就不是明天了。

二

　　现实是具体的，如果多数可能由于同一的能而现实化。从任何一个具体的事物我们都能发现具体存在于多数可能具有同一的能。因此，道必然是具体的，因为一方面由于式的现实，现实和实在的现实，结果就是多数可能的现实。另一方面在式中的能必须是同一的。虽然我们并没有直接说宇宙是具体的，而我们却直接说了道必然是具体的。我们在此的任务就是要确立和讨论三个原则。需要讨论的第一个原则是和谐的原则。实在在展开的过程中是要遵循和谐的原则的。和谐这一意念是从日常生活中借用来的，即从不同的道路出发最终却达到同一的或不同的目标。把不同的现实了的可能看作是不同的道路，把所达到的同样的或不同的实在看作是目标，那么我们的原则提供给我们最基本的特性，即具体。它是具体的原则仅仅是因为它是具有最少内容的原则。如果我们记得只要我们关心的是有质料的式，而质料必然是同一的，那么可能现实的和谐必然要导致具体化。

　　与这一具体的桌子或那一具体的苹果相联系着的具体的思想是从我们运用于道的思想借用来的。道的具体性是不可怀疑的，因为一方面我们有多数的现实了的可能，另一方面我们有同一的能。不管是什么事情都必须与自身同一，而且由于所有的质料都在式之中，所以质料也必须与自身同一，但是考虑到这张具体的桌子或那个具体的红苹果，情形却有所不同。我们必须相信在每一情形中有现实了的不同的可能，然而在它们中的任何一个之中使其现实的质料只能够说是大体的和不明确的同一的。在这个具体的苹果中有不可表达的 x，但使红色、圆、甜这些可能现实的"这一点"质料在那张桌子中并不是不可表达的 x，这一点质料使长方形、棕色等可能现实；除此之外我们不可能再辨别什么东西，由于我们不能够指出不可表达的 x，所以我们不能够断定在这个具体的红苹果中或在那张具体的桌子中不可表达的 x 是否与自身同一。在日常生活中的任何具体的客体的具体性是不可能得到证明的。只有通过有适用性的粗略统计才能说日常的客体曾经被经验过。

具体是和谐原则的最基本的内容。作为最基本的内容，这一原则也是一致原则的基础。我们非常熟悉这样的一个平凡道理即意念之间必须是一致的。不管一致有什么样的含义，这一道理并不能使前后不一致的意念在思想过程中消除。它所能做的只是宣判有不一致的意念出现的思想结构是无效的。不一致意念的出现必须被看作是无效的，因为如果不是这样的话，那么思想结构将不能反映可能实在的图案。终极的基础是具体的实在是和谐的。在最广泛的意义上说，一致只不过意味着排除矛盾。这就是说，如果两个或更多的命题或两类命题都是假的，它们仍然是一致的。一个人可以使他所说的谎话完全一致。在平常，我们倾向于将一致的含义局限在这样的范围内即给定一命题是真的，而包含这一命题的命题集团又是真的，那么这一命题集团就可以说是与这一给定的命题一致。在此我们往往为逻辑上的考虑所引导，而一致的标准经常是富有成效的。但是这一标准只有在这样的条件之下才有效果，这一条件就是某一命题必须是给定的或我们确实具有某些不是必然的但却真的命题。在必然的和老是现实的实在的层面上，和谐的原则仅仅导致实在的具体化。但是给定了某些不老是现实的可能的现实，这一原则也会向我们提供可能的倾向。这只不过是说，如果没有不老是现实的可能的现实，那么这一和谐原则也只不过是具体或具体化的原则。

　　难道我们确信不老是现实的可能会现实吗？我们已经在某处说过，虽然这一或那一不老是现实的可能的现实没有逻辑上的必然性，但不老是现实的可能作为一个类，那么它们的现实就不是偶然的了。如果仅仅是本体论原则主张我们不必具有偶然性，那也就罢了，但是由于形而上学原则也持同样的主张，而且我们也有老是现实的可能，因此偶然性是不能被排除的。由于从形而上学原则的角度看，时间和变必须是现实的，因此不老是现实的可能作为一个类也必须是现实的，否则就不可能有时间和变。形而上学原则说的是质料进出可能。必然的可能是这些可能即质料必然要在可能之中。而老是现实的可能是这样的可能，如果它们不现实，那么就没有时间。如果仅仅是上述的这些可能为现实的可能，那么质料就不能说是进出可能。在这样的假设之下，质料只不过在可能之中，我们所具有的世界将完全是静止的。正是根据形而上学原则，时间和变必须是现实的，由于有时间和变，那么必然会有不老是现实的可能的现实。说必然会有不老是现实的可能现实是说实在是一致地展开自身。

　　如果实在仅仅是和谐地展开自身，那么我们的世界虽然是具体的然而却是静止的。但是由于实在也同样遵循一致的原则而展开自身，这样我们就不只具有具体的而且也是运动的世界。这两个原则向我们保证这世界既是静止的，也是运动的，在某些方面是静止的，在另一些方面则是运动的。在一般人类经验中必不可免的相对性及个体或主体对特殊东西的喜好经常导致某些人将运动看作是更具有实在性，而另一些人将静止看作是具有更多的实在性。就目前而言，保守者和激进者之间的区别在于，前者认为运动是危险的，而后者却不这样认为。这种区别不仅仅局限于政治领域。有些人的思想倾向于巴门尼得斯，而另一些人的思想却倾向于赫拉克力特。不同的人有不同的思想倾向，这应该说是件好事，是有益的，但是实在的意义却应该同时包含静止和运动这两者。正如我们在前面已经指出过的那样，真实性或所与或硬性并不是没有变化的事物所具有的，它们也并不仅仅与瞬息万变的事物联系在一起的。在我们经验中所具有的关于事物性质的看法，不管我们的经验多么具有偏见，将会向我们提供实在感把或多或少的静止性和运动性归之于各种不同的事物，因此在日常生活中我们并没有以静止吞并运动的危险，或运动吞并静止的危险。只有在形而上学或本体论中，由于它们中的一个被认为是实在的标准，那么另一个可能就是不真实的。

在不同的时间或者强调静止或者强调运动都是有益的，把我们认为是终极的实在与经常被看作是显而易见的实在区别开来是错误的。使我们作出这样的区别是有一定原因的。可能是我们认为，终极的实在必须是永恒的，而永恒的东西容易被看作是没有变化的：情形可能是这样的，变化的观念本身充满着种种的困难，从理论上讲似乎实在不能承载这样的困难；也可能更容易的做法是把变化看作是终极的实在。但是理智的过程引导出这样的区别是一件事，由此而产生的结果则是另一件事。在认识论中，素朴实在论必须受到批评。但是我们却不可能完全抛弃素朴实在论而不摧毁认识论的基础。私人感觉材料的理论看上去得到了充分的发展，为人类的智力所信任，但是不管我们多么想根据这样的方法来从事理论构造，我们也绝对不可能从这样的方法构造出共同的客观世界，而我们的素朴实在论却能够极其容易地向我们呈现出这样的世界。一旦基础摧毁，那么任何上层的材料不管多少都不可能给我们提供可靠性或安全性。这样的话也同样适用于实在的理论。一个人很容易对我们生活中转瞬即逝的事物表示同情，但是如果我们急于想建立一与我们的经验有很大区别的实在理论，那么就必然会产生这样的错误结果，即或者是我们感觉不到与上面所提倡的理论相一致的实在感，或者是如果坚持这样的看法那么对我们的伙伴来说我们自己就是不真实的了。我们所具有的实在的观念是这样的，一方面实在在某些方面是静止的，在其他方面它却是运动的，另一方面在本质上它与呈现在我们经验中的个体事物并没有很大的区别。和谐原则向我们展示的是具体的和静止的世界，而一致原则向我们展示的是一致的和运动的世界。虽然这些原则是分别得到阐述的，但它们并不是分别起作用的。如果要问哪一原则首先起作用，那么显然这样的问题是毫无意义的。

偶然性原则仅仅使我们具有多样化。但是它并不向我们提供经济原则。很有可能我们具有单一系列的现实。如果是这样的话，我们有前后相接的时间方面的多样性，但是却没有空间方面的多样性或空间上的并存关系。我们可能有一个空洞的世界，虽然有变化，然而却没有行色状态方面的多样性。为了向我们展现这后一方面的多样性，我们必须要有第三个原则，即实在以丰富的多样性展示其自身。这一原则就是经济原则，它向我们保证可能的现实不是单一的，而是具有多样性的现实。因此整个世界是由众多的个体而综合而成的，这就使得几乎所有的可能在同样的地点在同样的时间可以一致地现实。如果这个世界是单一的，那么在任何时间内只能有一小部分的可能能够现实。然而由于世界是由众多的个体综合而成的，所以有巨大数量的可能可以现实。把六块方形东西罗在一起只能得到六个面，而把一个方形的东西切割成六个方形东西则能够得到三十六个面。因此如果我们承认了经济原则，那么可以现实的可能的数量就是巨大的。因为这一原则，不老是现实的可能的现实就会蜂拥而至。随着时间的推移，这一原则就会给我们提供不断增长的丰富性。

虽然这第三个原则是在最后才提出的，但这决不是说它是最不重要的。从某些观点说，这一原则是最有成效的。它不仅仅是个体化的原则或负面的经济原则，而且它也是关于不同现实的特性的原则。我们不打算运用诸如同质异类或异类同质这样的术语，也不打算追随《圣经》的做法，从一个亚当和一个夏娃开始，然后产生成千上万个亚当和夏娃。对我们而言，宇宙既没有开端，也没有终结。它并不开始于完全的简单性，也并不终结于最为复杂的复杂性。由于没有开端或终结，我们的原则不是那些开始在遥远的过去起作用或在遥远的未来停止发挥作用的原则。但是如果我们以任何一段时间为"现在"或为参照系，那么这些原则就会发挥着作用，而且随着时间从现在开始流逝我们的个体化原则引导这一世界走向多样化。或许如果我们记住偶然性原则的可能的合作，那么我们将会更容易地得到上述的看法。一旦个体化原则得到认可，不老是现实的可能现实得越多，在不老是现实的可能的现实中的偶然性的成分也就越多。用不着假定最初的贫乏，在描述的而不是命令的性质和关系中的丰富性在道的展开过程中就会不断地增长。

三

由于有了偶然性原则，我们也就有了变化。在某些方面世界就是一个永远变化的世界。这就是说，"变"这一可能是老是现实的可能。并不仅仅是偶然性原则蕴涵了这样的思想，而且形而上学原则也蕴涵着这同样的思想。如果质料进出可能，显然就有关系方面的变化。当我们说"变"是老是现实的可能，我们必须知道变必须是现实的，运用时间的术语来说，没有一段时间中变是没有现实的，也没有这样的时间在其中变停止了现实。世界并不开始于静止的状态，接着就开始运动。在某些方面可以说世界是静止的，它总是静止的，而且将来也是这样的。而在另一方面可以说世界是运动的，它总是在运动的，而且将来也是运动着的。在我们日常经验中关于这一点是没有任何困难的。目前我们没有必要关注那些尚不在时间和空间之中的抽象意念或共相。即便当我们局限于我们经验中的具体事物时，我们发现它们中的某些是相对稳定的，其他的则是转瞬即逝的，这就表明了客观世界中的相对静止和相对运动。由于哲学家是具有感觉能力的人，在日常生活中经常经验到变化这样的事实，所以我们并不认为他们始终是不留心观察以至于否认变化这样的事实的。

这里的麻烦恐怕在于变的意念或在于与之有关的推理。在这里我们确实有困难。变这一意念包含有同一性和差异性，在某些事物中它呈现为同一的，而在另一些事物中它则呈现为差异。这两者中的每一方面都是相当重要的，因为很明显如果没有其中的一方那么另一方也就必然不能形成变。如果说 A 变成了 B，那么必然有某些东西是同一的，当然同时也有某些东西是有差异的。如果没有这些有差异的东西，那么就不可能有变，A 和 B 也只不过是同一个东西的不同的名字罢了。如果在另一方面 A 和 B 是不同的，而且它们之间也没有具有同一性的联系，那么它们也只不过是两个实体。它们之间可能有时间上的间隔，我们也不能说一个变成了另一个。这样的观念显然是从经验中抽象出来的。在经验中绝大多数的或所有的变是部分的。部分发生了变化，同一和差异的问题在实践中却没有什么不同。哪里发生了部分性质的变化，经验便会在实际上向我们揭示某些同一的方面和其他不同的方面。但是经验往往是粗糙的、转瞬即逝的，它包含了某些没有很好地组织起来的推论的因素。经验到的差异可能经常是决定性的，而经验到的同一往往并不如此。被经验到的后者是某一方面的东西，在这些方面中的同一性也只不过是一种指示，而并没有肯定某种具有同一性的其他东西。从这些方面的被经验到的同一中得到后者的推论可能并不会经常把我们引向实际的困难，但是理论上的困难却是不可避免的。两个不同的客体有同一的方面当然未必是可能的但是决不是不可能的。因此被经验到的同一方面并不决定性地表明基本的或本质上的同一性。如果它不是，那么即便在有部分的同一和部分的差异的情形中所需要的变化也不可能发生。这就是说，即便当我们说 A 经验上变成了 B，因为在这两者之间有部分的同一方面和部分的差异方面的事实，那么我们在理论上从不可能确信，变化在实际上发生了，因为 A 和 B 很有可能从一开始就是两个不同的实体。

因此这标准并不是在同一的方面，尽管它包含着差异的方面。同一和差异并不在同一的层次上或能够适用于同样的客体。当我们说有两个事物可能具有同一的方面，我们不可能把事物当作同一方面的同一的结合。因为如果是这样的话，就没有两件事物是可以有同一的方面，因为如果是这样的话，那么说它们是"两个"就是没有意义的了。那么当我们说不同的事物或同样的同一的事物是什么意思呢？方面中既有共相也有殊相。一件事物不能等同于一套共相，因为在任何时间中，这一事物可能发生变化，而共相却不会发生变化，虽然在变化中某些事物会从一套共相走进另一套共相之中。一件事物也不是一组殊相，因为一件事物会持续一段时间，而一组殊相却不会，虽然在变化中某些事物从某一组殊相进入另一组殊相。在一组殊相之外或之上肯定有某些东西使这一事物与其他事物区别开来。我们早已指出这样的事物就是不可表达的 x 或质料。一同一的事物不是一套同一的殊相或共相，而是一些同一的质料。正是这些同一的质料使一事物具有"这"或"那"的特性。借助于殊相，"这"或"那"是可以被指示出来的，虽然"这"或"那"能够持续的时间较之于一组殊相的时间来得长。在一件事物中形成变化的是同一的质料穿越不同的方面。任何变化都类似于一个人脱下制服而穿上他的夜礼服那样的变化或类似于这个人脱下他的棕色的鞋而穿上他的黑色的鞋的变化一样。没有事情曾经发生变化，即便是那个穿戴者也没有发生变化，除了他变换了他的衣服和鞋。归根到底，质料才是穿戴者。

在经验中，我们从来不可能确信质料是同一的。不管什么事物中的不可表达的东西，由于它们是不可表达的，所以是不能进行经验的区分的或作实际的处理的，严格说来，说质料就是毫无意义的一件事，更不用说质料本身是同一的了。质料没有区分成不同的用隔板隔开的空间。不管用什么样的隔板，它们都是事件和事物的界线，而且它们本质上是共相的方面或殊相的方面的。我们能够说质料是同一的惟一的方式就是从整体上说质料。由于质料本身是既不增加也不减少，是完全没有性质的，所以它不可能不是同一的。在 Tm 的整个世界和在 Tn 的整个世界肯定是同一的，然而由于 Tm 和 Tn 在内容上是不同的，它们也肯定是有不同的方面的。因此变化这一观念显然是能够适用于在时间中的整个世界的。这整个的世界是不断地发生变化的，而不老是现实的可能在世界和空间的架子中总是现实的和不现实的。只有当我们说整个世界的时候，我们才能有理论上的把握说质料是同一的，而且也只有在整个世界的层面上我们才能有把握说它曾经变化过，正在变化或将要发生变化。而这样的变化基本上说就是时间。考虑到其他的事情，变化的观念多少有点替代性的运用。这种替代性的运用并不会置我们于实际的困难之中，因为在某些方面的同一性粗略地显示了质料的同一性，而在另一些方面的差异也总是能够从永远变化的世界中得到确认或推论出来。当我们说一个事物从 T1 变到 T2 时，不管它们之间的间隔有多短，也不管在经验中所有方面具有多高的同一性，我们说之所以能够如此是因为这是从永远变化的世界中推论出来的。当一个客体被说成毫无变化的，它只不过是说它的具有差异的方面没有被观察到。说A变成了B这样经验性断定的理论上的困难在于它缺乏一种经验的标准来断定质料的同一性。如果所呈现的材料在某些方面是同一的，而在另一些方面是有差异的，那么就没有什么实际上的困难，因为虽然前者并不决定性地表明质料的同一性存在于这些具有同一性的方面之中，但是它却在很大的程度上显示了这样基本的同一性以至对于所断定的变化不可能发生任何经验上的怀疑。当同一的方面在数量上远远超过了差异的方面的时候，情形更是如此。由于在理论上，任何事物的变化都是在时间中进行的，所以对于经验变化的断定都具有尤其是与经验环境相连的直接的因素。这就是说，或者一个事物被观察到是在变化的，或者有证据表明它发生了变化。在前一个事例中，变化是显示在材料中的。而在后一个事例中，证据在经验上满足了经验的要求，尽管它们可能没有满足理论上的标准。所有这些都表明了在实际上并不存在多少困难。当然这样说我们并没有忽视这样的事实，即变化这一观念是从它的用法引起理论上怀疑的地方借用来的。如果我们停留在个体化的客体、事件和方面的世界上，变化观念当分别地运用于每一个体的时候在理论上是令人满意的。但我们却碰到了某些困难，我们应该在此讨论这样的困难。这些困难的解决或取消存在于我们把变化的特性归属于整个世界，而且把它派生地运用于经验中的个体化的客体和事件。

当我们说这一整个世界是永远在变化的时候，我们当然是在说宇宙中的具体世界，而不是说宇宙自身，说的是道无限的展开，而不是道一自身。在宇宙中的某些实体不能说是变化或没有变化，这样的实体有可能、宇宙和概念，等等，等等。宇宙是无外的，是无所不包的，它并不局限于某个具体的世界，而接连不断的具体的世界并不能构成宇宙。我们在此不谈可能，因为可能本身不是现实的，虽然它们是宇宙中的因素。由于共相是现实的可能，所以它是现实了的，然而它们不能说是变化的或不是变化的。它们的现实性存在于归属于它们之下的殊相之中，它们两者都寓存于特殊事物又超越于特殊事物。一可能的现实是一事件，它的成虚也是一事件。但现实了的可能本身不是一事件。可能有这样的一段时间，在其中一可能变成并持续地成为一共相，如果是这样的话，那么变成和持续地成为就是历史中的事件，但宇宙本身不是。如果现实的期间不断地重复，这重复本身也是历史上的一事件，但是这一事件与原来意义上的现实是不一样的，然而宇宙却仍然是同样的宇宙。与一共相相应的一类存在是历史中的个体。但是与定义这一类的概念相应的共相不在历史中。恐龙的出现和消失是一历史事件，但是恐龙性本身不是一历史事件。虽然恐龙性是一共相，而命题"恐龙这一可能的现实"仅仅是一特殊的命题。它的真仅仅表明了一事件的发生或一事件被断定了，而不是一普遍的规律。即便当我们说到个体的时候，我们也处在同样情形之中。虽然只有一个柏拉图，只有一个亚里士多德，而柏拉图性和亚里士多德性则是共相。如同共相，它们并不局限于某一特殊的地方或时间，它们可以不断地现实，虽然可能有困难去想象完全相同人物会再次出现。虽然个体的柏拉图会一再地发生变化，而柏拉图性却不能说是有变化的。我们从中想得出的结论是，虽然具体的世界是不断地处在变化之中，然而却有些实体不能说是曾经变化了或是没有发生变化。

四

变化直接把我们带到了时间之中。在这一部分中我们将只讨论时间，当然我们是把时间与空间联系在一起来进行讨论的。时间和空间这两个概念可以在很多的意义上来使用，我们在此将不考虑它们所可能具有的很多其他的意义，我们是在客体和事件及其所占据的时间的意义上来使用时间这一术语的。在这一意义上的时间概念有两个重要的方面，即内容和架子。在这一部分我们主要是考察架子意义上的时间。时间和空间是老是现实的可能。这不过是说有时间和空间的另一种说法。形而上学原则向我们担保有时间，而且实在是与个体有机地联系着的。我们相信有空间。无论是从架子的观点还是从内容的观点来看，时间不能说是有开端和终点的，同样空间也不能说是有边界的。由于时间是老是现实的可能，由于这世界不是属于变化的，也不会停止变化，所以你就可以看到时间是既没有开端，也是没有终点的。空间及其边界的问题却有所不同。你可以很容易地看到，作为架子的时间是没有边界的；在空间中给定了一起点，我们就可以从这一点向三个不同的方向引出三条在时间上无限延长的线。如果我们说这三条线中的任何一条如果充分地延长的话就可能回到起点，那么我们在此所说的就不是架子，而是内容。更为重要的是，我们可能是从手术论的角度来谈论的。从这样的角度来谈论问题的方式不适用于我们目前讨论的领域。我们的问题是先于概念的手术论观点的假设和先在假设的，而不管后者作为科学的方法论是多么的有用或多么的富有成效。从时间1到时间2的世界确实既有时间上的界线也有空间上的界线，因为确定了时间上的界线也就同时确定了空间上的界线。然而我们正在谈论的并不是时间1至时间2之间的世界，而是在谈论空间和时间。由于所谈论的是空间和时间，所以不但时间没有界线，就是空间也同样没有界线。

如果我们看重的是那些包含着同时性的陈述而不是手术论层面上的所谓同时性，那么我们必然地有了绝对的空间和时间。当我们说一事件在两年以前发生在某一星球上时，那么这就是说这一事件发生在离地球有两光年的距离。我们不得不承认，这一事件在某一星球上发生的时间和这一事件达到地球上的时间是有同一性的时间片段。除非我们在整个的世界上具有同一性的时间片段，否则我们就不能说在时间 m 时间 n 的世界，因为后者明显的是在架子之内的有内容的时间之流的标志。世界就是世界内容的方便的总结，而世界 m 世界 n 就是世界的架子。事实上，在时间 m 和时间 n 之间的世界只不过是从时间 m 到时间 n。如果没有对于这一世界（不是地球）的所有部分都适用的具有同一性的时间片段，那么这些部分就不可能与时间片段有同一的关系。不管确定同时性的标准是多么的不同，但同时性是必须要得到承认的，因为否则就有与客体和事件的多样性相关的连续的多样性出现。在后一例子里，确定同时性的实际困难变成了这样的理论困难即没有什么时间。我们必须把确定同时性的实际困难和根本否认同时性这两者区别开来。如果同时性被排除了，不仅整类陈述在使用上是毫无意义的，而且在理论上也是没有任何意义的。显然这些陈述是很重要的，尽管很困难给它们以任何使用方面的意义。

从现在起我们将分别地讨论时—空，而且讨论它们中的每一个都是从架子的观点着眼的。从时间的内容来看，一时间片段是一客体和事件的世界，它也是可以用架子标志出来的一段时期。为了得到纯粹理论上的和绝对的时间和空间的架子，我们应该引进一些代表抽象的界线的术语以便给架子的结构更准确的理论意义。从时间持续的角度看，一时间的片段是不确定的，它可能是指几秒或很长一段时间。我们需要某些确定的和不变的东西。我们所需要的是熟悉的时点，只不过它多少与通常所谓的时点有所区别。我们将在此把时点这一术语看作是指整个空间，而没有任何时间的维度。一时点是三维空间，没有任何时间的延续。它只是时面，没有时间的厚度。任何有限的时间片段都有两个时点作为它的界线，而时点的有限性就在这两者之间。没有一时间片段是整个的时间。在时间片段中作为界线的两个时点中，一个是开端，另一个则是终点。时间是既没有开端，也没有终点的。只有时间片段才有开端和终点的。我们可以把有限的单位运用于时间片段，测定它的长度。在时间1和时间2之间的世界是一时间片段，在实际上不可确定的时间1和时间2就是它的开端和终点。因此，世界能够说有开端和终点的就是这样的世界。当然这样的世界不是宇宙或道或实在的全体。所有不同的时间延续是这一或那一时间片段，如果它们的开端或终点是在一个个体的时点中，它们同时开始或终结。因此，1994年1月20日波士顿11点和12点之间的这一时期至少有两件东西是结合在一起的，一个东西是相对于一定数量的事物如太阳在波士顿的位置等的时间延续，另一个则是时间片段，它的作为界线的11点和12点（实际上是不可接触到的时刻）这一时间片段是横切整个宇宙的。这后者不是与波士顿相对应的，它是可变的"在时间1和时间2的世界"的一个值。时间不仅仅是客体和事件的流，而且也是由时点的无限性及由此形成的秩序的架子内的流。正是根据时空的架子，理论上的而不是实际上的意义才被给予了那些断定如此如此的事件发生在如此如此的时间的陈述。也正是通过这一架子，客体和事件才显示出在时间之流中的同时性的内容。

一时点是一老不现实的可能。它是一可能，但是它也是老是不现实的可能。虽然我们不能说它是不可能的，但是我们却确信它是不现实的。它不是现实的不是因为在现在它不是实际的或存在的正如龙的可能一样。它是不现实的是因为它是老不现实的。它的现实依赖于任何时间片段的无限可分性，任何时间不管多短都是可以无限地可分的。虽然这一可能不是老是现实的可能，但是与它相关的概念并不是没有用处的。因此作为时点的12点虽然从未现实过，但是这一概念显然是有用的，因为在实际上我们可以接近它，而且只要它具有了粗浅的意义，那么它还是可以在实际的生活目标中加以运用的。时点的老不现实的性质也不会使由它们组织或安排的架子变得不真实。架子是实在的，因为由这些时点为界线为秩序的而在其中它们是先后相连的时间片段是真实的。我不知道科学家是怎么来看这里所提倡的理论的，因为很显然这一理论可能就是他们所要反对的绝对的时间理论。我们此处所说的架子确实是绝对的，但它也同样具有实际意义的。就我们现在所能看到的而言，所有这些手术论意义上的反对意见是不适用的。在手术论意义上确实没有什么绝对的时间，这样的命题的真并不包括或意味着在非手术意义上也没有绝对的时间。

正如在整个空间中一时点是没有时间维度的，同样空—时—线也是没有空间维度的整个时间长度。正如时点或时面并不是通常意义上的时点，同样空—时—线也不是欧几里德意义上的点。欧几里德的空间是没有时间的抽象的空间，结果是其中没有事件和客体。它的空间是一时面的空间或者我们通常称之为在一时点上的空间。像时面一样，空—时—线也不是真实的。在我们思想的基础上，欧几里德的空间是不真实的，因为时面是不真实的。虽然它是不真实的，但与它相对应的概念却是有用的，把时间和欧几里德的空间结合在一起就形成了架子，在其中时面和空—时—线相互交叉。这样的交叉就是空—时。虽然空—时—线不是欧几里德的点，而空—时是的。正如时间能够由时面组织成秩序，同样空间也能够由空—时—线组织成秩序。我们在此必须引进空线，它是空—时面，必须引进空面，它是空—时量，也必须引进空量，它是空—时的积量。空—时可以由空—时架子内的实体来确定秩序。实在就是在这样的架子内展开自身的。这一展开的具体内容使架子变得真实。

架子并不是脱离过程和实在的某种东西，它与特殊的东西是如此紧密地结合在一起以至于这些特殊的东西由于它而一致起来。每一个特殊东西在架子中都有其确定的和惟一的位置，事实上，这就是它在时间中的位置或它在空—时中的定位。它是不能移动的。只有当我们绝对地将时间与事物的空间方面区别开来，运动才是可能的。作为持续存在的个体我们是能够在时间 Tn 从 A 移动到 B，当时间 Tn 被认为是时间单位，在其中我们的移动表明了我们的特点。但是当时间 Tn 被看作是 T1—T2，并且我们自身与那些和 T1—T2 紧密联系在一起的殊相是统一的时候，我们是不能够从 A 移动到 B 的，因为那些殊相是停留在 T1—T2 之间的。这就是一个很古老的问题，叫作飞箭不动。在这一中国传统思想命题中所包含的慧见与西方类似的命题中所包含的慧见都具有很丰富的内容。我们不打算离开正题而来讨论运动的问题，我们现在努力所做的就是要指出一殊相不仅不能够变化，而且它也不能移动。在实在之流中它在那儿生和灭，它就永远地在架子中的这一位置上。这至少可以算是一个理由来说明为什么特殊命题的真不是殊相，这正如命题和命题所断定的事件的关系一样。"约翰·莱克兰德今天早晨走过。"是卡莱尔所作出的评介中的一个转瞬即逝的事件。但是卡莱尔作为一个历史学家更感到兴趣的是这一命题的真实性，而不是这一命题所断定的特殊事件。因为如果这一命题的真值与那一个特殊的早晨或与那位约翰·莱克兰德走过的特殊事件一样消失的话，那么值得怀疑的就是卡莱尔是否有十足的艺术家的才情而使自己沉湎于欣赏特殊的事件。时间和空间的架子类似于分类目录。当然它有它的缺点，但是与大多数其他的目录相比，它看上去似乎并不具有它们所具有的片面性。对于一个秘密机关来说，一个特工比如说是 B29，对于一个图书馆馆员来说一本书是 B75M34，虽然作为前者的那个人既吃又喝，有爱情，也有游戏，而作为后者的书，它的封面可能是红色的或蓝色的，它的内容充满着重要的思想或很无聊的思想。空—时架子也有它的单一性，但是与其他的目录比较起来它并不显得更是如此。可能它比其他的目录更具有目录的特点。

五

在前一章中，我们已经谈到了图案与对象和事件的流动或过程是相互依赖的。所谓图案我们是指共相之间的关联。与之相关的是我们更为熟悉的概念之间的关联。虽然所有的概念都是相互联系着的，但是它们也是能够被分成不同的类。在最广泛意义上的科学——这就是说，不局限于自然科学，虽然科学这一概念的意义是从自然科学借用来的——是一知识系统，它以可能和共相的相互关联为其对象，以概念的相互关联为其内容。我们将不在此讨论认识论的问题。我们在这里关心的主要问题是如何通过概念间的关系来谈论可能和共相之间的关联。从欧几里德几何学的内容来看，它是关于概念相互关系的图案。物理学也是这样。由于内容是概念相互关系的一个方面，科学知识就是关于共相和可能的知识。由于概念是可能和共相的观念形式，所以前者的相互关系也就是后者的相互关系。所有的"……学"都是以与共相和可能的相互关系相对应的观念的相互关系为其内容的。因此，"……学"的总和就反映了实在展开自身的图案。在任何特殊的时间内，由于现实的过程永远不会终结，所以图案也是永远不会完满的。这也就意味着，不会有这样的一天，到那时科学知识已经终结或科学研究也走到了尽头。

自然律有时被认为是指客体，有时被认为是内容，有时甚至在极端的情形之下被认为是科学知识内容的表现。我们将忽视自然律的第三个含义，因为根据这种意义来理解，万有引力定律在英语和汉语中就有两套自然律。不管怎么样，这一术语经常被用来指科学知识的内容。当说自然律在不同的时间发生变化的时候，我们很有可能是这样来理解这一术语的，即这一术语被用来指科学知识的内容，因为在科学思想的历史上科学家确实经常舍弃某些概念而采纳另一些概念，如果是在这种意义上来运用这一术语，而且舍弃是指拒绝某一套概念，而采纳是指启用另一套概念，那么自然律确实是有变化的。我们运用自然律这一术语是指科学知识的对象。如果是这样的话，那么它简直就是相互关联的共相和可能的另一名字。由于相互关联本身就是一共相或一可能，所以它是不能变化的。自然这一术语并不排除人，律这一术语在此暂时局限于指正义感。自然律仅仅是自然律，而说它仅仅是自然律时，我们也是在说其他的事情也必须同样要遵守自然律，对于自然律而言它们不是例外的。

当我们说实在的过程根据于图案流动时，我们是在说对象和事件遵守自然律，虽然自然律是共相，但是在它们不得不如此的意义上或在任何环境下它们必须如此的意义上，它们并不是先验的。在它们必须被发现或被证实的意义上，它们是经验的。它们中的每一个都不过是如此的。把自然律看作是一个整体，那么我们确实可以说自然律有其必然性，只要它们中的一定数量的东西被给定了，那么其余的就可以从中推出来。而且给定的越多，那么可以推出的东西也就越多。但是分别地来看，每一个就是其自身。自然律可能有着静态概括的形式，但即便是如此，它也是没有例外的。然而在任何给定的状态中，自然律可能是没有现实的，因为一既定自然律的现实不是必然的，虽然某些整体的自然律的现实可能不是偶然的。我们决不能把自然律的并非必然的现实看作是有例外的理由。比如一个人吃了致命的毒药之后并没有死去，这是某一自然律没有现实，而其他的自然律却现实了的结果。自然律是共相的关联，共相关联的现实依赖于"其他的事情是平等的"这同样条件的出现。由于条件从来不可能是平等的，所以不可能有任何有力的理由说明哪一自然律在任何一特殊的时间中将要现实。在此我们将要再一次强调作为整体的自然律和每一个自然律之间的区别。我们已经指出过，不老是现实的可能作为一类可能不是偶然的，虽然它们中的任何一个可能的现实是偶然的。对于自然律来讲也是如此。只有在这里，我们才必须以另一种方式来说明这一问题。虽然作为整体的自然律的现实不是偶然的，但是它们中的任何一个的现实却是偶然的。当由于条件不平等的时候一自然律没有现实，这并不意味着例外的出现。因为只有在相等的条件之下而规律没有出现，这时才有所谓的例外。

关于征服自然是一个需要充分讨论的话题。在某种意义上说征服自然是对的。如果我们说征服自然是在我们通过某些自然律实现而另外一些自然律没有现实途径下能够使一系列有利于我们的对象和事件实现的意义上讲的，那么我们就能够正确地说我们是在与过去相比更为高的程度上征服自然的。但是如果我们是在取消自然律或不遵守自然律的意义上说征服自然，那么我们就是在说胡话。自然律的作用是从来就没有被取消过，在今天和在过去都是一样的。顽石坝实际上并没有抵制自然或自然律，它只不过是利用了某一个自然律来抑制另一自然律而已。对于人类来说一件十分重要的事就是，虽然我们能够逃避作为个别的自然律，但是作为选言整体的自然律我们是逃不脱的。我们能够逃脱作为个别的自然律只是因为我们利用了另外的自然律。从这样的角度来看问题，那么我们就显然不能说自然律是有例外的。奎宁并不是取消了自然律后才能够治疗疟疾，而是靠了某一自然律起作用来抵消其他自然律的作用，从而避免了令人讨厌的结果。要能够做到这一点必须依赖于我们的理论知识、我们的实际所已经具有的智慧和把握或多或少相等条件的能力。医院建立就是试图把握或多或少的相等条件的尝试，这样做就可以达到使某些自然律起作用从而取得令人满意的结果。建立实验室的目的也是企图把握或多或少的相等的条件使某些自然律能够起作用从而作出新的发现。如果自然律有例外，我们的世界就会出现一片混乱，而不再是井然有序的世界了。

正是根据于自然律的图案，具体的实在才展开自身。这就意味着实在是完全可以理解的。当然我们所说的可以理解，在一方面不是说是理性的，在另一方面不是说是可以预见的。理性意味着运用充分的工具去达到预期的目的，而避免与此目的无关的其他任何事情。如果一个人是理性的，那么他就会做某些事情，而不做其他的事情。实在在展开自身的过程中似乎并不要做某些事情而避免去做另一些事情，虽然它也会达到某一目的。预见涉及了过去和现在的关系，如果给定了过去，那么未来虽然还未现实但在某种意义上也已被给定了。虽然我们没有说在过程中的实在是理性的，但是我们也同样没有说它不是理性的。在某种方式上它是可以预见的，但在另一种方式上它又是不可预见的。殊相的出现是不可预见的，虽然可能的现实是可以预见的，有时甚至可以有很大的概率。可理解性却是不同的，如果任何一个人具有理解的能力那么它就是可以理解的。它包含着以过去来解释现在，以共相和可能来解释现实。就有理解能力的人而言，它还包含着回答关于现实的什么、如何、为什么、什么时候等问题的能力。在目前，我们不打算讨论和回答现实是如何成为现实的这样问题的理解，因为这样的问题是历史的问题，所以它在我们目前讨论的主题之外。如果我们把自己局限在讨论这样的理解，它包含着从横断面的角度而不是从历史的角度来回答比如实在如何、为什么和实在是什么这样问题的能力，那么我们正在谈论的是在抽象概念和它们的相互联系的意义上的理解。这是在以另一种方式说当我们确实理解了，我们就能展示实在所遵守的自然律。因此当我们说具体实在根据图案展示自身的时候，我们也在同时说它是完全可以明白的或可以理解的。

实在在其中展示自身的图案就是可能和共相的相互关联，这又是所有作为科学知识的"……学"的对象。从不同的科学及其相互关系的观点来看，这里存在不少的问题。每一门科学从内容的角度着眼就是相互关联的一组概念。某些这样的概念向我们揭示了概念之间的相互关联的性质。物理学似乎能够以数学的甚至可以演绎的方式组织起来，虽然以演绎的方式把它组织起来的时机尚未成熟。随着物理学的进一步发展，物理学有可能从某些基本的原则出发，从中推演出整个物理学知识系统。如果是这样的话，那么这样的一组概念就能够变成一演绎系统。是否其他的概念系统也与物理学相似？在这里我们又遇到了这样一个关于不同概念相互关联的老问题。在未来有没有可能出现这样系统的和演绎的百科全书如《数学原理》那样，可以以某些科学为出发点，其他的科学可以从中推演出来？几年前就曾出现过这样的问题，即生物学能否从物理学推演出来的问题。虽然这一问题多年以来被搁置在一旁或者说消解了，但是这似乎并不意味着这一问题已经被解决了，而且随着思想的不断进步，这样的问题可能还会不断地被提出来。我们不知道对于这样的问题可能会给出什么样的答案。但是不管答案可能会是什么样的，然而有一点是确定的，即它们反映了可能和共相之间的相互关联。对于科学问题所给的科学答案揭示了具体实在据以展示自身的图案。科学知识的对象并不是脱离实在的某种东西，它不是它的"现象"或"表象"，它仍然是实在的共相方面，它并不是与它不同的其他东西。

六

在这一部分中，我们将讨论殊相和个体对象或事件。殊相不同于特殊的或个体的对象和事件，因为前者只是一个方面，而后者则是具体性的全体，前者可以被指示出来，可以被命名或被谈论到，而严格地说起来，后者是不可表达的，因为后者包含着不可表达的 x。我们将首先讨论殊相。正如我们已经指出的那样，一殊相不同于一共相仅仅是因为它是一殊相，它只是一个方面。就它自身而言，它正如共相一样也是"无体的"。当在时间、空间中占据着惟一位置的时候，一方面就是一殊相。一组或一套殊相本身也是一殊相。同样，一系列殊相本身也是一殊相。这就是说，作为整体的它在时间和空间中也占有惟一的位置。一组或一套或一系列的殊相的组合因此也在空—时的架子之中，而不在我们在前一章中所讨论的共相图案之中。由于一组或一套或一系列殊相本身也是殊相，这对于我们讨论殊相问题就显得简单多了。一殊相没有时间上的延续性，因为它只在自己作为殊相的时间内存在，超过这一时间它就不再是它自己本身了。一殊相是有限的，这就是说，并没有殊相占据空点—时点，也没有殊相占据着整个的空—时。一殊相也不能有变，因为在一殊相中是没有差异的，在两殊相之间也没有同一性。由于殊相不能有变，所以它也就不能移动。有时我们比如说，这只玻璃杯子呈现出某种特殊的蓝色，因为这一杯子几个月来都在这里，而且从一个地方被挪到另一地方，所以可以认为它的蓝色发生过变化，移动了。但是如果我们把杯子的整个经历看作是这一特殊的蓝色存在的阶段，那么这一蓝色既没有变化，也没有移动。在这一事例中，我们只是把整个的过程看作是一个时间单位，在其中可能有其他的殊相出现，但显然的那一殊相也没有变化，因为那一时间单位并不接续自己。它在空间中的位置也有这同样的情形。我们必须记住，每一殊相既是一殊相，也是一组或一套或一系列殊相。对于这整个杯子来说，特殊的蓝色在一种意义上说就是殊相，在另一种意义上是一组或一套或一系列殊相。在后一种意义上，有较深的蓝色能够与较浅的蓝色区别开来，但是没有一种颜色发生过任何变化或移动过。没有一殊相是简单，可以不是一组或一套或一系列殊相。或者说没有殊相是如此的复杂，以至于没有简单的殊相。对于殊相来说，既没有最简单的殊相，也同样没有最复杂的殊相。

反过来说就是，在空间中给定位置上的一个给定时间位置就是殊相。殊相就在这一位置中，而不能在别的位置中。在目前，让我们从概念上把架子和占据架子的殊相区别开来。殊相是方面。就殊相是方面说，它们根据自然律而相互作用。每一殊相是内在关系的综合，而不是时间和空间方面的外在关系的综合。由于殊相不能变化或移动或超越自己生存的时间，所以不能说殊相具有如此这般的性质，我们只能说它们只能如此这般。谈到个体的对象，我们能够说在这种那种的影响之下，它发生了变化。但是谈到殊相，我们只能说在这种那种影响之下，它不再是其本身。这里所提到的影响或者是指自然律的作用，或者是指其他殊相的同时发生和占据同样的位置。一殊相不仅仅是内在关系的关系质，而且也是外在关系的关系质。把桌子上的墨水瓶位置变一下，你就会有另一套殊相。借用政治学中经常运用的一个术语，每一殊相都是现状。以任何方式改变这样的现状，你就会看到无数殊相的连续不断的生和死。我们在此努力要说明的是殊相的有机联系，实在的任何变化所导致的不仅仅是对象和事件的变化，而且也是殊相的生和死。这不是说一殊相经过了某些变化导致了其他殊相的出现，而是说当其他的殊相产生时，一些殊相衰亡，另一些殊相产生。这就是说，谈到殊相，每一殊相都是依赖于其他的殊相。这一有机联系并不仅仅局限于殊相，因为由于每一殊相是它在空间—时间中的位置，从概念上说与殊相分离的所有的空间和时间的位置有着同样的有机性。时间的流或过程也是这样，我们不仅仅遇到不同的殊相，我们也同样穿越了不同的时间，占据着不同的空—时—线。当说到一个人于1943年11月3日在纽约被杀死，这一陈述听起来非常的简单，但是这一事件发生的特殊方式是很复杂的，以至于我们处理这一陈述的方法都会遭受失败。这就是我们以下述的语句来总结整个境遇的部分理由。这一语句是这样的"1943年11月3日在纽约"。为什么我们能够这样做的理由就是殊相的有机联系能够在概念上与空间和时间位置的有机联系分离开来。当然在实际上它们是不能这样分离的。警察可能再次重显这一事件，但是重显的事件显然不就是原来的事件。

下面我们将来讨论个体的对象和事件。它们是不同于殊相的，因为它们是有具体性的整体，而不是方面。在它们中间包含有不可表达的 x，我们把 x 称之为质料。我们已经说过，在实际上，我们认为个体的对象或事件就是在任何特殊的空间和时间中的一套殊相。这样的看法在理论上是站不住脚的。休谟在把这两者看成是一个东西方面的任何论证都不具有结论性的意义。但是这样的看法在实际上却没有什么太多的困难。如果我们暂时忘掉理论方面的困难而跟着实际走，那么我们就能很容易地看到通过殊相与空—时架子的同一性，个体的对象和事件也是以这样的方式被安排在其中的。正是这些现实性组成了具体实在过程中的内容，它们是由图案筛过的事物，是透过窗帘的阳光。因此具体性的实在并不仅仅是根据图案而延续自身，而且也是以个体的对象和事件来充实空—时架子的。后者不仅仅使可能现实，而且也在一定的时间和一定的空间中产生。它们可以根据共相而得到理解，它们也可以根据自身在时间和空间中的位置使自身得到现实和确认。在科学发现或努力去发现对象和事件遵循的图案或自然律同时，历史却在断定或努力断定关于对象和事件的事实，即根据它们与其他对象和事件的关系来断定它们的性质和关系。在此我们是运用科学知识这一术语来指示共相图案的水平知识，而历史知识这一术语则用来指示殊相或普通的有机联系的垂直知识。我们在前面曾经讨论过关于"普通"这一术语。在此我们比较一下下面两个命题。一个是"在1492年之前红色印第安人居住在美国"，另一个是"每一件比空气轻的物体在没有支撑的时候就会下落"。前者是所谓的普通的命题，而后者则是普遍命题。历史不仅仅是处理特殊的事件，它也处理普通的命题。

这些术语的用法是比较新的，因此需要做一番澄清的说明。虽然所有的知识系统包含着或关注着真命题，但并不是所有的知识系统对它们的发现感到兴趣。有些知识是属于行为训练方面的知识，有些知识是属于实际应用方面的知识，而且还有些知识是属于表达创造冲动的知识。在对发现真理感兴趣的知识系统中，科学的目标在于共相，而历史的目标则是特殊的事件和普通的东西。显然，这样的区别与书本和个人没有什么关系。所谓的百科全书是把所有的知识系统塞进一本书里去，Liebuity不过是许多编辑参与者中的一个而已。有科学的历史，这是历史，而不是科学。可能存在着一门关于历史的科学，如果是这样的话，那么它就是科学，而不是历史。一位科学家可以同时是一位历史学家。但是作为一位历史学家，他所关心的则应该是特殊的或普通的真理。一位历史学家可能在同时也是一位科学家，但是作为一位科学家，他所关心的应该是普遍的真理。现在被看作是社会科学的似乎是名义上的可能，而在实际上并不是科学，至少它们似乎还没有变成科学。似乎是它们还没有发现普遍的真理，但它们却似乎发展出了去发现普遍真理的技术手段。可以说它们的全部是把各种知识系统结合在一起，其中的很大部分是历史，已被发现的似乎大部分也仅仅是普通的真理。我们在此所运用的历史这一术语是指断定或努力去断定特殊的和普通的事实的那些知识系统。它们的目标是在空—时架子中的性质和关系的相互联系。

我们至此的讨论能够得出什么样的结果呢？我们的和谐原则向我们提供了一个具体世界，不管你是或试图成为一个多么强的怀疑论者，这样的世界却是不能否认的。一致原则和经济原则则向我们提供了一个在过程中的实在，一个不断变化的时间和空间的世界。这样的世界分化为个体的对象和事件。这些个体的对象和事件通过殊相的生灭使共相现实。这些个体的对象和事件是被安排在空—时架子之中的。在广泛的意义上说，本质上我们所有的这个世界就是我们经验到的世界。我们没有把这个世界分成两个部分，现象和本质，或者现象和实在。虽然我们在这里没有讨论认识论的问题，但是我们耽搁了一点儿时间就是为了说虽然我们承认在殊相方面对于不同类的人来说被感觉到的东西是有相对性的，但是我们却不承认在共相方面对于不同类的人来说被知或可知的东西有任何的相对性。比如从被感觉到的殊相的角度看，相对于人、狗、马、猴子……这些感觉者来说红是相对的。但是红性是共相，它是知识的而不是感觉的对象，所以相对于不同类作为认识者的人来说，它不是相对的。我们正在谈论的是共相，即便我们在此讨论的主题恰巧是殊相。从共相的角度来看，由这三个原则决定的这一世界本质上就是我们所能经验到的世界。有着不同的实在，但是并没有更高或更低的实在，也没有更深刻或更浅薄的实在。有实在便也就规定了有不同的价值，作为价值，就有不同的层次；作为实在，就不能说某一实在要比其他的实在更真实。

人类的诞生或进化既不是偶然的，也不是最终的。正是这样的认识才赋予我们人类以必不可少的尊严。正如作为个人，人类是人类生活中的一个阶段一样，整个人类也只不过是道的展开过程中的一个阶段。我们赞同罗素在其《自由人的礼赞》一文中的某些看法。对于我们而言，人类的生命可能是非常漫长的，但是这样的一天必然是要到来的，到那时人类生活本身只不过是过去时日中的一个非常短暂的阶段，只不过是道展开过程中的一个章节。在我们之后这一世界是否变成死寂的物质或有超人出现似乎并不是重要的一件事情。虽然我们并不是最终的存在，但是我们也不是偶然出现的生物。如果在某些时间中所谓的实体中没有像人类这样的实体出现，那么这一宇宙就将是不完全的。在人类生命的漫长历史中那些可以被叫作人的人必须活得像个人，他们必须去做孤独的努力和奋斗以完成所期待于他们的那些作用或角色，尽其可能去完成或尽其可能去接近人性的最全面和最本质的现实。如果他们持续存在下去，那么也就没有什么黄金时代是有价值的。如果任何东西持续存在下去直到永远，那么它们也同样是没有任何价值的。目标并不一定要比过程更有价值，目的也并不一定比手段更重要。只有在过程中所需的工作已经做完，目标才会变得更有价值。整个人类的生命正像个体人的生命一样，盛大铺设的葬礼并不能给个人生命以尊严，真正给他以尊严的是他的生活方式。

时间与现实

一

上一章向我们描绘了这样一个对象世界，在其中对象根据图案而变化，并被安排在空—时的架子之中。从图案说，共相现实或成虚；从空—时架子说，殊相出现和消失。对于每一出现的殊相，都有一共相与之相应。但是由于有可能相对于一共相有众多的殊相出现，因此对于殊相而言就呈现出多样性，而共相却没有这样的多样性。这样，虽然实在根据图案而展现自身，它在空—时架子内具有殊相的丰富性，但是图案本身却不具有这样的丰富性。至此，我们是在以静止的语态来谈论实在，即便我们在谈论变化的世界或过程中的实在的时候，我们还是把自己局限在谈论变化的状态或实在的位置，而不是谈论变化或过程本身。由于不谈论实在的动态，我们也就同样不谈论行动和受动，或者一句话，不谈论现实。我们在此运用的现实这一术语中包含着当前这一观念。由于是由它的理论的形式组成的，所以现实就目前而论就是很丰富的。让我们把殊相的出现或消失叫作势。可能通过实在的势要比通过它的图案使我们更能接近现实的问题。正是通过实在的势，对象或事件才相互影响，而且虽然当它们根据图案这样相互影响的时候，并不是图案本身是现实的。势是根据于图案的，它遵循着自然律。但是被遵循或被现实的是自然律或一组自然律，而存在着的并遵循着自然律的不是自然律，而是我们通常叫作事实的东西。世界像棋类游戏，有了兵、马、象、王，有了游戏规则，棋类游戏并不必一定要在实际上进行，然而如果这样的游戏进行的话，那么它就一定要遵守规则。问题在于，在那里的所谓现实的是什么。

通常我们把现实性归之于对象和事件。我们都经历过红色煤炭的燃烧和开水的灼热，我们于是总结道，某些东西在受到别的东西的影响，而煤炭和水在施加影响。对象是变化的和移动的，事件是会发生的。只要方便于我们看出对象和事件与覆盖它们的殊相或共相间的联系，我们就会这样做。在时间上生活中不可能有什么不方便的。但在理论上却有不少的困难。当对象确实是在变化和移动的时候，殊相却既不变化也不移动。对于共相来说也是这样的。很容易看到，且不说其他的共相，变化这一共相本身并不变化。运动这一共相也不移动。如果对象与某些殊相或某些共相完全同一，那么它们也就不能变化或移动。如果它们既不能变化也不能移动，那么它们又怎么能够施加影响或接受影响？惟一能使一个对象变化或移动的是寓存于对象中的质料。因此基本上说来，质料是能动的。质料可能需要殊相或共相的帮助，这正如穿衣者利用他的服装来改变他的形象。但是，是质料或穿衣者在做出变化或是能动的。质料的能动性表现在它的走进或走出可能。

能的出入可能有两种方式，自愿的和被动的，无条件的和有条件的，自由的和被迫的。这些术语中没有一个是充分的，但是通过这些术语多少还是表达了一些主要的看法。当质料将要进入或走出可能，我们把这种情形称之为几。我们是在这样的方式上运用这一术语的，即一方面是要排除我们有时叫作"心灵的变化"这样的东西，另一方面是要排除或许进入能动性的所谓决定的意志或目的。我们尽一切努力使这一术语成为自然的和事实的术语。所谓几就是任何一个东西必然成就自身，它只是变成或就是自己。它不是偶然的，也不是有目的的。它会使先前未曾现实的可能现实，或使先前现实的可能不现实。在这样的事例中，从共相或殊相的角度看，它就是几。在自然史上，恐龙的出现或消失就属于这样的范畴之内。几可能也会导致殊相的出现或消失。在这样的事例中，从殊相自身的角度看，它就是几。一个苹果昨天的绿色消失了而在今天出现了红色，这样的情形就属于上述的第二个范畴。由于所有的几都与殊相的出现或消失有关，所以我们在此更为关心的是几的第二种情形。

几本身既不是一对象，也不是一事件。它不是一共相，也不是殊相。所以说几不是一对象，是因为它是能动性。而对象是能动的，它们不是能动性。虽然几是能动性，但是它不是一事件。

总而言之，事件是质料的进入或走出可能。事件可能是比较简单的或比较复杂的。如果是这样的话，那么你或者有比较简单的进或出的综合，或者有比较复杂的进或出的综合。几不是质料的进入或走出可能，它是将要进入还未进入的一种状态，或者是将要发生的一种状态。如果一个人看着斜塔而不知道它几个世纪以来一直是这样倾斜的事实，那么他就可能有一种悬空的感觉，有某些事情将要发生的感觉，将要发生是与一件事情确实发生之前的即将要发生的感觉是不一样的。只有在我们当前的几这一观念之下，才总是有质料进入或走出可能，因为我们已经排除了"心灵的变化"。几本身不是共相这一事实并不需要我们作进一步的讨论。它也不是殊相。殊相是一个方面。就殊相作为一个方面而言，它类似于共相，它的表达方式是形容词或副词，它依附于对象和事件。虽然几不是某个方面，但不能说它是依附于对象和事件。或许更为重要的是殊相是被安排在空间和时间架子之内的，它是时间之流中的漂浮者，它本身不是流。然而我们将在后面看到，几是流本身的一部分。

就一对象的产生说，它的变化或运动总是与它的几相伴随的。在适当的几之前和之后都不可能有变化或运动。说在适当的几之前没有变化和运动，是因为在质料能够进或出可能之前，质料必然是处在即进而未进可能或即出而未出可能的状态之中。比较困难的是为什么说在适当的几之后变化或运动也不会发生。我们在此所运用的"即将"这一术语是不充分的，它们暗示着行动之前的某种目的所具有的时间顺序或目的之后的行动。我们所需要的术语不应该是暗示时间顺序的，然而我们不知道有这样的术语。在此我们需要的术语"适当的"是为了引进这样的思想，即给定的任何变化或运动不是预先规定的，有的只是适当的几。变化和运动不能在适当的几之后发生的理由就是，如果它发生了，那么它就有可能脱离它自己的适当的几，那么就有可能它没有自己的适当的几或它是由不是自己的适当的几的别的东西所引起的。这里所要表达的思想是，在几一方面和在变化或运动的另一方面之间存在着一一对应的符合关系，因此对每一被引起的运动或变化来说就有与其相当的几，没有一被引起的变化或运动或者是后于或者是先于它自己的适当的几的。正如这一世界是永远在变化的，质料也是老有出入的。变化或运动和它们的适当的几之间是没有时间方面的顺序的。

对于几而言，它也不是它自己的适当变化或运动的目的。在几这一观念之中并不包含目的这一含义，几就是质料进出可能的努力。它们没有其他的东西作为它们的原因。说它们是没有任何其他别的原因是在这样的意义上说的，即它们是根据因果律而由先前的几推出的。如果我们以在时间1的世界和在时间2的世界为例的话，那么不管它们之间的间隔是多么的短，我们都能轻而易举地看出前一个世界并不是后一个世界的原因。在这两个世界之间是没有这样的因果律的，这两个世界可以归属它们之下，其关系也可以因此而被推导出来。而且这两个世界都是整体，不可能是在产生同一性问题的背景中形成的，这只是因为根本就没有这样的背景。因此，相对于在时间1的世界的几并不会引起与时间2世界相应的几。在时间1世界中的一个事件和在时间2世界中的一个事件可能有因果方面的联系，如果是这样的话，那么就有几适合于某一因果律的现实，而不是其他的因果律的现实。我们只是说几适合于某一因果律的现实，而我们没有说与A相应的几引起了与B相应的几。就几说，B并不需要以别的东西为自身的原因。假设它发生了，这也只不过表明它适合于某一因果律的现实。适合于这些事件的因果联系也并不一定适合于几。从因果联系方面说，几是有原因的。如果说它是由质料引起的，我们也只不过断定了就考虑到其他事情这一方面说，它是没有原因的。而且说质料是自己的几的原因等于根本什么也没有说。

由于几既是没有原因的，也是没有目的的，所以我们不能预先知道它。从几的角度说，这一世界是自由的。说它是自由的，并不仅仅是说我们的知识不够充分或者是不够详细具体，所以不能够预先知道什么东西将要发生，而是说从几的角度看，这一世界根本上就不是被预先规定好了的。这与海森堡的原理毫无关系，它也并没有否认这个充满着对象和事件的世界中的自然律或因果联系的作用。对象和事件必须要遵守自然律，在任何时间和地方，只要给定了相应的同样条件，那么某些规律的现实是可以预料到的，这种预料甚至可以达到极高的概率，以至于接近确定性。但是究竟什么规律可以现实，从几方面着想，是不可能预见的。我们可以不断地逼近预见的确定性，但是绝对不可能达到它。我们决不能把几和自然律的作用混同起来。自然律的作用确实具有强制性，但是某一自然律在某一时间和地方所起的作用本身并不在自然律的作用之下。如果我饿了，那么我肯定是要吃东西的，但是我不一定非要在11点58分吃东西。如果你说有其他的规律引导我在11点58分吃东西，那么你就没有把它们中的任何一个区分开来，同时假定了现实的条件是有利于它们中的某些起作用导致了我在11点58分吃东西。从几的观点看，后者开始提出了这样的一个问题，由于从那一观点看问题，在这一争论中的相同的条件根本无须给出，只有在它们是被引起的情况下，这样的条件才被给出。

至此，我们从质料或它的现实的角度讨论了几的问题。质料及其能动性都是不能被我们所经验到的，我们运用这两个术语来讨论的观念也不是我们所熟悉的。幸好，我们没有必要把自己严格地限制在这样的说话方式中。我们已经说到，几是与个体的变化或运动的客体相应的。如果从单个的对象看问题，那么我们就会发现与之相应的几本质上就是我们有时叫作运的东西。运的观念隐含着主体性的思想，而且由于我们是从几与之相应的个别对象的角度谈问题，所以我们也就具有了个别对象的主体性。在前面的部分中，我们还未涉及到主体性的问题，我们只是在运用质料及其能动性这些术语时谈论几。由于引进了主体性，我们就能比较容易地看到，几在此转换成了运。运这一观念本质上就是几的观念，它包含着"不必如此"的因素，但却包含着"就是"这样的因素。对于某些个别的对象来说，它也具有好或坏、有利的或不利的这样的因素，但是在目前我们不必考察这样的问题。

二

与几不一样，数是质料会出会入于可能。正如我们已经说过的那样，进出可能或许是自愿的或不自愿的、无条件的和有条件的、自由的或被迫的。我们也已经指出，这些含义并不是意义充分的术语。联系到数来看，这些术语更是不充分的。我们运用"会"这一术语是指自由的，然而是已经决定了的。可以运用"要"这一个词，但是为了避免整个的自由意志的学说，我们还是倾向于那些没有很丰富含义的词。在此想要表述的思想是，一方面质料是自由地进出可能的，然而另一方面它是已经决定了要进出某一可能而不是其他的可能。在不是由其他事情决定的意义上，它是自由的；在不是随意的意义上，它是已经决定了的。这就是说，它不是被迫的，而是主动的。数所具有的决断的意味向我们提供了这样的意义，即不管某一过程是否明智，都必须继续下去，而不能仅仅是采取观赏或观望的态度。由于大量的决定作为实际的措施被作出时对它们可能带来的后果并没有信心或信仰或足够的知识，所以决定的意味不必包含有如"要相信"或"要想活下去"这样的术语经常所具有的复杂观念。我们也可以通过其他的方式开始，从变化或运动的对象的角度来考察数。对它们来说，数是某种不得不如此的东西，它只是将要发生，以心理的状态来接受它或者是盲目地接受，当它是有利的或无关紧要的时候把它看作是完全应该发生的，或者当它是不利的或有害的时候不得不屈从它。虽然几只不过是具有现实性的东西，但是数却是实际中不能保持其存在的东西。

上面讨论的目的是要澄清数这一观念，这会使我们将它与其他的事物区别开来，而这些区别又会反过来进一步澄清这一观念。像几一样，数也不是一对象或事件或一共相或殊相。我们不必在此再讨论这些区别，因为这些事物和几之间的区别也同样地存在于它们与数之间。在这里可能比别的东西更容易引起混乱的是自然律作用的结果。如果 A—B 是一自然律，"a"在 T1 发生，让我们假定"b"在 T2 发生，与"b"T2 相应的数可能被说成仅仅是自然律 A—B 作用的结果。事件"b"T2 是自然律的结果。这是 A—B 作用的结果，当然应该加上 A—B 在其中起作用的相应的背景 S 的帮助。但是如果我们使自身处于能动性之外，这就是说，如果我们不使我们的意念受它们的束缚，那么我们就看不出有什么样的理由，为什么 S 应该现实以便 A—B 起作用，而不是另外的规律 A—C 可能在与 S 不一样的条件之下起作用。因此虽然事件"b"T2 是某一自然律在既定的环境中作用的结果，但是与"b"T2 相应的数不是，因为它本身就是与那些环境有关的数或几的一部分。自然律所起的结果要求某种给定的东西，而数却不要求任何既定的东西，相反它却对所与负责。板报上的任何一个变动都要遵守规则，但是现实地作出任何一个变动并不是规则的问题，它或者是随意地作出的，或者是某种决定之下作出的。对于每一个事件来说都有或者是随意的因素，或者是有利于意志的因素。我们把前者叫作几，把后者叫作数。正是这些因素对可能作出选择，使它们在某一特定的时间和地点现实。如果自然律自身选择了现实，那么文明将是不可能的。如果自然律不起作用，那么文明也是不可能的。文明要求所与的某种机动性，这样，自然律才有可能向着所要取得的目标的方向起作用。

我们已经说过，能动性就是实在，但是它们与实在并不是同时并存的，因为某些实在可以说是非现实的。孔子在某种意义上是实在的，虽然他不再是现实的了。某些天文上的实在是现实的，而另外一些则不是。现实的总是存在的，它有现在这一因素，而且如果我们谈论地域现实，那么它也还有在这里这样的因素。现实是正在起作用的东西。把某一段时间作为现在，那么就有一整个的世界是现实的，在其中对象和事件运动着并且相互影响着。由于能动性本身并不是对象或事件，所以它只能通过作为它的中介的现实或通过作为它的工具的对象和事件而起作用。然而对象和事件不能够作为工具通过它们的共相或殊相而起作用，因为共相不能够说在此时此地，而殊相是此时此地具有惟一性，所以也是不能够运动或变化的。基本上说来，能动性是质料的能动性。质料在两个方面可以说是能动的，或者是通过几，或者是通过数。上一段落曾说到这些能动性选择了现实，我们的意思也是说，正是它们选择了什么样的共相将要现实，什么样的殊相在现在出现。像所有的实在一样，现实遵守自然律，但是究竟遵守哪一个自然律这一事实本身不是自然律的作用。因此，虽然现实遵守自然律，但是它们之成为现实并不是自然律作用的结果。这至少说明了一个意思即我们经常说虽然我们能够描述自然，但是却不一定能够解释它。

或许我们能够利用蕴涵和推论这两者之间的区别来使这一点变得更为清楚。蕴涵可以从"如果……那么……"这样的陈述得到表达。在这样的陈述中蕴涵者和被蕴涵者分别地说是真的还是假的并没有多大的关系。但是如果要作出任何一推论，那么有些蕴涵者必须被断定为是真的。然而蕴涵者的真并不是由蕴涵提供的，而是由别的方面提供的。自然律被编织成一图案，这样的图案非常类似于由"如果……那么……"关系联结起来的命题之间的相互关联。任何真正的普遍命题都是由"如果……那么……"的句子形式表达的。现实的呈现类似于传统假言命题中的小前提的真值。如果它不是以被断定的小前提的真值形式给出，那么就不可能得出结论，因此推论也就不可能做出。正如不能由假言推论中的大前提得出结论一样，一组自然律也同样不可能允许我们推出在特殊的时间或地点有什么样的现实。在下述的意义上，现实遵循着自然律，即给定了小前提的真值，那么结论必然会得出。在小前提的真值并不包含在自然律之中的意义上，结论不是由自然律决定的。只有在现实被给定的情况之下，现实才能被推出来。这就是我们在事实中所发现的硬性。就几和数的范围而言，我们面对着纯粹的所与。除非我们接受所与，我们就没有别的选择，因此在这里就存在着所与的硬性。当说我们会解释事实但我们却不能够消除事实的时候，那么这一说法的部分意思可能是说硬性包含在遵守自然律的现实中，但此硬性不是由自然律给予的，比起其他可能的选择来它不能说是很清楚的，但是不管其他的选择是多么的清楚，然而在此时此地它们却不是现实的。

与几不同，数是能够预先知道的。数能够知道，部分是由于自然律的作用，部分是由于有利于某一自然律而反对其他自然律起作用的背景的现实。在事实上它们可能没有被断定的，但它们是可以断定的。对现实的阅读可能会误导我们，对现实的推论也可能会有错误，但是对数的预见却可以有很大的准确性。平常所谓的从原因到结果的推论既是以因果关系来阅读现实也是对数的断定。可以采用某些规则来这样做，现在盛行的相对论可以帮助我们将时间和空间以下述的方式联系起来，这样的方式就是，给定时间的间隔，某些空间距离就变得不相关，反过来也是。越来越多的计算错误是与事件之间的空间距离的增长是成比例的。因此，断定多多少少是在某一限定的时间间隔之内，并且是限制在某一地点的。然而在此所强调的重点是，断定不仅仅是依据于我们通常所说的自然律的，而且也是通过阅读现实来断定数的。在现实中有图案也有势，而且现实的势显示了数，如果对现实有了正确的估价的话。我们在此实质上是在提倡常识的看法，即为了能够在某种程度上知道未来，我们必须知道过去和将来。只有在我们的知识中，我们才能说现实显示了数。为了能够断定，我们也必须知道自然律，但是知道它们并不是充分的条件。在这里，我们又回到了前面已经提到过的观点，即实在根据图案而持续存在，但它不是由图案决定的；它是对事实的理解，而不是反事实的合理性。在数之外还有几。与既定位置相应的背景的总和以及背景与之相合的自然律的作用都显示了与位置有关的数。

对于个别的对象或事件来说，与之相关的数是命。我们早已指出，与个体相应的几是运。正如几不同于数，运也不同于命。有一类个体是既有感觉也有理智的，他们能够感觉到运和命之间的区别的。虽然运和命都与个体相关，但是运是外在的，而命却内在于个体的。一个体没有运仍然可以是一个体，然而作为个体如果没有他的命那么这一个体可能就不是这一个体了。运是恰巧发生于个体的东西。而命对于个体来说却是必然要发生的，是决定它的命运的特性的一个部分。与一个人自己的运斗有时是荒唐的，有时是滑稽的，因为人经常是作为旁观者置身于这样的战斗之外的。但与自己的命斗总是以悲剧而告终，因为与自己的命斗就是与自己斗。运是不必如此但又不知为何就是如此，而命却总是必然如此的。正如运可能是好的也可能是坏的一样，命也是如此的，但我们现在不讨论这些方面的问题。我们至此一直讨论的是禀赋着感觉和理智的个体，这样的个体能够看到与命运相连的感觉的区别。但从一个更广泛的范围说，我们并不仅仅局限于这样的个体。我们已经看到由他物引起的变化或运动既不在几之前也不在几之后，我们可能说由数决定的变化或运动能够逃脱它的数。这是以另一种方式说，没有一个体，不管它具有还是不具有理智和感觉，总是不能逃脱它的或是好或是坏的命的。

三

　　我们早已指出，形而上学原则为我们提供了时间。这是千真万确的。然而时间是非常复杂的，而且虽然我们没有涉及到时间的某些含义，但是为了做到最低限度的公正，我们必须承认时间的某些含义。我们已经把时间的内容和时间的架子加以了区别。虽然类比往往有不少的牵强附会之处，但是这样做在某种程度上也是能够说明有些问题的。时间可以比作有火车在上面奔驰的铁轨。树有里程碑的路基类似于架子，而火车及其在车内所装载的一切多少有点儿像内容。如果一个人从外面看过去，时间架子是静止的，它的1月或2月像树在路基旁的里程碑。只有当从时间内容的角度去看的时候，它才会显得运动起来，正如当我们从在路基上飞驰而过的火车上看树在路基旁的里程碑时才会感到里程碑是向后退去的。但是时间内容也还有另外两个因素，时间之流以及在时间之流之中的东西，像奔驰的火车也是由两方面组成的，一方面是火车的奔驰，在另一方面是火车以及它所装载的东西。类比不能走得太远，否则不同之点就会糟蹋了整个画面，与本来要表达的意念相反的意念会出现而搅乱了我们的问题。不要仅仅想着火车来回奔驰或没有奔驰的火车的铁轨。时间是单向的轨道。

时间内容是纯粹的时间之流和在其中的东西构成的。前者是一系列的几和数，而后者却是整个的事实界。内容总是在目前的，而流是包括逆转的。我们在讨论几和数的时候所运用的"即将"、"正要"、"将会"这些术语在某种意义上是不充分的，但是它们却具有这样的好处，即显示真正的发生，而不是什么发生了或变成了什么。事实是共相的现实或成虚，是对象或事件在历史上的出现或消失。时间内容是充满着有事实在其中的几和数的流，从事实和现在的观点来看，它是在过程中的同样古老的实在，它是和谐的，偶然的和经济的，而且也遵循着图案，不断地积累成丰富的同时同地的殊相系列。这就是与时间架子相区别的时间内容。由于时间之流中有着几和数，因此在其中也有着运和命。与理智和感觉不一样，在其相互关系之中对象和事件也有着相对性和主体性。滑坡当然会给河流带来变化。事实上，比如说，与某一河流的变化相比，滑坡似乎与某一高山或小丘有着更多的关系。对于几和数来说也是这样的。它们也是与某些东西而不是与另一些东西有着更紧密的关系。在这样的相关性中，我们必须对相关性和不相关性作出区分。从高山或小丘的持续的和相对不变的存在来说，与滑坡相关的几或数和高山或小丘并没有相关性，但是它却可能与其他的有些事情有着相关性，因为它有利于这些其他事情如花和树的存在，花和树以前可能过于遮蔽，而现在却直接暴露在阳光之下。虽然事实是和谐的，但在事实中的不同东西之间的相互关系并不都是相关的或不相关的。

我们从现在开始不再以几和数这样的术语来谈论问题，为了方便我们将只谈论时间，当然是在这样条件之下即时间是意味着内容及其与架子相区别的流。根据相关性和不相关性，时间要保留某些在时间中的东西，而在另外的时候却抛弃它们。那就是说，某些东西保留了下来，另外有些东西则消失了。在保留和消失之间也存在着不同程度的变化，从那些最细微的变化直至那些最为激烈的变化，包括存在的和消失的。这些不同程度的变化表明了殊相的出现或消失。经常可以就个体事物对消失或存在作出预料，比如说："作为滑坡的结果，某一高山或某一小丘将要消失。"那一高山被看作是个体的对象。这样来看的话，那么它就不仅仅是一殊相。但是虽然它不仅仅是一殊相，然而它的消失却仍然是殊相的消失。一个体对象的变化通常是通过殊相的出现或消失来表达的。比如说："昨天还是绿的那个苹果现在却完全变成红的了。"在此我们把这个苹果看作是个体对象，而作为殊相的绿或红或者出现或者消失。然而，从消失或存在的方面考虑，我们可以这样说，苹果依然存在，但绿色的对象消失了。不管怎么样，随着时间的流逝，殊相会出现或消失，个体的对象会存在或灭亡。存在或灭亡或许会以两种方式出现。在一种方式上它仅仅是作为一个体而存在或灭亡，而在另一个方式上个体所属的种类也依然会有存在或灭亡。在后一个方式中，在自然史上我们可以发现经常发生的种类的出现或消失这样的现象。如果将一对象或事件与它的环境区别开来的话，那么我们就能容易地看到时间使与每一对象或事件相关的环境形成，这样的环境具有某些相关的因素，而另外还有些不相关的因素。这只不过是以另一种方式说，事实以有利于某些东西而不利于别的东西的方式发生并相互影响。有些存在，另一些灭亡，某些是时间所载的货物，而另一些则是它的残骸。

这里所说的时间与日常生活中有关时间的某些重要用法并不冲突的。当说到了谈论许多事情的时间，这并不是意味着现在是12点或是1944年3月15日。它只是意味着某种被描述的潜在性在一环境中将要现实，在这样的环境中给定的实在显示了它们当下的现实。是否到了谈论卷心菜和国王的"时间"，或是否到了谈论离开你的主人回家去或开始发动革命或仅仅是抽烟斗的"时间"，这里所意味的是时间的流将会使在其中的由这些句子所描述的潜在性现实。这样，在这里我们又经常谈到好的时机或坏的时机。虽然这里所说的不是纯粹的时间，然而这里所说的也同样不是时间架子，而说的是时间及其在时间中的一切。当我们说"在像当我们以自己的生命去战斗这样的'时间'里，我们将不能像平时那样去吃饭的"或"如果我们正确地看了'时间'表，那么我们……"等等的时候，我们正在谈论的是时间及其在时间中的某些事实。在时间中的某些东西被说成是好的或坏的，或者是某些行为被说成是有道德的或是聪明的，或者是相关的某一措施将被采纳。在时间中有一种相互冲突的关系存在于这样的事实之间，有的事实有与某些事物相关的主体性，有的事实有与某些事物相关的客观性，因此也同样有着相关性和不相关性趋同的现象。当在一个事物中不相关性超过了相关性，那么对于这一事物来说它的时间也就过去了。当一个人说他的时间已经过去，这不是说时间之流的停顿，而是说他快要离开这个现实世界了。

这样，我们就可以看见，时间本质上是一不断进化的过程。它是我们在这篇论文中叫作过程实在的一个基本因素。正是在时间之流中，一切事物都在变化之中，某些事物继续生存下去，而另一些事物则停止了生存。而且所有变化的发生都是根据于殊相的出现或消失或者是可能的现实或共相的成虚。我们在此仅仅是描绘了发展中的时间，并没有提出什么特殊的进化理论，或追溯这样的理论的历史。至于什么将生存下去，或从什么东西中幸存下来的，或在过程中是否有进步，或如果有进步，那么什么是标准，等等，等等的问题不是我们在此所要考虑的问题。我们也不是从某一遥远的年代开始讨论的，因为不管它们的年代是多么的久远，它们也不可能久远到成为时间的开端，因为对我们来说时间是没有开端的。不管自然史选择什么样的年代作为它的主题的起点，在这一年代之前总还是有时间的，因此也就有进化。这样的进化并不因为人类的出现或也不会因为 20 世纪的到来而终止。我们现在正在谈论的不是时间的片段，也不是局限于地球表面的属于我们的现实。因为我们在本质上谈论的是过程中的实在，我们当然也在谈论着道的展开。表明时间是一进化的过程也同样是说在道的展开中也有进化的过程。我们也同样可能说，所有不老是现实的可能将在进化过程之中现实。这也不过是另一种说法说时间是没有终结的。

作为进化过程的时间是一无限的过程。在这一过程之中所有种类的事物的发生都是可以想象的和可以思议的。可以想象的或可以思议的是可能，而且除非它是必然的或老是现实的可能，它就会在时间中现实。对于某些人来说这样的说法可能令人费解，听起来简直不可相信。让我们进一步来排除它所不包含的意思而找出它所包含的意思，从而把它的意义弄清楚。它不包含的一个意思是这样的，即所有可以想象的或可以思议的将会在我们通常叫作"这个世界"上发生。不管"这个世界"是什么意思，它总是从时间 n 到时间 m 之间的时间阶段。不管我们所说的是几何时间还是天文时间，或仅仅是历史的年代或甚至是世代，我们也只不过是把值给予了 n 和 m。如果它们之间的距离是巨大的，那么我们就具有了一个很长的时间阶段；如果它们之间的距离是很小的，那么我们所具有的就是很短的时间阶段。总之，当我们谈论有关这个世界的时候，我们真正谈论的只不过是在一段时间之中的事实的总和。在那一世界中或者在那一段时间中，某些事情发生了，而其他事情没有发生。但是即便在这样的世界中仍然有许多能够想象或能够思议的事物产生，然而我们既没有想象过也没有思议过它们。虽然有许多的事物可能在这样的世界上产生，但是我们不能够说某些事情是已被想象到或者是已被思议到。比如说 x 将会产生，因为时间 m 可能在 x 产生之前到来，从时间的角度来看，x 是可以被想象到的或是可以被思议到的，尽管时间 m 是多么的遥远。从时间 m 的方面说，直到 x 产生之前，它是没有职责去延缓它的到来的。当我们在日常生活中说，某些事情是否会发生，我们总是在有意或无意之间对预料它们在其中发生或不发生的时间有所限制。当我们说世界和平是可能的或不可能的，对于这样的问题或陈述是有时间方面的限制的。如果和平将在一千年以后才会姗姗来迟，那么绝大多数人是否会对这样的和平感兴趣就是一个问题了。如果对绝大多数的人而言所说的和平的时间限制是在目前这场战争之后马上就会到来的和平，那么你们就不会感到意外了。

如果没有时间方面的限制，那么问题就会完全是另一种样子了。任何可能的事情（除老是不现实的可能之外）都会在无限的时间中得到现实，因为只要它没有现实，时间就会欢快地流过而毫无任何限制。只有当可能现实的时候，时间方面的限制才确定了，即相关的可能现实的时间。我想是爱丁顿曾经这样说过，如果给一只猴子无限的时间让它在打字机上跳，只要它不重复的话，那么它就有可能机械地打出它自己也不知道的比如说济慈的一首诗《希腊颂》。这样的过程可能在几十亿年的时间内都不可能完成，但是只要有无限的时间，这样的过程就有可能完成。因为它不可能在任何有限制的时间之内，打字的过程可以无限制的进行下去，惟一的限制就是要打的是这首《希腊颂》。这样的情形对于老不现实的可能来说也是完全适用的。这样的可能在无限的时间之内现实的这一陈述并不是实际的或实证的，因为它还包括着这样的可能即所说的相关的可能在任何有限的时间内不现实。它不可能在时间 n 到时间 m 这一段时间之内现实，只要这段时间是有限的，不管 n 和 m 之间的区别有多么大。对于在日常生活背景之中讲话的人们来说，这就意味着某些可能是绝对不会现实的。所有能够想象的和能够思议的事物在无限的时间内能够现实这一陈述附带着这样的一系列假设，其中的一个假设就是实在像历史是不会重复自身的，或如果确实有重复自身的印象，它也只有在图案方面的些微的相似性而不是势的方面的同一性。最有可能的是，还有另外的假设，但是我们不准备在此列举它们。时间是一无限的流，这就是说，它无限地流动，部分是因为宇宙本身就是具有丰富的多样性，在其中发生的事情的数量远远不是我们所能想象或思议的。

四

牢牢记住上面所说的一切，我们就能看到在道的展开过程中，或在实在和过程中，无限的事物已经产生，无限的事物将要产生，只要它们不是不可能的，或如果是可能的，不要是老不现实的可能。从现在这样的时间阶段的角度来看，任何事物都会在有限的时间之内现实。我们不能够说某一事情将在何时发生，但说它们将要在某时或另外的什么时候产生似乎不会引起任何的疑问。从另外的角度说，此处所采取的态度需要我们作进一步的澄清。我们没有把事物的存在或事实的形成归之于任何先验理由的推动或先验的上帝的意志或先验的目的的完成。因为道是与宇宙并存的，所以不可能有任何别的事物在道及其展开过程之外存在，如果有这样的存在的东西的话，那么它们就是道的一部分，或者是在道的展开中起作用的事物。如果它是先验的，它也只有对实在或过程中的某些事物来说是先验的。由于所有种类的事物都是在道的展开中产生的，因此所有的价值也同样在它的过程中出现。在这一部分中，我们将要讨论的是目的和心灵的出现这样的问题。能够很容易地看到，道既不是目的性的也不是非目的性，既不知道或不思想，也不是不知道或不思想。但是由于目的可能在展开过程之中出现。只要它出现，它在其中出现的道的展开就是部分地有了目的。这一关于目的的讨论也同样地适用于心灵的出现。道以事实为工具而展开自身的。关于道一的任何事情都是不可预料的，然而对事实的所有可以分别地作出的预料都只不过是道无限的功能。如果道是不能够说是有目的的，那么在同时就必须承认道在展开中不得不是具有目的的。

"目的"在日常生活中最普通的用法是指意欲或要用一定的手段来达到意欲的现实。在某种方式上，"目的"这一术语的运用包含有意识，但是由于我们将要专门讨论心灵的出现，我们还是不把意识看作是这一术语的一个成分。我们将把目的这一术语局限为运用某种手段来实现最终要达到的东西，而不管这样的手段是有意识采纳的还是无意识采纳的。在这种意义上，最终要达到的东西就是目的，而手段就是有目的的或有目的性的行动。这样，向日葵向着太阳弯腰的行动就是具有某种目的性的，因为可以说它有达到某种目的的愿望，即面向太阳。目的的出现使个体具有了目的和有目的的行动。这些都属于对象和事件的领域。就我们目前的讨论的范围而言，它们与其他对象的区别就是因为它们具有某种目的。目的所包含的需要相对而言是比较简单的，而它们所包含的实现需要的政策却是复杂的。目的可以分成不同的层次，从比较简单的到比较复杂的，但是即便如此，这也不是说进化就是根据这样的层次来进行的。虽然在某一领域内，在空—时架子内的某一段时间内的某一具体的方面，进步的理论是可以成立的。但是从普遍的方面着眼，这样的理论是可能成立的。某种价值标准可能要会被采纳。根据这样的标准，价值会被归属于目的这一范畴之下，而且价值本身也可以被分成不同的层次，从基本的价值观念直至最高的价值观念。在这里我们也同样必须注意的是，虽然在价值方面，在某些限定的领域内进步性的发展可能会发生，但是关于全面性的发展观念的普遍理论是不可能成立的。对于目的来说的手段的充分性必须要作比较，而且充分性的标准也同样必须得到承认，但是虽然从某些方面来看（这些方面可能是要以其他方面为代价而取得的），这样的充分性是可能得到的，然而充分性在所有方面的普遍的增长是不能够塞进时间进化的历程之中的。

　　目的将要在时间中出现。在关于什么是时间这一点说清楚之后，我们有这样一个疑问。目的性是一可能，与它相关的概念不是矛盾的，也不是老是不现实的可能。因此，它是不老是现实的可能。从任何特殊的时间或地点的角度来看，它的现实是偶然的，但是在它可能老不现实的意义上说，它不是偶然的。以一种方式说，没有不老是现实的可能会现实，这就是为什么我们说，随着时间的流逝，不老是现实的可能的总和会现实。目的的出现是可靠的，但是至于它究竟在什么时候出现则是一个完全另外的问题了，而且这不是我们在此感兴趣的一个问题，它是一个历史的问题。现在有目的的存在只不过是一个事实的问题。目的究竟能够存在多长的时间也不是我们感兴趣的问题。似乎没有理由认为为什么目的不能够在历史上持续存在很长的一段时间，而且也没有理由认为为什么有些目的突然停止存在。在历史上确实存在过无生命物质的年代，也没有理由可以否认在将来为什么不能再次出现这样的年代。我们必须理解的是，我们正在谈论的是事实和现实，是分别地谈论过程的阶段，而不是整个儿地谈论道的展开。道的展开不能说是有目的的或者说是没目的的，只能说它不是这两者，或者说这两者都是。当实在不再包括有目的性的存在的时候，这并不是说整个道的展开不再具有目的性，好像是无生命的冰河时代的再次出现一样。整个的道的展开因此并不会变成无生命的。目的的出现影响了现实之间的相互关系，它打乱了现实界中实体的相关性或不相关性，但是它并没有更改道的展开本身。

由于目的的出现，某些最为重要的东西也就随之出现了。出现了实在的最低限度的两分化，即自我与他人开始有了最初的区分，或内在的与外在的之间有了细微的划分。在既定的时间地点内现实了的整个实在由于目的的出现也不再是一个整块了，现实中的某些东西给自己保留了一个部分，他们并不是使自身离开时间和空间，而是引进了主体性。由于我们没有把目的和心灵或意识联系在一起，所以这里所谓的两分化并不是有意识地作出的，因此也没有宣布这样的两分化，至少没有作出像当目的和心灵结合在一起的时候所能作出的那样的宣布。但是两分化照样同样还是两分化。不管是有意识地或是无意识地采用某种手段来达到某种目的总是意味着，如果不采用某种手段，那么想要达到的目的是不可能现实的。因此，这就意味着改造实在的某一部分，这一部分是其他而不是自身，是外在的而不是内在的，是对象而不是主体。采用某种手段来达到目的的能力往往是与避免有害的结果的能力联系在一起的。总之，对象化的实在是沿着主体化的实在的愿望或需要的方向得到改造的。我们将不讨论对对象化实在的改造是成功的还是失败的。我们想要指出的是，不管这样的改造所取得的成果是大还是小，得到改造的只能是对象化的实在。整体的未经两分化意义上的实在仍然是没有改造过的实在。正是在这样的意义上，不管有什么样的革新，是几和数使它们成为某种东西。

有这样一个术语可以在很多的意义上使用，而且对于这些意义也都可以提出不同的理论。我们在此所运用的这一术语局限于进行抽象、运用符号的能力，和将抽象的东西或符号运用于各种不同的材料（包括感觉材料在内）的能力。如果一个人有了这样的能力，那么就可以说他具有了心。它是这样一种东西即可能或不可能有生命功能。但是如果当它有的话，它的功能就完全是理智的，而且完全与理智的程度是不相关的。如果从这样的意义上来看的话，那么就会有一定数量的动物也是具有心的，因为它们有能力运用符号和进行抽象的能力，正如在实际上它们就是把抽象的东西和符号运用于它们所能得到的材料上去的。心的出现与目的的出现一样也是在预料之中的。当然在此它也不是什么时候出现的问题，如果这世界是能够等待的话，那么它就可能要等上很漫长的历史时期才能看到心的出现，它也有可能空等上这样漫长的历史时期。我们现在有心本质上是一历史事实，而完全没有哲学方面的任何意义。同样也有可能它会完全地消失，或者消失之后又会在相当不同的条件之下再一次地出现，这就是说，在与此时此地的现实环境不同的另一现实环境之下出现。我们没有必要担忧，认为这世界将始终不会有心。也不必担心，因为有了心而空添不少负担。虽然需要和愿望不必与心联系在一起，但是心却总是与需要和愿望紧密相连的。思想要求这样的联系，知道也包含着想知道的需要和愿望。即使为了知道而知道的知道也不过是这一方面的一个事例，即知道本身就是一目的。虽然心是主动的，它的主动性本身并不是直接指向对象化的实在的改造。它的真正目的是我们通常所说的获得对客观世界的理解。对这一世界的完全的知识是按照这一世界的原貌来认识的。这就是说，这样的知识的目的并不在于改造这个世界。心的出现也同样把实在两分化了，但是虽然这一出现将实在分成动作者和受动者，然而心的出现将实在分成被知的客体和能知的主体。

目的的出现和心的出现这两者在各自的方式上都是相当重要的。但是当这两者结合在一起的时候，这就是当禀赋着目的和心的个体出现的时候，现实的相互关系，从它们的相关性或不相关性的角度看，就发生了极其重大的变化。目的没有心有时是有效的，但有时却是无效的，如果它必然要有效就必须与一定范围内的有目的性的行动结合在一起。没有目的（不是纯粹认识论意义上的目的）的心只能区分知和被知，仅仅靠其自身并不可能使被知得到任何的改造。但是当它们结合在一起的时候，由于得到了心的帮助，为了达到目的而采纳的手段的充分性和范围都有了很大的提高。目的变成了综合的、复杂的和有效的了。由于有了心和知识，这就有可能有了目的和手段的系列。在这样的系列之中，目的可能是其他的目的的手段，而手段也有可能是其他手段的目的。手段的系列越长，目的也就变得越远越复杂，而且也更有可能把作为中介的手段本身误作为是目的。手段之间的相互联系可能是以知识为其基础的，或者是以被相信是知识的东西为基础的，或者是以被想象为是知识而实际上并不是知识的东西为基础的，因此为了目的而采纳的手段的充分性不可能是一致地增加，但是当目的与心结合在一起的时候，其范围确实必然会增大。在此，价值可能会进来解决这样的问题。由于引进了价值的标准，那么目的是最有价值的，而手段可能成为遭谴责的东西。如果心不与目的结合在一起，那么道德的问题就会永远存在的。如果确实有原罪的话，那么这就是心与目的结合在一起的必然结果。但正是通过它们的结合才使善和恶能够现实。极大数量的其他事物也伴随着心和目的的出现而共同出现。因此，文化诞生了，人为的物品创造出来了。政治学、伦理学和其他各种科学使实在变得比以前更为复杂了。从人类文明发展的角度来看这些科学是相当重要的，但是我们却无意在此讨论这些科学。从作为无限进化过程的时间来看，我们没有理由认为文明是会永远地持续下去的。可能通过未来的几和数，一个相当不同的世界，或相当不同的文明会诞生。

我们在此想强调的是,实在是由于目的和心的共同出现而两分化的,而不是由于它们中的任何一个的出现而两分化的。让我们把两分化的实在分别地叫作对象实在和主体实在。夸张地说,这两个实在之间的关系类似于主动者和受动者的关系。心和知识这两者较之于单独的目的使主体实在更像是一位主动者。因此对象实在也更像是一位受动者。从主动者的角度看,很容易感觉到或在感情上容易有这样的感觉,即几乎任何事情都可以沿着将自己转变为适应主动者的愿望或需要的受动者。在这样做的时候,主动者或作为主体的实在就会离开这个存在的世界或事实界或实在,而提升为它们的规则,从而成为这一方面的惟一的裁断者。关于心和目的的这一方面的特点可以有很多要说的。为数极多的实在方面的改造可以完成,为数极多的人工的东西可以被创造出来,与主体实在的目的相关的价值可以被给予这样的改造,创造性的进步可以不断地取得,在人类努力的各个方面都不断地有令人满意的成绩。但是客体实在和主体实在之间的划界也会因此而变得越来越明显,它们之间的区别变得越来越大,其结果自然就是主动者的自我重要性得到恶性的膨胀。我们也同样能够很容易地感觉到,在改造客体实在的同时,主体实在也在改造整个过程中的实在或道的展开。后者并不是这一方面的事例。心和目的都是可能,它们本身是通过几和数而现实的,不管作为心和目的的共同出现的结果的改造或创造是什么样的,它们的现实也同样通过几和数。整个的主体实在也并不是个例外。道的展开如主体实在一样是对客体实在的改造有影响的,因为它也同样对后者施加影响。

五

现在是讨论涉及人类的有关问题的时候了。到目前为止,如果我们从把时间阶段的积累叫作历史的角度来看的话，那么人类是目的和心的最有成效的一种结合。可能在这之前或之后也有更有成效的结合，但是如果我们在心灵中不把现在看作是过分遥远的过去或过分遥远的未来的话，那么人类的出现就是命定的事实。人类的出现既不是偶然的，也同样不是最终的。如果人类的出现是偶然的，那么也只有在他们究竟是在什么特殊的时间出现的意义上说是偶然的。这就是说，在他们必须如此或事实上如此的意义上为几和数所决定了的。人类在时间中必然要出现，因为它是不老是现实的可能。根据我们对可能的分类理论，它不是属于其他类的可能。显然，它并不是必然的，也不是老是现实的或老是不现实的。由于它是不老是现实的可能，所以在时间之内它是会现实的。它的出现并不值得给予过分荣耀的赞美，也同样没有必要虚假地认为它的存在的历史有着终极性。与同时其他的事实相比，或与自然史上已知的其他事实存在的历史相比，人类及他们在其中起作用的可能存在的时期可能是很值得夸耀的，是很辉煌的。但是与其他的同时存在着的种类相比，不管人类是多么的荣耀，他们也同样要依靠其他种类的合作；也不管他们在其中起作用的历史时期是多么值得夸耀，它也只不过是道展开过程中的一个阶段而已。而且其他的历史阶段也必然会在道的展开过程中代替人类的位置。在各种不同种类的存在之间是相互依赖和相互渗透的，只是由于思想和行动方面的经济原则的必要性而使我们忽视了这一点。就实际的目的而言，有必要从其他同时存在的种类的累加结果中挑选出我们这一类，这正如同把某一个人从他所处的复杂环境的影响中挑选出来一样。然而，如果我们记住了这样的存在之间的相互渗透（在第二章中已经提到过这一点），那么我们就既无须过分的谦虚，也无须过分的自大。

对于人类自身而言，人类当然是极其重要的。对于一个人来说，他的愿望、他的需要、他的希望、他的某些突发的异想等等当然都是很重要的。它们只是在程度上有所区别，有的与其他的比较起来显得重要些。上述东西的满足也具有同样的情形。他的心灵本身就足以使他充满着自豪。在这里显得更为重要的是，在他的目的的力量的驱动之下，他的心灵给予他力量。其他的种类不可能像人类那样以更为巨大的力量和更高的效力来统治这个世界。不管这样的统治是仁慈的还是不仁慈。到目前为止，我们还看不到在这方面有革命的前景，而且真有革命发生而新的统治因此形成了，那么也没有一个种类的力量能够强大到足以推翻人类力量的程度。有药物和医生作为安全的警察，病菌和疾病也只不过是小偷和刺客，它们尽其量也只能偶尔给和平的生活带来一些不便，而决不可能强大到足以发动一次革命来推翻人类的统治。但像所有的统治一样，人类也面临着来自于内部的更多的困难。内在的倾轧、贪婪、愿望似乎毫无节制地在蔓延，奢侈的生活不断地变成人们的欲望；社会可能在一方面变得一体化，而在另一方面则变得更加分化，以至于个人可能停止其存在，而不同的社会阶层或经济阶层之间的差异也可能变成几乎是不同种类之间的差异。这些困难有可能得到克服，长时期的既是仁慈的又是专横的统治将要维持一个相当长的时期。从人类的观点看来，也没有更令人称心如意的东西了。由于我们没有往前看几百万年或几百亿年的习惯，人类因为自己的辉煌成就而产生的自鸣得意可能是牢固安全的。力量有这样的一种倾向，即陶醉于自己的成就而沾沾自喜。

然而不管怎么样，还有一个价值问题，它可能会使人感到缺乏自信。考虑到价值，就当然有一个标准的选择问题。有不同的标准可供选择，它们能使人类充满着自豪感和优越感。谈到某些标准的选择问题，可以说印度哲学要优于希腊哲学。但是如果采取了另外的一些标准，那么希腊的思想似乎可以说更有价值。在中国的社会控制和罗马的法律这两者之间，我们也同样面临着一个价值标准的选择的问题。当采纳了某些能够使人类感到骄傲的标准的时候，其他的标准则有可能使人类缺乏自信和恐慌。就本能来说，我们或许会碰到一个与其他种类做比较的问题，我们可能会选择鹈鹕而不是猴子做我们的紧邻。可能是卢梭这样说过，一个理智的存在是一个邪恶的动物。在身体能力的综合方面，我们面临着与老虎、豹，甚至与我们原始的祖辈做比较的问题。在某些方面，不能说我们要比动物更道德些。我们永远不可能达到鹰所具有的功能上的美，或隼的视觉上的美。正像个体的人一样，人类因为自己的力量而苦恼，因为像个体人的力量一样，他们的力量也就是他们自己的缺点。心可能是人类的最为重要的特性，然而也正是因为有了这样奇异的心，所以人类才有时变得更为不道德，更加邪恶，更加使人厌烦的虚假的糟糕，在战争中他们对于他们自己变得比起其他的种类来更加没有必要的残忍。或者是幸运或者是不幸运，他们反正依赖于规范的价值而幸存下来了。

人类可能会宣称，他们并不仅仅是对于自己来说才是重要的。由于实在被分成为主体和客体这样两个部分，因此不仅仅只存在着主体实在，而且也同样存在着客体实在。比较一下人类出现之前的客体实在和人类出现之后的客体实在之间的区别。对于坏人来说，正是因为这样的区别使得他们要征服自然。在许多方面，这可能是正确的。由于有了人类，这个地球的面貌发生了变化。人们可能说，如果没有人类的出现，地球就不可能发生这些变化。客体实在的相当大的部分可以说是人类的创造或人工创造。它们就是我们所说的文明的踪迹，文明的留存和保持依赖于人类的出现和持续存在。人类的成就并不仅仅局限于创造，它已扩展到了这样的领域之内，以至于我们可以说它已经改变了进化的进程。

如果仅仅依靠自身，银杏绝对不可能存活到今天，狗、钻蛀虫和猫的命运也存在着类似的问题。运用这本书中的语言说，有些可能如果没有人类或许是从来没有现实过，但是在现在由于人类的出现，它们现实了。其他的有些可能或许不再现实，而现在却现实了。还有其他的一些可能或许是由于漫无节制，在现在它们没有现实仅仅是因为它们的现实对人类有害处。是不是被摧毁的要多于被保存的，或者相反被保存的要多于被摧毁的，当然是一个很难回答的问题。但是客体实在的变化似乎在相当大的程度上可以通过人类的出现而得到预料。因此，可见人类的重要性并不仅仅局限于人类本身。

然而，我们可以看到，在某种重要的意义上，我们可以这样说，自然从来也没有被真正地征服过。显然也没有一个自然律仅仅因为为了人类的利益而按照人类的意志被真正地悬置起来过。人类真正所能做的仅仅是得到某种能力来使某些自然律起作用，而抑制其他的自然律同时起作用。正是通过这样的方式，人类所想要得到的状态才能够现实。实在运作所依据的图案本身并没有被人改变过。即使在没有人类的时候，自然律也是以这样的方式起作用的，即防止其他的自然律同时起作用。在这里惟一的区别在于，在一种意义上所得到的结果是人类所需要的，而在另一种意义上所得到的结果可能不是某些种类所想要得到。虽然客体实在方面所产生的某些变化无疑是由于人类的出现。如果从没有被两分化的实在的角度来看，这些变化可能不会因为人类的出现而发生同样的变化。只有当实在被两分化之后，客体实在中才有可能具有主体实在赋予的东西，并不存在或者是客体或者是主体这样泾渭分明的东西。所出现的不管什么样的变化都只不过是实际上所发生的变化，而不是从主体的角度所观察到的那样，认为它们的发生可以归属于主体实在的能动性。对于没有被两分化的实在来说，任何变化都不过是变化自身的变化。一旦我们想到未经两分化的实在，我们也会同样想到它的有机统一性。这统一性部分是由存在之间的相互渗透组成的，人类和同时并存的其他的客体和事件，或其他的客体和事件与人类之间是相互渗透的。所有的现实之间都是相互依赖、相互渗透的。如果不从主体性的角度看问题，那么没有一种东西可能比其他的东西对实在的过程要负更大的责任。现实就是在纯粹的时间之流中所出现的东西，如果人类也在其中起作用，那么他们也像其他任何东西一样由道展开过程中的几和数所决定的。

　　我们已经不断地指出，人类将来可能会消失。他们的消失可能会采取这样两种方式，即或者他们突然消失，或者他们逐渐地演变成另一种存在。我们习惯于说，没有什么东西是终极性的，但是在感情上我们却认为我们自己应该是一个例外。然而却没有理由表明，因为我们在纯粹的时间之流中享有最高的辉煌，所以我们就应该是例外。我们可能想象自己是最有价值的存在，而且我们在事实上可能就是这样的存在，但是我们将要成为博物馆中的收藏品的时间终究是会到来的。作为个人，我们有生有死，我们是否来自于或归回到尘土，这与我们有生有死并没有什么太大的关系。对于人类情形也是一样的。只有在有质料的式或有式的质料的形式中我们才有可能是不变的，是永恒的。作为人类，我们正如在过程的实在或实在的过程中的任何其他东西一样都处在变化的旋涡之中。我们当然可能生存很长很长一段时间，我们甚至可以肯定我们能够生存几百万年，但是整个的宇宙能够容忍我们生存这么长的时间，然而它却不可能容忍我们无限地生存下去。至于究竟什么将会取代我们，现在是不可能预料到的。虽然我们根据数可能说某些东西，但是根据几我们却不可能说些什么东西。然而我们人类必定会消失应该说是没有什么问题的。

通常所遇到的反对意见是，根据上述的看法，人类必定要变成毫无感情的、冷酷的和命定论者。如果人类真是这样冷酷无情的话，那么其结果必定是如此的，即所谓的坏的东西可能会避免，而所谓的好的东西也必将是不可能现实的。于是，文明也将不可能发展到我们今天这样的地步。有人可能会如此说道，如果像这样的观念被人类采纳的话，而且如果我们现在就采纳这些观念，那么文明将会保存，但却是静止的和无用的。危险可能会来自于这样的一些人，他们不仅仅追求永恒，而且也同样要求这作为他们持续生存的条件。绝大多数的人将不会受到任何不理想的方式的影响。生活毕竟是由能动性组成的，没有人会仅仅因为死亡是不可能避免的而去自杀。对死亡的意识也同样从来不会妨碍人们享受今天的生活，或去创造美的形式，或努力工作去争取更为理想的未来，或执著地追求真理或思考终极性的存在。如果在某些时候因为我们明天要死所以我们要喝，那么我们有时也可以为了同样的理由去工作。有人可能会从另外的角度来与我们争论，认为由于明天总是会不断地到来，所以我们命中注定是会得到永恒的，所以在今天我们用不着做任何事情。这样的看法显然是不能接受的，因为生活是现实的和能动的，生活方式的本质是按照被给予的或被分配的角色去发挥作用。一个活着的人应该朝着按照活着的人的本质去生活或去努力。亚里士多德就是向着亚里士多德性而生活或努力的。

自　然　与　人

一

中国哲学中有这样的一种理论，我们可以把它概括为"自然与人合一"这一命题。这一思想在某些哲学中得到了更多的强调。

但是这一思想不只是一种技术性的思想，它几乎为每一个普通接受过教育的人所信仰。它是一个很复杂的意念图案，我们不打算在此运用系统阐述的方法来处理这一思想，我们也不能说我们在下面所说的一切是完全准确地表达了历史上的思想家或某些思想流派的思想家所接受的这一思想。在此，我们的目的是多多少少用我们现在语言中的某些术语，并通过在前几章已经显示出的推论方法来介绍类似的思想。我们不是从思想历史的角度来介绍一历史上的思想，来追踪它的源头或来描绘它的发展线索，我们也不打算根据提出这一思想的思想家的自然环境来介绍它的发展的原因。

我们在此讨论的这一思想很可能是与农业社会或农业文明相关的，因此有关技术的知识还未得到过充分的发展足以给人们提供他们的力量可以征服自然的观念。相反，他们依赖于环境的意识得到了充分的发展，这一意识提供给他们的思想是自然的力量胜过人。在游牧生活中捕捉猎物是主导的方面，这样的生活所注重的是个人的主动性和积极性，因为捕捉猎物的成功更多地要依靠下面的一些能力，如观察什么将要发生、准确地估计机遇、及时作出决断和恰当勇猛地采取行动的能力。由于注重个人主动积极性的观念的牢固树立，所以人的力量胜于自然的观念更加容易地得到重视。而在农业文明中，人们遵从季节性的变化，被动的观望着天气的变化，完全无望地面对着洪水和干旱。从这样的文明中很困难能够得出人的力量要胜于自然的观念。从几千年来中国社会所具有的文明类型中就很有可能产生"自然与人合一"的思想。萨谬尔和亨廷顿可能运用他们分析和处理其他的一些观念的同样方法来解释"自然与人合一"思想的出现。这可能是很正确的。但是如果是这样的话，那么这也就是一个历史的事实，而不是一种哲学的理论。

　　观念是怎样演变而成的和它们是什么样的观念是不同的两个问题。欧几里德可能就是一个心理分析方法的实例。他对几何图形的着迷可能与他孩子时代的经验有着密切的关系。但是尽管如此，他对几何图形的着迷仍然不是他的几何学的一个部分。虽然它与历史家是相关的，然而它与几何学家却是不相关的。现在有一种相当流行的说法，说的是下落的苹果与牛顿的关系。这一故事是十分有趣的，而且也很有启发性。但它却不是物理学的一部分。给定了历史，我们就能知道一个意念是怎样形成的。然而我们却面临着这样的一个问题，即这样的意念是什么意念。可以有相当多的方式来处理这个问题。比如，这里就有它是真的或假的问题，它是一致的或是不一致的问题，或当它的真或假还不可能作出断定的时候它是否能站得住脚的问题，或当这一意念被认真考虑的时候从这一意念能引出什么样的结果方面看，它是富有成果的还是智慧的问题。自然与人合一的思想历史地起源于中国几千年来所拥有的文明，它仍然是一意念图案，需要运用已经提到的方式来考察这一图案。此外，它还是相当数量的人们情感方面的依托，不管它的其他方面是否可以被接受，它却是信念资源的一部分，是一部分人类生活的主要源泉。

　　我们应该区分知识和信念。至今为止的人类行动并不总是为知识所引导的。在一方面，我们可能说，我们的知识到目前为止是有限制的；我们忽视了太多的东西，所以尽管我们想要以知识来指导我们，但我们却没有足够充分的知识来作指导。可是在另一方面，即使我们有了足够充分的知识来指导我们，我们也不总是在知识的指导之下的。在某些事例中，在我们所做的事情中有着固执己见的倾向。在另外一些事例中，有遵从最小阻力的倾向；而在极端的事例中，有人沉湎在蔑视知识强迫所得到的结果的行动或行为中。可能我们的行动应该由知识来引导，尽管它们经常并不是这样的。从想取得理想结果的效率的角度来看，是不存在什么问题的，知识应该指导我们的行动和行为。从其他的标准来看，问题就并不这样简单了。事实上，我们的行动是由习惯、习俗、规律来引导的，在我们行动的精神基础方面，我们的行动由信念引导和由知识引导的是一样的多。知识当然伴随有信念，但是信念却并不总是伴随有知识或甚至是以它为基础的。更为重要的是，尽管信念并不伴随有知识或以知识为其基础，信念的效验并不因此而有任何的影响。我们中的每一个人都有这样的信念的资源，从知识的领域内把一意念驱逐出去并不是意味着把它也从信念的领域内驱逐出去。因此尽管我们可以拒斥作为知识的天人合一的思想，但是它却可以被当作信念来接受，而且尽管真和假的问题可以取消，但是成果和智慧的问题却依然存在。

我不是中国哲学和历史的研究者，就目前讨论的思想而言，我所感兴趣的也不是思想的历史发展，而是思想的具有代表性的图案。在感情上我向往中国哲学的思想及其韵味，而且坦率地说我喜欢我将要在此介绍的中国哲学思想。在前几章中，我们已经说到，在道的展开中，人类是必定会出现的。他们的出现既不是偶然的，也不是终极性的，虽然他们存在的历史时期是有限度的，但是他们的本质要求他们发挥作用，而且他们所发挥的作用是诚挚的和真实的。只要他们在现实中起着作用，那么他们就必须在与我们称之为共存者同享的民主中发挥作用。对于我们个人而言，我们必须要与我们的邻居友好相处。对于人类来说，他们也必须要与他们的共存者友好相处。在理智上有这样的一个问题，即就人类而言他们应该采取一种什么样的态度。在感情上的问题则是，在我们一直所描述的主体实在和客体实在之间的和谐问题。在这里，我们必须要引进"天"这一概念。至此我们一直是为了方便但同时也不很充分地把这一思想叫作"自然与人合一"。但是"自然"不是"天"的同义词。如果我们从分析的角度来看问题的话，那么运用"自然"这一词就是一个不这么太好的选择，因为显然这一个词可以有很多不同的意义。但是它还是具有与"天"十分相近的意味，然而这一意味却是非常含糊的。它可与不同的术语结合在一起而指示完全不同的事物。在"天人合一"这一命题中的"天"这一概念所表达的思想要比英语中的"自然"一词要丰富得多。可能自然和自然的上帝这样的词语要比其他的术语更接近于天，如果我们记住这里所说的上帝并不是基督教的上帝的话。我们将要运用"纯粹的自然"这一术语来指称两分化为主体的领域和客体的领域的自然，而保留"自然"一词则专门用来指示自然和自然的上帝。

自然和纯粹的自然之间的差异在于，对于前者来说，人类是归属于它的；而对于后者来说，或者人类被排斥在它之外，或者它与人类相离。不管认为自然的神性部分应该是什么样的，是基督教的或者不是，它渗透于人和纯粹的客观自然，它使人意识到他们具有自己的性质，意识到纯粹的人性正如同纯粹的客观自然一样是自然的一部分。在这一方面，我们所要强调的不是具体的和相互分离的事物，而是人在其中很难使自己分离的紧密联系的图案。如果认为自然不仅仅是自然，而且也是自然的上帝，那么自然律就不再仅仅是存在于物质之间不变的关系或者描述相互分离的客体或事物的变化和运动，而且从具有目的性和自觉意识的人类来考虑，自然律也是行为律。自然律不仅仅包括自然的规律而且也应该包括自然法，只要我们不把绝对的因素加于以人的形式出现的上帝的意志之上。无生命的物质仅仅遵循着不变的关系，它们不会因为自己被置身于不可摆脱的困境之中而有目的或有知识的赞美或诅咒，仅仅作为它们性质的它们所具有的善不是它们的恶。同样，它们的力量也不是它们的弱点。高耸入云的树的力量并不是它容易被风吹折的弱点，在上述的事例中，它仅仅遵循着不变的关系。但是以带有知识和目的的性质来祝福或诅咒树，那么就会有一定数量的"如果……那么……"的命题来表明那棵树如果太高，它就会被风吹折；如果它不想被风吹折，那么它最好就不应该长得那么高；如果抵挡不住要比别的树长得高的诱惑，那么它就必须准备着被风吹折，如此等等。在后一例子中，那棵树就会像哈姆雷特一样有着自己的精神方面的斗争，它也就会被诸如长得太高或不要长得太高这样的问题所折磨。对于我们来说更重要的一点是，一不变的关系在一方面要求箴言和规则，在另一方面则要求有选择的智慧。这样来解释的自然律，如果没有传统的自然法丰富，那么它就体现了现代的不变的关系。

二

但是为什么自然与人应该合一呢？难道它们还未合一？如果它们能够合一，为什么它们还没有合一呢？如果它们不能够合一，为什么要提倡它们的合一？而且所谓的合一又是什么意思呢？我们必须要提出合一这一问题。我们早已指出，随着目的和知识的出现，实在已经被两分为主体的实在和客体的实在。由于人类既具有目的也具有知识，所以他们不仅要求改造客体实在，而且也知道如何不断扩大改造的范围。客体实在经常拒绝这些改造，它的拒绝是成功的还是失败的就要看主体实在所能够利用的力量，而他们的力量又与他们所能够具有的知识成比例。我们至今一直叫作客体实在的，我们现在称之为纯粹的客观自然。而我们至今一直叫作主体实在的，我们现在仅仅局限于纯粹的人化自然。如果不存在具有目的性的人类，那么纯粹的客观自然就不会有抵制，因为实在还没有被两分化。一旦实在被两分化，那么斗争和拒斥就成为不可避免的了。就纯粹的客观自然讲，问题似乎是多少已经决定了的，这就是胜利至今是属于人类的。从我们后面将要讨论的观点来看，结果并不具有这样的确定性，甚至人类可能是胜利者同样也是失败者。

当然关于人类困境这样的话题可以说上很多。人类诞生之后就具有了目的和知识。他们中没有一个会成为一个人，如果他只满足于他自己个人的意愿的话。然而他既然被赋予了人的责任，他就必须像一个人那样地发挥作用。他必须要生存，必须要吃，必须要繁殖，必须要穿衣。他们有很多基本的欲望和需要，这些欲望和需要的满足并不总是很容易的一件事，因为总有不少的障碍需要克服，而且经常是很难克服这样的障碍的。为了生存，他必须要斗争，必须取得力量来征服他的敌手。他必须要获取知识，用知识的力量来争取生存，他必须要生存下去来完成赋予他的使命。不管他意识到还是没有意识到，作为人的纯粹本性会督促他去获得力量。他不能够成功地抛却他前进的愿望而丝毫不影响他自己纯粹的本性。不管他可能与其他动物之间有多大的区别，只要考虑到他的生存是由他的本质决定的这样的事实，那么他与动物之间就不应该有区别。正如木料必须有木料性或马必须有马性一样，人也必须是一个人。但是一块石头不会为了强壮或获得石头性而去做努力。而人却不一样，人的本质要求他去努力，因为他赋予目的和知识。他必定要努力改造纯粹的客观自然来满足他的需要或欲望，因此他一定会采取某种手段来达到一定的目的。这正如马不能逃离是马，石头不能逃离是石头一样，在这方面他也简直是毫无办法即不得不是一个人。用我们前几章所运用的语言来说，是人意味着就是要完成人的本质或就是要使人这一可能现实。考虑到为了生存而进行的斗争，是人也就是成为纯粹的自然的人。

但是，目的和知识的结合给人提供了力量。虽然力量并不必然是危险的，但它却经常能带来危险。它孕育着追求得到更大的力量的欲望。而且它不满足于仅仅作为某种目的的一种手段，有着使自己成为目的的倾向。为了生存的斗争可能会演变成为了力量而进行的斗争。作为一种手段，力量是有局限的，当某种目的达到之后，它也就停止发挥作用了。如果邮票仅仅是为了邮寄信件，那么有多少信件我们就需要多少邮票；如果钱是为了维持一定的生活水准，那么我们所需要的也仅仅是能够达到这一生活水平的钱的数量。但是如果我们收集邮票和金钱仅仅是为了它们本身，那么对于邮票和金钱的需要就是没有限制的了。对于力量来说也有着同样的情形。随着力量的不断积累，也就出现了追求力量的不断膨胀的欲望，这种欲望可能会膨胀到以前从来不可能梦想过的程度，已完全超过了生存所需要的程度上去。在纯粹人性的驱动之下，我们不可能确定力量究竟应该如何运用。它可能被运用来清除纯粹客观自然中的种种障碍，或者它可能被运用来反对自己的同胞，或者甚至它可能被运用来反对他自己本人。人们可能会倾向于同意卢梭的看法，人是无处不在枷锁之中，不管是否存在着他在其中享受自由的那种自然状态。就知识本身而言，知识是和谐的，但是目的却是经常相互冲突的。这样的冲突不仅仅存在于国家和国家之间或种族和种族之间或不同的人之间，而且也同样存在于单独的个人本身。有着相互冲突的目的的个人是一封闭的精神斗争的堡垒。石砌的围墙并不是真正的监牢，纯粹客观自然中那些妨碍他的欲望现实的种种障碍也不是，然而他却是他本人的囚犯。他个人所取得的力量越多，那么他就在多大的程度成为奴隶。

我们早已指出过，在知识的帮助之下，目的可能变得极其的复杂。可能存在着这样的目的和手段之间的链条，某些目的成为了其他目的的手段，而某些手段却成为了其他手段的目的。如果一个人在这样的目的与手段的链条之间徘徊，那么他就有可能把手段看作是目的。而且价值的问题也会使这一问题变得更为复杂。由目的来证实手段的问题可能会出现，如果一个人看不见目的而只停留在手段上，由于目的被遗忘，那么由目的以前所证实的手段也不再是原来的手段了。如果某种目的不被认为是能够证实某种手段的，那么不管这一目的挪到多 远，也不管它们是否在视野中消失，它们是不会影响手段的，因为后者将不得不在自己的基础之上得到证实。但是如果情形是这样的话，那么实现目的的手段的力量也将大大地降低。第二，手段与目的之间的链条越长，目的之间的冲突也就可能越激烈。纯粹客观自然的冲突是一个直截了当的问题，一个人可以勇敢地走进这样的冲突中去。人与人之间的冲突常常伴随着疑虑担忧。自身之内的冲突可能会导致悲剧性的结果，因为在这里一个人的力量同时也是他自己的弱点，他的胜利同时也是他自己的失败。当一个人自身像是一座分崩离析的房子，那么就没有什么东西可以给他带来希望。第三，有了知识的帮助，目的就不断的分化，欲望也不断地增长。某些欲望转变成为需要，而突发奇异的念头则变成了欲望。这样的转变可能是很令人满意的，但是事实上并不会如此的。然而不管它是否会如此，毕竟某些事情在这一过程中失掉了。曾经带有柔和的轻松愉快的富有诗意的念头或愿望或希望，现在则转变成了伴随着粗野鄙陋性质和坚决要实现的意愿或欲望或需要。如果我们有了在月亮上举行野餐的能力，那么我们身上的某些因素会因此感到很高兴，而另外的有些因素则会促使它实现，欢享月亮上的孤独的荒诞想法就会转变成粗俗浅陋的欲望，并且会导致为了争夺门票而发生的斗争，会出现在狭窄的通道上拥挤不堪的现象，于是就有可能出现像笛卡儿的观念一样的如下观念，即使在月亮上也不会再有孤独了。

但是，可能不断增长的欲望所带来的最重要的结果是我们本人也成为了这样的欲望的奴隶。由于满足欲望能力的不断增长，欲望也呈现了以几何级数增长的趋势。如果欲望是简单的素朴的，那么我们可能不会有被奴役的感觉，因为目的就在眼前，而手段也是直接的。如果我们不用走很长的路就能到溪边喝水，那么我们就不会感觉到我们的喝水或我们必须要走的路侵犯了我们的自由。但是如果我们要反复做这样的事情，而且为了我们自己的生存必须把水送到不同的家庭中去，那样我们就会感觉到这种来回走动会影响我们的谈话或在茶馆消度宁静的下午。在这样的情形之下，目的没有被意识到或感觉到就在目前，那么一个简单的欲望就会引起被奴役的感觉。想象一下与现代文明相伴随的无穷数量的欲望以及这些欲望所包含的目的和手段的漫长的链条。人们就禁不住会感到，一个人像一条蚕那样在作茧自缚。虽然在一方面我们必须要承认人类行动的范围大大地扩展了，以前不可能完成的事情现在却很容易就能做到。但在另一方面，欲望和需要也在不断地增长以至于人们比以前更多地被这些欲望和需要所驱使，被它们所奴役。我们可能这样富有诗意地宣告，一位"铁器制造者"在推动我们；显然这是不可能的，除非我们自己推动我们自己。人们可能会反对让别人来推动自己，但是当一个人自己推动自己的时候，也就没有纠正自己的可能了。由于征服客观自然和人类其余部分的力量的不断增长，人的自我奴役的可能性也在极大地增加。是否有任何反对欲望主宰一切的斗争或不依赖任何个人的斗争，但是即使有这样的斗争，人们也不能不感觉到他们是被奴役的。问题是我们是在征服纯粹客观的自然使我们自己成为奴隶？在做事情方面所享有的更大的自由必定会使我们自己在更大的程度上成为自己的奴隶吗？

这样就出现了一个本质上是人本身才具有的问题。有些事情必须通过社会经济和政治措施才能做到。首先，这里就有一个选择的问题。一个大的社会可能为了权利或为了公众的幸福而组织起来。所谓幸福，我们是指人类社会组织的各种要素间的综合性的和谐。我们不应该把幸福与所谓的快乐混淆起来，因为快乐有时并不能给人们带来幸福；或者与欲望的满足混淆起来，因为这样的欲望的满足会危害社会的和谐。如果一个大的社会仅仅是为了力量而组织起来的，不管是军事的力量还是工业的力量，那么上述的问题是绝对不可能得到解决的。如果一个大的社会是为了幸福而组织起来的，那么个人与个人之间将必须联合起来，共同作出积极的努力，设法自助自救。社会只能够为我们提供一定的条件，在这样的社会中个人可以做到自救。总而言之，他们必须依靠自己来解决自己所遇到的种种问题。在以前是宗教担负起了拯救个人的使命，但宗教似乎已经丧失了它以前所具有的许多效用。而且由于与我们的问题相关的仅仅是解决人类问题的宗教部分，因此我们在当前的讨论中把宗教暂且放在一旁。即使是有关的那一部分也必须传授给个人，由个人去体验，去沉思，去预测。这里的问题不仅仅是人类的，而且也是个人的。

三

在下面的部分中，我们将起用一个术语来指示某种事物，其含义要远远多于词典所能包含的。根据 webster，vista 一词的意思是"首先是指通常通过或沿着两排树之间的道路得到的观点或视野，或第二延伸指关于一系列事物的观点或视野。"我们将保持这一词的观点或视野的部分，而舍弃树或事物的部分。我们的兴趣并不在于所看见的或所听到的，而在于从经验中所收集到的意义。可能这样收集到意义依赖于个人的特点及其他们与他们的环境之间的关系，而且可能依次归于纯粹的主体自然或环境。但是，事实是否这样，我们无须努力去确定，因为我们在此的兴趣仅仅是所收集到的意义。任何一个人都知道生活的意义。这样的意义，就我们而言，是指收集到或组织进图案中的整体的意义，而不是仅仅指"生活"这一术语的概念意义，也不是指生活的情感的内容，也不是指每一个人生活所具有的某种韵味。它是指所有的事物及所附带的某些事物，某些激励或引导或指引一个人精神的基本动机。事实上，用来描述它的常用的词是下面意义上的哲学一词，即人们经常说每一个人都有他自己的哲学。但是为了保持哲学这一术语在学院或大学所运用来处理基本问题的那种正式的和概念的意义，我们还是把它叫作人生观点或意义的图案。

我们已经说过，或者是纯粹的主体自然或者是环境或者是这两者都对一个人所持有的人生观有影响。为了使某一人生观是可以达到的，因此我们忽略了某些最为基本的本能的禀赋。即使所要求的本能的禀赋被给予了，也是环境必定要求他发挥他的作用。"人皆可以为舜尧"这一句话表明了环境的重要作用。某些人生观形成了，某些其他的人生观实现了，在这中间环境起着很大的作用。某些人生观必定要通过有意识的和紧张的努力才能够现实。如果这样的努力被误导了，那么这样的人生观也就相应地会失败。我们现在关心的是观点和视野，而不是行动或本能或刺激。如果我们努力的目的是阻止将要现实的某些癖好实现，是压抑某些极力要得到表现自身的本能，或使已经得到表现的某些刺激失效，而要得到某一人生观，那么我们就有可能成为心理分析的对象。但是如果我们的努力是指向得到某一人生观并坚持这一人生观，那么我们就可能成功地使某些本能起作用而使另一些本能没有机会表现自己，成功地使某些感情得以发泄而其他的感情则没有这样的机会，或者使某些行动发生而使另外一些行动消灭于萌芽之中。以一种可能是最简单的语言来说，我们可能像在事实世界中的任何一个人一样的生活，然而却超越这样的世界，因此我们的意义世界是非常地不同于我们同时代的很多其他人的。人们得到这样的人生观的问题不是去改变客体或人，而是设法尽可能多地去完成存在于动物或客体中的人性。只有粗俗的人才试图树立崇拜的偶像或期待着超人来帮助解决本质上是人类自身的甚至多少是世俗的问题。

可能存在着相当多的不同的人生观。如果人们想到不同的人有着不同的哲学，它们是如此的不同和多种多样，那么人们就会对有那么多的人生观的结合和变种有了初步的看法。然而我们感兴趣的是多少具有柏拉图类型的人生观。这样的人生观有如下三种：素朴人生观、英雄人生观和圣人人生观。用来描绘这三类人生观的这些术语并不是个人的职业或特点或能力或仅仅是意念。显然，伟大的科学家或音乐家可能具有英雄的人生观，虽然他对科学的兴趣是单向度的或他对音乐的兴趣纯粹是感情的表现。通常所说的伟大的人物本质上是单纯的，这不可能是说这些伟大人物的各个方面都是伟大的，而更可能是说尽管他们是伟大的或可以说是伟大的，但是他们的人生观却具有单纯性。战争中的英雄就可能具有这样素朴的人生观，虽然他的英雄主义可能表现在他尽其所能杀死了很多的敌人，然而他的人生观还是素朴的。很有可能的是具有素朴人生观的人在许多方面都是素朴的，一个具有英雄人生观的人在他同时代的人看来是个英雄。但是在这之间必须做出区别。不管被认为体现了勤奋、忠诚和智慧的人生观的柏拉图的"工匠"武士和政治家是否意味着在描述不同的人生观，而我们在此所运用的术语并不是运用来描述社会阶层或个人的品德的。如果人生观是生活中的职业或阶段的产物或相应的品德的话，那么人们就很难从他们碰巧或经过选择而在其中起作用的事实世界中超脱出来。

素朴人生观是这样一种人生观，在其中实在的两分化和自我与他人的两分化被降低至最低的程度。一旦人们具有了这种人生观，那么他们就会从自我中心的困境中解脱出来。由于一个孩子还没有得到足够的人生意义，所以不能说他具有一定的人生观，这是非常正确的。然而把在他的行动中表现出来的孩子气的性质拿来和一个成熟的人做比较却是有意义的。一个孩子可以享受到他与环境间的某些和谐气氛。他不可能起来反抗他的环境或想要征服环境。如果他受到了挫折，他可能会痛快地哭，如果他又立刻想要笑，他就会毫不掩饰地去笑。他不会因为行动一致的欲望而困惑，也不会纠缠于精神方面的斗争。他的行动所具有的孩子气的性质可能被一个具有某种人生观的成人习得。一个具有素朴人生观的人是这样的一个人，他具有孩子气的单纯性，这种单纯性并不是蠢人或笨伯的单纯性。它表现为谦和，虽然具有欲望却不为欲望所控制，有明显的自我意识却没有自我中心论。正因为如此，所以具有单纯性的个人不会因为胜利而得意忘形，也不会因为失败而羞愧万分。他不希望拿自己与别人相比。不管他是愚蠢的，或者是缺乏智慧的，或者是毫无生活地位的，还是才华横溢机智聪明，具有非凡的能力，或者是具有很高的智力，他就是他自己。他就是他自己，这一自己是纯粹既定的，他在生活中发挥着自己的作用。对于上述的两种截然相反的情形他都安之若素，毫不动于心。就他本人来说，他完全地意识到自己的责任就是保持他的自我。就他的环境和同胞的方面来说，他对于他们要求甚少，因此他也不可能为他们所牵累。他也不疏远他们。这样的人生观引导他达到经常被称之为心灵的平和的境界。

英雄的人生观则与素朴的人生观不一样，在这样的人生观中实在的两分化达到了最大的程度。而且这里所说的是人生观是英雄的，并不必然是个人的。英雄人生观有着各种不同的类型，而且与其他人生观相比也充满着更多的心理学方面的复杂性。人类中心的英雄观就是英雄人生观中的一种。具有这种人生观的人可能在内心中燃烧着由人来征服纯粹客观自然的热情，而且为强烈的情感所驱动来达到征服自然的目的。在这里，实在被两分化为纯粹的客观自然和人。人所着迷的是要征服纯粹的客观自然。如果从纯粹的客观自然的角度来看，直到今天胜利是属于人的；但是从纯粹人类的角度来看，问题至今却并没有这样的确定。事情很可能是这样的，胜利者本人结果会同样地会成为失败者。似乎在一方面从内心讲人们不愿意来处理人的问题，来解决他们所面临的问题；但是在另一方面却在激励人们采取具体的行动来达到征服纯粹客观自然的目的，或者正如同被内乱纷扰的国家经常是通过发动对外侵略来达到内部统一的目的。但是正如对外侵略不是真正解决国内纷扰问题的办法一样，对客观自然的征服也同样不是真正解决人内在种种问题的办法。可以暂时不管这些问题，甚至它们可能在目前已经得到了解决。但是问题会不断地出现。如果它们出现了，那么它们就会不断地以问题来进行报复。人类的欲望可能会变得毫无节制，征服纯粹客观自然对于这样的欲望来说并不是真正的解决办法，相反却会带来无穷的烦恼。借用军事战略学中经常运用的一句话说就是，先发制人者可能就是失败者。人类不仅仅为征服纯粹客观自然的欲望所驱动，而且他们也同样为被他们所忽视的自己的本性所驱使。

英雄人生观的另一种表现形式便是自我中心论。在这里界线是划在了人类的环境和自我之间。外在的成绩依然是主要的因素，所不同的是它的目标不仅仅是要征服纯粹客观自然，而且它的目标也是要指向人类的环境的。从营造或者想象一个个人中心而得到满足，征服环境的胜利者主要的当然是人。下面的这些说法如"有志者事竟成"，或"人就是他所成就的一切的总和"，或"只要

专注和努力，你就会无往而不胜”表达的就是这种形式的英雄人
生观。一个人可能最不像是一个英雄，但是他却坚信只有通过征
服人类的环境人才有可能达到自己个人的现实。英雄人生观并不
局限于个人的社会。但是单向度的英雄主义却是最为主要的一种。
多形式的明确开辟的机会引导个人把自己的价值和以他个人的雄
心或成就为标准来断定的成功或失败统一起来。成功所需要的素
质是感觉的敏锐，计划的熟练，抓住机遇的能力和执行自己计划
的冷酷无情；虽然作为结果的成功可能有时是正确的，但是却不
包含任何深刻的人生的意义；然而由于人们在什么是成功方面没
有达成统一的看法，所以人们可能会认为无情的、有能力的和成
功的人就是英雄。在某种重要的意义上说，他们确实是英雄。许
多伟大的政治家、士兵或实业家或者甚至某些宗教家就是具有这
样的英雄人生观的人。如果人类的文明没有这样众多的英雄人物，
那么它就可能只不过是一种静止的状态。对于人类的文明来说，
这些英雄人物是必不可少的。对于人类的环境来说更是如此。但
是仅仅有他们是不充分的。他们是战争的胜利者，而不是和平的
维护者。从他们的人生观的角度来看，这种人生观所体现的意义
也只不过是人类本性的一个方面。

四

圣人的人生观在某些方面类似于素朴人生观，所不同的在于
它的明显的素朴性是得自于高级的沉思和冥想。具有圣人观的人
的行为看上去像具有素朴人生观的人一样素朴，但是在这种素朴
性背后的训练是以超越人类作用的沉思为其基础的，这就使得个
人不仅仅能够摆脱自我中心主义，而且也使他能够摆脱人类中心
主义。在这里没有必要详细地讨论这样的思想，即每一个具体的
人因为他人而成为自己。只有在抽象的意义上，个人才可以说是

相互独立的。关于"如果亚里士多德生活在古代中国将会是什么样的"这个问题是一个关于亚里士多德性的沉思；实际而且具体的亚里士多德是因为他当地的同时代的人而成就了亚里士多德本人。我们现在谈论的不是每一个人为了某些目的如安全、保护、食物和职业等等，我们现在正在谈论的是每一个人具有本质性的特质。我们所有的人在不同的程度上都是劳雷德和哈迪思，或者是马特和杰费思，或者是贝格和麦克塞思，或者甚至是西孟兄弟。个人之间的关系越是紧密，那么每一个人也就与他人更紧密地结合在一起。一个人越是把自己投射到他人之中，他也就越因为别人而成就了他自己。实际上在个人的特性之间是存在着相互渗透或相互弥漫的情形的。一旦这种情况实现，那么巨人和侏儒之间应该是平等的，因为如果没有对方，那么他自己也就不可能存在了。因此强者和弱者有着同样的命运或生活在同样的世界之中。个人之间确实存在着差异，这是不能否认的。虽然为了某种目的，通过标签和抽象的方法可以对他们做有用的强调，但是不应该过分地强调个人之间的差异，因为这样做会在现实的和具体的生活中防碍个人之间相互交流和渗透。

由于每一个人的存在都深深地浸透着或渗透着与他息息相关的同胞的存在，那么把人类划分成个人的界线应该在什么地方呢？诚然，从生理上讲，我们中的每一个人就是一个单位，但是挑选出这样的生理的方面无疑就是一种抽象。确实，我们中的某些人具有某种精神能力，是其他的人所不具有的，不管我们是否称他们是非凡的或卓越的或特殊的能力，无论如何，他们总是独特的。但这确实是在描述而不是估价，描述毕竟就是一种抽象。我们能够把一个人的性质与他前辈的性质，与他同时代人的性质区别开来吗？我们能够断定这些性质中的哪些部分是属于历史的，哪些是属于文化环境和时代精神的吗？如果我们不能够作出这样的区别或者作出这样的断定，那么一个人的心灵就是杂乱的一堆，就是一个复合体，或者是不同的杂多因素的综合，这样，也就不再有个体的人了。如果我们能够作出这样的区别和作出这样的断定，那么就会有不属于作为整体的个体的剩余物，或者是什么东西也没有遗留下来。如果是这样的话，那么作为具体的个人也就消失了。我们可能会这样说道，每一个人都有自己的与他人不同的心灵。这一说法不管是正确的还是不正确的，我们在此不必纠缠不清，因为除非我们认为心灵是没有窗户的或者是在真空之中的，我们就不可能解决它们相互之间渗透的问题。全部问题的关键在于被认为是个人的事物本身就是抽象的；实际上他就是一个所谓的流动区域，在其中有数量众多的事情在作用和反作用的方式中产生。一个人的心灵如果能够自觉地意识到普遍的渗透，他就必定能够怀有这样的人生观，即虽然在理智上承认个人之间的区别，但是他却可以超越这样的区别。有了这样的意识并超越了自身的心灵拒绝任何个体自我的情感上的既得利益。

这种相互渗透的情形并不仅仅局限于人类。在每一个体因为其他个体的存在才能存在的意义上说，每一个特殊的个体都反映它所隶属的整个的特殊世界。这样的特殊客体在不同的方式上与每一其他的客体相互联系着。这些关系中有的具有内在关系，有的则具有外在关系。任何一单独的客体的性质和关系质都要依赖于每一其他的特殊客体的性质和关系质。就特殊性的角度来看，没有一客体是可以变化或移动的。在其他的地方和在不同的时间在任何一特殊客体中可以重复的东西不是一套由客体现实了的共相或者它本身是一虚幻的同一性。我们习惯于谈论抽象的东西，因此对我们来讲谈论推论或者甚至谈论特殊的东西就感到非常的困难。以我现在正在写字的书桌为例。我们通常以为它是能够来回移动的；我们可能说，事实上它在昨天就被移动了。它可以移动就表明它是一个持续存在的客体。但是如果从它的特殊性的角度来看，我们坚持认为"这张桌子"这一术语首先包含着这一系列的殊相最初在某一的地方，然后经过一系列中介地方，最终达到了一个新的地点。没有一个殊相发生变化或移动。说一个客体改变了它的性质或者是改变了它的地点，仅仅是在断定它经过了一套不同的殊相或者它与其他特殊客体的内在的和外在的关系已经与以前的不一样了。在这两种情况下，整个世界图案的特殊性也是不同的。

特殊的客体还有另一种反映特殊世界的方式，但是我们不打算在此谈论它。我们不应该忘记的是一个人同时也是一个动物和一个客体。这是千真万确的。作为一个动物，人是不同于某些客体的，作为人，他又不同于某些动物，作为自我，他又不同于他人。但如果他认识到被认为是自我的东西是渗透于其他的人、其他的动物和其他的客体的时候，他就不会因为自己的特殊自我而异常兴奋。这一认识会引导他看到他自己与世界及其世界中的每一事物都是紧密相连的，他会因此而获得普遍同情。这样，他不会歧视其他的客体，因为他自己就是它们中的一员。而且在这种生存的民主状态之中，他获取多少，也就给予多少。他不会对其他的动物表示不满，因为像他一样，这些事物也只不过是根据各自不同的本性来发挥自己的作用。他也同样不会谴责某些在他身上表现出来的动物性的本能，因为他作为一个人并不能使他自己完全不考虑发挥实现其动物本性的作用。虽然有些本质必须要得到鼓励，具有了这些本质的人可能会认为自己在具体的生活中要比其他的客体优越或糟糕，或者在现实的时间阶段中，他只不过是不同于其他的人，正如其他的人相互之间也是有区别的一样。一个人所具有的人性给他带来了不少严重的问题，因为人类的能力使得他与他的同类中的其他人的关系变得最为复杂；因此他有可能享受极度的欢乐或者遭受最为强烈的痛苦。如果他不能够有以上这样两种感受，那么可以肯定，他本人是一个极其麻木不仁的人。对于他而言，他最多所能得到的是素朴的人生观。如果他能够有上述的两种感受，那么他就是一个富有激情的人。如果是这样的话，那么不是盲目的感情给他带来厄运，就是得到升华并有理性指导的感情会引导他通向自我拯救。如果一个人起来斗争反对自己的感情，那么他就是一个处在困境中的动物，就是一个被监禁的人，陷于感情冲突的迷津之中而不能自拔。为了处理这些问题，一个人必须要具有重要的知识和相关的智慧。对于一个具有圣人观的人来说，并不是以一种有用的方式来解决这样的问题，因为对于他来讲这样的问题消解了，因此这些问题不会困扰他。

可能最无私的感情就是同情。在它的最真诚的意义上说，它显然是无私的。由于一个人与他同时的其他存在的性质和关系相互渗透的实现，他就能够有这样的真诚和纯粹的普遍同情。如果一个人不再是一位人类中心论者，那么他也就不再是一个自我中心论者了。一旦脱离了自我中心的困境，那么他也就不再会为自我奴役这样的问题所困扰。正是个人的既得利益使个人成为自己的欲望的奴隶。也正是他的欲望扰乱了他与其他人之间的那种和平的关系。也正是他的欲望使他与他自己进行着斗争。然而当一个欲望引起另一个努力以同样的固执求得自己的满足的欲望的时候，欲望也就为欲望所累。一旦它们有机会进行越岛作战，那么我们就根本没有办法可以阻止它们可以这样无限制地做下去。惟一可行的方式就是认识到自己的命运，以一种比仅仅是社会的和政治的意义更为广泛的和平的心态来对待自己生命中的位置。显然某些欲望是必须要满足的，但是如果在满足或试图满足它们的时候，人们要能够平和地对待自己的命运，要能够安心于自己努力的限度。不管面临什么样的命运或位置，对他来说保持它们是他的责任，是在同时并存者的相互依赖的民主的状态中必须要完成的一种作用。他既不承认自我的满足，也不承认自我的请求。他不会起来反对自己职责范围内的任何东西，也不会乞求这样的职责范围之外的东西。由于他是一个人，他就必须要争取现实他的存在的本质。包括独立自我在内所给予他的一切东西，他都会以一种像他接受自己的命运一样的宽厚的态度来接受。他所需要的不是如上帝的信徒那样的圣洁，因此能够超越人，而是包含有超越人的纯粹自然方面的敏锐智力，使他能够接近人所包含的自然，这样的自然就是天。后者是任何人都可能达到的。一旦达到了它，那么人们可能就具有了不同于绝大多数人的人生观，然而在其他的一切方面他们却像任何一个迪克或哈瑞。在他那里，客观自然和主观自然是统一的，这样的统一就是和谐。

必须强调的是我们在此所讨论的是人生观，而不是人的类型。我们并不是极力在提倡要创造圣人这样类型的人，也不提倡英雄类型的人。在我们今天这样的社会中，人们的职责有着太多的分化和综合，因此根本不可能把人们分为简单的阶层。没有理由说明为什么一个划船者或一个制鞋者或一个律师或一个医生不可以是具有圣人观的人。一个具有圣人观的人与一个制鞋者或国家管理者的关系应该是平等的，因为在任何一种关系中他都是在实现所给予他的职责，即努力为他在其中生活的这个特殊的世界做贡献。在这样做的时候，他不允许在谦和的和自命不凡的人之间作出什么区别。也并没有什么特殊的职业有碍于去达到圣人观，每一个人都可以达到圣人观。当然，并不是每一个人都能在实际上成功地达到这样的境界。在这里，重要的问题是要使每一个人想成为圣人或引导或鼓励他把圣人观当作一种理想去追求。有了这样的理想在胸中，人们就不会误用权利、知识、财富和人的智慧。

它们对于我们所要达到的某种特殊的目的来说是非常有用的，然而只有智慧才能引导人们过一种导致社会和谐和个人心灵平和的生活。以知识为例。对于维持和改善生活条件来讲，知识是客观的，可靠的和极其有用的。但是它在给人们提供能够指导他们过一种有意义的生活的智慧方面却并不是同样成功的。至今知识方面的进步所导致的结果是英雄观和使人成为他自己的欲望的奴隶。不管这种情形是好是坏，或者谈不上什么好或坏，知识本身已经成为了中性的，天使和魔鬼都同样可以利用它。权利和财富方面的情形也并不见得要更好一些。我们今天所面临的最为基本的问题，可能是社会的改造和经济结构的重新调整的问题，以达到改善人们的生活条件的目的。但是明天的问题就肯定是个人自救的问题，以便改进生活的质量。所需要的并不是一些圣人，而是一部分人们起着不同的作用，努力获得圣人观。社会方面和个人方面的麻烦不在于我们所生活于其中的星球，而在于我们自己，而且为了防止社会机体被即将要影响整个世界的英雄观所控制，很有必要以圣人观来救治英雄观。

五

西方世界似乎一直是英雄观占着统治地位。虽然在西方偶然也有人断言调和适中的态度将会继承这个世界。但是占统治地位的态度仍然是自信的态度，是努力使 欲望得到满足的态度，是把欲望和追求幸福统一起来的态度。结果就是，社会的结构就是一个权利和成就的社会结构。仅仅人类所取得的成就就足以令我们头眩目晕。所取得的成就的数量是不可计算的，它们的范围极其广泛，它们的意义是十分巨大的。事实上，这些已经取得的成就形成了这样的一个局面，即在西方人们几乎是生活在一个被创造出来的人工的环境之中。纽约可以说就是人类所取得的辉煌成就的一个顶峰。主体自然的主宰几乎达到了这样的程度，即客体自然几乎正在消失。而且知识的力量，工业的力量和社会组织的力量更是令人不寒而栗。在它的建设性的方面已经通过其成就表现出来了的同时，它的破坏性的方面也已经通过目前全球性的战争对文明所带来的危害表现出来了。在过去，文明可能由于冰河，由于洪水，由于地震或滑坡，或者是由于干燥和腐朽而遭到破坏。但是在最近的将来，它们不可能由于这些因素而遭到破坏；如果它们被毁灭的话，那么很有可能这样的破坏者就是人类自身。随处可见的进步是指向旨在安全的个体的组织，有些进步甚至旨在计划和努力建立一个全球性的组织。这确实是应该做的事情。然而，我们却不敢肯定，这样的全球性的组织不久就会出现。而且即使这样的全球性的组织出现，我们到那时也不敢保证，再也不会有内战或者将来的内战的危害性要比现在的全球性的战争的危害小得多。似乎有人企图把人类所面临的问题外在化，准备运用理智的力量来解决这些问题；这样的企图是由于我们不愿意从人类经验的角度来看待这些问题。能够征服我们的力量尽管令人毛骨悚然，然而运用这些力量的正是人类自身。如何来运用这些力量，最终说来是依赖于我们将会成为什么样的人这一事实。我们是不能够把我们自己的问题外在化的，因为我们本身就是这些问题中的一部分。

西方世界是由英雄观占统治地位的，这似乎是没有什么疑问的。我们可以在这方面找到无数的思想方面的证据。比如说人是万物的尺度，说物是感觉的复合，说理解决定着自然的本质，所有这些说法基本上都是人类中心论思想的必然产物。人们都认为这样的思想是不言而喻的，也就当然地接受了这样的思想。即使是《圣经》也是以这样的思想为基础的。如果没有人类中心论，甚至没有自我中心论，谁还会相信是上帝根据自己的形象创造了人，或者希望上帝这样去做呢？如果我们确实具有谦卑的本质，那么我们就不应该以自己的形象来羞辱上帝，因为这样的形象是我们这些下属的，是我们这些将永远是下属的人的形象。这样，我们就可以比较稳妥地得出这样的结论，即不仅仅在希腊的明朗中，而且也在希伯莱的美妙中都有人的自信的倾向，有因为我们自己而骄傲的倾向，有深入骨髓的自信认为我们是高尚的人。因此，人类的职责得到了高度的赞扬，因此人们为战胜了自己的生物性遗传的满足而沾沾自喜。社会呈现出多样性，但是很少能发现对自我的不满。但是即使在自我禁欲和自我拷打中也没有真正意义上的人类中心的谦卑，在其背后的真正动机可能是要成为非我的好战欲望，正常的人如果不具有自我中心思想，那么他也会具有人类中心的思想，他的一般的态度是要把客观自然看成或者是要被征服的敌人，或者是根据自己的欲望加以改造的具有可塑性的材料。在这样做的时候，他可能屈从于人内心的纯粹的自然。他可能会以自己的哲学来继续"建设"客体自然，而且会努力调动自己所有的资源根据自己的意志来"征服"它。在某一种意义上，他可能会成为征服的英雄。但是如果他屈从于人内心纯粹自然的话，那么在另一种意义上，也可能是更为重要的意义上，他也就是一个被征服者。

英雄观具有它自己的长处，这也是没有疑义的。前面已经提到在英雄观的指导下人类所创造的种种辉煌成就。远东社会似乎更需要的就是这样的英雄观。但是为了达到保持这样的英雄观的长处这一目的，那么我们就必须使它得到圣人观所具有的基本人性的补充。所谓征服自然的思想应该得到尊重，如果它不会因此而导致更大程度上的人类自己奴役自己的现象。在一种意义上，客观自然从来就没有得到过真正的征服，没有一个"自然律"因为人类的利益和仅仅在人类意志的支配下而被悬置起来或者被取消了。实际所能做到的是只不过是形成这样的一个状态，在其中为了使某种自然律起着作用而使其他的自然律暂时不起作用，因此人类预定的结果就能得以现实。人类利用客观自然的一个方面来反对它的其他方面，其目的是为了满足自己的欲望。由于一个欲望产生其他的欲望，因此自然在多大的程度上得到了征服，那么我们的欲望也就在多大的程度上变得毫无节制。成就接着成就，力量产生力量。我们当然可能说，对客观自然的"征服"有好的也有坏的方面，或者说有建设性的也有破坏性的方面。但是由于毫无疑问在以这种折中主义的观点来看这一问题时候显然是有某些有用的目的，因此似乎一个更为重要的真理被忘记了。这一问题的根源也是同样的，成就和力量只不过是同样的刺激的表现。而且如果一个人追求建设，那么他在这样做的时候也会带来潜在的破坏。英雄观把取得成就的意愿看作是既定的和最终的，除非这样的意愿在其思想资源上带有圣人观的因素，那么我们就不会确定它不会通过欲望和满足的链条来摧毁人类。

当然，东方社会没有解决人类的困难的问题，而西方社会同样也没有解决人类的幸福所带来的问题。一旦太平洋的印度可以从不同的方向达到，那么人类所遭受到的困苦就会令西方的旅游者感到极大的痛苦。在那里，人们的生活还像多少年以前那样依赖于气候，取决于连年的洪涝灾害。生命，生命是与死亡相连的，然后是死亡。生活并不是毫无意义的，因为即便是以谦卑的目光来看，对于个体生命的诞生也会带来无穷的惊喜。但是确实也可以这样说，生命是不值钱的，因为人的大批的死亡事实上并没有引起社会的和政治方面的同情。人的诞生并没有经过本人的同意，他的死亡也并不违背他本人的意志。因此生命是一种麻木悲惨的**状况**，遵循着最小抵抗力原则走向既定的命运。然而令人不可置信的是，在如此苦难的生活之中也并不必然地缺少幸福。在这里，很少有后悔或者愤愤不平；很少有苦恼或者痛苦，因为除了自我之外，人很少有什么欲望；也很少有什么悲剧，因为悲剧蕴涵着这样的感情冲突，它使欲望的拥有者常常成为失败者，不过在冲突中哪一方面获胜都导致悲剧的产生。而且与通常的信念不同，这样的冲突从整体上讲是与东方不一样的。英雄观在东方并不是没有，但是很少有以人类中心的形式出现的，所以在东方这样的英雄观并没有实际的重要性。客观自然的力量仍然压抑着纯粹的人。在东方正是这样的事实给西方人的心灵留下了深刻的影响，认为比起任何其他的事情来它具有更大的力量。无疑，人类中心论应该得到更多的鼓励，需要作出更大的努力来"征服"自然，无疑更高的生活标准应该成为每一个人的目标。但是我们必须要理解的是，这些事情是有意义的，仅仅是在它们现实时某些素朴的或圣性的性质没有与它的自然的自然性或令人满意的满足一起失掉。

西方的文明将会影响整个世界，能产生这样的影响既是由于它本身的长处，也是由于它本身的力量。一旦这样的文明诞生，它就会以其磅礴的气势滚滚向前，粉碎前进道路上的任何一个障碍。显然它具有自己的优势，它使人们的生活水平提到了以前从来不可能想象的程度，它保证使人们的生活条件可以在很大的程度上免除自然灾害。然而人类管理所带来的苦难并不能从根本上得到消除，但是这样的灾难因为社会和政治方面改革的成绩而不断地减少。对于西方文明的长处，东方人除了表示敬佩之外没有什么可说的。对于世界变化的速度和效率，人们感到极大的好奇和敬畏。但是考虑到所要达到的目的，人们却不得不感到担忧。是否能够保证整个文明不会像乔装打扮的某些东西那样无处可去或者为实际上不存在的旅程作精心准备？如果幸福是与纯粹欲望的满足同一的，那么使人感到疑惑不解的是，是否生活在新世界的人要比古希腊人或中国人或伊丽莎白时代的英国人更幸福。幸福既是内部生活的和谐，也是与外在世界融洽相处的能力，后者只有当它能够对前者有所贡献的时候才能成为宝贵的财产。但是如果英雄观及其所含有的刺激和活力主宰了我们的思想和行动，那么它就有可能驱使人们进入行动的旋涡之中。每一个人都处在重压之下，束手无策，被无数的不断增长的欲望折磨着，其最后的结果就是苦难的消失并不意味着幸福的出现。西方人所需要的是更多的圣人特性，不仅要承认那种自信并不是人类中心的也不是自我中心的，也要承认它是与人类尊严相一致的自信，但却不会产生虚假的人类自傲。民主的信念，人类价值的观念，朝着生活条件平等的现实的奋斗应该与实现如下的目标相一致，即人不应该使自己脱离纯粹的自然并主宰它，因为当它这样做的时候他仅仅是在帮助自己求得对自身中的纯粹自然的满足。为了拯救自己，他是必须要超越这些欲望的满足的。

哲学与生活[*]

一

　　并非只是在中国，哲学家才面临着哲学与生活脱节的问题。去年春季的哲学家大会表明，这个问题终于也在美国引起了普遍的注意，但是，似乎还没有什么解决的办法，这不仅仅是哲学家的任务。下面我们将说明，为此受谴责的不仅有哲学家，现行的知识结构和追求知识的方式也不利于形成一种有见识有辨别力的生活，而这一点对于民主的理想来说也是极其危险的。

　　哲学家之所以被单挑出来承受攻击，原因主要在于，哲学目前的状况与它昔日的荣耀形成了鲜明的对照。过去，哲学处理的是生活中最根本的问题，哲学家通常都是大师，不仅是知识的源泉，也是智慧的源泉，从他们那里，后知后觉者寻到了引导和启示。苏格拉底、柏拉图和亚里士多德不仅是他们时代的活的百科全书，同时也是那一时代的政治家、牧师、专栏作家和电台评论人。在中国，哲学家在古今的差异甚至更大。中国哲学家昔日所

＊ 本文写于 1944 年。英文稿收入《金岳霖文集》第二卷。陈静译。——编者注

占据的位置即使不比美国历史上和平时期的伟大律师们更有权威，也比他们更有影响力，而在紧要关头，他们会挺身而出，捍卫他们的王朝或祖国。自然有人会问，中国哲学家眼下都在做什么，去满足一个尚未摆脱中世纪状态的国家的需要？这个国家正受着凶残的外敌入侵，经过七年的现代战争，早已凋敝不堪，涣散无序。正是古今的对比使哲学成为人们宣泄不满的对象。

有两个问题需要考虑，一个是哲学的界域，一个是哲学的性质。哲学的界域已经改变了，这一事实世人皆知，然而这种改变的结果却似乎没有在思想上获得承认。哲学好像是一个破落的乡村家庭，它的财产已经被分割得七零八落，分别落入都市代理人之手，现在在大学里仍然被称为哲学而教授的，只不过是残留给这个乡村旧家的微不足道的一小部分而已。在昔日辉煌和荣耀的光芒之下，哲学在总体上仍然被安置得很好。如果人们认为哲学的财富中仍然包含着已被都市代理人拿走的部分，那么，哲学就没有丧失对当下问题的关切，也没有放弃对民族危机的回应。如果我们在最宽泛的意义上理解哲学，华盛顿地区就是哲学的最大集中地。大师确实消失了，分化成了无数的专家，他们毫无疑问应当被理解为哲学家，但是，如果我们狭义地理解哲学，那么，哲学是否有效地昭显了人的命运，就是值得怀疑的了。

更加值得注意的是，哲学的性质也已经改变了。一种客观研究的方法兴起来了，它使哲学研究更倾向于与科学而不是与宗教联盟。这种新的研究方法的核心概念是怀疑，最重要的原则是使研究者独立于研究对象之外，或者，至少使他尽可能成为研究的无关紧要的背景。不难看出，采取这种方法，哲学几乎可以无条件地接受任何原则，可以不偏不倚地与任何学说发生联系。教条消失了，随着教条的消失，哲学不再为生活提供任何动力。它不再敦促人们做任何事，它甚至不再鼓吹什么，如果它要坚持某些前提，也只是为了进行推论，而不是要断然灌输什么东西。如果一个哲学家咄咄逼人地鼓吹某种学说，推动他的决不是哲学，而是属于牧师、政治家或者社会改良者的东西。学院派的哲学不再像中国古代的儒家学说那样是一种道德的力量，在它的各种训练中，技巧的要求越来越多，而教训的意味越来越稀薄。

现代哲学是否有用的问题有赖于我们如何看待哲学所产生的作用。在这里，值得注意的事实不是认识论主宰了哲学，而是整个哲学领域都是为了理解或者说是为了追求知识而构建起来的。伦理学不再教导学生为善，它教学生理解善为何物；美学不再教学生欣赏美，它教学生理解什么是美。格瑞翰·瓦勒斯关心思想方法的孤心独旨之所以值得赞赏，是因为近来的逻辑课程为学生提供的是知识的合法性证明，而不是训练他们如何合理地进行思考。有所失必有所得。哲学的现代研究方法使哲学比过去更加清晰明确，也更有助于知识的积累，使蕴藏在哲学中的知识能够唤起广泛的兴趣。并且，哲学的知识能够遗留给后代而哲学的经验和洞察则不能。无可否认的是，从进行理解和获得知识出发而建构起来的哲学已经取得了稳固的进步。因为知识总是有用的，无论直接还是间接，所以哲学不可能丧失其有用性，尽管它的作用已经转移了领域，这个领域与我们按哲学的昔日风范所指望它发挥作用的领域不甚相同。

然而确实有些东西无可挽回地丧失了。为了知识而建构起来的哲学甚至成为可以在八小时以内从事的职业，某些人据此把生活的某一侧面哲学化了，但是这一侧面依然是与一般生活分离着的。哲学家与人的有机联系似乎已经消失了。人们得到这种印象，成堆的哲学教授中，几乎没有一个哲学家。哲学逐渐变成对几个专家位置的垄断，它不再是市井的茶楼酒肆和优雅的沙龙茶会都能够随意取用的日常用品。哲学昔日对意义的渴望已经被把握观念的技巧所取代，然而这种技术哲学满足不了人内在的哲学冲动。在一般人的眼里，哲学已经变得像科学一样云遮雾绕，无比神奇，可是又不像科学能够以有形的成就明确展示其作用。哲学有什么理由走当前的发展之路？理由很多，但我们只谈其中的一个。

二

哲学采取当前的发展趋势，只不过是追随其他学科的榜样而已。当前，几乎所有学科都是为着效率而组织起来的，在这样的结构形式中，它们不可避免地伴随着某些特征。首先，总的趋势是分工日益细密，越来越多的学者在越来越窄的知识领域里成为专家。每一个细小的知识分支都成为一个技术园地，很难指望安居其中的专家成为整个学科的大师。在自然科学领域，大师已经消失了，他们也正在经济学和社会学的领域里消失。在哲学的领域，也会很快出现逻辑学家、认识论专家、美学家等等，但就是出不了哲学家。其次，为了获得成果，学者们不得不尽可能使自己与研究对象分离开来。从获得确实可靠的知识或信息的观点来看，这种态度是值得赞赏的，但与此同时，它又具有使研究成果外在于研究者的倾向。毫无疑问，学者的研究是他职业生涯中的一个重要因素，但是，它是否同样是他生活中的重要因素，却在于他的职业是否融入了他的生活。如果融入了，他就是一个狭隘的人，因为他生活中的其他许多方面都被淹没了，或者是没有得到发展，或者是被弃之不顾。如果他的职业没有融入他的生活，他的研究就变得外在于他的生活了。也许还能提到另外一些特点，但仅此两点就足以显示当代学术的风貌了。更重要的是，这些特点一再发挥作用和彼此作用，促使当前的趋势加速发展。我们的知识处于此种趋势之下，研究变得越细碎，它们就越外在化，而它们越外在化，研究又变得更加细碎。

在效率的基础上组织研究，完全为推进知识而开展研究，其直接后果便是上述这些特点。曾经有一个时期，学术研究不是这种形态，在那时，有文化的几乎就是有教养的，其中的一些人甚至完全随兴所至，让各种兴趣自然地得到满足。中国过去也有一些学者根本不在乎功名，就在上一个世纪，英国也有不少学者根本不费心思去撰写学术著作。对于他们来说，只要过一种有辨别力的生活就足够了。确实，在当时社会的一般经济及社会条件下，只有极少数人能够醉心于这样的理想。但是，在目前条件已经改善的情况下，为什么不把这种理想普及到广大民众呢？这种理想之所以不能保持，原因在于，对于现代的个人来说，它在事实上已经失去了保存的价值。在高度工业化和经济竞争的社会里，每一个人都要发挥一种作用，只有有效地发挥其作用，一个人才有可能、同时也才有资格存在。悠闲的有钱人确实存在，但是这一点不应当蒙蔽我们，使我们看不到总趋势是追求越来越高的效率。正是这一趋势，应当对当前的危机承担责任。如果追求效率的趋势通行于生活的其他领域，我们怎么可能指望它在学术研究的领域里缺席呢？

不幸的是，这里还有一个原因。过去，中国的学术活动是个人的事，甚至是私人的事，醉心学术无需大量的财产来支持，学者构成了一个阶层，成为一种社会的和政治的身份，学术不是一种职业。贫穷肯定减少了学者的可能数量，但那些有幸拥有些许财产的人都有可能成为学者。更重要的是，他们自己就拥有从事学术活动的种种用具，在这一方面，他们有点像欧洲中世纪的手艺人。他们无需在社会里或者在政治上确认自己的身份。随着工业化的到来和学术在研究所里协作组织，学者从事学术研究的用具被拿走了，就像工厂把生产设备和工具从工人那里拿走一样。

现在，科学家已经完全依赖科研机构，在人文研究领域，如果有钱，也还可以私人从事研究，但这样做的机会在一天天地减少。学者成为雇员，以研究换取报酬，并不断遭受质询，除非他们不断地出示理由，说明他们应当被如此雇佣。学术职业化了，学者的工作就是生产知识。职业网球运动员的出现引起了抱怨，同时也获得了支持，但是，职业学者的出现既没有人宣告和称颂，也没有人支持或诅咒。哲学自然也难逃职业化，哲学家现在受到的责难是，他们将为公众生产什么产品？与其他知识领域的学者相比，哲学家可能更痛苦，但所有学者都同样在遭受被当前的趋势所支配而造成的痛苦。

希望诸位充分理解，我们在这里并没有诅咒上面所提到的学术趋势。从获取知识的观点来看，这种趋势应该受到高度赞扬。无论直接还是间接，知识总是有用的，更重要的是，它是一种力量，一种我们可以用来反抗自然或者仅仅与他人对抗的力量。它也并非与生活无关，而是可能改善我们生活条件的最强有力的因素，用一句老话来说，排除自然设置的障碍，最有效者无如知识，知识为我们所希望的生活提供种种条件。知识有点像金钱，在不同的人那里扮演着不同的角色，这取决于它是在穷人还是在富人手里。在穷人手里，它可能改变某些不如人意的生活条件，在富人手中，它却不会使生活更尽如人意。还是像金钱，知识是一种通货，拥有它，意愿能够得到满足，但是拥有知识的财富不一定能够提高生活质量。

我们绝无小看科学的意思。普天之下，莫非科学研究之对象，这是一件好事。我们也没有说，有关的训练对于生活中的一般事务无所补益，相反，从科学态度应该被推广到生活的其他方面的观点来看，这些训练是特别有用的。问题是，无论我们如何根据科学的观点来理解生活的进程，无论这种理解达到何种程度，我们仍然不得不以个人的身份来过自己的日子，在社会中感受生活给予我们的那一份特殊的馈赠。以营养学的全面了解可以使人挑选有益于身体健康的食品，但是并不必然使他爱好那些有益健康的食品而不是符合他的口味的食品。对性科学的全面了解肯定无助于性经验，一个性学专家能否成为恋爱专家，这是大可怀疑的。一个醉鬼不知道酒精对他有害，当他死于酗酒时，他只是值得同情，而他本人不一定不幸福；但是，如果他知道酒精对他有害却依然贪杯，当他死于酒精中毒时，他就制造了一个悲剧。知识本身是否具有直接的影响，这是值得怀疑的。如果它曾经有，那么对于大多数人来说，它现在已经不再有了；在大多数人那里，知识像是牙刷一类的用具，只要不用，就被挂起来了。知识是否是某种意义上的美德？古希腊人认为是，我们无须断言它在今天已经不是了。知识是中性的，影响不了我们的爱好和口味；它的分寸感太强，使我们不能靠它来解决它的恰当范围以外的问题；它太外在，不能支持我们以信仰来行动；它太软弱，不能为我们提供帮助，它不是情感和欲望的主宰者或伙伴，相反，它成了它们的奴隶。

三

除了德国，高度工业化的国家都是民主国家。民主国家在经济上是帝国主义的，但是，它们在近年以来尚未成为叫嚣军事的侵略者。如果这个世界要保障民主国家的安全，那么，民主国家也应当保障这个世界以及本国国民的安全。因为国民是民主国家的最终主宰者，所以，他们本身应当是自由的、独立的和有分辨力的个人，这一点非常重要。为了做到这一点，他们不应当被盲目地引导，不应当仅仅充当一架燃料充足的机器的润滑剂，而应当过一种有分辨力的生活。由于是大多数人说了算，大多数人的决定就应当是经过分辨的选择而不是盲目的冲动，这一点也是很重要的。如果强权政治在国际关系中是受谴责的，那么，它在一个国家内部也应当同样被谴责。如果强权政治在国际上让弱国无助地遭受强国的欺凌，一个国家内的强权政治也会让它的国民享受不到自己的权益，不能在自己的政府里传达出自己的声音。国际政治确实更加根本，因为，如果一个国家内的政治举措是特殊利益拉锯的最终结果，谁也不能保证他们将不拉扯到国界之外。为了让民主国家保障世界的安全，民主国家就应当被造就得能够保障它自己的国民的安全。民主的理想只能由自由的、独立的、有分辨力的国民来实现，这些国民永远不放松自己的公共责任。民主制度要求普通人承担重要的责任，而对于那些信仰民主制度的人来说，应当由他们承担的责任却正好符合他们的愿望，因为在他们看来，这些责任与做人的尊严是一致的。

在集权国家，某些特殊的观念被强加于全体人民，以此把他们驱赶到某个单一的目标之下。这个目标产生于某种统一的行为，而这种行为正是他们的领袖或政治寡头所希望的。任何国家都需要一定程度的统一行为，大多数国家除了依靠共同的血缘纽带来实现这一点，还依靠共同的语言、共同的文化类型或遗产。现代工业为此所做的贡献是很微妙的，以至于它达到了某种统一的行为方式却不被认为是在强加于人，因为没有人感到有人或有一群人在那里强迫他们。例如，工业在美国可能是最强大的统一力量。工业的效率为政治的效验提供保障，在中国难以推行的措施在美国就可能轻而易举地实行。工业的力量还是军事的力量。就它本身而言，它也仅仅是军事力量而已，这种力量在经济上是帝国主义的，但不是军事侵略的，所以，它是防御的而不是进攻的军事力量。它拯救了民主国家，使它们不至于在战争中被击败。虽然它使民主国家可能在经济上成为帝国主义的，但与集权的力量相比，民主国家使它们的邻居感到安全。回想1940年，当纳粹入侵荷兰、巴尔干和法国时，中国的一些人感到，民主国家是衰弱的、无效的。如此迅速得出结论，他们确实脆弱，并且结论肯定是不恰当的。没有多少人知道民主国家的力量是潜在的，不推上火线不会发挥威力。然而，一旦做出了决定，建立起军事行动的全套设置，它的力量顿时显现。但是，力量总是危险的，它可以用之于善，也可以用之于恶；它究竟被用于这种用途还是另一种用途，就要看操作它的人是谁了。

我们习惯于把工业化和民主化相提并论，丝毫没有想到，沿着一定的路线发展，它们将变得不再彼此协调。民主制度下的国民需要成为独立的、有辨别力的个人，而工业制度下的工人需要成为有效率的、有机械化头脑的专家。让我们使用人和机器这两个词来取代灵性和物性这两个术语，民主制要求的是人，而工业化要求的是机器。如果一切都被工业化了，或者一切事物的背后都透露着工业的精神，那么，结果很可能是极大地（如果不是全部地的话）破坏属于人的东西。如果把宗教工业化，我们可能得到庄严的教堂，甚至得到专家型牧师，但可能失去古老的谦卑精神的园地和道德感化所散发出的深切善意。把我们的创造冲动工业化，我们可能得到专家型的手艺人，却会丧失天才和艺术家。工业化的方式可能被应用到各个方面，无论什么时候，只要它一成不变地被加以应用，就会出现一些度量标准。根据这些标准，效率会上升，这一领域里活泼泼的人将越来越变成专家，并拥有机械化的头脑。工业再加上经济竞争，我们几乎难逃这种灾难性的后果。如果人在一周的每一天都高效率地工作，那么，充分利用周末时间的愿望几乎不可抑制。这种想用最大数量活动来充实空闲时间的愿望轻而易举地排除了悠闲，也很少在情感和思想方面花费时间。某一领域的专家很可能对其他领域一无所知，在面临人生新的境遇时，具有机械化头脑的人像新生的婴儿一样束手无策。很难指望这样的人能够对复杂的国内和国际政治做出警觉的和有辨别力的反应，需要做重大决定时，这些人往往从自己的职业或工业上的利益出发来考虑问题。民主的理想很可能在民主的制度下被粉碎。

有不少令人吃惊的假设被赞赏民主制度的人们不自觉地接受了。可能很少有人相信经济人的存在，很少有人无条件地相信经济决定论，但是，许多人都多少有些相信，或者他们的行为表明他们相信，经济的解放是包治一切社会和政治邪恶的灵丹妙药。对于经济人来说也许是这样，但是对于大多数有血有肉的人来说，经济问题的背后还有大量其他问题有待解决。可能很少有人会说人类是会思想能认知的机器，然而有不少人假定，只要人们知道该做什么和怎样去做，一切问题都将迎刃而解。对于会思想或会认知的机器而言，知识问题的解决将化解其他一切问题，使之不再成其为问题，但是，对于有情感有追求、有爱有恨、有希望有畏惧、七情六欲无不具备的人类来说，知识的获得不仅不能解决问题，而且有可能使这些问题比以前更加混乱。现在，西方流行着一种民主的新观念，这种观念放弃了民主的旧名称，而称作国家社会主义，它主张政府集中很大的权力，以此改善大多数国民的生活条件；在民主制的旧框架中实施这种观念，它不失为一个美妙的民主新观念；但是，把它强加在民主制度之外的人们身上，那就很危险了。因为国家社会主义不再只是旧式的民主制，它还是极权主义的，甚至有可能转变成法西斯主义。有些西方人不满意中国的国民政府，因为它不是民主制度的政府，这些人因此把他们的同情转向共产主义制度，却没有认识到，共产主义更具有极权主义的特征。在缺乏旧式民主的地方，似乎有一种对民主新观念的偏爱。这种偏爱的态度之下，潜伏着一个假定：人性天生是善的，然而对于大多数支持民主新观念的人来说，把这个假定作为前提是不能接受的。罗素早就说过，一个富有的人完全有可能是一个道德败坏的公民，一个聪明博学的人也有可能是一个腐化堕落的畜牲，因此，如果没有政治制度的制约或强制的话，新民主制度的领导者不可能成为公众的灵魂。在民主制度下，人的问题比在其他任何的政府之下更值得重视。

四

在知识的推进和应用被工业化的时候，教育却不应当走这样的路。知识已经专门化并且变得实用了，从知识的推进和应用来看，它们已经有了大量的产品。基金会、研究所和大学都可以被视为是推进知识发展的工业。总体上看，它们都十分有效率，标准还在继续探讨，真理时有发现，产品的质量也没有下降。希望从社会或政治上证明知识工业的正当性，这种愿望可能不利于知识采取恰当的标准，但这只是可能，此处无需论及。知识的工业化仅仅意味其雇员的职业化，涉及不到知识工业的产品。知识还很容易被市场化，以便被公众使用。知识的市场化确实是教育的一个部分，但肯定不是教育的全部。目前大学和学院的一般方式是大班授课、记笔记、考试和修学分等等，似乎把教育与知识的市场化混淆了。教育不仅要为青年人未来谋职做准备，更要培养他们成为独立的、有辨别力的个体。知识的市场化还能在追求利益的动机下被工业化，大学和学院可能被认为是这类工业的最佳部分。这里没有反对工业化的意思，但也不能认为这就是教育的全部，因为教育所涉及的范围远不只是专门化和实用化了的知识。后者有助于提供谋生手段，却不能帮助人们校订自己的生活方向和丰富他们的生活。教育的本质是个体的发展；它的消极作用是防止青年人反社会，积极作用是使个人的潜能得到充分的发展。教育不应当被工业化，严格地说，它也不可能被工业化，因为独立的个体是不可能批量生产的。知识已经变成了欲望和情感的奴仆，我们越是把知识的解析等同于教育，就越可能使欲望和情感停留在原始的和无知的状态，使知识变成满足欲望和情感的工具，同时使我们的欲望和情感变得比蒙昧无知的时代更难于控制。教育的主要目的是培养个性，消除野性，使人变得坚定；是在冲突的人生需求之间建立平衡，养成某种节操以便自我控制其他方面；是修养本性从而使受到滋养的本性变得有教养和有文化的内涵。价值观念必须自觉地接受，信仰必须自觉地皈依。这里的意思不是说教育应该灌输价值或观念，但是，教育肯定应当对价值和信仰加以分辨，应当鼓励青年人清醒地意识到自己的选择，使他们能够明确地说出自己的价值观念是什么，并确信自己无愧于天地。当一个人为自己的价值观念和信仰感到愧疚时，他要么退回去，承认人是动物；要么陷溺于复杂的心境，无一刻安宁。为了求得可信的知识，怀疑是必要的，是具有引导作用的。但是应当把它局限在思想和观念的领域，如果把它推行到价值和信仰的领域，它只会使人放纵情感，或者使他的情感与理智冲突。一战期间成长起来的一代人中有不少是情感放纵主义者，对于他们而言，生活最好只是"娱乐"，一个被"娱乐者"主宰的世界难免令某些人，例如亨利亚当斯感到可怕，转而指望从13世纪的大一统中获得安慰。我们不是在鼓吹任何特殊形式的大一统，我们所坚持的只是，通过教育，人们应当学会安详，能够毫无愧色地宣称自己的价值观念和信仰，因为正是他们的价值观念和信仰在推动着他们的生活。那些放纵情感的人无论在自己选定的职业中取得多大的成就，他们对于民主制度而言都或多或少是不利的因素。在他们投票的地方，重大决定要么是任意做出来的，要么根本做不出来。

　　一种全面的通才教育是必要的。这种教育应当包括对价值观念的辨别和对信仰的毫无愧色的宣称。对知识进行分析仍然是必要的，为了这个目的，现行的课程设置应当继续保留，但应当补充自由的、随意的却是严肃的讨论，对理想、信念、价值、欲望、爱好、隐含的假设、爱和恨、喜和怨等等进行讨论；从事教育的教授应当不断地与学生接触，在实际生活中为他们做出榜样，无论是否自如，无论是否成功，教授们所讲的应当是他们自己的人生观。出于知识市场化的目的，大学的规模已经扩大了，然而大学应当建立众多的小学院，配置各自的导师，目的是引导青年人通过一个缓慢的学习过程成长为一个人。所有人文学科都应当用来丰富年轻人的性格，正如各种可靠的知识都应当用来丰富他们的头脑一样。经费的问题不是需要考虑的问题。必须强调的是，无论一个人将来想做什么，无论他想当工程师还是医生，想当银行家还是码头装卸工，想当音乐家还是物理学家，温和而庄重的仪表、严肃认真的工作态度和发自内心的愉悦都是他作为人所应当具有的，这些比其他一切都重要。人们普遍对优雅的观念感到厌烦，也许是因为以现实的标准来衡量，这个观念太苍白，太随意，不能以原则来处理它，在一个普遍务实的世界里显得太不真实。我们对优雅观念的评价是否恰当，这里无需断言；平等对于法西斯才是恶，而对于民主制度则是善。只有把平等与优雅结合起来，我们才可能成为真正的人，成为我们自己的情感和欲望的主人，这样，知识和权力才不会被用于破坏。只有到那时，人类才不会自己危害自己。

批判实用主义者杜威的世界观[*]

一 前 言

为了肃清胡适派的资产阶级哲学对我们的影响，我们要彻底地批判他的方法论。但是方法论是和世界观分不开的。方法论的正确与否要看世界观正确与否。没有正确的世界观就不可能有正确的方法论，不正确的方法论所宣传的方法也是不正确的。为了彻底地批判胡适的方法论，我们就要彻底地批判他的世界观。他的世界观就是实用主义者杜威的世界观。本文的主要参考资料是杜威的几本书，题目也限于杜威；但是，就所批判的对象的本质说，杜威和胡适是没有分别的。

杜威的世界观是主观唯心论的、庸俗进化论的，认识论上反理性论的，行动上盲目主义的。这个世界观和我们马克思列宁主义者的世界观是根本对立的。我们的世界观是辩证唯物主义的惟一正确的世界观。我们肯定有独立于我们的意识而存在的客观世界；物质是第一性的，思维是第二性的；客观物质世界是有规律

＊ 本文原载于《哲学研究》1955 年第 2 期。——编者注

的，是可以认识的；社会是发展的，社会的发展是有规律的；我们根据社会发展的必然规律来制定我们的政策，因此，我们的行动是有领导、有计划、有步骤的，不是盲目的。本文要彻底地批判杜威的世界观。

但是有两点我们要在开始时就指出：一是杜威哲学的阶级实质，一是他的哲学在美国的市场。这是两种不同的事情。我们说他的哲学的阶级实质。杜威的哲学是美帝国主义的哲学，它是为垄断资本家服务的。杜威的中心问题是反对马克思主义，否认社会发展的必然规律，否认资本主义社会的必然死亡。但是要使人们相信这些，他就得反对科学，提倡宗教；因为马克思主义本身就是科学。但是科学无法从正面反对的。杜威的办法就是口头上推崇"科学"，实际上取消科学。要达到这一目的，他就釜底抽薪。他否认有独立于我们而存在的客观物质世界。否认了客观物质世界，也就是否认了客观事物的规律。这样一来，杜威达到了他的目的。他取消了认识的客观正确性，使人们感觉到好像认识和信仰、科学和宗教都是没有区别的。简单地说：为了反对马克思主义，他用拥护"科学"去取消科学，用批评宗教去保存宗教。这就是杜威哲学的实质。但是这一实质是隐藏得非常之紧密的。我们盼望下面各节的讨论能够充分地把这样的实质揭露出来。本文谈到宗教的地方少些，谈到认识论的地方要多些，因为本文的主要目的是通过对反科学的认识论的批判来使我们能够更彻底地批判杜威和胡适的方法论。

杜威的哲学虽然是帝国主义的垄断资本家的哲学，然而在美国，这一哲学是有它的广泛的市场的。美国南北战争之后的一二十年内，北方的资本势力侵入南方，东北的资本势力达到西边海岸，劳动人民的被压迫被剥削虽然日甚一日，经济危机虽然经常产生，然而资本家得到了广大的活动区域，技术水平也空前提高，新的企业不断地产生。爱迪生一个人的发明就有好几十件，穷措大之能成为富豪并不完全是空想。但是到了上一世纪90年代，情况已经转变；到了20世纪，美国已经进入垄断资本时期，经济危机的范围更大，影响更深，剥削与压迫也更残酷。生活之没有保障是一般的城市小资产阶级和办公室的工作人员（即白领子的奴隶）所特别感觉到的，对于他们生活确有朝不保夕的危险。南北战争的结果不但在经济上推动了资本主义的发展，而且在政治上巩固了资产阶级专政。整个的国家机器都掌握在资产阶级手里，所以整个的国家机器也都用来传播美国资产阶级的思想。个人努力，应付环境，开动脑筋，差不多任何东西都可以被利用为发财致富的工具，这样的思想得到了极其广泛的传播。杜威的工具论是很容易为一般的资产阶级和小资产阶级所了解的。但是就上面已经提到的某些阶层说，生活没有保障也是事实。对于这些人，杜威所说的"世界的不确定性和危险性"也有它的市场。美国资产阶级的思想已经为杜威的哲学铺平了道路。杜威的语言虽然晦涩混乱，然而就接受了美国资产阶级思想的人说，好像并不那么"玄之又玄"。同时杜威和其他的实用主义者是不一样的。哈佛大学玄学俱乐部的主要成员大都是所谓新英格兰的"蓝血"资本家们的思想参谋。这些资本家是自封为"贵族"而与人脱节的小集团。美国人把他们叫作只和彼此交谈，和只和"上帝"交谈的人。詹姆士也是这一集团边沿的人，虽然他生长在纽约州。杜威生长在农业区，善于往上爬，一直爬到成为哥伦比亚大学哲学教授。从城乡小资产阶级看来，杜威一方面"望之不似"，语言谈吐又合乎小资产阶级的口味，另一方面，他所说的又像小资产阶级自己所要说的话。纽约时报，那个名义上只是民主党的而实际上是为两党之上的美帝国主义服务的报纸，曾经指出道：杜威比詹姆士更成功，因为他所说的"经验"就是"普通人"（小资产阶级）作为他们自己思想行动或判断的根据的那样的经验。① 这是骗人的话。杜威所说的经验不是任何人的实际经验。杜威的哲学也不是小资产阶级的哲学；但是在小资产阶级当中，他的哲学是有广泛的市场的。

二 主观唯心论的经验论

在第一节里我们曾说杜威的世界观是主观唯心的盲目行动主义，我们要从主观唯心论的经验论，庸俗的进化论，和认识上的反理性论来论证我们的主题。本节所要提出的是杜威的主观唯心论的经验论。首先我们要指出杜威的经验论实在就是他的认识论的基础，实在就是他的认识论里最本质的东西。下面我们从认识论的角度来讨论他的经验论。

（一）也许有人会发生疑问。贝克莱式的主观唯心主义的中心命题是：存在就是被感觉。我们说杜威的经验论是主观唯心论的，不会冤枉人吧！杜威的世界里有自然、有社会、有人、有主观、有客观、有存在，应有尽有。不但如此，他还特别强调自然主义。不错，杜威的确讨论这些东西，问题是这些东西在杜威的哲学里是什么样的东西。问题的关键在于他的所谓"经验"。列宁在《唯物主义和经验批判主义》里曾指出实用主义嘲笑唯物论与唯心论的形而上学，宣扬经验并且仅仅宣扬经验。但是列宁又教导我们说："在'经验'这个字眼下，无疑地可以隐藏着哲学上的唯物主义路线和唯心主义路线……"②

为了保障唯物论的路线我们要求什么呢？列宁曾经唯物论地

---

① 威尔斯：《实用主义帝国主义哲学》（Wells: *Pragmatism-The Philosophy of Imperialism*），第 133 页。

② 列宁：《唯物主义和经验批判主义》，人民出版社 1960 年第 4 版，第 154 页。

解释经验，认为经验是客观的，从外面给予人的东西。① 这就是说我们唯物主义者坚持经验和认识一样是以客观世界为第一性的，精神、思想为第二性的，因此我们坚持有独立于经验而存在的客观世界，而经验的内容是客观的。任何否认客观世界的独立存在或否认经验之有客观内容的企图都是主观唯心论的，都是我们所坚决反对的，无论它是直接否认客观世界是独立存在的也好（贝克莱），或是不知道有没有客观独立的世界也好（休谟、马赫），或是有独立存在的然而是不可知的客观世界也好（康德），或是表面上把客观世界容纳到经验之内，而实际上否认客观独立的世界也好。最后这一办法是杜威的，也是欺骗性最大的。表面上把整个的客观世界都容纳到经验范围之内，就是实际上否认独立于经验的客观内容。显然这一办法实际上一方面就是否认经验之外有客观世界，这就是说否认有独立于经验的客观世界，另一方面经验之内的"世界"只是"经验的世界"，在这个"世界"中的任何"客观事物"就成为都有主观"反动"作用的事物了。这一办法的实质就是企图把客观变成主观，使任何本来是客观的事物都蒙上一层主观"反动"的作用，而没有这样作用的事物（即真正客观的事物）反而被说成是不存在的了。请注意这和直接否认客观的结果是一样的，所不同者欺骗性特别地大而已。欺骗性之所以特别地大，因为杜威仍然可以在主观唯心论的经验范围之内再分"客观"与"主观"。事实上杜威正是这样做的。他的所谓客观事物的工具性，就是以蒙上了主观彩色的事物为材料为基础，去制造某些能够满足主观要求的性能而已。为了保证唯物论地解释经验，我们要坚持有独立于经验而存在的客观世界。否认了这一点也就否认了经验的客观内容，这就是说否认了外面给与人的东西。

---

① 列宁：《唯物主义和经验批判主义》，人民出版社 1960 年第 4 版，第 151 页。

对于杜威的经验论，我们的问题是，他究竟承认还是不承认有独立于经验而存在的客观世界？如果以下的论点能够充分地证明他根本就否认有独立于经验而存在的客观世界，他的经验论就无疑地是主观唯心论的。

（二）照杜威的说法，经验是一个活人对于自然的环境和社会的环境所起的一切交涉。这是一句笼统的话，这要看杜威对环境作如何的解释。他进一步地说："经验"是地球上的整个的历史，它和这个历史一样的广，一样的深，一样的丰富。他说这个历史包括日月地星山水土木。① 这样一来"经验"这一概念扩大了，换成另一概念了。原来只是活人和环境的交涉那样的"经验"，已经换作交涉的一切条件及交涉过或交涉着的人和环境这样的"经验"了。没有日月地星山水土木，不能有历史（杜威引詹姆士语），但是杜威说："如果没有人类对于这些事物的关系和兴趣，没有人类对于这些事物的解说，那么这些事物也就不是历史上的事物了。"② 这当然是胡说。在《唯物主义和经验批判主义》第一章第四节列宁早就指出："自然科学肯定地认为：在地球上没有也不可能有人类和任何生物的状态下，地球就已经存在了。"③ 这就是说客观物质世界是独立于人类而存在的。它既然独立于人类而存在，当然独立于人类的经验而存在。在人类出世以前，日月地星山水土木早就是地球上自然史中的事物了，不管人类对于它们有兴趣也好，没有兴趣也好，有解说也好，没有解说也好。实用主义者也许会说："杜威所说的是人类的历史，不是自然的历史，他所论的毕竟是'经验'啊！"可是杜威明明白白地说："'经验'是地球上的整个的历史"，而这就包括了地球上的自然史和人类史，也只有这样

① 杜威：《经验与自然》（Dewey: *Experience and Nature*），第8页。

② 同上书，第9页。

③ 列宁：《唯物主义和经验批判主义》，人民出版社1960年第4版，第66页。

的整个的历史才能够包括日月地星山水土木。在这里我们可以清楚地看出杜威的欺骗手法。他在经验这两个字上偷换概念,把外延小的概念偷换成外延大的概念;他把外延大的"经验"和"历史"等同起来,然后又在历史这两个字上偷换概念,把外延大的概念包括日月地星山水土木在内的——偷换成外延小的概念。通过这样的偷换,把不能包括在经验范围之内的日月地星山水土木等等都包括在"经验"里去了。这样一来,世界就是他所说的"经验"了。这样的"世界"表面上可以无所不包,但是它不是独立于人类的经验而存在的客观物质世界,因此也就不是我们唯物主义者所肯定的世界。这样的"世界"只是"经验"中的"世界",而这个"世界"中的存在只是被经验而已。这难道还不是主观唯心论吗?

(三)"杜威只肯定没有人类的兴趣,解说,日月地星就不是历史上的事物。上面的思想确实混乱;但是假设他所说的历史只是人类的历史,我们还不能就说他错了吧?他没有肯定这些事物在人类历史之外就不存在了。"这里的问题是存在和"经验"的关系问题。对于这样一个问题,在上述的材料中,杜威没有说肯定的话。"经验与自然"是伟大的十月革命以后的书,里面的话是有隐蔽性的;他只是利用他自己和胡适所喜欢的"暗示"给读者"暗示"一下而已。在"经验主义的公设"那篇文章里,杜威说这个公设认为"事物——任何事物——如何,就是我们经验它们如何。"[①] 以后他又说从这样的经验主义的公设里,我们不能推出任何的哲学命题来。这句话有一注脚,在这个注脚里杜威说:"自然,除开一些消极的命题。我们可以说有些看法一定是假的 , 因

---

① 杜威:《达尔文主义对哲学的影响》(Dewey: *The Influence of Darwinism on Philosophy*),第 227 页。

为这些看法所指的是不存在的东西，那就是说（注意‘那就是说’的意思是等同不只是蕴涵）非‘经验’的东西。"① 这个注脚，明白地肯定了非"经验"就是不存在。当然杜威是鳝鱼一样滑的哲学家，说了那句话之后，他马上又想把分量减轻一些，说关于这类东西（非"经验"的不存在的）的话当作"经验"看是实在的。但是这还是没有肯定非"经验"的东西的实在性，只是肯定了关于它们的话的实在性。我们现在可以把本条所说的和上条结合起来看。因为杜威把历史和"经验"等同起来了，不在历史中的，也就是不在"经验"中的，不在"经验"中的，也就是非"经验"的，不存在的。这不就是说存在就是被"经验"吗？

我们现在又可以把（二）（三）两条和（一）条结合起来看。在第（一）条里我们曾发生过疑问说：杜威的"世界"有自然有社会……应有尽有，好像他的世界和我们所肯定的世界一样。根据（二）（三）两条的论证，我们可以肯定地说：完全不一样。我们唯物主义者所要肯定的是客观物质世界、是独立于人类的经验而存在的世界。杜威所说的"世界"不是这样的世界，按照杜威所说是受了人的"反动"的世界，是主观唯心的世界。这样一个"世界"里的"自然"不是自己如此的自然，只是经过人的"反动"的"自然"。"自然"是这样的，其他应有尽有的东西也莫不是这样的。杜威的主观唯心的经验论和贝克莱的公式："存在就是被感觉"完全是一样的。

（四）但是杜威所主张的"经验"范围非常之广，它无所不包，所以感官活动也在内。杜威自己曾经坚持认识、感觉只是"经验"的一部分，对于事物我们可以喜欢、可以厌恶、可以爱、可以恨、可以享有、可以缺乏……等等，不仅仅是感觉而已。既

① 杜威：《达尔文主义对哲学的影响》，第238页。

然没有"经验"之外的事物当然就没有感觉之外的事物了。但是疑难者还是会说，以上只是推论。推论也许不错，但是，直到现在我们还没有具体的直接的材料来证明杜威主张存在只是被感觉。

在经验主义的公设那篇文章里，杜威说："我听见一声音之后就不自在起来。经验地说，那声音是可怕的；它实存是，不只是现象地是，或主观地是。它是通过经验成为那样的……它是风吹窗帘使窗帘碰上窗子的声音。"①（重点是杜威加的。）杜威知道了声音的原因之后，他不怕了。但是他的解释是如何的呢？在正常的人，反应只是"我原来搞错了，声音并不可怕"。这个反应的根据是我的听觉经验不就是所听见的声音，前者是我的听官感觉，后者是客观的实在。但是杜威不是这样地解释的。他说："经验变了；那就是，所经验的东西变了——不是非实在变成实在，不是什么超实在（没有经验过的实在）变了，不是真理变了，只是而且仅仅是所经验的具体的实在变了……这个改变是通过认识引起来的所经验的存在的改变。后来的经验的内容（指认识了之后而不怕的经验）并不比前面的经验内容更实在些。"②（重点是我加的。）一个正常的人会说："头一次的声音虽不可怕，然而，我听起来可怕，等到我认识到它是风吹所致，听起来也就不怕了。"杜威则不然，他坚持认识活动把头一次所经验的具体的实在即可怕的声音，改变成为第二次所经验的具体的实在，即不可怕的声音。为什么呢？根本的原因就是他不承认"经验"背后有客观的实在。经验主义的公设那篇文章就是要证明没有独立于感觉经验的实在。专从感觉经验着想，我们的结论依然一样：杜威否认有独立于感觉而存在的客观世界，在他，存在就是被感觉。

（五）以上已经充分地证明了杜威的经验论和感觉论都是主观

---

① 杜威：《达尔文主义对哲学的影响》，第230页。
② 同上。

唯心论的。有一点，我们非着重地说明不可。这一点读者也许会提出。读者也许会说以上的资料似乎是东找一下西寻一下而后得到的。这些寻找出来的地方是不是个别的现象呢？在这些个别的地方杜威虽然是主观唯心论者，然而总起来说，就他的整个的世界观说，他是不是主观唯心论者呢？这就是本条的问题。我们的回答是杜威是一个彻头彻尾的主观唯心论者，可是同时我们也要指出他也是一个想尽方法隐蔽他的主观唯心论来为帝国主义服务的哲学家。

首先我们不要看不起杜威的经验论，这实在是他的整个世界观的中坚成分，也是他的认识论的最基本的东西。如果他的经验论是主观唯心论的，他的整个的世界观也是。上面所提出的各点并不是个别现象。但是杜威的经验论的阐述有正面也有反面。上面的例子是从他的正面阐述的文章中引来的。在正面文章里他不愿意有露骨的主观唯心论的论调，所以我们是要作些寻找工作的。在反面阐述的文章里杜威进行了更大的欺骗，我们也要作些分析的工作。

杜威曾说过类似这样的话：哲学要恢复它自己，就得打住讨论哲学家的问题。胡适也提到什么"不了了之"。这是骗人的话。就唯物论和唯心论的斗争这样一个基本问题说，我们知道我们不能以"不了""了之"的；如果以"不了了之"的方式去"了"这样一个问题，结果就是以唯心的方式参加这一斗争。有些所谓哲学家的问题，杜威的确不那么谈，但是就唯物论和唯心论的斗争说，杜威一直是猛烈地参加的。在他的经验论的反面文章里，他很强烈地表示他反对什么。他虽然一直在反对唯物论，然而他从来没有正式地提出唯物论来反对。他正式提出来反对的是什么呢？

杜威经常在情绪激昂中反对所谓一成不变的实在，或背后的实在或高等的实在，或先存的实在。这种议论到处都有，因此无需乎引证。反对这些都似乎是为了他的经验论，而从他所反对的东西的性质上，我们更可以看出他的经验论的性质。杜威的"经验"笼罩一切，无所不包。他的确是承认量变的，他那"经验"中的事物照他看来是老在运动变化的，所以他反对一成不变的实在。单就一成不变的实在说，否认它似乎有一定的进步意义。他着重"实践"，他认为旧哲学家轻视实践追求一种理性的高等的实在，而这照他看来是不对的，所以他也反对高等的实在。这又似乎有一定的进步意义。但是当他反对背后的实在时，情形就不同；当他反对先存的实在，我们就会觉得完全不对头了。先存的实在是什么呢？上面第（四）条的讨论已经给我们作了准备。那一条所谈的声音，就是先存于听觉经验的实在。所谓先存的实在原来就是独立于我们的感觉和经验的存在。原来杜威所反对的就是独立于我们的意识而存在的客观物质世界！

　　在这里我们要着重地也许是重复地指出批评各种实在只是杜威的幌子。在这幌子背后的工作就是千方百计不遗余力地否认独立于我们的意识而存在的客观物质世界。这一工作杜威一直在进行。这不是个别的现象，差不多在他的任何文章里面都有批评各种实在的议论。他所反对的表面上是上下古今哲学中的唯心论和实在论。他不是平心静气地批评别人的，在他的批评中他流露出发气的气氛。这实在是猛烈的顽强的斗争。在从前我们是不懂得的，现在我们有了马克思列宁主义哲学这样一个通明透亮的照妖镜，我们才知道杜威对于各种各色的实在的批评只是反对马克思列宁主义，反对辩证唯物论。关键的问题是肯定还是否定独立于我们的意识而存在的客观物质世界。杜威决不能肯定这样的世界，因为这一肯定会申引到一系列的结果，而这些结果都是他所坚决反对的。因此否定这样的世界就成了杜威和其他实用主义者的中心思想、基本命题。有了这一个命题杜威就可以挖真正科学理论的墙根，可以假借拥护科学的名义来进行破坏科学的实际工作。这就是杜威的反动的目的和阴险的手段。这就足以证明他的经验论和他的整个的哲学都是主观唯心论的。

三　庸俗的进化论

达尔文主义公开之后科学与宗教的斗争就开展了。在这以前宗教有力量迫害科学，到了19世纪下半叶的英国，宗教已经没有这样的力量了。在这种情况下，斗争是相当的深入和广泛的，因此它的影响也是空前广大的。物种的起源根本不是《圣经》上所说的那一套，教士和教徒都面对着崭新的问题。宗教既不能迫害科学，它如何面对科学呢？美国的教徒同样地有这一问题。胡适曾提到屋莱特到英国去拜访达尔文。威尔斯论实用主义的书里曾举了一些当时的人所想出的某些办法。这些办法太幼稚，骗不了人。屋莱特本人的主张就是回到贝克莱和休谟的主观唯心论，从根本上否认客观物质世界，同时也否认必然。这二者既经否认，科学的理论基础也就取消，而科学所发现的规律也就没有根据。哈佛大学玄学俱乐部的人就这样来对付达尔文主义。实用主义就是根据或围绕这两个基本观点而生长起来的。杜威和胡适都曾把实用主义吹嘘成为达尔文主义影响下的哲学上的大革命。这是骗人的话，事实上实用主义是达尔文主义影响之下的哲学上的反动。但是屋莱特等的这样一个反动还不能满足杜威。

（一）杜威自己是如何处理达尔文主义的呢？杜威出生的那一年也是物种起源那本书出版的那一年。他生出来就碰到进化论。等到成人的时候进化论的锋芒已经比较迟钝了。杜威这样一个不择手段的工具论者很快地就把进化论当作工具来达到他自己的目的。首先杜威把达尔文主义和达尔文混淆起来。混淆之后他就利用达尔文自己认为他不涉及神学这一点来证明达尔文主义和神学并不冲突，[1] 发生冲突的是科学和哲学，那其实就是说科学和实用主义除外的其他的哲学。杜威给人的印象是实用主义吸收了达尔文主义的原理和方法的，因此也是和科学没有冲突的。其实实用主义只是披上了一些达尔文主义的外衣而已。杜威自己曾吹嘘他的哲学是吸收了近代"科学"的。他所特别注意的是什么科学呢？照他自己说就是"生物心理和社会科学"。马克思早就指出资产阶级的经济学从1830年后已经成为资本主义的辩护工具，已经不是什么科学了，其余的资产阶级的社会科学也不能例外。至于"心理学"，实用主义者有詹姆斯和杜威自己所研究出来的心理学。这个心理学的基础就是主观唯心论的。从这样的心理学去吸收任何哲学上的东西只是以主观唯心论去论证主观唯心论而已。但是"社会科学"和"心理学"都是关于"人"的科学。它们和物理化学接不上。杜威所需要的是物理化学到"生活心灵和政治"的桥梁。这个桥梁就是生物学。他所说的生物学当然不是什么科学，而是彻头彻尾的庸俗进化论，社会达尔文主义。在这里主要的反动思想是只有量变没有质变，由生物学到社会科学，牵扯到这一思想。这一思想的具体表现，就是人和动植物只有程度上的差别没有本质上的不同。这样的思想是反科学的，它是为帝国主义服务的形而上学的思想。这样的思想使得杜威好像有根据似的把他所固有的一些思想披上了"科学"的外衣来欺骗他的读众。在这里，我们要着重地指出"进化论"只是杜威的实用主义的外衣，骨子里的思想依然是主观唯心论的经验论，认识论上的反理性论和盲目行动主义。从主观唯心的经验论必然地导致到否认客观必然的规律，在没有必然规律的环境里，人们只能应付。在应付没

---

[1] 杜威：《达尔文主义对哲学的影响》，第2页。

有必然规律的环境中，人们只能个别地，一点一滴地解决个别的问题；而在一点一滴地解决问题时，既没有真正的科学来指导，就只有依靠宗教。因此，这里所提出的庸俗进化论，并不是插在经验论和认识论当中的一段，它本身就是世界观的不可分割的一部分。下面我们要揭露杜威如何利用"进化论"来反对必然，来主张一点一滴地应付环境，来偷运宗教。这些东西是和杜威的认识论密切地联在一块的。有些东西在下一节还要提出，另外一些东西在下一节就不再提出了。

（二）上面已经提到杜威只承认人和动物有程度上的差别，不承认它们之间的本质上的不同。动植物虽有各种不同的适应环境的能力，然而终究不能掌握天然选择或天然淘汰。按照杜威所说人的生活基本上是危险的，和动植物的生活基本上是差不多的。杜威说："存在的一个特征……就是不稳定和险恶……人发现他自己是生在一个赌博性的世界中；他的存在，说的不好听，就是一个赌博。这个世界是一个冒险的场所，它是不确定的，不稳定的，可怕的不稳定。它的危险性是不规则的，无常的，不知道什么时候什么季节就会发生……瘟疫、饥饿、疾病、死亡，战争的失败是随时随地就会碰上的。"① 这和胡适的"五鬼"是差不多的。杜威说从最初的人到现在，这种情况基本上没有改变。② 把人和动植物等量齐观后，人的存在就是这样。但是这只是形容"人"的生活情况而已。杜威如何理解他所形容的情况呢？

在"达尔文主义与哲学"那篇文章里，杜威引用了他的老办法，他把上下古今的思想评了一通。批评的对象似乎是一成不变的实在论，从希腊哲学开始的目的论，基督教的计划论。这是杜威所特有哲学上的烟幕。他所反对的究竟是什么呢？杜威引用了

---

① 杜威：《经验与自然》，第41页。
② 同上书，第43页。

达尔文一句话说："把这个大而惊奇的宇宙，包括能够远远地向前看和向后看的人类的宇宙，当作必然或盲目的偶然的结果看是不能思议的。"① 这句话非常之重要。杜威本来就反对必然，他本来也不是一个完全的偶然论者，他早已把达尔文所说的话和达尔文主义的内容等同起来了；有了这一句话之后，他反对必然就似乎得到了达尔文主义的许可，似乎得到了"科学"的根据了。他给听众和读众的印象就是"进化论"反对必然。在整篇文章中，他所真正反对的就是一般和必然，其实就是一般的必然的规律。"世界"既然是没有一般的必然的规律的，它当然就成为上段所说的不确定的、可怕地不稳定的、危险的"世界"了。动植物的环境对于动植物是危险的，人的"世界"对于人也一样是危险的。这和我们马克思主义者的哲学是根本对立的。我们必须坚持有独立于我们的客观物质世界，而且坚持这个客观世界是有客观的必然的规律的。我们可以认识客观的必然的规律，而且通过我们的正确的认识，我们可以改造世界。因此世界根本就不是什么不确定的危险的。否认客观世界的必然规律，也就只是企图取消科学、维护宗教而已。

（三）但是杜威使人相信这个"世界"是没有必然规律的，是危险的，不确定的。在这样的"世界"人们如何生活呢？人们的生活总括起来要如何来形容呢？杜威一只眼看美国资产阶级的生活，另一只眼又看动植物。动植物是要适合它们的生活条件的。资产阶级的生活也是个别地应付他们的环境的。社会达尔文主义者总是要把关于生物的学说硬搬到社会上来的。在19世纪的下半叶里，人与人间的"优"胜"劣"败，"适者"生存这样的反动思想是非常之流行的。应付环境的成败、对资产阶级、小资产阶级，

---

① 杜威：《达尔文主义对哲学的影响》，第13页。

尤其是"白领子的奴隶"说，确实是非同小可的；就最后所说的这一阶层说也许直接影响到第二天的衣食。在我们中国现在这样的社会里，环境越来越为我们自己所掌握，我们不感觉有应付环境的需要，而事实上也没有这样的需要。在资本主义社会里，这是大多数上述阶级和阶层的人所有的严重问题。但是这一问题根本就不是生物学的问题。把它当作生物学问题看待，就是歪曲事实。杜威既把人和动植物的本质上的差别抹杀，既然把关于动植物的进化论引用到社会上来，他当然不会在这些点上打住，他一定要把动植物适合生活条件的基本情况搬到人们应付环境的活动上来。这一基本情况就是动植物不能从根本上改变他们的生活条件。这就牵扯到一个根本问题：人类是否能从根本上改造他们的环境呢？把动植物的情况引用到社会上来，这个答案已经限制到否定这一面了。而这又牵扯到一点一滴的进步。

（四）一点一滴的进步是杜威哲学中一个重要点。它也是杜威哲学里所不能没有的。杜威所宣传的那样的"世界"是没有必然的规律的，而在那个"世界"里人们要应付环境。在应付环境的过程中，人们在一步一步的摸索；在一步一步的摸索中，他们只能一点一滴地解决问题，这就是一点一滴的前进。为什么他把这样的思想和进化论裹上呢？一般地说，他要使他的假科学披上像样的外衣。但是他的具体的目的在什么地方呢？前一世纪的反动的资产阶级哲学家黑格尔要人们往后看，杜威简直要人们往动植物那一方面看。他要人们得出这样的结论：动植物（不包括人类的动物）既不能从根本上改变它们的生活条件，人类也不能从根本上改造他们的"世界"。在这一条件下，一点一滴的进步就是一点一滴的改良，而根本的革命就被排除出去了。许多同志都已经指出这种改良主义的极端反动性。我们是不反对改良的。在革命成功之前，我们需要改良，把我们的工作从各方面改良，我们可以聚集力量，准备条件，使我们能够更成功地进行革命。在革命成功之后，我们也要改良；如果我们改良我们的工作，我们可以更成功地巩固我们的革命。我们反对改良主义，反对把改良来代替革命，推延革命。在今天，这样的改良主义只是为帝国主义的血腥统治服务的。杜威的改良主义尽管披上进化论的外衣是欺骗不了马克思主义者的。

（五）在第（二）条所引的达尔文那句话里不但提到宇宙不是必然的结果，而且也说它不是盲目的偶然的结果。这就是说应付环境和一点一滴地解决问题是有可能的。这牵扯到认识论。关于认识论的某些问题下一节要提出。杜威既然反对必然，又要求人们应付环境，一点一滴地解决问题。在这样的活动中，他要求人们保持什么样的态度呢？他否认了客观的世界和必然的规律之后，当然不能有真正的科学的态度。他之所以否认客观世界和必然的规律，正是为了保持宗教的态度，破坏科学、保存宗教是帝国主义的哲学的两个方面，它们是二而一的东西。杜威既然利用了"进化论"来破坏科学，当然也要利用"进化论"来建立他的宗教。本文不着重谈宗教，但是我们要提出以下两点。

一点一滴地解决问题牵扯到把一些现实的可能转变成为合乎人们要求的可能的现实。杜威说当前的现实是以后的可能的条件，而以后的可能是当前的现实的结果。就一时一地的具体情况说，该时该地的可能就是该时该地的人的理想。理想和可能是等同的。[①] 现实和理想的积极关系是什么呢？这就是杜威的"上帝"。[②] 这个"上帝"非常之巧妙。它和基督教传统的"上帝"差不多，它无所不在，也无所不能。它无所不在，因为按照杜威的说法应付环境是普遍的事体，而在应付环境中，在现实的手段和所要现

---

① 杜威：《确定性的追求》（Dewey：Quest for Certainty），第299页。

② 威尔斯：《实用主义帝国主义哲学》，第185页。

实的目的间，它就已经在那里了。更重要的是它无所不能，应付环境可能成功，也可能失败。假如成功的话，手段和目的之间当然是有积极关系的，这就是说"上帝"帮助你成功。假如失败呢？失败是从应付者的观点说的，应付虽然失败，然而就手段与目的说，就现实与理想说，难道它们之间就没有积极关系了吗？这关系依然是积极的。结果是"上帝"不让你成功而已。无论应付环境是成功还是失败，"上帝"总在起作用。但是问题是对于失败，杜威要求人们以什么样的态度去对付呢？一句话，逆来顺受，甘心情愿地服从；这就是说在应付环境中在一点一滴地解决问题中，杜威要求人们保持宗教的甘心情愿地服从的态度。

在成功和失败中起作用的不只是应付环境的人的努力而已，还有看不见的力量。这种看不见的力量据说不但是人们所不能支配的力量，而且是支配人们看得见的力量的力量。[1] "世界"的不确定性和危险性，就是这种力量所致。对于这样的力量，人们怎么办呢？这也只有逆来顺受，甘心情愿地服从。问题是这个看不见的力量是什么呢？除了"不确定"和"危险"外，杜威还用了许许多多害怕的字眼来形容他所谈的"世界"。但是分析地说，可怕的力量依然可以归纳为"命"、"运气"、"偶然"、"神的照顾"。[2] 杜威举的例子少，但是他所举的例子中，就有收入的变更这样一件事。[3] 收入的变更也就成为看不见的力量所致！我们当然要问失业是不是看不见的力量所致呢？这就非常之清楚了。杜威要人们甘心情愿地服从看不见的力量，但是这个抽象名词的具体内容就是现存的社会经济制度。原来杜威要人们甘心情愿服从的就是美国的社会经济制度，而这就是他所说的宗教的具体内容。原来他

---

① 杜威：《经验与自然》，第43页。
② 威尔斯：《实用主义与帝国主义哲学》，第181页。
③ 同上书，第179页。

的"上帝"是用这个力量来使人们成功或失败的。反对必然的规律不但可以给真正的科学理论挖墙根，而且通过杜威式的宗教可以教人们甘心情愿地服从资本主义的社会经济制度。科学工作者梦想不到帝国主义垄断资本的哲学家可以披上达尔文主义的外衣来宣传宗教。杜威的庸俗进化论就是一种社会达尔文主义，这是我们应该详细地批判的。本文只作简单的批判。在上一节我们证明了杜威的经验论是主观唯心论的，他所说的"世界"是主观唯心论的和"经验"等同了起来的"世界"。在本节我们提出在这样一个"世界"里，杜威根本就不承认有客观必然的规律，人们的生活就是应付环境，而在应付环境中，人们不能够从根本上改造他们的"世界"，只能一点一滴地前进。这些都是认识论的最基本的东西。在杜威的哲学中这些东西是他的认识论的起决定性作用的条件。他的反理性论就要靠这些东西。杜威的认识论，从表面上看来，是和其他资产阶级主观唯心论哲学的认识论迥然不同的。但是杜威的认识论虽然披上了进化论的外衣，然而剥掉它的外衣，它仍然是贝克莱、休谟、马赫的主观唯心论的认识论。

四　认识上的反理性论

（一）正确的认识论是辩证唯物主义的反映论。这个反映论坚决地肯定有独立于我们的意识而存在的客观物质世界。否认这一点根本就谈不上什么认识论。物质是第一性的，精神是第二性的，存在是第一性的，思维是第二性的。任何公开的或隐蔽的，把物质降低到第二性或把精神提高到第一性的企图都是我们所要坚决反对的。客观事物是我们可以认识的，任何把客观事物说成是不可知的企图也是我们所坚决反对的。为什么我们要重复地肯定这些特点呢？因为在帝国主义时代，在资产阶级垂死挣扎的时代，为这一阶级服务的哲学家大都不公开地反对反映论，他们也不必反对所有以上的特点。我们要知道否认以上任何一特点的认识论都不可能是辩证唯物主义的反映论。

辩证唯物主义的反映论认为认识是客观世界的反映，正确的认识就是客观世界在我们头脑中的正确的反映。认识起源于实践而又回到实践，它有感性阶段，有理性阶段。这两个阶段是不同的，但是在认识运动中，在实践中，它们又是辩证地统一的。感性认识只反映了事物的现象、事物的片面、事物的外部的联系，理性认识才反映了事物的本质、它们的全面，它们的内部联系。忽略了感性认识的认识论不是辩证唯物主义的反映论，它忽略了生动的直观，因此是不正确的。忽略了理性认识的认识论也不是辩证唯物主义的反映论，它忽略了科学的抽象，因此也是不正确的。和我们反映论对立的不限于这里所说的不正确的认识论，但是这种不正确的认识论确实是和我们的反映论根本对立的。

认识是要深入到事物的本质，事物的规律的。我们要在实事中去求是，因为我们要根据我们所得的"是"，去变革现实改造世界，并且通过世界的改造来改造自己。我们要把整个的世界建设成为社会主义和共产主义的世界，也要把我们自己改造成为有社会主义和共产主义品质的人。这样崇高的目的并不是空想出来的，它是根据于社会发展的必然规律的，所以不但我们的行动是有目的的，而且我们的行为是理性的。我们的行为之所以是理性的，因为我们是根据实事中所得的"是"来明确我们的目的，提出我们的任务，决定我们的行动的。能够得到这样的结果的认识才是理性的认识。这样的认识在发展上有深度和广度的加强，然而在本质上仍然一样。阐明这样的认识的理论才是理性的认识论。我们在这里提出这样的问题，因为资产阶级哲学家尤其是实用主义者所提出的认识论就是反理性的。这种反理性的认识论的思想根源就是主观唯心论，它的社会根源就是资产阶级在垂死挣扎中的斗争。

杜威的认识论是和反映论根本对立的。为了反对反映论，他捏造出旨在取消认识的认识论。首先他就根本不承认有独立于我们的意识而存在的客观物质世界，因此也没有上一条所说的真正的反映问题，更没有正确地反映问题。他虽然也谈到事物，事物过程，自然……等等，然而这些都是被他的"经验"所笼罩的；这就是说，他所谈的事物是"经验"中的事物，事物过程只是"经验"中的事物过程，自然只是"经验"中的自然。"经验"既是人的"经验"，在"经验"笼罩之下的东西也就是在意识或精神或思维——不管用什么名称——笼罩之下的东西。这就是精神第一或思维第一的世界观，也就是精神第一或思维第一的认识论。这就是本条第一段所提出的基本特点的问题。在本文第一节里我们曾说杜威的经验论是杜威的认识论的最基本最本质的东西。主观唯心论的经验论也就是主观唯心论的认识论。这是我们所要坚决反对的反动的认识论。

（二）究竟什么样的事情杜威认为是认识呢？杜威本人的抽象公式就是所谓"五步"或杜威胡适把它简单化了的三步的认识。这一点同志们批判得相当多了。本文不打算再从这一方面来批判。所谓三步就是胡适所说的困难、思想、动作。杜威认为没有困难、思想、动作，就没有认识。照他的说法，假如我们只停留在感官所得的多种多样性上面，我们可以有很多不同的"经验"，例如欣赏、享有、喜爱、仇恨……等等。可是如果没有需要、困难、目的，就不会有思想，也不会有根据思想的行动。有这三步的过程才是认识。但是这是抽象的公式。如果我们从美国那样的资本主义社会里去找最流行的最一般的事情作为这一公式的具体内容，这个具体内容就是应付环境。

把应付环境抽象化之后就有上述的三步的认识。我们现在举一杜威所举的例。我们只举这个例的要点，不从原文翻译。一个人在十二点廿分还在纽约的第十六街。但是他要在一点钟到达一百廿四街的某处（第十六街和第一百廿四街的距离约十英里）。他原来到达第十六街时所坐的地面电车走了一个钟头，坐地面电车回去显然是赶不上的。他想到坐地道车，但是车站近不近呢？如果不近的话，他找车站也许就会花上廿分钟。他又想到空中列车，隔两条街就有。但是车站在哪里呢？假如车站远的话，他也许耗费时间，而不是节省时间。他又回想到地道车，地道车的快车要比空中列车快，并且在一百廿四街下车的地道车站离目的地比空中列车车站来得近，所以下车后的路要近些，可以省时间。他的结论是挑选地道车。结果他在一点钟到达了他的目的地。①

这个例是典型的例。它有目的，有不同的想法（假设），有达到目的的行动。这一行动是满意的，因为目的完全达到。杜威在这里是把这个例当作思想的例提出来的，但是他也不能否认它同时是一个认识的例。这样的认识究竟是什么样的事情呢？显然它就是应付环境。在杜威的心目中，所谓认识就是应付环境这类的事情。应付环境当然需要认识，但是应付环境本身不就是认识，不就能作为认识来看待。

（三）把认识限制到应付环境的认识论是非常之荒谬的。这样一个认识论没有理性认识的地位。理性认识是反映客观事物的本质、它们的全面、它们的内部联系的。照杜威的说法，认识所追求的是事物的工具性。在工具性这一点上杜威又在搞鱼目混珠的把戏。他把"工具"性说成是本质属性，好像他所说的认识也是揭发事物的本质属性似的。在上述的例中，坐地道车是有某一工

---

① 赖特勒：《杜威的哲学》（Ratner: Philosophy of John Dewey），第170页。

具性的，但是我们从什么地方找出本质属性的气味来呢？我们要从以下两点来揭露杜威的欺骗性：首先杜威根本不能够主张认识是客观事物的本质，客观事物的规律的反映，因为他根本就不承认有独立于我们的意识之外的客观事物，也不承认有客观事物的必然的规律。不承认客观事物也就无法把工具性解释成客观事物的本质属性。事实上这种工具性只是临时的，人们在应付环境中把某一事物当作工具去达到他的目的时该事物才有的工具性。把一根"首都"安全火柴用在挖耳上，它的确因此有工具性，但是把这个工具性说成是本质属性，那只是歪曲而已。客观事物的本质属性是可以成为我们的工具的。也只有客观事物的本质属性才是真正的靠得住的工具性。杜威的认识论中所强调的工具性根本就不是客观事物的本质属性，把这样的工具性说成是客观事物的本质属性就是欺骗。

其次，杜威根本不愿意人们去追求客观事物的本质、客观事物的规律。认识不都是有阶级性的，但是就某些部门说，认识的阶级性是起决定性作用的。对于社会，资产阶级需要人们把认识限制到现象上，无产阶级要求把认识深入到本质里去。资产阶级的认识论和无产阶级的认识论是根本对立的。资产阶级的哲学家总是千方百计地把认识限制到现象上去。从贝克莱、休谟、康德一直到杜威、罗素以及他们的年轻徒子徒孙充分地证明了这一点。显而易见，如果人们的认识不停留在社会的现象上而深入到本质里去，他们就会认识社会的发展规律，就会认识到资本主义社会的必然灭亡，社会主义社会的必然胜利。把认识深入到客观事物的本质、探求出客观事物的规律，恰恰是无产阶级所要求的，也恰恰是资产阶级所害怕的。作为帝国主义的哲学家，杜威当然不能例外。但是杜威的欺骗性比别人的要大些。他把应付环境当作认识，把工具当作本质属性，使他的读者感觉到就在他们应付环境当中他们同时也就进行了合乎"科学"的认识活动。在上述的例中那个因赶地道车而达到目的的人流露了自豪情绪。这种欺骗是不能容忍的。特别是胡适把这种不追求本质不追求规律的认识论带到中国之后，起了很大的反动作用和破坏作用。我们反对这种所谓"认识论"，但是要彻底地肃清这种"认识论"的影响，我们只有深入地钻研辩证唯物主义的反映论。

（四）杜威的认识论是没有真假的标准的。同志们也许想到他既然否认了独立于我们的意识而存在的客观物质世界，他就不能有主观和客观的符合问题，当然就不能有真正的真假标准。不错，杜威没有这样的标准，他也不愿有这样的标准。有了这样的标准，就是承认客观真理，资产阶级的哲学家就是要否认客观真理的。在真理论上他们总要虚构出标准来。有的把真理解释作经验的调和性，有的把他解释成命题或判断彼此间的一致性。实用主义把真理解释成有效性。杜威不只是说真理有效而已，而且是说"真理"就是有效，或"真理"的性质就是有效。① 但是有效无效的标准在哪里呢？这就是看满足要求与否或解决困难与否。在前面所举的例中"坐地道车可以在四十分钟内从第十六街赶到第一百廿四街去"就是这样的"真理"。这一命题在原例中是两个想法之一，那个赶车的人挑选了这个命题，作为"假设"，而按照这一"假设"所进行的行动是有效的，是达到了目的的，所以这一"假设"就成为"真理"。杜威把拉丁文中"证实"一词解释成"作成"。② 其实这就是制造。按照杜威所说，在应付环境中人们是不断地在制造上面所说的这样的"真理"的。

在讨论认识论过程中杜威经常引用"试验"这样一个字眼。但是在大多数应付环境中经常是没有试验的。仍以那个赶车人为

---

① 赖特勒：《杜威的哲学》，第213页。
② 同上书，第198页。

例。在采取行动以前他的确盘算了一下，在两个不同的想法中他挑选了一个；但是他没有试验，只有赌博。他挑选了一个想法之后，就孤注一掷行动起来，他的兴趣只在到达目的地，而不在什么样的交通工具经常地可以使一个人在四十分钟之内能够从第十六街到达一百廿四街的目的地。假如他对后一点有兴趣的话，他就会再试几次看看头一次的成功是否偶然。他既没有试验，他就无法肯定或否定头一次的成功是必然的结果还是偶然的结果。偶然的成功也就是偶然地达到目的。一个假设偶然地有效，在杜威的认识论中是可以经常地被承认为"真理"的。那个迷失在山中的人的例有同样的情形。那个人有如何回家的想法，可是没有试验，他只是按照他的想法试行而已，他的目的是回家，他的兴趣在回家，而不在研究一条可以回家的道路供他自己或别人的将来用处。他所遵循的道路只是他个人在那个别的环境中应付个别的需要而引用的办法。杜威把这个办法视为"真理"，事过境迁，这个办法当然就不是"真理"了。这里的分析是很烦琐的，它的目的是要证明杜威的所谓"真理"只是应付环境中的得过且过，而得过且过中的"过"是应付环境的人事先不知道它能过，事后也不知道它所以能过的确切理由的。应付环境的办法是没有确切的标准的，把它当作"真理"所谓真假也是没有标准的。

（五）上面已经提到制造"真理"了。这个制造真理的说法和制造"实在"是分不开的。在本文第二节里我们已经提出杜威反对先存的实在，我们已经指出他所谓先存的实在也就是独立于我们的意识而存在的客观事物。在那一节里我们也已经指出在一个具体的例子上否认先存的实在也就否认了某种具体的东西。现在我们要指出否认先存的实在也就是制造现存的实在；而这也就是说认识是没有对象的，它只有过程和终点，等到在一过程中"实在"已经制造出来，这一过程已经达到了它的终点。杜威说："两条平行线看起来是接头的，它们'真正地'是平行的（引号是杜威本来有的）。如果东西如何如何只是被经验为如何如何而已的话，我们怎么能够分别错觉与真实情况呢？"① 接着他讨论了这个问题，结论是头一经验（平行线接头）和后一经验（平行线平行）都是"实在"的，不过是通过认识第二个经验把头一个"改良"了而已。杜威把经验和所经验的东西等同起来，所以上面的结论就是认识把平行线接头这一"实在""改良"成为平行线平行这一"实在"了。他用"改良"这一字眼，意思仍然是制造。为什么有这样一套议论呢？问题本来是很简单的。客观事物就是平行的铁轨，客观事物在第一次和第二次的"感觉""经验"中都是平行的铁轨，否认头一次是错觉也就否认了第二次感觉中的事物的客观性。但是杜威不承认有独立于我们的意识而存在的客观事物，他只好把错觉和真正的感觉都当作"实在"，而在这种情况下，他就好让认识来"改良"或制造"实在"。杜威否认了先存的实在就给他一个机会使他能够把认识说成是制造现存的实在。这就是说认识什么，就是制造什么。否认先存的实在同时也就否认了认识的对象。因为认识的对象是先于认识而存在的，不是认识所制造的。否认了先存的实在之后，无论认识制造什么，它都是没有对象的。杜威的认识论是取消认识的认识论。

（六）杜威在认识论上是完全反理性的。我们要看看他所赞成的是什么，反对的是什么。他所赞成的东西有人译成灵敏，我们在这里把这个东西译成机智性。杜威说："认识了的东西是我们对它施行了手术而存在的，不是和我们的思想或观察相符合的先存的实在。我们要把这些手术叫作机智性。……一个认识对象的价值是依赖于用到这个对象上去的机智性的。……我们要记得机智

---

① 杜威：《达尔文主义对哲学的影响》，第234页。

性意味着在改变条件方面实际上施行了的手术、包括思想所给与的一切指导。"① 这些话是非常之费解的，但是我们没有办法与避免它。杜威要用机智性来代替理性。在杜威心目中，理性是和必然性、一般性……等裹在一起的。② 机智性就不同了。它是和挑选及安排手段去达到目的分不开的。杜威认为一个人机智不是因为他有理性而是因为他对情况可以作估计并且可以按照估计去行动。③ 杜威所赞成的是机智性，他所反对的是理性。这就是杜威自己的口供。

本节揭露了杜威的认识论是主观唯心论的，和我们的反映论是基本对立的，它是没有理性认识的，没有真假标准的，没有认识对象的反理性的认识论。这是取消认识的认识论，这是破坏科学的认识论。对无产阶级说，科学是头等重要的事情，因为改造世界是按照科学而进行的。正确的认识是行动的正确的指南。杜威教人如何行动呢？我们要记住杜威的认识论就是他的行动论，在他认识就是行动。因此，反理性的认识论就是盲目行动主义。

五　盲目行动主义

在《唯物主义和经验批判主义》里，列宁不但指出实用主义宣扬经验，仅仅宣扬经验，而且指出它是为着实践，也仅仅是为着实践的哲学。实用主义本来就是行动的哲学。世界观总是行动的指南。一般的资产阶级哲学家固然要求他们的"理论"和统治阶级的利益相结合，但是为了这一目的，他们制造了理论与行动脱节的哲学。杜威就不同了。他不只是要求他的哲学和统治阶级

---

① 杜威：《确定性的追求》，第 231 页。
② 同上书，第 200 页。
③ 同上书，第 212 页。

的利益相结合，而且他要求"理论"与行动密切地相结合。在这一点上杜威是有绝大的阴谋的。他把行动也纳入主观唯心论。这样一来，他的主观唯心论是彻头彻尾的。此所以他不单从感觉上来继承主观唯心论，而且从包罗万象的"经验"上来继承主观唯心论。杜威所说的一般的行动是有两层唯心论的。在第二节第（一）条里，我们已经指出杜威在他所说的无所不包的"经验"范围之内，再分"主观"与"客观"。他所说的一般的行动，包括本能的和习惯的活动在内的行动，是"经验"，所以它穿上了主观唯心论的外套。有意识的行动是"认识"的继续。"认识"不就是一般的"经验"，它是在一般的"经验"之上进行的。它制造了许多"实在"和"真理"，而这些"实在"和"真理"又发展为有意识的行动。所以有意识的行动还穿上了主观唯心论的内衣。在本节我们要揭露杜威所说的有意识的行动的一般的性质，然后指出它的具体的阶级内容。

（一）杜威所说的有意识的行动就是目的（或困难）和思想的继续。它是认识过程的结束、终点。他所说的思想是延缓了的反应，也就是延缓了的行动。没有延缓作用的行动，例如有机体的本能活动，或人们习惯的活动，虽然是"经验"，然而不是"认识"。这种活动在没有引起困难时，不在认识范围之内，而引起困难之后，就会引起"认识"过程。有意识的行动既是思想认识过程的继续，杜威的认识论也就是行动论（行动两字以后限制到有意识的行动）。因此认识的性质也就是行动的性质。杜威所说的认识过程是反理性的，他所说的"行动"也是反理性的，因此是盲目的。这里所说的盲目性和有无目的是两回事。待兔是守株的目的，然而守株待兔仍然是盲目的行动。这里所说的盲目性和杜威本人行动有无目的，更是不同的问题。杜威的目的再清楚也没有。他反对马克思列宁主义，为帝国主义服务。所以尽管如此，实用主义所论说的行动依然是盲目的。

在上节的讨论中有一点我们没有讨论，而就行动说，这一点是非常之重要的。在上节我们只提到目的（或困难）、思想、行动，没有提到思想是从哪里来的。思想是从哪里来的呢？这也就是问挑选出来的那一假设是从哪里来的呢？而这也就是问试行那一假设的行动是从哪里来的呢？这牵扯到从前的"认识"。照杜威看来，一个人的从前的认识为他制造了好些"真理"。在这一点上杜威和他的先生詹姆士、他的学生胡适都是着重以往所得的"真理"的。每一个人都有一个这样的"真理"仓库。遇到困难时一个人就到这仓库里去挑选"真理"。有适合于当前困难的"真理"，挑选得快就是"暗示涌上来"。一时找不到适合于当前困难的"真理"，挑选得慢，也许就要搔头抓耳了。这就是"思想"的来源，也就是假设的来源，也就是行动的来源。

我们要分析一下这个来源。首先我们要注意这里所说的"真理"。它根本就不是真理，它只是从前应付环境的办法。它根本就不反映客观事物与规律，当然就不是客观真理。它不是绝对真理，因为它不是客观真理，它只是相对于一时一地的个别困难的。它也不是相对真理，因为一方面它根本就不是客观真理，而相对真理是客观真理；另一方面，与它相对的是目的不是问题。例如迷失在山中的人也许在东奔西走、横冲竖撞之后终于回家了，他确实有了回家这一目的的行动，因此照杜威的说法，他制造了"真理"。但是他究竟如何回家的呢？回家这一问题究竟是怎样解决的呢？他自己不一定有明确的见解。以上是这些"真理"的性质。其次就是挑选这些"真理"的标准。杜威所说的困难是针对目的而产生的，在本能的活动受到阻碍时，习惯的活动受到非习惯的遭遇时，就个人的要求、愿望、意志说，困难就产生了。挑选什么样的"真理"就要看个人的要求、愿望、意志而定。挑选的标准依然是达到目的与否；达到目的就是有效，也就是"真"，不然就是无效，也就是"假"。实用主义者根本就没有客观的标准。其次是困难大而仓库不能供应时，怎么办呢？在这种情况下，杜威要求冒险，要求大胆的假设要冒险，因为假设是没有保障的，要求按照这个假设小小心心地前进。但是尽管小心，然而仍要一不做二不休。詹姆士是这样要求的，杜威并无二致。坚持下去是会有困难的，并不回头，只在新的困难上又来一次同样的认识活动。

以上已经论证了杜威的行动论是盲目行动主义。杜威的哲学是行动的哲学。他的盲目行动主义是他的主观唯心的经验论，庸俗进化论，反理性的认识论所引申出来的。但是就现实意义说，杜威的盲目行动主义是他的哲学的主要方面。在以下两条中，我们要提出他的哲学的具体的阶级内容。但是在讨论这样一个问题之前我们要指出一点：资产阶级的哲学是要隐蔽它的阶级性的。它是抽象的公式，在形式上它是一套抽象的道理，而在实质上它是有具体的阶级内容的。实用主义是帝国主义垄断资本家的哲学，它是为巩固帝国主义时代的资产阶级专政服务的。为了达到这一目的，它要教统治阶级如何统治，也要教被统治者如何接受统治，因此一方面它是帝国主义的垄断资本家的行动的指南，另一方面它也是麻痹广大劳动人民的意识思想，削弱他们的斗争意志的工具。我们要分两方面来谈这一问题。

（二）杜威这样的行动哲学是怎样企图麻痹广大的劳动人民的呢？一般没有掌握马克思列宁主义武器的读者会感觉到杜威的中心思想只是下面这些而已："世界"是不确定的，危险的，也是不能从根本上改变的；但是它又是一点一滴地进化的；人们是有解决困难问题的能力的，生活是可以慢慢地改善的。这样的思想，就在帝国主义时代，也还是容易在美国宣传的。在本文第一节里，我们已经指出美国一般的资产阶级思想的传播已经为杜威的哲学铺平了道路。在美国的实际生活中，这种哲学曾经是有它的市场的。

生活没有保障是非常之普遍的事实。有觉悟的产业工人和一些先进人士知道这样的事实是资本主义社会根本矛盾的必然结果，是社会经济制度的产物，而不是什么世界的不确定性或危险性。但是，就大多数的城乡小资产阶级，大小商店的店员，办公室的员工（"白领子的奴隶"）说，生活无保障这样的事实是不容易理解的。先进的理论不容易到达他们，因为整个的宣传机器都掌握在资产阶级手中。资产阶级的思想好像空气中的微尘一样无孔不入；而他们所宣传的仍然是个人主义、"平等"主义，谋生是个人的问题，个人的问题是要个人努力才能解决的，开动脑筋，任何东西都可以被利用来达到发财致富的目的。在这样的资产阶级思想朝夕进攻的情况下，生活没有保障这样的事实，就被宣传为一方面是世界的性质问题，另一方面又是个人的环境，个人的应付能力的问题。社会达尔文主义的"优胜劣败，适者生存"的思想在杜威以前早已为斯宾塞尔所传播，早已得到了广泛的宣传。人的应付环境和动植物的适应环境似乎并无二致，而就世界的性质说，杜威所捏造出来的不确定性和危险性就显得好像并不是捏造的了。

19世纪初期美国所有的"机会均等"，这就是说，"人人都可以有做资本家的机会"，在南北战争以后早已被固有的资本家所固定所占有所封闭了。同时在资产阶级中间大鱼吃小鱼的现象也愈来愈广泛地出现。70年代以后的经济危机愈来愈大，而1929年的经济危机更是空前。客观的情况早已不是从前的了。个人谋生问题早已不是个人单独地努力所能解决的了。尽管如此，美国的资产阶级依然宣传他们的腐朽思想。同时技术上的发明使得宣传工具多种多样化，一年四季从早到晚都在进行宣传。所谓"美国的生活方式"就是这种腐朽思想的集中表现。这个"生活方式"是在美国的电影里，在广播里，在报纸的报道里，在戏剧里，在大多数的小说里不断地被宣传着。这个生活方式要求人们把精力集中到个人生活中的琐碎问题上去，集中到庸俗的事务上去，在幼稚的事情上去做个人英雄，在无聊的事情上去创造世界记录。这就是麻痹广大的劳动人民的手段，而杜威的行动哲学——他那无理性认识来指导的盲目行动的哲学——只是补充了资产阶级早已宣传了的先入之见而已。

目的在哪里呢？目的就是要把广大的劳动人民引入歧途，不让他们研究、理解和进一步地解决根本问题，而根本问题就是资本主义社会的根本矛盾。这样的矛盾是马克思主义这一放诸四海而皆准的惟一科学所研究所揭示出来的。这一科学的理论基础就是马克思主义世界观。这一世界观要求我们正确地认识客观世界及其规律，按照社会的发展规律的正确反映，去制定政策，提出任务，有计划有步骤地改造世界，进行革命。杜威知道只要劳动人民科学地研究社会发展规律，研究资本主义社会的根本矛盾，他们是会理解根本问题，也会进一步解决根本问题的，这是统治阶级垄断资本家所万万不能容许的。因此杜威要挖科学的墙根，捏造出反理性的认识论，盲目行动主义来蒙蔽广大的劳动人民，使他们陷于庸俗的事务，接触不到根本问题。就广大的劳动人民说，杜威的哲学实质上企图起这样的麻痹作用。

（三）但是资产阶级垂死的挣扎是徒劳的，资产阶级哲学家的企图也是要落空的。美国南北战争后被刺死了的总统林肯曾说过这样一句话："你能够永远地欺骗一些人，也能够在短时期内欺骗所有的人，但是你不能永远地欺骗所有的人。"这句话在当时的具体内容是另外一回事，就欺骗说，情形同样。劳动人民是不会长期地受资产阶级欺骗的。毛泽东主席说："十月革命一声炮响，给我们送来了马克思列宁主义。十月革命帮助了全世界的也帮助了中国的先进分子，用无产阶级的宇宙观作为观察国家命运的工具，重新考虑自己的问题。"① 用了这个战无不胜的理论武器来考虑自己的问题，八亿多人站起来了，这在 1950 年已经占全世界人口百分之三十三点七。帝国主义和其他资本主义国家的人口只占全世界人口百分之二十三，八亿人民站起来了。全世界的劳动人民以飞快的速度觉悟起来了。美国的劳动人民也以日益增加的速度觉悟起来。社会发展规律是有必然的方向的，历史的车轮是任何力量所阻止不了的，根本问题是可以解决的。资本主义社会是必然地会死亡的，资产阶级是必然地要被消灭的。世界根本就不是不确定的。相反的它的确定性是广大的劳动人民所认识了的。资产阶级垄断资本家即不能再长久的欺骗劳动人民，也不能再欺骗自己了。

世界发展的方向是否危险呢？危险是看要对谁说的。马克思在一百多年前已经指出："无产者在这革命中只会失去自己颈上的一条锁链。他们所获得的却是整个世界。"就无产阶级和团结在他们周围的广大劳动人民说，这个世界是半点危险都没有的。在这样一个发展方向面前发抖的是帝国主义垄断资本家。俗话说得好："江山易改本性难移。"就在垂死的过程中，垄断资本家依然在追求最高的利润，依然企图保存资本主义社会。自己也知道这样一个社会是要灭亡的，但是"困兽犹斗"，在垂死的过程中，依然是要挣扎的。挣扎的目的依然是避免死亡。这就是帝国主义垄断资本家的问题，同时他们的前途也愈来愈清楚。劳动人民的觉悟愈来愈快，组织愈来愈坚强，力量愈来愈大，因此对帝国主义垄断

---

① 《毛泽东选集》一卷本，人民出版社 1966 年版，第 1476 页。

资本家说，"危险"也就愈来愈清楚地摆在面前了。杜威所说的"世界的危险性"就是资本主义社会的即将来临的死亡，不只是个别资本家的困难环境而已。杜威捏造了"世界的不确定性"来威胁广大的劳动人民，事实恰恰相反，社会发展规律以确定的方向来威胁帝国主义的垄断资本。这一点杜威是知道的，他不过是要骗劳动人民而已。

怎么办呢？这就是帝国主义哲学所提出的问题。这一问题决定了帝国主义哲学的本质。杜威的哲学不能不是主观唯心的反理性的盲目行动的哲学。这个哲学不能不是反理性的。条条道路都通向共产主义，而任何正确的理性，认识的道路都通向马克思列宁主义。对帝国主义垄断资本说，理性是万万要不得的，讲理性就是放弃挣扎，承认死亡。为了反对马克思列宁主义，帝国主义哲学非把所有的理性认识的道路都死死地堵住不行。为了这一目的，杜威就要提倡宗教，宣传信仰主义，蒙昧主义，制造"真理"和"实在"，以假科学代替真科学来掩盖他所宣传的盲目行动主义。杜威的哲学也就是法西斯哲学。墨索里尼之所以推崇詹姆士并不是偶然的。[①] 现在的杜鲁门、艾森豪威尔、杜勒斯和当年的墨索里尼、希特勒有什么本质上的分别呢？难道他们坚持"实力政策"不是和詹姆士相信"上帝"一样吗？愈坚持愈相信吗？愈"相信"也就愈坚持吗？难道"实力政策"不是杜威所提倡的冒险吗？为什么要冒险呢？不冒险是不行的，不冒险就是坐以待毙。冒险行不行呢？冒险当然也是不行的，"实力政策"中的"实力"根本就不是什么实力，它只是纸老虎所张的牙所舞的爪而已，"实力政策"只是一半身体已经浸在水中而另一半即将下沉时由慌到乱的绝望的打算而已。帝国主义的哲学只是帝国主义垄断资

---

① 威尔斯：《实用主义帝国主义哲学》，第130页。

本即将死去时完全丧失了理性的呼喊，这就是杜威的世界观的本质。

六　结束语

实用主义者杜威的这样的世界观不只是危害了美国的人民而已，而且危害了全世界的善良和平的人民。今天的帝国主义者、战争贩子、垄断资本家的思想方法就是实用主义者的思想方法，尤其是杜威的思想方法。他们的方法也是应付环境。他们也想办法，也在不同的办法中挑选他们主观上认为最"有效果的假设"，然后按照这个"假设"去行动。实用主义的"暗示"不仅在故纸堆中帮助一个实用主义者去挑选"大胆的假设"，而且也帮助帝国主义者、战争贩子在国际政治上去进行赌博。在威尔斯书中他引了《纽约时报》一篇关于杜鲁门的思想方法的报道。这个报道说，杜鲁门到最紧要关头时总是靠他自己的"深刻的暗示的"。《纽约时报》的结论是：杜鲁门是一个实用主义者。其实，不但是杜鲁门，而且其他的"实力政策"的执行者都是实用主义者。老罗斯福是讲"效果"的人，他的"声音小小的，可是拿一根大棍子"的外交政策就是实用主义的具体表现。这一政策是有实用主义的"效果"的。从19世纪90年代以来一直到第二次世界大战这一"大棍子"政策曾经使得其他的帝国主义国家被"小小的声音"所"说"服。这就是充分地表示其他帝国主义国家当权的人也都是"实力政策"的执行者，也都是怕强欺弱的。他们虽然是吞小鱼的中鱼，然而他们害怕大鱼，他们也根据实用主义的思想方法而屈服。

我们是反对实用主义的。我们是辩证唯物主义者，我们掌握了辩证唯物主义的认识论。我们的认识不停留在敌人的现象上，我们深入到敌人的本质。我们知道现象上的老虎在本质上只是纸做的而已。敌人的叫嚣是吓不倒我们的。我们虽然不怕敌人，然而我们不要战争，我们所要的是和平的社会主义的建设。我们的建设是工人阶级的历史任务，是光荣的，正义的，伟大的。任何反动力量都是阻止不了我们的建设的。我们感谢党和政府的正确的领导，使全国的人能够愉快地参加了这一建设。我们的建设是必然地会完成的。在短短的几年中工农业都有长足的进步，随着国民经济的不断增长，工厂不断地建立起来，国防力量也不断地壮大了。

学术建设还没有赶上其他的建设，在工作中我们这些旧知识分子是遇到阻碍的。我们受到了资产阶级哲学的长期毒害，建立马克思列宁主义世界观是太慢了一些。为了好好的完成社会主义学术建设的任务，我们非肃清资产阶级的哲学影响不可。胡适是杜威的代表，是实用主义在中国的宣传者。政治上敌我的界线是分明的了，但是学术上的敌我界限还不够分明。胡适的反动影响还或多或少地残存在旧知识分子的学术思想中。为了好好地完成我们学术建设的任务，我们一定要和胡适的思想作无情的斗争。

自由人的使命[*]
——在华沙国际哲学会议上的发言

在英美,有许多哲学家由于主张哲学与人生分离而发现自己处于一种进退两难的窘境之中。于是,在1943年,当第二次世界大战在东方已经取得胜利而在西方仍是岌岌可危之时,有些美国哲学家感到自己对之束手无策,无法影响时局,同时也提出了这样的问题,他们的哲学是否对于社会来说是多余的。他们有非常精致的理论,却没有取得任何实际的效果,他们的生命及其地位没有根基,悲观主义随之出现。我记得,我曾与C.I.刘易斯教授谈起过此事。他的看法与我不同,虽然鼓舞人心,但却毫无说服力。

当然,这种悲观主义在那时并不是刚刚出现的。在六十多年前,A.J.巴尔福就说过,人类正走向地狱,行将灭亡;无生命、无潮汐的地球再也承受不了曾经扰乱过它的孤寂的竞争;那宝贵而古老的意识曾打破过令人神迷的宇宙的宁静,而最终将消失。巴尔福在气质上冷淡,几乎是冷若冰霜。有人说他只不过是孤单而超脱,但并不悲观。然而,我并不这么看。从气质上说伯特兰·罗素不是一个冷淡的人,但正是他曾经激烈地挑战太阳系的命运

* 本文发表于1957年7月,英文稿收入《金岳霖文集》第四卷。胡军译。——编者注

及假定的宇宙的专断。然而，世所公认，这种专断是无意识的。多么令人惊奇！巴尔福鄙夷地给以考虑的竟是无生命的物质？使罗素激动不已的也是物质吗？难道社会中觉悟的大众不是他们关注的对象吗？他们的世界仅仅局限于人和自然吗？难道不能扩展到阶级和群众吗？很久前，巴尔福曾经写过一本《信念的基础》这样的书。在谈到机器的时候，他说道：快，越来越快，我们是铁主人，我们制造的产品现在推动着我们。毫无疑义，机器是一件物质产品。但是我们现在确切地知道，动力的问题是一个政治经济学的问题，而不是自然的问题。然而，由于经济学经常被误认为是自然，所以人们有意无意之间认为自然包括了经济学？难道这种关于自然的悲观主义不就是关于社会和经济发展的悲观主义的伪装吗？哲学家们想规范社会和经济的发展，但是他们的哲学却没有能力做到这一点。

无疑，这种想法并没有错。与医生、律师、艺术家和工程师一样，哲学家们也生活在现实世界之中。除了日常生活中的琐事之外，他们也面临着需要解决的问题。事实上，他们都成为了政治机体中的组成部分，以不同的方式参与了政治。不管有意识的还是无意识的，他们必然要促进或阻碍政治的和社会的发展这一总的趋势。他们可能同意或不同意这样的总的趋势，但事实是，他们以这种或那种方式促成了这样的趋势，这似乎是不能否认的。然而，在主观上，他们感觉到，他们的训练，他们的职业没有帮助他们应该参与的天下大事。作为哲学家不管他们事实上做了什么，他们却不能清晰地表达；不管他们想做什么，他们的哲学总不能使他们感到满意。他们生活在世界上，但他们的哲见却显而易见地远离这个世界。如果以不同的方式来剖析这个世界，那么他们总是使自己的生活支离破碎。

麻烦似乎在哲学自身。在西文哲学中，自笛卡尔以来或更早，就有这样的企图，即把现实塞进几何的或欧几里德的思想模式之中。然而，现实是有硬性的，迄今还没有人能成功地将现实塞进去。这一失败对于哲学家来说应该是一个教训，但是它却成了一个挑战。于是，聪明的人们为这样的挑战所吸引。哲学不再是关于自然、社会和人的思想的普遍规律的科学，而变成了这样的学科，它研究在演绎推论中的概念，和如何在它们的演绎的关系中来把握它们。随之而出现的系统在形式上可能是或不是完全演绎的，但是在这些系统背后的精神却是演绎的，所需要做的就是以概念来把握概念。哲学家们不再去追求哲学的真理，而是满足于系统内的一致或融贯。大众的哲学研究并不会因此而消失，因为它们真诚地企图回答公众利益的问题。但是它们却可能被看作是非学术的，更奇怪的是被看作"非哲学的"，而受到排斥。那些有朝气、有活力、富有成效的东西被撕碎、消解为在无人垂顾的学术角落编织的乏味的概念的网。它们已不可能在像海德公园或联合广场这样的场合出现。

　　概念的基本功能是反映世界及其中的客观事物，反映事物的本质，事物的必然联系，一句话，反映它们的规律。正确的概念体系本身是对不同现实的真实的反映。这就是所谓的科学，这也就是科学的哲学应该成为的样子。在真实地反映客观世界的基础之上，科学的哲学才能指导我们有效地改造世界。由于着重真理的一致，西方哲学在目前已丧失掉了它的力量。自休谟以来，事实和理论已经分家，事实没有必然性，理论没有实在性。事实只是材料，而由概念把握的理论却越来越空洞。为了避免与麻烦的事实相冲突，理论高飞入云霄。1932 年，在英国剑桥，我惊奇地发现，在摩尔教授的手中，哲学变成了对语言的研究。但是，即便如此，还是不能使有些人满意。因为语言毕竟是一客观的事实，它有其他的现实所具有的硬性的特点，对于有些哲学家来说，语言研究过于经验化，所以它不能成为哲学的核心。这就需要进一步的抽象。当达到了符号约定的形成和转换时，人们也就几乎完全地使哲学脱离了人生。哲学家几乎把自己完全地遗弃了。

只有极少数的例外。作为人的伯特兰·罗素使作为哲学家的伯特兰·罗素幸存下来了。他的下面的一段话确实使人耳目一新：

> 语词的目的是与物质而不是与语词打交道，可是哲学家们似乎忘记这样一个简单的事实。如果我走进一个饭店去点饭菜，我并不想使我的话语与一个系统中的其他语词相一致，而只是想使食品出现在我面前……某些现代哲学家的咬文嚼字的理论忘记了日常语词的实际目的，使自己迷失在新柏拉图的神秘主义之中。我似乎听到他们在说"泰初有语词"，而不是"泰初有语词所指涉的东西"。

语言并不是使摩尔教授感到满意的东西，但是表达出来的观念却是完全一样的。罗素这个人有着某些健康的朴实的东西，这是罗素这个哲学家所不能洗刷掉的。无疑，正是这样的东西引导他处理像战争或和平这样世界性的重大问题。

其他的人却没有这样的幸运。桑塔耶那曾经说自己是现代的苏格拉底，但事实上他却不是。而且我敢说，他永远不可能是。一个人不得不会感觉到自己只是无限本质的汇集，他在时空中不应有任何位置。很可能，一个简单的位置上的错误就能解释在第二次世界大战时他在罗马附近的行踪。我怀疑对罗马的猛烈的炮击并没有使他舍弃他的奥古斯丁或他的卢克莱修。除了他的惬意和光明，没有东西能使他心动。他过于惬意，没有把世界看成是白痴讲述的童话。他欣赏那些善的和美的事物，但是像他这样有着极为敏感的审美心灵的人，穿着晚礼服在海滩散步却不能使他体验到游泳的乐趣，不管他是否能欣赏更为微妙精美的落日余晖的灿烂。作为哲学家而言，他因为过度的点缀与修饰而不能融入嘈杂纷乱的生活之中；他因为过于体面而不能成为现代的苏格拉底。

实用主义又怎么样呢？这一问题本身就隐含着同义反复，但事实是实用主义对于具有社会责任感的人来说并不实用。我必须指出的是，实用主义是美国帝国主义的哲学，它是伴随上一世纪70、80年代的美国垄断资本的出现而产生的。你们中的某些人在这一问题上可能会有与我截然不同的看法，但是不可否认，实用主义是帝国大厦的声音，是命定说的声音，是大棒政策的声音，是目前的"实力地位"的声音。它是历史地形成的，哲学史家们已经正确地指出了这一点。然而，在目前的情况下，对于有社会责任感的学者来说，问题是与其他的哲学流派相比较而言实用主义是否更有利于实践。答案是，它的结局不会更好些。我们在这里关心的不是帝国主义，而是哲学。当然并不是所有的哲学家都是帝国主义者。如果实用主义在实际上对刘易斯教授是有效验的，那么在1943年他就会更有效地取代那些悲观主义的教授们。我个人并不认识威廉·詹姆士。然而，我感到他有两面性，他是一位精明的实际的人，也是一位神秘的哲学教师。我倾向于认为，当有人告诉他，他的哲学是和墨索里尼联系在一起的时候，这位神秘的哲学教师是会感到痛苦的。

以上所说的是非常概要的。应该说得更多些，但似乎没有这样的必要。尽管上面提到的哲学流派是不同的，但他们都有共同的一面：哲学家必然会对自己的哲学感到不安，因为他的哲学不能应付生活中的各种问题。

客观地说，哲学家在社会中确实起着很重要的作用。在维持现状或改变现状方面，在推动社会前进或阻碍社会前进方面，他们做出了贡献。哲学在现在比历史上任何时期起着更为重要的作用，也变得更为真实。消极的理论的后果往往容易被人们忽略。如客观主义，尤其是千方百计回避形而上学那种形式的客观主义，似乎就是一种消极的理论。当断定所有的观点都是平等的时候，它什么也没有说，但是当它没有断定任何观点时，它却使那传统的、熟悉的和流行的学术处于现实的而不是理论的优势地位。当前某些哲学的显而易见的无能正是某些现在的哲学家的真正的力量，这就是他们在社会中所起的作用，即阻碍社会的进步。他们倡导的哲学，虽然显而易见的无能，但却与立法者制定的法律或诗人吟颂的诗歌一样重要。

　　然而，从主观上说，英美的一些哲学家确实有徒劳无功的感觉，半个多世纪前出现的悲观主义不同程度的依然在今天流行。哲学家的问题是，我们是继续不关心社会，盲目地为那些与人民的利益为敌的人的利益服务，还是研究社会问题，使我们的哲学明确地表达社会发展的问题，自觉而直接地为人民服务。如果是前者，那么就不可能摆脱徒劳无功的感觉，因为我们感到我们像奴隶一样地为那些我们没有真正理解的东西服务。但是如果是后者，那么我们就是自己的主人。摆脱生活中徒劳无功感觉的惟一的出路是获得自由，而获得自由的惟一出路是要知道更为普遍的规律，不仅是关于自然的规律，而且也是关于社会和人的思想的规律；用我们的知识来指导行动，亦即在我们的社会实践中用辩证唯物主义和历史唯物主义的武器来武装我们。

　　《自由人的礼赞》这篇文章写得非常的精彩。大约30年前，我敬仰它。在敬仰它的时候，我想象自己自由了。从1945年起，我开始认识到我错了。就在那一年，我与我的一位搞社会学的朋友辩论了起来。我的那位朋友习惯于从社会团体的角度来考虑问题。在列举了构成我的"自由"概念的种种要素之后，我的朋友问我，在四亿人中（1945年统计）究竟有多少人能够享有自由。我们激烈地辩论着，最终认为能够享有自由的人的数目是一万或一万五千人。多么令人惊讶！这种比例是中国独有的，但是问题的本质在任何地方却都是一样的。由于我本人从不从事体力劳动，所以我的生活用品需要靠别人提供。我所说的"自由"的生活包括我在国外的十四年和多次的远洋航行，根据六年后我的另一个朋友的计算，这些生活所需费用要几千个农民在约半个世纪中的不断的辛勤劳动才能提供。认为农民愿意这样做，是很幼稚的。我同其他人一样曾经批评亚里士多德为奴隶制辩护，但却不能指责他虚伪，我不能否认这一点。由于我的自由的生活只有通过迫使他人带上镣铐才能得到，所以我也不是自由的，也是带着镣铐的。离开了自由的社会是不可能有彻底的个人的自由。社会只有根据我们对于社会发展的客观的规律的知识来改变自身时，社会才能自由。

罗素大约说过，他钦佩斯宾诺莎。我怀疑，他是在孔子所谓的"敬而远之"的意义上钦佩斯宾诺莎的。不管怎么样，罗素似乎并没有从斯宾诺莎处受益，他的自由的理念似乎类似于卢梭的。这就是说，他在理智上与情感上与他自身处于对立冲突之中。他应该是自由的，但在事实上他却必定要在枷锁之中。他无法从自然中得到慰藉，因为以太阳系的形式而存在的自然本身也将被撞得粉碎；同样，他也无法从社会中得到安慰，因为虽然在书本和小册子中他抽象地思考社会主义，但在实际中他却退缩了回来，因为在英国社会主义被认为是野蛮的和不文明的。总之，他的自由的思想是不可能实现的。事实上，自由只不过是已经被认识和掌握了的客观必然性。自由的发展与我们的知识的增长是同步的。我们关于自然、社会和我们自身的知识越多，我们也就越自由。我们比原始人更自由，比孔子或苏格拉底更自由，甚至连哥白尼、牛顿和达尔文都没有我们自由。罗素自己现在也比他在1903年更自由些。现在是我们停止玄奥地谈论自由或抽象地崇尚自由的时候，我们现在要做的是，考虑我们的使命是什么，并具体地行使我们的自由。

毫无疑问，我们之间会有不同的看法。来自中国的我们公开地和坚定地站在社会主义这一边。我们甚至在关于自由与民主的具体内容方面都与你们有分歧。但是只要考虑到当前我们所面临的主要问题，这样的分歧又有什么关系呢？我坚信，我们都是反对战争的。我同样坚信，所有我们的先辈，你们的苏格拉底和我们的孔子，如果还活在今天，他们就会公开地宣称支持和平并为之不息地奋斗。我们在自由的具体内容上有分歧，但是难道我们不同意，我们正在以不同的方式争取实现自由吗？我们在民主方面同样有不同看法，但是难道我们不同意，虽有分歧，但我们每一个人仍需努力实现他的理想吗？在应该为和平做什么上，我们也会有分歧，但是，我们相互之间一致地认为，我们必须维持和平。必须使这个世界成为生命的安全的栖息地，这就是全世界每一个自由的男性和每一个自由的女性的使命。

·逻 辑 学·

逻辑的作用*

　　彭加勒（Henri Poincaré）说："怀疑一切或相信一切，这是两种同样简单的解决办法，二者都使我们不用思考问题。"而且，它们均排除哲学的可能性。无论从什么观点出发，哲学都应该不仅包括彻底的和经过训练的怀疑态度，而且包括某种信念作为自己一种必要的组成部分，因为它必须有一个出发点。在政治思想中似乎一直很容易形成普遍的虚无主义，但在哲学中却不那么容易。因为不论任何否定，如果它不肯定任何东西，那么它就否定自身，因此什么也没有否定。另一方面，肯定同样是困难的。如果一个人不打算进行哲学思考，那么他就处于一种特殊地位，因为他不需要任何肯定的东西以此来润滑自己思想的车轮。但是，当且仅当一个人进行哲学思考——并且没有他为什么这样做的理由——他就会遇到在某处从某种东西出发的困难，无论这种东西是什么，他的怀疑态度可能使他习惯于否定它。而且，使他难于保持其地位的是，在我们日常生活中他所熟悉的大多数东西几乎从一开始就超出我们肯定的能力而面临否定。甚至不用提供任何进一步论

　　* 本文原题为 Prolegomena，原载于《哲学评论》第 1 卷第 1—2 期，1927 年 4 月、6 月，王路译。现标题是编者改拟的。——编者注

证的理由，就可以否定我们这个世界的存在。我们所得到的仅仅是无谓的安慰：被肯定的恰巧不是我们这个世界。任何逻辑或事实都不能用来弥补这种否定。列数这个世界上的事物或诉诸我们感觉的证据，我们也无所收获。

然而，我们必须从某处出发。困难在于从什么和从哪里出发。除了我们个人的偏见或我们所处时代的兴趣外，一般无法说明做出一种选择的原因。对神秘主义的偏爱也许将决定一个人赞成热烈讨论永恒的意识，而对实在的健全感觉可能引导一个人首先检验我们的感觉与料。不仅不同的人做出不同的选择，而且不同的时期提出不同的问题。今天，恶这一问题就像在柏拉图时代一样依然没有解决，但是却没有什么人努力去解决它。中世纪没有解决一个针头上可以站多少个天使，然而我们知道，现代没有人致力于解决这个问题。哲学问题难得解决；经常是，它们对于某一时代来说是解决了，但更经常的是，随着使它们作为问题而出现的兴趣的消失，它们也逐渐消失。但是，如果一个人以受过训练的和彻底的怀疑态度来开始写一篇哲学论文，那么个人的偏见或时代的兴趣就需要某种证明，没有这种证明，二者就不能用作出发点。但是，证明必须基于某种自身需要证明的标准。这样就产生一个只能有任意的出发点的无穷过程。我们的偏见最终成为我们哲学思想的基础，尽管我们应该记住，从逻辑观点看是偏见，但从人类积累的经验的观点看却可能不是偏见。

本文将探讨逻辑与哲学、生活以及对我们所处世界的认识的关系。我们将试图提出逻辑在所有上述领域中所起的作用，并且看一看根据什么标准证明我们对逻辑的信赖是正确的。我们将扼要讨论我们关于便利、节省和逻辑的看法，我们还将试图确定它们的关系。也许我们的讨论本应组织得更好一些，而实际上它可能有时似乎是无的放矢。但是，我们的讨论可以清扫许多陈积的污垢，可能在这个意义上讲，我们的讨论至少不是徒劳一场。

一

除在逻辑和数学中外，我们也许只在哲学中探讨面临或处于某些标准之下的命题，而且有些命题长期以来一直受到批驳。如果我们能找到一个据以确定一些命题是不可否定的标准，大概我们就可以用这些命题作我们的出发点。当一个命题的对立是不可思议的，就完全可以认为这个命题被确定。但是，不可思议是难以理解的，不能作一条标准。对一个人来说是不可思议的，很可能对另一个人是可以思议的。历史上不乏这样的命题实例，它们在某一时期是不可思议的，在另一个时期则是完全可以思议的；它们在某一时期是可以思议的，而在另一时期则是完全不可思议的。同样，当认为命题是自明的，就完全接受它们。但是怎么样反对不可思议，就可以怎么样反对自明性，二者均不可靠。因为它们都是对奇怪和陌生的思想的心理抵触，并且被误用作逻辑有效性的标准。如果我们从自明的思想或其对立是不可思议的命题寻找出发点，则我们必然失败。

如果命题是真的，它们就被说成是有效的；如果它们与事实相符，它们就被说成是真的，因此，这种与真实相符常常被当作命题有效性的标准。然而很容易看出，这里与其他地方一样，我们几乎不能得到任何安慰。首先，如果认为"命题"和"事实"这两个词体现出其常识意义，我们就无法知道我们的命题与事实是否相符。一方面，它们相互极为不同；另一方面，我们与它们中的一方十分一致，以致我们不能够以第三者的身份来判断是否有任何相符。当有进一步的相符时，这样一种相符的断定本身就是一个只能真的命题。因此无论我们多么固执地断定一个给定命题是真的，我们都将发现它们应得到进一步的断定。第三章我们将更多地讨论这个问题，但是现在只需说明：即使这个标准成立，我们在寻找出发点时的处境也绝好不了。如果这个标准是可接受的，则它仅帮助我们发现真命题，它不能够使我们选择其中任何一个真命题作我们讨论的出发点。如果真命题的产生就像林肯对"美国人"那样是平等的，那么正如美国人在1860年不必选林肯作他们的领袖一样，我们也没有理由选择任何一个真命题作我们讨论的出发点。另一方面，如果真命题的产生不是平等的，那么必须选择某个特殊的真命题，并且还要发现这种选择的标准。

　　一般认为，有一种标准是不可反驳的，即通过否定的预先假设。无论如何，它是严格的、逻辑的和自足的。有些命题属于这一类，例如"有命题"，"有真"，"我们论证"等等。一般认为，否定任何这样的命题必然肯定它们，因此它们均坚持各自自足的立场。但是如果仔细研究这个问题，很容易导致二三种思想。首先，在这些命题中，至少有些命题不是其自身否定所严格预先假设的。以"有真"这一命题为例。表面上看，否定如果是真的，则肯定这个命题；如果是假的，则允许原初的命题成立。因此，显然"有真"这一命题被其否定预先假设。但是如果我们以这种方式推论，则我们暗含着这里没有指明的假设；例如，我们暗含着，若不考虑逻辑上优先和逻辑上在后的步骤所包含的差异，则以任何方式定义的真都可以普遍应用。这些命题的真和由它们肯定的或否定的真属于逻辑过程的不同类型；如果罗素先生的类型论（我承认对它的技术一无所知）适用于所有这样的命题，那么用通过否定的预先假设作为这里讨论的意义上的一条标准，就受到很大程度的限制。

　　以上推理也许可靠，也许不可靠，但是它表明一种可能性，即在被其否定预先假设的命题中，有些命题包含另一些既不在肯定中也不在否定中蕴涵的命题。

其次，还有其他一些命题，它们根据类似的理由否定自己，而我们有些人可能确信必须坚持认为它们体现了我们真诚的信念。"说谎"这一问题比起那些为了自己的哲学目的而使用爱因斯坦相对论的人的问题，是微不足道的。确实，那些断定每个事物是相对的的人，不太知道不变的光速和"间隔"的绝对性，但是，如果这个命题体现了其提出者真诚的信念，那么看到它随着有时似乎仅仅是字面的自我否定而逐渐消失，几乎令人痛心疾首。据我所知，类型论旨在消除这些命题产生的困难。它是否已经达到它所追求的技术完善，这似乎包括它的应用这一非技术问题。无论在哪里应用它，结果很可能是：通过否定的预先假设这一标准变成比我们一眼可以看出的更复杂的东西。因此我们要发现一个出发点的企图至此没有得到确切的收获。

第三，通过否定的预先假设这一标准本身预先假设了对逻辑的相信。如果一个人拒绝相信逻辑，那么对他来说，仅仅因为他不能根据逻辑规则而否定命题，因此命题绝不能建立起来。由于大多数人都可以感到逻辑的说服力，逻辑就不必对小孩、疯子或哲学家是有效的。后者可以很容易相信有真，同时他们又相信没有真。如果一个人不相信逻辑，那么他就没有逻辑的理由改变自己的思想，尽管他可能有三种这样做的理由。还有其他理由，这将是这一章讨论的主要问题。

符号逻辑学家完全有理由祝贺他们自己发现了一些基本思想，从这些思想即使推不出全部逻辑规则，也可以推出大部分逻辑原则。这样通过数学家的技术可以形成一座逻辑的金字塔。然而，在哲学中引入在其他领域中运用得卓有成效的相同方法，是否在哲学中也将取得类似的结果，却是有问题的。因为哲学在其领域中没有逻辑严格，它探讨具有更为复杂多元性质的论题，它的各种不同的问题一直没有并且也不可能被连成一条无缝隙的链条。任何逻辑系统的出发点不必是哲学的出发点，因此，随着符号逻辑的成功，在哲学思想中迄今并未出现相应的成功。

"哲学"和"哲学家"这两个词的使用一直极为含混，有些人称哥德是一位大哲学家，另一些人称莎士比亚是一位大哲学家。这两个陈述的意思大概均是说这两个人深刻洞察人的本性和生活，但是无论这两个陈述可以有什么意思，却没有什么人反驳它。据我所知，雪莱被一位和怀德海一样的思想家看作是一位大哲学家，但是无论效果如何，从未有人梦想撰写富有争议的反驳那位天使的思想的诗篇。如果在哲学中同在法律中一样，沉默意谓同意，那么可以说雪莱的哲学得到普遍的接受。同时，所有哲学家都被某些人说成诗人；默里（John Middleton Murry）先生认为柏拉图是一个优秀的诗人，黑格尔是一个低劣的诗人。无论诗人是否觉得这里表达的意思是一种侮辱，哲学家的哲学尊严似乎依然不受任何影响。这种情况的原因似乎在于：哲学与作为思想的思想无关；与科学一样，哲学的兴趣在于那些获得这些思想和使这些思想相互联系的方法。

柏格森（B.Bergson）的情况对我们讨论的这一点很有启发。这是一位先生，他的诗没有意味深长的语言和响亮的词句，却要采用哲学的形式，结果两方面相互受到不利影响。他的"生命冲动"成功地融入社交界的高雅气氛，而他的哲学却被他的广大同行视为自我毁灭，因而毫无意义。如果他允许他的读者通过直觉从他的作品获得灵感，那么他对公众的影响可能更大；他甚至可能成为一个宗教领袖。但是这样，他就不会呆在现代哲学界中。由于他选择要积极从事哲学界的活动，他就必须以论证服人。而当他进行论证的时候，他受到逻辑的约束，必须强调理性而不要直觉，因为就其广大读者而言，正是通过理性，人们才感到直觉。

人们不能充分地论证直觉的重要性，仅仅因为论证包含着这样的因素，这些因素与根据定义而不同于理性的直觉是不相容的。我们不是为理性辩护，至少现在不是；因为我们都知道，理性可能很容易附属于直觉。柏格森可能强烈地感到是这样。如果大部分人只有通过论证才能分享他的看法，那么他们自然认为理性更重要而不是直觉更重要。这样，柏格森只能在两种情况选择一种，而不能选择两种：要么他采取系统哲学的方法，在这种情况下，他可能不得不放弃他的哲学立场；要么他放弃论证，在这种情况下，他可能不得不以雪莱或基茨（Keats）的文体传播他的思想。

批评一位老哲学家只用短短的一段话是不够的，并且在这里也不能详细地展开论述。我们仅仅是想说明，哲学主要与论证有关，而不是与这里或那里任意拼凑的一些思想有关。相信上帝的人在哲学中的地位不会比不相信上帝的人好，也不会比他们坏，因为哲学不提供能够证明特殊感情依属的标准。当论证支持一种信念的时候，哲学就开始有话要说。但是论证包括分析和综合，其中前提和结论起着重大作用，而且如果哲学主要与论证有关，那么逻辑就是哲学的本质。大量的见识令人神往，健全的实在感觉在今天大概比丰富的想象更有说服力。但是无论如何，严格的推理能力是必不可少的。哲学家受到批评往往不是因为他们的思想，而是因为他们发展这些思想的方式，许多哲学体系都是由于触到逻辑这块礁石而毁灭的。

除专门定义外，哲学对大多数人来说是一种或多或少系统化的世界观。无论"世界"是什么，一般认为它对每个人是共同的，而我们对它的反应，我们关于它的思想，在不同的个体却公认是不同的。自然界有自己一贯的特有现象，它坚持有自己的方式。它可能不会对科学家的求爱表示不满，但对哲学系统几乎也没表现过兴奋，它对我们的希望和恐惧，我们的信念和怀疑无动于衷，而这些信念和怀疑毕竟是大多数哲学体系的已经表达的或未经表达的前提。自然界不会偏爱一些前提而不喜欢另一些前提。我们偏爱一些前提，这主要是由于我们自己的偏见。我们对世界的终极信念是不能证实的；这些信念不需要任何论证，因而是不可论证的。因此，正像神父试图说服我们是毫无用处的一样，我们与神父进行争论也是毫无用处的。然而，我们的信念一旦建立在理性的基础之上，正像哲学思想应该的那样，那么逻辑的有效性就成为最重要的问题。正像柏格森完全有权相信他的生命冲动一样，布雷德利（Bradley）先生也完全有权相信他的绝对。没有论证支持他们的信念，他们的观点在哲学上不比基督徒信仰上帝的观点糟，也不比一个旅行推销员信奉 13 这个数的观点好。但是如果这两位哲学家都认为他们的信念是由理性得出的，那么他们的观点站得住还是站不住，必定由他们推理的可靠性来决定，就是说由逻辑来决定。

但是，逻辑比我们的信念更幸运吗？它是不太难以理解的吗？显然，布雷德利的逻辑与罗素先生的逻辑不同。而二者的逻辑又与 J.S. 密尔的逻辑不同。在德国人手中，由于他们的无与伦比的学术工具和他们的多音节语言的丰富的可能性，这个课题逐渐被赋予丰富的形式，色彩，光泽和形状。相比之下，甚至现代绘画几乎也不能斗胆言称丰富性和多样性。逻辑不仅在不同的逻辑学家那里是不同的，而且在不同的时期也是不同的。直到最近，它才表现出某种累进成就的能力。它似乎与哲学本身一样混乱，很难看出如何能够使它成为进行哲学批评的一条标准。

实际上有不同的逻辑系统，但是理论上只有一种暗含的逻辑。这个问题显然不是逻辑学家的问题。作为一个人而言，一个逻辑学家可以与任何其他逻辑学家尽可能的不同，但是对于他研究的课题，他必须与他的逻辑同仁达到某种一致。只要他提倡他的逻辑系统，他就必须证明它是正确的，但是他只能在逻辑领域证明它是正确的，因为其他领域完全无关。然而，他不能根据他自己的逻辑原则证明他自己的逻辑系统是正确的，因为他的问题是也要证明这些逻辑原则是正确的。如果他不能声称他的逻辑证明自身是正确的，他就必须以其他某种逻辑证明他的逻辑是正确的；但是如果他的逻辑证明自身是正确的，那么他就不能证明他提倡它是正确的，因为从逻辑看，在这种情况下他没有理由提倡它。当且仅当他提倡一个逻辑系统，他就必然假定有某种逻辑，它不完全是他自己的，而且他有理由选择自己的逻辑而不用它。无论实际上他有没有意图，理论上必须认为他有说服他的对手或使他的读者能够做出有利于他的选择的意图。如果要实现他的愿望，他必须以一个推理过程进行论证，而这个推理过程不专门是他自己的逻辑的，也不是他的对手的逻辑的，否则理论上他就不能是公正的。因此，只要两个逻辑系统竞争让我们选择，就暗含一个逻辑系统，根据它，我们做出取舍。如果没有这个暗含的系统，不仅双方均不能胜过对方，而且也将没有论证的基础。如果各自以自己的逻辑所暗含的推理进行论证，则不仅对自己的对手是不公正的，而且双方借以进行论证的东西从一开始就是对立的。如果没有一种暗含的逻辑系统，逻辑学家的论证与一位英国女士说法国人叫作"pain"而德国人叫作"brot"的东西实际上就是面包，是完全一样的。

实际上，逻辑从不是自我解释的。它一般是由完全不同于逻辑的东西解释的。一个逻辑系统可以构造成一个连接的链条。如果这样，则可以用这个链条解释其每一个链环，但是如果没有外来因素，以这些链环就不能解释这个链条，因为否则每次它需要解释时都必须重复自己，因而绝不能解释自己。事实上，我们的逻辑比这松散得多。它一般包括不能由它自己的原则所解释的因素，然而，它必须是逻辑的，但是它不能根据自己的逻辑是逻辑的。它的终极逻辑性的问题必然将任何给定的逻辑分解为更大的逻辑的一部分，但是无论这种逻辑是什么，如果又提出其终极逻辑性的问题，则它的处境依然好不了。这样，形成了一个逻辑上不允许有结果的无穷倒退的过程。因此，如果询问一给定系统的逻辑性，则要求一种暗含的逻辑系统，而这样的暗含的系统是无法得到的。惟一的选择是根本不问这个问题，把它看作是无意义的或无法回答的。后一种选择不过是承认我们的无能，但我们有些人是不愿这样做的；而前一种选择最终使我们将逻辑基于我们的信念。这等于说，除了那些相信逻辑的人将实际发现他们的信念产生一个推理链条，而这个推理的每一步本身却不是信念的问题外，为什么应该有逻辑，这是没有逻辑理由的。

可以用另一种方式阐述上段后一部分的意思。对于那些不相信逻辑的人来说，作为逻辑本质的严格的推理绝不是必须接受的。众所周知，在宗教狂和激情满怀的恋人那里，无论多么严格地建立起来的论证都是无效的。论证并非总是因为不合逻辑而是无效的，相反，它们是无效的，常常因为它们所施用的那些人在应用时不相信任何严格的推理过程。据说，马丁·路德相信他生气时比不生气时讲道更好。对目前这一点上可以发表一些看法，但是与我们的讨论相关的一个看法是，生气的时候是丧失推理能力的时候，因为对逻辑的相信与必然伴之以生气这样的情感激动的急躁是无法相容的。历史上，对逻辑的相信可能是懂逻辑而产生的结果，但是逻辑上却不能这样得出，因为对逻辑的相信本身是逻辑推理的有效性的一个必要条件。

现在我们似乎陷于一种困境，它把我们恰恰带到我们开始的地方。一方面，为了逻辑可以是可行的，必须相信逻辑；另一方面，我们的信念与逻辑的有效性无关，因为有效性依赖于逻辑的严格性，而不依赖于我们的信念。但是这种困境只是表面的，而不是实在的。一个小孩必须是某些父母所生，但是他一旦出生，就可以没有父母而生活。因而可以看出，这种困境根本不是困境，因为"有效性"一词是在两种不同的意义上使用的。逻辑严格性的有效性对于一个相信逻辑的人来说，与逻辑可能带有的使人确信的有效性对一个不相信逻辑的人来说是不同的。在一种情况下，有效性是在逻辑的框架之内；而在另一种情况下，有效性完全是在逻辑的框架之外，因此各种情况所指的系统是不同的。但是，尽管困境消除了，困难却依然存在，正像上帝的存在对于一个不可知论者来说是没有说服力的一样，逻辑对于不相信逻辑的人也是没有说服力的。

二

应该承认，到目前为止我们寻找出发点没有成功。如果我们从一个不同的观点出发，也许我们可以比我们迄今所能得到的结果更进一步。至此我们试图在我们确切知道我们的命题是什么之前，证明它是正确的。我们对我们采取的任何一种观点寻找在先的证实，我们发现不会有任何在先的证实。然而假定我们以另一种方式出发，暂时假设有一个世界，我们可以越来越多地认识它，无论我们能不能证实它，我们必须接触它并且达到某种与它一致的工作安排。如果我们从这样一种观点出发，世界是混乱的还是有秩序的这个问题就毫无意义。我们可以随鲍尔弗（Balfour）先生探测未来并得知："我们这个宇宙的能量将衰灭，太阳的光辉将黯淡，没有潮汐、没有生气的地球将不再忍受目前搅扰它寂寥的日月运转"；或者我们可以随罗素先生预言并同意："任何激情，任何英雄行为，任何强烈的感情都不能保持一个个体生命不进坟墓；所有时代的劳作，所有忠诚，所有灵感，所有如日中天的人类才华，注定要随太阳系的毁灭而消亡，整座人类成就大厦必然埋葬在毁灭的宇宙废墟之下"；我们可以随亚当斯（Henry Adams）预言，太阳能的消耗肯定将为我们带来灭亡，然而我们却不预先有意识地自杀。我们可能会毫无意识地这样做，当然这是可行的，但是我们大体上不会以我们吃西瓜或打乒乓球所具有的那种勤奋、刻苦并有目标地故意加快我们通往我们最终归宿的旅行。

　　只要我们活着，我们就必须达到某种与这个世界一致的工作安排。如果世界是混乱的，我们就必须制造某种秩序，以此我们可以生活得和谐。如果世界是和谐的，我们就必须发现这种和谐是什么。在各种情况下，问题可能相互不同，但是实际结果大致相同。这里我们不是在讨论实践理性或纯粹理性，我们不过是坚持认为必须做出某种安排，以此也许使我们能够为我们的生活尽最大努力。因此问题是，世界是帮助我们的生活还是阻碍我们的生活。我们追求便利，避免障碍。换言之，我们遵循阻力最小的方向，然而这种方向是历史确定的。人们发现，在我们与世界打交道时，无论我们考虑什么，遵循阻力最小的方向只能是遵循自然界或人类思想中蕴含的某种确切的关系，就是说，遵循逻辑。我们这里不是考虑逻辑是自然界规律还是人类思维规律的问题，逻辑可以二者都不是，也可以二者都是；我们要指出的是，没有逻辑，我们的生活十分沉重，以致几乎是不可能的。

　　但是，正像人们一般认为的那样，生活与逻辑没有关系。生活据说是没有逻辑的，理性很少在生活中起任何重要作用。我们未经我们的同意而来到世间，我们违反我们的意愿离世而去；我们活着，一方面我们是我们的感情、我们的欲望、我们的希望和我们的恐惧的奴隶，另一方面我们现在并将永远处于自然界、即奥斯本（H.F.Osborn）先生称之为四重原生质环境的神秘力量的统治之下。我们有时由于爱而恨，我们常常由于难过而笑；我们为高兴而落泪，我们随哀乐而起舞；有时痛苦对我们是欢乐，有时欢乐表达我们的精神痛苦；我们为我们知道不可及的东西而努力，我们活着并允许活着，无论我们选择的道路是宽广、容易，还是狭窄、平直，我们都看不清我们的目的地。

北京的毛驴过去曾以它们的灵性而闻名；据猜测，它们认识到飞快的奔跑是没用的；鞭子的恐吓，驭手的命令都不能使它们从广阔牧场的绿草边移动一步。但是后来发现它们非常喜欢吃胡萝卜，有时看见它们为了胡萝卜而在驭手的大棒下飞快地奔跑。也许这些毛驴还不够机灵，但是它们不如我们机灵吗？看见毛驴的缺点要比看见我们自己的缺点容易得多。有一次某位美国教授在一个湖里看见一只水獭，于是划起自己的皮舟紧追不舍，双方的速度飞快，这位教授想："水獭不过是只水獭，它甚至不知道怎么逃跑。"人的优越性这种思想令这位教授同令普通人一样欢欣鼓舞。但是，他还没有来得及高兴，他的皮舟就撞上一块碎礁石，他被一下子掀入水中。我们的生活是为胡萝卜而飞快奔跑，还是追逐一只水獭而撞上礁石呢？这是合乎理性的吗？

但是生活是合乎理性的或不合理性的，是合逻辑的或不合逻辑的，这种说法大概是思想混乱的结果。带大写字母 L 的生活（Life）是一个不可能的概念。它十分含混，对它不能做出任何断定。在诗中，用它可能是有利的，但是在系统的哲学中，与其说它表明难以理解的看法，不如说它表明思想的贫乏。坦白地说，它对我们有些人是无意义的。如果它确实有什么意义，那么它一定意谓我们所过的生活，而我们所过的生活相互性质极为不同，以致几乎任何关于它们的一段陈述都不能是哲学上有效的。如果实际上断定有关生活的某些一般陈述，那么它必定是一个含混的概念，而作为这样的概念，正像我们已经指出的那样，它不能得到任何有效的表述。

然而，假定我们放弃这种观点，并把生活看作一个可以表述的概念。问题是它是不是得到正确的表述。这里断定了生活是不合逻辑的。现在，逻辑几乎与事物、概念或个别命题没有任何关系。事物和概念不能以任何方式与逻辑联系起来，因为严格地说，逻辑是命题之间的一种特殊关系。因此，没有联系的思想、概念、信念或命题既不是合逻辑的，也不是不合逻辑的。因此，从逻辑的观点看，信恶和信上帝是同等的。因此哲学不考虑随意的思想。生活不是一组得到清楚陈述的、其间存在某些关系的命题。根据我们的假设，生活是一个概念，作为这样一个概念，不能用逻辑对它作任何表述。它既不是合逻辑的，也不是不合逻辑的。

生活是不合逻辑的这个陈述大概意谓着生活中没有什么逻辑。以这种表达，这个命题极端含混。这允许有许多不同的解释。这里为我们的讨论可以例举其中两种解释。一方面它可以意谓：一个共同体的人一般没有一个目的；或者有一个目的，但他们没有采取共同的步骤来实现它；或者他们采取共同的步骤来实现它，但没有达到相同的结局；或者他们达到相同的结局，但没有从相同的目的出发。换言之，既没有共同的目标，也没有共同的努力。另一方面，这个陈述可以意谓：我们的个体生活充满矛盾。一个思想上轻松自在的人可能感到自己与自然界和谐一致，但是一个敏感而奋发的人很可能不断地与自己作斗争。由于只有思想活跃的人才能在某种程度上进行反思，因此很可能是他们最敏锐地感到生活的矛盾。但是，无论是许多人还是只有少数几个人敏锐地感到它们，似乎所有人都承认它们。

为了判定以上讨论是否切题，我们必须清除上一段开始提到的那个陈述所包含的一种歧义。我们必须指出，无论生活中是没有什么逻辑，还是有许多逻辑，我们都没有理由根据那种描述说，生活要么是不合逻辑的，要么是合逻辑的。"生活"这个词的含混和逻辑这个词的明确不允许这样的推论。如果一间屋子有许多灰尘，可能就可以断定"它"是布满灰尘的，因为有许多灰尘的东西大概就是断定为布满灰尘的东西，并且一间屋子布满灰尘的程度与它具有的灰尘的量有某种关系。但是在生活和逻辑的情况下，这样的设想是根本不可能的。没有什么逻辑的"生活"不能是被断定为不合逻辑的生活；因为严格地说，"逻辑"这个词不允许有程度，因此"或多或少逻辑的"这个表达式是无意义的，并且对我们考虑的任何主体的逻辑性的表述，与这个主体中具有的逻辑的量没有关系。如果生活没有什么逻辑，则这不过意谓生活没有什么合逻辑的方面，而有许多不合逻辑的方面。被说成没有什么逻辑的"生活"是一个属词，它包括一切是生活的东西，而被断定为不合逻辑的"生活"则限于没有逻辑的那些生活方面。

现在需要考虑生活中是没有什么逻辑还是有许多逻辑。绝不能以统计学的方式回答这个问题。我们的回答必然是思辨或信念的问题，而且正像大多数信念一样，它很可能带有我们个人气质的色彩。但是尽管几乎不能作出统计学的回答，仍必须清除一般为这两种可能的回答之一列举例子而引起的任何思想混乱。一般认为，生活中冲突的愿望是逻辑矛盾，然而情况并非必然如此。在那种情况下，期望"同时在欧洲和在美洲"被说成是自相矛盾的，因为一个人总不能同时在两个地方。这样一种愿望可以一分为二，例如这可以以陈述的形式表达如下："我期望在 T 在 A"，"我期望在 T 在 B"，这里 B 和 A 表示不同的地点，T 表示相同的时间。仅仅由于假定任何人都不可能期望同时在两个不同的地点，这些陈述才是矛盾的。但是这样一个假定与一个人不能同时在两个不同的地点这一或多或少公认的事实是完全不同的。事实的限制无须与我们的愿望有任何关系。我们不能参观月亮，这一事实不能解释为什么逻辑上我们不能期望参观它。

满足一种愿望有时确实排除满足另一种愿望的可能性。但是一般相信，满足愿望与满怀愿望是不同的；它可以在感情或情绪的范围内实现，或者它可能产生某些来自外界的反应。期望得到维纳斯雕像与期望得到一位有血有肉的太太截然不同。在前一种情况，不指望得到行为的反应；而在后一种情况，则渴望得到行为的反应。因此，不同愿望的满足可以是不同的。如果满足一种愿望在愿望、感情或情绪的范围内发生，那么它不必导致与满足另一种愿望的逻辑矛盾或逻辑一致。如果它在外界引起某种反应，则它不证实愿望范围的逻辑矛盾，即使假定这些愿望在这里是冲突的；它仅仅证实逻辑在外界的一席位置。我想"同时在欧洲和在美洲"，作为愿望这是相互没有逻辑矛盾的；如果我们假定我们不能同时在不同的地方，那么分别满足这些愿望确实就是相互矛盾的。但是一个外界的逻辑矛盾不意谓一个愿望范围内的逻辑矛盾。

因此，我们的讨论至此只得出如下结果：我们不能说生活是合逻辑的或不合逻辑的，不能以统计学的方式确定生活是没有什么逻辑还是有许多逻辑，我们关于生活的看法是信念的问题。至少生活中有些所谓逻辑矛盾不是严格意义的逻辑矛盾。然而，以上任何结论结论与争论的重点都没有任何直接的关系。争论的重点是，没有逻辑，生活就会十分沉重，以致几乎是不可能的。逻辑在生活中仅以一例职能就充分建立起它的重要性。"如果……那么……"这一关系归根结底乃是一种逻辑关系；因此它是这样一种关系，如果我们要满足我们的自我保护的愿望，就必须认真考虑它。如果我们的生活观恰巧不是唯物主义的或唯心主义的，那么我们很可能把我们的生活看作某种我们自己和自然界之间的判断。我们可以是自然界的一部分，或者自然界可以是我们自己的一部分，二者也许不能相互分离；但是当我们讨论它们的关系时，我们必定把它们看作是两个实体，至少是我们的讨论过程中的两个实体。我们的理想，我们的目的，我们的意志和我们的本能，必须区别于对它们的满足，必须把后者看作是超出马克·吐温称之为我们人的最边远区域的范围。

我们似乎又转向那个许多哲学家从未走出来的自由意志和必然的泥潭。幸亏我们在这里不能详细讨论这个问题。只需要提一点：在自然界若没有某种相对严格的关系，就不能自由地满足我们的意志，不论是确定的还是不确定的。如果在北京的严冬，我们要在屋里感到暖和，那么一个很普通的人显然也知道，我们最好在屋里生炉子。只有傻瓜和哲学家才会对我们要在屋里找到暖和和生炉子之间的关系困惑不解。无论哲学家在对这种关系的讨论中会得到什么结论，普通人都认识到如果我们要如此如此一个东西，那么我们必须做这般这般另一事情。普通人和哲学家同样懂得"如果……那么……"这个关系，只不过哲学家能够比普通人更详细地描述其中所包含的步骤。无论如何，这是一种方便我们生活的关系，我们大多数人都能亲身看到，当我们恰巧有了某种愿望，而与这种愿望有关的关系一旦被发现，就会指明我们行为的方向时，发现这样的关系，就解除了我们身上的负担。

但是，这样一种关系是逻辑关系吗？无论 A 和 B 可能恰巧是什么，"如果 A，那么 B"这一逻辑关系都不使我们知道，"如果如此如此一个事实，那么这般这般另一个事实或另一些事实"。后者限于事实或事件的范围。这是原因和结果的关系。作为这样一种关系，它本身有许多逻辑困难。无论因果律可以是什么，可以如何陈述，它必须是严格的，这样，从我们日常生活的观点看，它才可以是有效的。而从逻辑的观点看，它不能是完全严格的。自然界创造它大概不仅是为了让它为人类服务，但是如果它可以为人类服务，那么不仅对过去的事实，而且对还将出现的可能类似的情况，它都必须是有效的。换言之，它必须为我们提供某种预见根据。但是，关系的这种严格性不能存在于事实和出现的然而还不是事实的情况之间。关于未来不能说出任何确实的东西，所以如果把因果律用于未来，它就不能是严格的；如果它不是严格的，那么在这种程度上就削弱了它作为一个工具的有用性。

此外，还有一个更根本的困难。"如果 A，那么 B"这种抽象关系绝不能引导我们认识事实范围的任何特殊因果关系，而且，这种被发现存在于一定事实之间的因果关系绝不能引导我们抽象地概括出"如果 A，那么 B"这种性质。这个困难是历史的，无论它在科学家和逻辑学家那里已经解决还是没有解决，它在哲学家那里仍然没有解决。这是关于先验和后验推理之间基本关系问题的困难。归纳概括总是包含不是归纳的东西，而且先验的思想，正像我们已指出的那样，归根到底不能得到先验的证实。它们似乎有些相互依赖，而且虽然我们这里不考虑解决它们的一段相互关系问题，但是我们依然对它感兴趣，因为它产生下面的问题：事实范围中的"如果……那么……"这种关系是不是逻辑领域中的这样一种关系。

回答这个问题在很大程度上取决于调解"如果……那么……"的松散的事实关系和严格的逻辑关系。如果二者可以调解，那么几乎没有任何理由为什么不能把它们一方（至少为了我们的目的）看作另一方。只有使逻辑关系在逻辑上不太严格，这种调解才是可能的。事实关系可以随认识的深入变得越来越不松散，但是它们绝达不到传统意义上的逻辑严格性。但是由于逻辑中引入概率演算，因而大大修正了逻辑严格性的传统意义。发展这一比较新的认识分支实际上是认识到事实范围中似乎到处可见的不确定性。同时，一旦认识到这些不确定性，就可以使我们把我们对事实或事实关系的认识看作是统计的，而不是绝对的。因此，我们一方面发展了概率逻辑，另一方面认识到我们对事实的认识的统计性质。

这两种倾向，或一种倾向的两个方面，造成事实关系和逻辑关系之间理想的调解。一方面，我们越改进我们的统计方法，事实关系就变得越接近确定。（我们这里探讨已知的事实并且假定我们对未来的计算基于我们对过去的认识。）另一方面，概率逻辑正在变得越来越严格，尽管它不能达到形式逻辑的严格性，但是概率演算已成为一个逻辑过程。当然，我们不是说演绎和归纳推理之间的一般关系问题得到解决；它可能、并也许依然像以前那样极有争议。我们仅仅指出，通过统计学方法的改进，"如果……那么……"这种事实关系，包括相应的原因和结果这样的变化，可以变得很接近确定，并且必须承认，在逻辑中引入概率演算，某些"如果……那么……"这样的逻辑关系却不是非常确定的。因此我们可以说，为了特殊的目的，可以把"如果……那么……"这种事实关系看作一种逻辑关系，如果这样的关系解除我们的某些生活负担，那么我们很乐意懂得其中逻辑所起的作用。

于是我们看到，无论生活是没有什么逻辑还是有许多逻辑，正是逻辑能够使我们最容易的生活。后面我们也许能够说明，随着我们探讨未知的未来，逻辑将在生活中起越来越大的作用，但是在这一段我们仍需要指出，逻辑为生活提供便利，仅仅在于满足我们既定的愿望，它与作为愿望的愿望的价值、性质和数量没有任何关系，与探讨它们的相互关系的心理学也没有任何关系。生活无论意谓什么，正像它可能是浪漫的、诗一般的或令人神往的，或者是枯燥的、无聊的或平凡的那样，它可能有越来越多的逻辑意义，或者根本不会有逻辑的发展。精神上的痛苦或斗争，超出人的能力的雄心，围绕自我的情绪激动，或不受时空限制的想象，或者宗教感情或弗洛伊德的情绪，根据其构成部分来看，都是生活中逻辑所不考虑的那些方面。

三

大多数人批评逻辑与生活毫不相干，而哲学家却抨击逻辑不适于并且不能用于认识问题。这些抨击有种种来源，这里将讨论其中三种。首先有来自科学观点的抨击。科学成就辉煌，这是不容否认的，甚至哲学家要无视这一点，其代价只能是毁灭自己的哲学。在科学史上，科学一直与传统发生冲突，在其生存斗争中，它没有得到三段论逻辑的帮助。科学包含不用经验得出的原则，而科学的进步却主要是实验和经验观察的结果。由于科学的论据十分复杂，以致以应用范围十分有限的三段论逻辑不能组织它们并使它们系统化，因此容易，并且比较容易得出逻辑对科学没有用处的结论。对于那些把科学看作不仅是通往认识的最佳途径而且是惟一途径的实证主义者来说，由于逻辑对于科学是不适宜的，因此逻辑被断定对于认识同样是不适宜的。

第二种批评来自怀疑论。一些古希腊哲学家反对认识的可能性的论证，实质上是反对逻辑的论证，因为认识论那时比今天大概更紧密地与逻辑交织在一起。但是历史上，与亚里士多德和柏拉图的绚丽多彩相比，古希腊怀疑论者毕竟黯然失色。此外，欧洲哲学后来受到希伯莱人的唯情论和教会的统治，只要违背教会，就可能招致非哲学的待遇，而怀疑论不是一种鼓动其信徒乐于献身的学说。因此古希腊的怀疑论即使有影响，也只是间接地影响我们。倒是休谟的怀疑论引导许多人重新攻击逻辑。这位对传统观念进行攻击的伟人的哲学意味着逻辑极为无能，因为它不仅从哲学领域排除形而上学和神学，而且使科学本身是非理性的。以后哲学的发展可看作是对休谟的回答，但是尽管今天的反唯理智论可看作是休谟思想的残存，但它却有自己不同的、主要得自达尔文进化论的要素。

对逻辑的第三种攻击来自实用主义和生机论的反唯理智主义。由于世界是进化的，实用主义者很快推论逻辑和真也是进化的。这样一举取消了任何特定的逻辑系统的永恒的有效性，任何永久的系统不过是一种用词矛盾。它像任何其他事物一样，产生并且消亡；它是仅在某一时间，大概也仅在某一地方适合生活目的的工具。不仅逻辑被看作是永远不断进化的，而且逻辑的进化也被断定是一个弥补逻辑缺点的优点，因为否则它就不会有能力处理变化着的世界中的事件。柏格森的直觉主义特别强调这一点，他大概像他以前的 Lipo 一样觉得世界是一个旅馆，时间仅是一位过客，看到逻辑学家通过处理静止的概念、词项和关系，声称认识世界，大概伤害了他敏感的心灵，因为在他看来，由于一切事物都是流动的，我们自己是这长河中的一部分，因此熟悉我们周围环境和认识其实在性的惟一途径是随其前进而运动。

这些批评可能遇到三种论证。首先，三段论逻辑不应与逻辑混为一谈；第二，逻辑可以说明这里认为无法说明的某些事实或问题的原因；第三，逻辑的静态性质不能反驳逻辑。

据说，科学大大超出逻辑的局限性。如果"逻辑"这个词意谓三段论逻辑，那么这个陈述几乎是令人无法反对的。逻辑和三段论逻辑没有理由要混为一谈。三段论逻辑过于狭窄，不能满足科学的要求，这是真的。但科学本身是合逻辑的，这也是真的。几乎不需要证实，科学不仅仅是知识的化身。它也不像人们常常声称的那样，仅仅是经验知识。如果科学确实有别于古代巫医的实践或没有文化的农民所作的天气预报，那么它一定有某种专属于自己的性质。它似乎暗含着秩序、组织和系统化。它不仅是它所包含的东西，还包括使它的内容相互联系起来的方法。事实上，科学成功的荣誉主要应归于它的方法论。但是科学方法意谓十分严格的程序，而这个程序仍然是逻辑的，尽管它不仅仅是三段论。

对逻辑的许多类似批评都是围绕这种用语的混乱而产生的。它的另一例情况是声称逻辑不能处理一些非常基础的概念。芝诺的问题，康德的二律背反，以及无穷和连续概念被认为是逻辑没有能力解决的问题。这里逻辑的意思又是三段论逻辑，它的局限性，无论真假，都不是专门的逻辑局限性。那些所谓在逻辑上不可解决的问题，有些毕竟在逻辑上已经解决了。现在通过逻辑分析确切地构造了无穷和连续的概念，并且我们很可能依然使用它们，除非在哲学中发生一场像数学、物理学中的相对论一样的革命，使之必然彻底清理我们的基础概念。我们关于时间和空间、变化和运动的概念尚未得到任何广泛接受的表述，但是今天比以往任何时候都更加可能提出这样的批评或接受的表述。

似乎学哲学的学生一般忽视了一个问题，即逻辑已发展得远远超出原来的范围。今天逻辑体现了大量的纯科学方法。不仅科学认识，而且科学程序都能够以数学方式表达。由于数学与逻辑的结合，许多过去一度专门是科学的东西或专门是逻辑的东西，今天已无法由一条清晰和鲜明的分界线分开。通过使用符号达到了更高的综合，因此正像罗素告诉我们的那样，很难说数学在哪里开始，或逻辑在哪里结束。不同的人根据不同理由一直批评符号逻辑，但是无论这些批评可能会怎样，至少可以声称符号逻辑有一种优越性：它能够比传统逻辑的范围更大。一方面它允许更大的概括，另一方面，它可以化减到很少几个初始思想。它是前所未有的封闭系统，也许它十分深奥、技术性很强，以致问津者极少，但是由于它不再是一些肤浅的哲学家手中简单的玩物，它成为严肃的哲学批评和构造的空前可靠的工具。

以上几段旨在说明，对逻辑的一些批评是基于思想混乱，今天的逻辑与三段论不同，逻辑以其最发达的形式能够处理棘手的认识问题。我们依然要遇到实用主义和生机论的论证。前面有一节讨论已遇到这样的论证：逻辑是进化的，因而没有一种逻辑。存在的不同的逻辑系统实际上暗含着一种可能存在也可能不存在的系统。存在的系统可以消亡，但是暗含的系统在逻辑上适合于一切时间和一切可能世界。我相信如果一个人论证逻辑，那么他一定达到上述结论，无论他信不信它。避免这一结论的惟一方式是完全废除对逻辑的论证。

逻辑是静止的，因而不能处理不断变化的世界的事实，这一论证值得讨论几句，因为有人极其坚持主张这种论证。

彭加勒曾指出，如果我们关于进化的思想随着生物进化而进化，那么我们实际上对它不能发表任何看法。概念的恒定性，命题系列的必然性，是科学的进步必不可少的。世界可以变化，但是我们关于这个变化世界的概括却不能随它而变化；因为如果这些概括随着变化的世界而变化，它们就不会有赋予它们的超出某一确定时刻的有效性。当然这不意谓我们关于变化的世界的思想不变化，这只不过意谓它们的变化与变化的世界没有一一对应的比例。对于某一给定时期，必须假定有些概括至少对这一时期是有效的，因为否则就不能有任何可用以粗略地描述过去和评价未来的参照系统。

不仅过去和未来表现出具有上述性质的困难；而且如果描述中的用语随着不断变化的世界而变化，那么自然的描述和评价过程本身将是完全不可能的。科学现在被看作是对自然的系统而详细的描述，而不是对自然的解释。我们这些仅仅学习哲学的学生没有能力怀疑这样一种科学观点的有效性，我们仅接受提供给我们的东西，并且如果许多科学家坚持认为科学是对自然的描述，那么就可能要求我们证实他们的观点。

根据这种观点，公式就是描述。因此，用词必须是具有一般性的统计概括或所有特殊的个体对象的严格等价物。后者既不可能，也无用处；其不可能性以后将讨论，其无用性已经提到，或者说，它不能使我们对世界发表任何看法。

剩下的惟一选择是把公式用词看作统计概括。如果这样看，则“人类”这个词包括这样的概念：人活到从一分钟至一百岁这一时期的任何时候。尽管有些人一生下来就死了，也有些人活到110岁，但是这个词包含的概念并不因此而无效。但是如果我们根据这种观点看这个问题，那么描述中使用的词、名字或符号仅仅不如概念持久，但绝不是所有特殊对象的等价物，它们不会随着它们描述的对象而不断变化，因为统计的平均数不会以与统计研究的类中包含的特殊个体的变化相同的比例而变化。因此，统计描述不能随描述的对象变化，它们是相对持久的。统计描述这个概念包含着共用词的相对持久性。

也许正是不能随变化的世界而变化的这种思想倾向引导有些人强调直觉而放弃理性。让我们现在不考虑是否我们的思想最好应该像变化的世界那样变化这个问题。让我们仅仅对直觉发表一二点意见。对我们来说，宗教信仰是凭空掉下来的，还是可以分析、因而可以理性证实的？如果是前者，我们对它就不必再说什么，因为这不再是一个论证和说服的问题。如果是后者，则它失去其特有的性质，因为将发现它与理性仅是程度上不同而不是类的不同。很可能正像我们有些人主张的那样，直觉仅是一个迅速的推理过程，在这个过程中，前提和命题序列并入几乎一下子得到的结论之中。如果有直觉认识，那么凭直觉认识的人也许不能分析他们获得认识的过程，但是他们认为那些不太喜欢神秘主义的人可以分析这个过程。直觉和理性之间的本质差别大概是速度问题。如果我们的推理迅速，则很可能包含含混的步骤，而如果推理等同于我们的直觉，则我们绝不能十分公正地认出并分析这些步骤。这些步骤可能不是十分严格的逻辑顺序排列，而且一些选择也可能被忽略。这就是直觉常常不可靠的地方。因此推理过程最好是缓慢而稳健，而不要快得令人瞠目。

相信直觉的人很少愿意接受论证。根据把恶归于恶魔，把善归于上帝这样一种心理，他们把成功归于直觉，把规则仅归于"感觉"。如果他们感到一小时后要下雨并发现一小时后没有下雨，则他们仅仅"感到"；但是如果实际上一小时内下雨了，则他们欢呼雀跃，对他们的直觉的深奥心醉神迷。算命在北京依然很普遍，算命先生仍然是旅游者好奇的对象。在短短的六个月时间里，我自己就听说好几起算命的显著成功，但是使我饶有兴趣的是没听说算命的失败。成功似乎莫过于做生意、算命或直觉上的成功。强调结果是偶然的，这是毫无用处的，因为据我们所知，由于仅仅成功的感觉才配直觉的见识这一名称，所以在未来事件和直觉之间没有逻辑或统计关系。

但是，使一些人强调直觉的原因之一毕竟在于理性不能跟上变化的世界，而且他们把这种无能看作是我们对这个世界的认识的一种局限性，因而是一种缺陷。这是不是我们的认识的一种局限性，现在不需要我们考虑，但是，这是否因而是一种缺陷却值得说几句。无论我怎样努力，我自己也看不出一种与变化的世界并驾齐驱的认识的优点。如果我们对一棵树的认识能够并且确实从某一精确时刻到另一精确时刻随着那棵树的每一细小变化而变化，那么我们就会像做恶梦一样，比《项狄传》中的项狄更加困惑不解并且更陷于我们的日常生活。如果生活包括这样的认识，那么生活不但十分沉重，甚至是不可能的。我们不能生活，因为我们甚至不能开始生活。如果我们的生命是无限延续的，我们也许可以生活，但是无论我们的精神在我们的肉体化为灰烬后可能做什么，任何人都认为我们的生命总是有限的。

因此，我们的认识若要对我们的生命是有用的，那么与已知的世界相比，它就必须是更静止的。它的名字、符号或用词必然至少暂时具体地形成统计概括或严格的概念，它们的关系必然是具有相对持久性质的一般概括，因此它们可用作进一步的更复杂的推论的数据。如果我们的认识是绝对的和抽象的，则它包含概念和命题系列的关系，如果它是统计的和描述的，则它包含概率计算。无论哪种方式，认识都不能逃避逻辑；它可能包含不同的逻辑种类或不同的逻辑系统，但是没有某种逻辑或某个逻辑系统，认识就不能发展。

四

这样就可以看出，逻辑对生活、认识和哲学是必不可少的，大概对其他一些这里无需列举的事物也是必不可少的。然而，这不是说，逻辑能够得到逻辑的证实。就逻辑存在的任何先验原因而言，我们还未前进一步。然而正如我们已看到的那样，如果我们要最容易地生活，如果我们要进行哲学研究，如果我们要认识我们所在的世界，我们就必须有逻辑。这样，我们的讨论清楚地说明或至少似乎清楚地说明我们企图采取的观点。如果我们不能在逻辑上证明逻辑是正确的，我们就必须用它取得的成果证明它是正确的。在形而上学上，我们必须是实用主义的，否则我们就不能开始任何讨论。没有理由说明我们为什么应该认识世界，承认世界的存在，或有愿望并努力满足我们的愿望，同样也没有理由说明我们为什么应该合逻辑。也许"我思故我在"似乎对笛卡儿是确定的，但它对其他许多人绝不是确定的。

但是结果怎样？显然可以有许多种结果，而且任何一种结果的选择又包含所有上述讨论困难的标准这一概念。我们多次相当直率地宣布，任何出发点都是任意的。从逻辑的观点看，这基本是一种偏见。一些偏见比另一些偏见更适合我们过的生活和我们所在的世界，但是它们仍然是偏见。我们的特殊偏见是便利。我们的基本概念是相信逻辑是很便利的，至少比不相信逻辑更便利。有时人们说逻辑使人发疯，因为它包括各种各样复杂交织的情况，而这些情况被认为是超出常人的天真的理性行为的。很少有人承认，逻辑大概比我们生活中任何其他要素为我们提供了更大的便利。它为我们提供便利，因为它大概是最节省的力量。正是这种力量，节省了我们的生活、我们的思想和我们对我们生活的世界的认识。

我们这种看法与其他看法一样困难重重。首先，如果用便利作出发点，那么几乎到讨论结束时才能证明它是正确的。一个先验的过程要求结论在某种程度上依赖于出发点。然而，便利作为标准，则要求以结论解释出发点。它的本质性质似乎主要体现在在作出选择后，选择所导致的结果。但是这里我们遇到困难，我们不知道结果将怎样。我们不能预先说，哪个是便利的，哪个不是便利的。我们必须试验。但是试验意味着即使我们不知道哪个是便利的，我们也知道什么是便利的。我们被迫定义便利，正像我们后面将看到的那样，如果要这种定义是最基本可理解的，则是完全不可能的。如果我们的定义不能是完全可理解的，我们就不得不承认，尽管我们选择便利作出发点，我们仍不确切知道我们的出发点是什么。

但是大体上说，我们假定，便利的意思类似遵循阻力最小的方向，或沿着最节省的方向。阻力或节省的概念有待说几句。然而二者均不易把握。可以用数学方法将节省的概念设计成某种从更基础更初始的思想得出的公式。但它不是一个可以证实自身的概念，因为毕竟不能有节省的节省这样的东西。一般认为，节省是相对的，即应该有节省与之相联系的东西。我们可能有思想的节省，或者我们可能有行为的节省，但是如果穷究底蕴，则我们必须得出这样的结论：最大的节省是一方面没有思想，另一方面没有行为。如果这样，就根本不需要节省。因此，节省这个概念包含需要节省的东西。

这里我们又陷入困境。不能逻辑地得出那些我们需要节省的东西。只是为了便利的缘故而形而上学地假定它们。因此我们在循环推理。这可能真是困难，但是这可能就是说，我们迄今尚未承认逻辑，逻辑的反对无论是否有效，至此都是不适宜的。即使逻辑的反对是适宜的，通过把用词看作基于这样一种基础的关系，以致相互既不是逻辑居先的，也不是逻辑在后的，就可以排除它们。一方面节省的概念即使不暗含也包含譬如行为和思想这样一些东西，对这样的东西，节省是一种便利；另一方面没有节省，思想将是不可能的，而且没有节省，行为就会是一种像彻底的自我毁灭一样的能力浪费；对我们大多数人来说，看到前者也许比认识到后者更容易。

我们想与上述绝非清晰明确的思想尽快告别，任其"清晰的含混"。但是我们尚未放弃作为一个工具的节省的概念。皮尔逊（Pearson）教授大概是科学不过是思想的节省这种观点的最新倡议者。无论这种观点是否得到广泛接受，它像任何观点一样有道理。在后面一章我们希望讨论科学和哲学的关系，其中我们将更详细地提出与皮尔逊教授相似的观点。但是现在我们仅想指出，不仅科学是思想的节省，而且思想是生活的节省，并且，认识和事实不过是自然的节省。

几乎从远古以来就认识到思想是生活的节省。"三思而后行"

这句老话大概是指避免犯错误，但是，尽管根据我们的道德观念和风俗习惯，错误是十分复杂的，但是从我们的行为观点出发，错误主要是那些由于失算而未实现目的的结果。这就是说，错误是白费努力。因此长期以来，思考被看作是行动的节省。困难不在于猎人和流浪汉的起码常识，也不在于旅行推销员的常识。人们早就承认它们节省了我们的努力。相反，正由于很难推论什么可以称为脱离外界的更高的理性区域，因此常常很难看出理性在生活中所起的节省作用。就其表面价值而言，持怀疑态度的哲学比教条主义的信念似乎更不节省，我们的信念是安逸的根源。如果它们是教条的，就排除紧张思考的必要性。它们甚至节省了我们的活动，然而不幸的是，它们不节省而且在历史上没有节省我们实现我们的目的的努力，而认识的发展却为此提供了统计上更为可靠的指南。与教条主义的信念相对照，持怀疑态度的哲学提供了一种尽管也许不太明显，然而却更为深远和更为广泛的节省。无论哲学怎样深奥，它节省了我们的活动。现在我们不必考虑哲学的详细步骤，我们只需要说，哲学与科学有十分密切的关系，以致如果科学节省了思想，并且思想节省了生活，那么哲学实际上获得相同的成果。

下一章将看到事实是自然的节省，因此这里不必考虑它。这一章的其余部分主要是讨论逻辑作为一种节省因素所起的作用和形而上学假设的实质。我们再次声明我们的任务不是判定逻辑是自然规律还是思维规律。它是自然还是思维，这是认识论中的问题，我们在这里不予考虑。逻辑的方式是从逻辑的定义出发，但是如果我们诉诸这样一种过程，我们从一开始就必须承认我们的无知。逻辑得到各种方式的定义，定义一般受到、也许无意识地受到有关逻辑学家的形而上学观点的影响。坦白地说，除了任何定义中包含的困难外，我们并不确切地知道逻辑是什么，我们不能在任何严格程度上定义它；但是我们，并且也许大多数人都对逻辑教科书的主要内容留下深刻的印象。我们应该称命题为判断，还是应该称判断为命题，这一事实使我们深思，我们却不这样探讨它们。我们仅探讨它们，以便确定它们的关系，看是不是一个从另一个得出，并且建立起它们的序列。

逻辑是自然还是思想，这对我们的观点没有多大区别。这两个词都是十分含混的。约翰斯·霍普金斯大学某位教授收集了自亚里士多德以来"自然"一词在欧洲流行的四十八九种不同的意义。汉语中的"自然"一词也许会对我们上述逻辑观点有所启示。严格地解释，它意味"本身——如此"（itselfso）。这样一个词意味着这样一种客观性，如果一事物本身如此，则无论它愿意如此，还是不愿意如此，它都不依赖于任何外在因素。它还意味着关系的不变性和它的过程的严格性，即任何其他关系或任何其他过程与其前例是不相容的。换言之，它意味着预先决定。但是预先决定不是一个自然事件，严格地说它是一种逻辑关系。一事件从不在结论被其前提预先决定这种严格的意义上被预先决定。由于"本身——如此"这个词意味自然的，所以它意味着合逻辑的东西。自然和逻辑是仅仅由思想而必然分开的同一种东西，这绝不是不可能的。

无论逻辑是不是自然的东西，它毕竟是本身如此这样的东西。得出的东西是合逻辑的。因此，逻辑是一个命题或判断序列，或可任意命名的从一个得出另一个的序列。但是它不是任意一个序列或具有许多可选序列的序列，它是一个序列并且只是这个序列。它是一个必然序列。众所周知，"必然"这一概念很难下定义，我们就不在这里下定义了。有些定义，譬如罗素的定义包含关于真的意义，即使接受这一定义，也要等到说明真这一概念之后。根据我们的设想，"必然"这一概念甚至比"真"这一概念更基本，因此不能用"真"定义"必然"。但是最好说明我们的态度，否则当我们说逻辑是一个必然序列时，我们几乎不能说明任何意思。如果经过对给定前提的最后分析，一个并且仅有一个能从这些前提得出的结论保留下来，那么一个序列就是必然的。

但是，我们说结论从前提"得出"是什么意思？显然，"得出"一词没有时间或空间序列的意思。就像一条河有自己的流向，它大概说明阻力最小的方向，但是思维中阻力最小的方向是遇到最小反驳的方向，这是使原初思想的意义得以继续的方向。这是前面常说的结论蕴涵在前提之中的另一种说法。如果情况是这样，那么提不出对前提的反驳，就提不出对结论的反驳。思想中遇到最小反驳的方向就是使前提的意义得以继续的方向。使前提的意义得以继续就是"得出"。思想中"得出"的意思是指，如果一旦以前提的形式给出意义，则它是继续的。如果前提的意义是简明精确的，那么只能找到一个继续的方向，在这种情况下，就包含"必然"这一概念。

现在，逻辑的本质有些清楚了。当然这决不是严格的。逻辑本质的严格表述大概需要数学技术，而大多数人，包括学哲学的学生恰好没有这种能力。我们将不得不满足于一个相当含混的概念并且看看逻辑实际上如何用作一种节省的因素。但是这一章已经说明这一点。我们已经看到逻辑是哲学的本质，逻辑是科学的结构，正是通过逻辑将感觉数据组成事实，而且逻辑是生活寻求满足其愿望的实际工具。

前面还非常扼要地提到一种节省，由于它十分重要，应该再强调一下。这就是信念的节省，相信一个神并不包括相信一个女神，或甚至相信英国的外交政策。这些东西均要求独立的信念，因为相信某一东西并不导致相信其他任何东西。但是，相信逻辑包含相信整个逻辑过程。如果一个人相信导致一个结论的一组前提，那么他就相信作为过程的结论。任何推理过程包含的步骤不要求独立的信念，在这种意义上，逻辑节省了信念。

这是科学比宗教优越的原因之一。科学节省我们的信念。一旦相信科学，科学就是自己的原因；可以怀疑科学家个人的理论，但是公认的真理形成一个自身一致的整体，这个整体一度是可以相信的，而且作为一个整体，在任何特定时期都是可以相信的。科学采用的过程尤其是这样。相反，宗教不包含其独立的特殊信条之间的不变的关系。信仰基督教包含一整套逻辑不同的信念，例如相信创世和基督的神圣，二者均不能相互推出并且逻辑上均要求独立的信念。换言之，宗教信仰基于情感，而科学的信念是由理性支持的，不同之处就在于前者要求独立的情感，而后者只需要少数几条基本信念。因为一种宗教包含独立的信念，它就不是能够进行论证的题目。一个人只要论证一种宗教，他就摧毁这种宗教。当泽勒（Ednard Zeller）到他的教室构造有关上帝的思想时，他比异教徒的宝剑更有效地摧毁了这位造物主。

五

现在必须对我们基本的形而上学假设说几句话。如果我们说，为了便利的缘故，我们相信逻辑，那么我们并不意味逻辑能够由意志创造。坦白地说，我们不知道由意志创造是什么意思。如果这意味无中生有，那么这似乎是不可能的。如果上帝在一个瑞士人创造一块手表的意义上创造世界，那么正像白哲特（Walter Bagehot）早就指出的那样，上帝从他没有创造的某种东西创造了世界。如果创造意味从某种基质造出某种东西，那么原料一定早就在那里并因而在我们的创造努力之外。在这种意义上，创造与发现实际是一样的。如果我们为了便利的缘故而相信逻辑，那么我们就是相信某种已经在那里让我们相信的东西，而且相信它比不相信它更便利。这意味形而上学的实用主义。

　　一个形而上学的实用主义者不必是哲学任何其他分支的实用主义者。他可以在任何其他领域都是一个实在论者。除了当不断的询问将他逼入思想既不可证也不可反驳而且证明或反驳的方法本身也令人怀疑的领域时，他看不出他为什么应该这样。他的观点根本没有诗意，而且在那些迂腐的院士看来，甚至有失大雅；他几乎就像美国基督教青年会的秘书，后者相信诚实才是上策，因为诚实不会吃亏。在形而上学上，除了他的本身不可证明的信念，即是一个实在论者结果会比不是一个实在论者更为便利，他看不出他为什么应该是一个实在论者。

　　但是，如果一个人是一个实在论者，那么他到底应该参与形而上学吗？形而上学在现代实在论思想家那里不是受到各种各样的嘲笑吗？我们必须记住，"形而上学"一词完全是个好词，意味高于或超出物理事物或自然事物之外。但是在近代，它被等同于康德的先验论和黑格尔的唯心主义以及近代唯心论者和神学家的理论。作为这样一种理论，它似乎在某种程度上被罗素先生和其他一些人描述成进入学术界的伦敦的大雾。这里，理性之光十分昏暗，以致使我们怀疑远处隐隐出现的空中楼阁。但是对"形而上学"一词的这样一种限制是对一个有用的好词的浪费。这里用这个词表示哲学的一个分支，这个分支探讨那些非常基本以致既不能证明也不能反驳的思想或概念。它是一种领域。在这个领域中，对假设、公设、假说、基础前提，或我们可随意命名的这些东西进行检验和分析，以便做出一种选择，以此用作任何一种哲学讨论的出发点。

　　但是，选择包括关于标准的看法，如果需要进行逻辑的证实，则这种标准困难重重。剩下的惟一办法是做出一种不要任何证实的选择。在这种情况下，一种选择就像任何选择一样是哲学上有效的。因此，我们的根本信念，或那些不是从其他信念推出的信念，基本是偏见。我们自己选择便利作标准，这本身就是一种偏见。它可能正像我们将试图说明的那样，有超过其他选择的优点，但是这些优点不是它的先验的证实。它们与我们选择它没有逻辑关系。这就是说，只有当它成为我们的选择之后，才看到它的优点。实际上，这些优点可能导致我们采取我们的选择，但是它们并不证明它逻辑上正确。此外，我们相信逻辑，这本身是一个便利的问题。

正像我们已经说过的那样，我们相信逻辑，这并不必然创造逻辑。某处可能有逻辑，就好像某处可能存在着一种以世界或宇宙著称的事物的状态。世界和宇宙就其自己的存在而言，均不必然依赖于我们的信念。但是对我们任何人来说，逻辑的存在却依赖于我们的信念，而且我们的信念是个选择的问题。如果一个人拒绝相信逻辑，那么多少逻辑论证也不会说服他。如果一个人拒绝相信世界的存在，那么多少经验论证也绝不会转变他的看法。对于那些不相信便利的人，大概没有有利于便利的论证，但是对于那些相信便利的人，却有优点。

至少有一种形而上学的优点。我们的便利概念带有节省的概念。它不容忍大量的假设。它与时代精神或世界意志、生命力量或生命冲动，斯宾塞的不可知论或康德的固有或先验的自身事物，不必有任何关系。它利用奥卡姆剃刀砍去所有我们不需要的基本思想。它满足于在任何给定时间所要求的最低限度，它可能根据我们在任何一个时间的实证认识或加或减，但是它不增加概念以适合宗教偏见或情感的怪癖。它旨在哲学的节省，尽管它可能并且正像我们将看到的那样，它大概最终将使实证认识领域变得更为复杂。而且，为了我们生活的便利，它使我们的认识变得复杂。

　　另一个优点是我们的标准促进实证认识。它认识到一个有实在问题的实在的世界，而这些问题需要实在的解决。换言之，它促进科学，唯物论和唯心论都不促进实证认识，因为它们均试图根据自己的偏见说明世界的原因，而这种偏见正像它在历史上发展的并且今天正在发展一样，恰巧与我们的实证认识是不相容的。实在论与科学更一致，这个问题将在以后的章节提出。这里只需要说，我们的观点对科学提供的支持一旦得到承认，就是一个有利于科学的重要论证。

　　还有另一个优点，正像我们已看到的那样，我们相信便利包含我们相信逻辑。逻辑一旦被相信，就是哲学中最强有力的工具之一。逻辑是证明一些正确的基本命题的工具，通过采用逻辑规则，这些命题可以成为不容置疑的。这样的命题是这一章开始时提到的命题。我们提到一二个，其他的可能有待于发现。可能会遇到一些技术困难，但是通过技术手段也可以清除它们。随着逻辑技术的改进，可能会发现越来越多不可反驳的和自身一致的命题。在不远的将来可能会出现一种基于这些命题的彻底的、坚固可靠的而又持怀疑态度的哲学。对哲学寄予希望大概同对其他生活领域寄予希望是同样没有用处的。但是，既然学哲学的学生毕竟是人，因此他们与所谓普通人一样需要得到安慰。

　　无论这种希望是不是没有用处，在哲学的进步本身几乎被当作哲学思辨的进步这种意义上，上面一段容易使人误解，逻辑是一种结构，是一种联系，但它本身不是一个哲学链条。它可能帮助我们判定哪些思想与一组给定的思想是一致的，但它不帮助我们选择我们每个人所欢迎的思想。关于基本思想，我们遵循自己的偏见，如果它们是相互分离的，它们就没有逻辑有效性的问题。逻辑并不发明思想，它不会从水中救出我们喜欢的小姐，也不会向我们说明我们关于世界应该形成什么样的思想。如果逻辑对我们所在的世界做出某种反应，那么它仅仅表明那种能够使我们关于世界的思想联系起来形成一个可理解的整体的方式。它与我们的思想方向几乎没有任何联系。迄今它没为我们提供选择前提的标准。随着逻辑的发展，不同的哲学体系可能变得与不同的几何学有些相似了；推理可能是相同的，而思想却是不同的。

逻辑怎么帮助哲学呢？逻辑技术的完善是对哲学批评的帮助。通过严格的逻辑分析，可以彻底澄清或清除含混、模糊或无意义的思想。随着逻辑的改进，可能不会把含含糊糊的意见当作哲学的深奥见解而忽略。首先将一个命题分为其词项，看它们是不是清晰明确，就是说，看它们是否有确切的意义。然后再把它们重新组成原来的命题，看他是否有意义。它可能有意义，却不是真的，这就是说，与其他命题不一致。"人在自己的脑袋上走路"这个命题似乎是完全有意义的，但是它与其他一些表述"人"的命题是不一致的，在这种意义上，它不是真的。逻辑帮助批判的哲学，它几乎在相同的程度上帮助实证哲学，因为只要哲学是批判的，它也就是实证的。

我们不是逻辑学家，这一点几乎是不必指出的。至此提出的论证说明我们对我们苦心费力强调的问题只有肤浅的理解，或更宽容地说，只有不太在行的理解。但是我们强调逻辑，而不是在试图制造逻辑原理，甚至也不是在创作一部提出逻辑原则和方法的适宜的教科书。我们的问题主要是对基本的哲学思想进行逻辑分析，而不是对逻辑概念进行哲学探讨。换言之，我们在试图用逻辑方法分析哲学思想，而不是用哲学方法分析逻辑思想。

后面的章节想探讨一些思想，承认这些思想似乎为我们提供我们在这一章所讨论的这种基本意义上的便利。首先我们将探讨我们关于事实的看法，然后探讨关于真的看法。我们将假定世界或至少世界的一部分是不断持续变化的。我们将分析我们关于变化的看法。由此我们进而讨论时间、空间和运动，最后将以对形而上学和科学的研究结束这本书。

然而，我们必定要说，这种企图总之要失败。这不是虚伪的谦虚，这不过是承认达到目的的方法很不胜任。这本书如果确有关键性的部分，则主要是逻辑分析的问题；如果确有积极的部分，则主要是逻辑构造的问题。整个企图的成功依赖于逻辑的严格性。但是逻辑的严格性很可能是在这寥寥数页达不到的理想，因为我们从一开始既没有关于逻辑本质的清晰概念，也没有明确定义了的逻辑过程的方法，如果我们的逻辑缺乏严格性和明确性，那么我们的分析就不能非常清晰确切，结果就可能证明这里提出的思想系统与它所要批判的那些思想系统同样混乱不堪。

但是，如果从一开始就怀疑这种企图要失败，那么究竟为什么还要一味地尝试它呢？这是一个非常根本的问题，它深及生活的本质。这些页已经暗含着回答。我们不做能够得到任何抽象证明的事情，我们一般不为一个目的而活着，所谓我们为之而活着的目的本身是不能证明的。当我正在思考的时候，我正在连续抽第三支烟，这不是因为我仍不满意香味的刺激，而是因为只要我没有挥笔疾书，我的手就要拿点东西，这可能正好是支香烟。我们有些人进行哲学研究，是因为对真感兴趣，也有一些人进行哲学研究，是因为想得到安慰。许多人涉足哲学，是因为没有其他事情可干。如果我们不期待哲学最终得到相同的结论，那么我们就几乎不能期待哲学家从相同的动机出发。

坦白地讲，哲学对我们来说是一种游戏。我们可能天真地做哲学游戏，这立即使专家感到可笑和气愤，但是我们尽可能努力根据哲学规则来做哲学游戏。我们不考虑成功或失败，因为我们并不把结果看作过程的一半。正是在这里，*游戏是生活中最严肃*

的活动之一。其他活动常常有其他打算。政治是人们追求权力的领域，财政和工业是人们追求财富的领域。爱国主义有时是经济的问题，慈善事业是某些人成名的惟一途径。科学和艺术，文学和哲学可能有混杂的背后动机。但是一个人在肮脏的小阁楼上做游戏，这十足地表达了一颗被抛入生活之流的心灵。

释 必 然 *

　　如果论理学的定义——狭义的定义——是研究命题与命题间的必然关系的学问，则论理——论理学的对象——的性质也就包含必然的性质。我们似乎能进一步说，论理的性质就是必然。必然二字的意义颇不易说。普通生活中所用的必然二字，其意义似乎有极不一致的情形。我们至少可以分作三类，而每类中尚可以有各种不同的必然的意义。三类的必然即心理方面的必然，事实方面的必然，论理方面的必然。

一

　　（一）心理方面的必然。此种必然差不多限制到个人的感觉方面。有时一个人对于一件事件觉得非这样或那样办不成；他的朋友或亲近虽以种种的方法去劝止他，而终于毫无结果。这种情形在普通生活中非常之多，尤其是感情方面的事。失恋可以生"必"死之心，仇雠可以存"必"报之志。此种"必"完全是心理方面

　　* 本文原载于《清华学报》第 8 卷第 2 期，1933 年 6 月。——编者注

的必，有旁观与当局的分别。据说有一乞丐求助于福禄特尔，福禄特尔说："我为什么要帮助你呢？"乞丐说："先生，我一定要活才行。"福禄特尔说："我不觉得一定。"此处因旁观者与当局者的感觉不同，而所谓"一定"者也有不同的意义。

（二）事实方面的必然。此种必然不是个人的心理问题。我们似乎可以分作两层讨论：一从经验中的事实讨论，一从自然科学中的事实讨论。经验中事实的必然有如苏老先生的势有"必"至。"月晕而风，础润而雨"似乎是统计方面的大约，很有例外的可能，根本就没有必然。

自然科学中的事实的"必然"，其理论的成分很重。我们要知道这种事实的必然的性质，最好是从表示这些事实的自然律着想。自然科学中的自然律可以分为以下两种：一为统计的自然律；一为实然的自然律。还有第三可能，但因此第三可能涉及论理方面的必然，在此暂不提出讨论。

（a）统计自然律。如果我们以 A、B 代表东西或事实的类称，以 a、b 代表东西或事体或事实的个体，φ^1 代表属性，R' 代表关系，→代表不能推论，则统计自然律的统计性质可以有以下的表示：

1.1　$\varphi^1 A \rightarrow \varphi^1 a$

1.2　$AR'B \rightarrow aR'b$

这就是说，A 类虽有 φ^1 的属性而我们不能推论到 A 类中任何分子 a 也有 φ^1 属性。A、B 两类虽有 R' 的关系，而我们不能推论到 A 类中任何分子 a 与 B 类中一分子 b，也有 R' 的关系。

在此情形之下，我们可以说统计自然律所表示的事实中仅有或然而无必然。

（b）实然自然律。我们利用以上相似的符号，加上"→"代表可以推论，则实然自然律可以有以下的表示：

2.1　$\varphi^2 A \rightarrow \varphi^2 a$

2.2 $AR^2B \rightarrow aR^2b$

这就是说，A 类有 φ^2 的属性，a 也有 φ^2 的属性；A 与 B 两类有 R^2 的关系，a 与 b 也有 R^2 的关系。这种自然律大约要有精密的实验，严格的定义才能发现。

我们似乎可以说实然自然律所表示的事实有"必然"。可是这里的"必然"二字的意义是"一定"或"固定"的意思。如果我们说在 Y 条件满足之后，X 对于 Y 有这种事实方面的"必然"，我们不过是说除 X 之外没有别的可能。

事实之有必然与否即在今日仍是问题。但是，即令我们承认事实有必然，而此"必然"亦非我们所要提出的论理方面的"必然"。

（三）论理方面的必然。此种必然①是两命题或多数命题的关系。命题的关系很多，可是为讨论必然的性质起见，最便利的方法似乎是从两种包涵（Implication）关系着手。一种是对称的（Symmetrical）包涵关系，一种是非对称的包涵关系。后一种包涵可以分许多小类，这些小类我们现在不必讨论，我们所要提出的是它们的共同的性质。

为便利起见，我们把包涵限制到两命题的包涵。如果一命题包涵另一命题，我们称前一命题为前件，后一命题为后件。如果前件包涵后件而后件不包涵前件，此包涵为非对称的包涵；如果前件包涵后件，后件也包涵前件，则此包涵为对称的包涵。

包涵关系不必是两命题的意义关系，可是在此处我们要把它限制到意义的关系。在非对称的包涵，前件与后件的意义不相等；在对称的包涵，前件与后件的意义相等。

如果两命题有以上任何一种意义方面的包涵关系，则此两命题均有必然的关系。不对称的包涵关系中所有的必然也不对

---

① "此种必然"为编者所加。——编者注

称——那就是说承认前件必承认后件，而承认后件不必承认前件。对称的包涵关系中所有的必然也是对称的——那就是说，承认前件必承认后件，承认后件也必承认前件。

假如有两个演绎系统，在第一个系统之内，命题与命题间有以上两种必然，而在第二个系统之内命题与命题之间仅有第二种必然。那么，在前一系统由最初几命题可以推到最后几命题，可是由最后几命题不能推论到最初几命题；而在第二系统内，不但由最初几命题可以推论到最后几命题，而且由最后几命题也可以推论到最初几命题。

以上两种必然均是论理方面的必然。如果论理仅有第一种必然，则论理的系统充其量不过是内部一致而已，不能有普遍的用处。它的地位，在这种情形之下，与欧克里几何的地位相似。欧克里几何的内部虽一致（究竟一致与否现在可以不管），而有时我们能引用它，有时不能引用。如果论理系统仅有以上第一种必然，则论理系统虽"对"而它的用处不能普遍；用处既不普遍，则论理不能作各种科学的共同工具。

可见除以上第一种必然之外，论理系统还要有第二种必然。

二

在未讨论论理方面的第二种必然之前，我们可以提出一青年所难免发生的问题。作者在十几年前与同学清谈时，就不免表示对于算学家有十分的景仰。尤其使他五体投地的就是算学家可以坐在书房写公式，不必求合于自然界而自然界却毫不反抗地自动地承受算学公式。这问题在许多读者们中或者根本没有发生过，或者发生过而自己有相当的解释亦未可知。作者对于此问题，以算学素非所习，所以谈不到解释的方式。近年经奥人维特根斯坦与英人袁梦西的分析才知道纯粹算学，至少他们所称为纯粹算学的算学，或论理学，有一种特别的情形。此情形即为以上所称为论理方面第二种的必然，或穷尽可能的必然。对于这种必然我们可以分以下三层讨论。

（一）要知道此种必然的性质，我们最好先谈谈二分法。设以 X 代表任何东西或事件或事实或思想，如果我们引用二分法，即有 X 与非 X 的正反的分别。如果 X 代表类称，引用二分法后，即有正反两种类称，那就是：X 与 $\overline{X}$（非 X）。

这种正反两分别的变类要看原来的类称数目多少。有 X 与 Y 两类，引用二分法后，就有四种不同的类称。如果以 $\overline{X}$ 代表反 X 类，$\overline{Y}$ 代表反 Y 类，这四种类称如下：

XY, X$\overline{Y}$,

$\overline{X}$Y, $\overline{X}\overline{Y}$。

如果我们有 X，Y，Z 三类称，引用二分法后，就有以下八类：

XYZ, $\overline{X}$YZ, X$\overline{Y}$Z,

XY$\overline{Z}$, $\overline{X}\overline{Y}$Z, X$\overline{Y}\overline{Z}$,

$\overline{X}$Y$\overline{Z}$, $\overline{X}\overline{Y}\overline{Z}$。

由此我们可以看出，如果我们以 2 表示正与反两分别，n 代表原来类称数目，引用二分法后，所能有的类称的总数为"2^n"。

以上是以二分法引用于类称，可是当然不必限制到类称方面。现在研究论理学的人似乎都觉得命题比类称还要根本。这一层在此处不必讨论。我们所注意的是二分法之引用于命题方面与用之于类称方面是一样的。命题也可以有正与反。普通以正为真以反为假，我们可以照办。可是我们不要把真假看得太呆板，专从论理方面说，它们不过是正与反两绝对分别中之一种解释而已。

如果我们有一个命题 p，引用真假二分法后，就有以下真假两可能：

 p, $\bar{\text{p}}$。

如果有两个命题 p 与 q，引用二分法后，就有以下四可能：

 pq, p$\bar{\text{q}}$,

 $\bar{\text{p}}$q, $\bar{\text{p}}\bar{\text{q}}$。

如果有三个命题 p、q 与 r，引用二分法后，就有以下八个可能：

 pqr, pq$\bar{\text{r}}$, p$\bar{\text{q}}$r,

 p$\bar{\text{q}}\bar{\text{r}}$, $\bar{\text{p}}\bar{\text{q}}$r, $\bar{\text{p}}\bar{\text{q}}\bar{\text{r}}$,

 $\bar{\text{p}}$q$\bar{\text{r}}$, $\bar{\text{p}}\bar{\text{q}}\bar{\text{r}}$。

这种可能我们称为真假可能。它的公式为"2^n"，与类称方面的正反可能一样。

（二）类称方面的正反可能有正反可能的函数，命题方面的真假可能有真假可能的函数。我们从最简单的例着手。一个命题 p，引用二分法后，有真假两可能，我们最好用以下方式表示这两个可能：

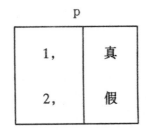

可是对于这两个可能，我们从承认与否认方面着想，可以有四种不同的态度，或者说有四种真假可能的函数。这四种不同的态度，可以表示如下：

	1	2
a	真	真
b	真	假
c	假	真
d	假	假

以上"1"与"2"代表一命题的真假两可能，"a""b""c""d"代表四种不同的态度，或真假可能的函数。原来的真假两可能是两个命题：一个说 p 是真的；一个说 p 是假的。"a"，"b"，"c"，"d"，四个不同的态度是四个不同的命题如下：

"a"——"'p 是真的'是真的，或'p 是假的'是真的"。

"b"——"'p 是真的'是真的，而'p 是假的'是假的"。

"c"——"'p 是真的'是假的，而'p 是假的'是真的"。

"d"——"'p 是真的'是假的，'p 是假的'也是假的"。

以上四命题中，"b"与"c"可以不必提出讨论，因为它们只承认真假两可能中之一可能。"b"命题中不过是说"p 是真的"，因"p 是假的是假的"等于"p 是真的"。"c"命题不过是说"p 是假的"，因为"p 是真的是假的"等于"p 是假的"。

"a"与"d"两命题有特别的情形。"d"命题对于原来的两可能均不承认。原来的真假两可能一方面彼此不相容，另一方面彼此穷尽；事实上的情形无论如何的复杂不能逃出二者范围之外。换句话说，所有的可能都包括在原来两可能之中。若将所有的可能均否认之是不可能。"d"命题既否认所有的可能，是一不可能的命题，那就是说是一矛盾的命题。

"a"命题与"d"命题的情形恰恰相反。"a"命题把原来任何可能都承认了。"d"命题不能是真的，而"a"命题则不能是假的。这两个命题的真假与寻常命题的真假不同。寻常命题或者是真的或者是假的，而这两个命题中一个不能不假，一个不能不真。

我们要记得"a"命题说"p是真的是真的或者p是假的是真的。"这不过是说"p是真的或者p是假的。"我们可以用一个很寻常的命题来试试。假如我们说："这个东西或者是桌子或者不是桌子"，这句话无论如何是不会错的。所谓"这个东西"者既可以是桌子，而不是其他的东西，但也可以是人，或者是椅子，或者是米，或者是西瓜……等等。可是无论它是什么，它都可以容纳到"是桌子或者不是桌子"的范围之内。照此看来，"a"命题无往而不真，我们不能否认它，因为在引用二分法条件之下它承认所有的可能。

同时我们也要注意"a"命题这样的命题对于具体的事实或自然界的情形根本就没有一句肯定的话。这种命题既不限制到一个可能而承认所有的可能，在无论什么情形之下，它都可以引用。这就是承认所有可能的"必然"命题。

以上不过是就一个命题而说的话，如果有 p、q 两命题，原则一样，不过真假可能加多而已。p 与 q 两命题的真假可能有四个如下：

$$p\,q \qquad p\,\bar q$$
$$\bar p\,q \qquad \bar p\,\bar q$$

而这四个真假可能的函数则有十六个。那就是说，我们对于这四个可能可以有十六个不同的命题表示十六个不同的态度。此十六个命题之中有一个不可能的命题，有一个必然的命题，前者不认所有的可能，后者承认任何可能。

如果我们有三个命题如 p，q，r，我们有八个真假可能，有二百五十六个真假可能的函数。那就是说，我们可以有二百五十六个命题，表示对于这八个可能有二百五十六个不同的态度。这些命题之中有一个否认所有的可能，所以是矛盾的命题；有一个承认任何可能所以是必然的命题。

（三）凡从以上所讨论的必然的命题所推论出来的命题都是必然的命题。这句话容易说，而不容易表示，更不容易证明。现在姑就容易着手的一方面，表示论理学的基本命题是方才所说的这一种必然的命题。论理学与算学或者是已经打成一片，或者是可以打成一片，或者是根本不能打成一片；但无论如何在 Principia Mathematica 的定义范围之内它们是已经打成一片。这部书的基本命题也就是它的论理学与算学的前提。我们可以看看这些基本命题是否是必然的命题。

Principia Mathematica 第一章（在 1910 年版中）有六个基本思想，一个基本定义，十个基本命题。基本命题之中，有五个是用符号表示的，有五个是用普通语言表示的。后者之中有两个是推论的规律。以语言表示的基本命题应否视为此系统的基本部分，颇发生疑问。无论如何本文可以不去管它们。我们在此处仅表示所有以符号表示的五个基本命题都是必然的命题。

1.1. ⊢ : p⊃q = ~p∨q   Df。

这是基本定义。我要利用这个定义去表示以下五个基本命题都是必然的命题。我们要知道：

~p∨q = ~pq∨pq∨~p~q.

以上"~"代表"非"或"反"，"∨"代表"或者"。

1.2. ⊢ : p∨p.⊃.p   Pp.

这是第一个以符号表示的基本命题。照以上的定义它可以变成以下的形式：

$$= \sim (p \lor p) \lor p$$
$$= \sim p \sim p \lor p$$
$$= \sim p \lor p$$

这个命题说"p 或者是假的或者是真的。"一个命题 p 只有这两个可能，若此两可能之中任何一一可能均为此基本命题所承认，它一定是必然的命题。

1.3.　$\vdash : q . \supset . p \lor q$　Pp.

照以上的基本定义，这命题可以变成以下诸形式：

$$= \sim q \lor (p \lor q)$$
$$= \sim q \lor (pq \lor p \sim q \lor \sim pq)$$
$$= p \sim q \lor \sim p \sim q \lor pq \lor p \sim q \lor \sim pq$$
$$= p \sim q \lor \sim p \sim q \lor pq \lor \sim pq$$

1.4.　$\vdash : p \lor q . \supset . q \lor p$　Pp.

$$= \sim (p \lor q) \lor (q \lor p)$$
$$= \sim p \sim q \lor pq \lor \sim pq \lor p \sim q$$

p 与 q 两命题的真假可能可用下图表示：

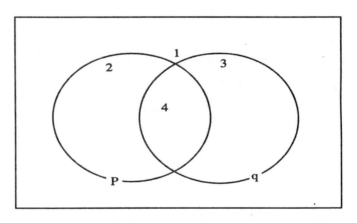

$1 = \sim p \sim q$　$2 = p \sim q$

$3 = \sim pq \quad 4 = pq$

以上 1.3 与 1.4 两基本命题把 p 与 q 所有的真假可能中的任何可能均承认之，所以它们都是以上所讨论的必然命题。

1.5. ⊢: $p \lor (q \lor r) . \supset . q \lor (p \lor r)$ Pp.

根据同样办法，这一个命题可以有以下的形式上的变化：

$= \sim [p \lor (q \lor r)] \lor [q \lor (p \lor r)]$

$= \sim [p \lor (q \sim r \lor qr \lor \sim qr)]$
$\quad \lor [q \lor (p \sim r \lor pr \lor \sim pr)]$

$= \sim p \sim q \sim r \lor [q \lor (p \sim r \lor \sim pr \lor pr)]$

$= \sim p \sim q \sim r \lor \sim pq \sim r \lor \sim p \sim qr \lor p \sim q \sim r \lor p \sim qr \lor pq \sim r \lor$
$\quad \sim pqr \lor pqr$

1.6. ⊢: $q \supset r . \supset : p \lor q . \supset . p \lor r$ Pp.

我们可以先把以上命题分成两部，用同样的办法改变它的形式。

$q \supset r = \sim q \lor r$
$\qquad = \sim q \sim r \lor \sim qr \lor qr$

而 $p \lor q . \supset . p \lor r = \sim (p \lor q) \lor (p \lor r)$
$\qquad = \sim p \sim q \lor (p \sim r \lor \sim pr \lor pr)$

所以整个的命题是：

$(\sim q \sim r \lor \sim qr \lor qr) . \supset . [\sim p \sim q \lor (p \sim r \lor \sim pr \lor pr)]$

而这照基本的定义有以下的形式：

$\sim (\sim q \sim r \lor \sim qr \lor qr) \lor [\sim p \sim q \lor (p \sim r \lor \sim pr \lor pr)]$

$= q \sim r \lor (\sim p \sim q \sim r \lor pqr \lor \sim pqr \lor \sim p \sim qr \lor pq \sim r \lor p \sim q$
$\quad r \lor \sim p \sim qr)$

可是 $q \sim r$ 对于 p 有两个可能：$pq \sim r$ 与 $\sim pq \sim r$，所以以上又等于：

$pq \sim r \lor \sim pq \sim r \lor \sim p \sim q \sim r \lor pqr \lor \sim pqr \lor \sim p \sim qr \lor pq \sim r$

$\lor p\sim q\sim r \lor \sim p\sim qr.$

此中 pq∼r 一可能重复，但毫无妨碍。

p，q，r 三命题的真假可能共有八个，兹以图表示如下：

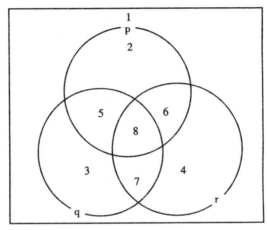

$1 = \sim p\sim q\sim r$	$2 = p\sim q\sim r$
$3 = \sim pq\sim r$	$4 = \sim p\sim qr$
$5 = pq\sim r$	$6 = p\sim qr$
$7 = \sim pqr$	$8 = pqr$

以上 1.5 与 1.6 两基本命题把 p，q，r，所有的真假可能中的任何可能均承认之，所以它们也是以上所讨论的必然命题。

Principia Mathematica 的十个基本命题中，五个以语言表示的都没有"⊢"符号。没有这个符号，表示这部书的作者没有肯定的说这些命题是真的。可是五个以符号表示的命题都有"⊢"符号，那就是说，这部书的作者肯定的说这些命题都是真的。照以上的分析，这五个以符号表示的命题不但是真而且都是必然的命题。

论真实性与正确性的统一[*]

这个问题是近两年多来争论的问题。争论的范围好像是整个的形式逻辑，其实它不是的。直到现在没有人从归纳方面提出这个问题。我从前把归纳排除在形式逻辑范围之外，那是错误的。形式逻辑包括归纳。如果我们从归纳这一方面来考虑真实性和正确性问题，我们会更容易看出它们的统一性。尽管如此，本文仍然不从归纳方面提出这个问题来。周谷城先生的论点原先（1956年）是就整个的演绎部分提出的。它涉及的问题相当多，演绎的客观基础问题，演绎起认识作用与否问题，都牵涉到。它涉及的范围很广，概念、判断都涉及到。但是，我不从这许多方面来讨论这个问题。我只就真实性和正确性在推论上的统一，来表示我的意见。我不同意周谷城先生和一兵同志的意见，我虽然赞成沈秉元先生关于真实性与正确性统一的意见，然而就沈秉元先生的某些例子说，我也不同意他的意见。

真实性和正确性的争论集中在推论或推理上。我认为这个问题是由蕴涵和推论两方面来的。要把问题搞清楚仍需要从这两方

* 本文原载于《哲学研究》1959 年第 3 期。——编者注

面重新把问题提出。蕴涵这一方面在日常语言的表现是"如果……那……么",推论就是日常语言中的"所以"。在日常语言习惯上我们在这两方面是不大会犯错误的。个别人喜欢单用"那么",但是大致说来,"如果……那……么"是连在一起的(这里说的是"如果……那……么"这一"形式",事实上有用"假使……就得……"或其他的字眼的)。"所以"前面一定有一句或几句话,但是这一句或几句话前面并没有冠以特别的字眼(现在有些人喜欢用"因此",来代替"所以",我认为这是不妥当的,本文仍用"所以")。这是两个语言习惯,两种思维形式。习惯相当根深蒂固,在思维形式上的相混的情形也就不常碰到。我个人就没有碰到过这样的错误:"如果你明天病了,所以我明天就不来招呼你。""所以"不是跟着"如果"说的。跟着"如果"说的是"那么"(或"就",或"则"或不用别的什么字眼)。"如果……那么……"相当长,下面好些地方我们只用蕴涵两个字来代替它。下面用"所以"的地方多些,但是有时我们也用推论两个字来代替它。

蕴涵和推论有什么分别呢?我们肯定"如果……那么……"的时候我们只要求整句话的真实性,没有肯定"如果"两个字之后和"那么"两个字之后的那一句或那些句话的真实性。例如:"如果我昨日死了,那么我昨天停止呼吸了。"这句话千真万确,虽然我昨日没有死。"如果"之后和"那么"之后的话虽然都是假的,然而"如果……那么……"这一整句话是千真万确的。其所以如此者,因为"如果"之下说的"死"这样一件客观的事实和"那么"之后说的"停止呼吸"那样一件客观事实的关系本身就是客观规律,它本身就是一件客观事实。整句话或整个的判断正确地反映了这件客观事实,它(整个判断)是真实的。但是,尽管如此,我们显然不能跟着说"我昨天死了,所以我昨日停止呼吸了。"理由很明显，我昨天没有死。"我昨天死了"是假的，不符合事实的，它虽然是"如果……那么……"那一判断的前件，然而它不是前提。它既不是前提，后件"我昨天停止呼吸了"虽然是后件，也就不是结论。前件不是前提，后件就不是结论，我们就不能通过肯定"所以"来把后件作为结论来肯定。大致说来蕴涵和推论或"所以"在日常生活中是不大会混淆起来的。它们的要求是不一样的。蕴涵只要求前后件关系的真实性。"所以"就不同了；它不仅要求前后件关系的真实性，而且它要求肯定前件的真实性。它本身就是通过肯定前件的真实性来肯定后件的真实性的。

真实性和正确性的问题是从蕴涵和"所以"产生的。上面的例子简单，不发生什么问题。可是，在复杂的情况下，在形而上学可以钻空子，可以把形式和内容割裂开来的情况下，真实性和正确性也就有割裂开来的问题了。下面先就蕴涵把问题提出来。

一

争论是围绕着三段论的。问题虽然不限于三段论，然而我们仍然可以从三段论来提出问题。我们用蕴涵来表示第一格第一式的三段论如下：

（甲）如果 MAP（1），而且 SAM（2），那么 SAP（3）。

在这里我们肯定整个的（甲）这一判断是正确的。这一点没有人怀疑过。它是可以证明的，而且也是亿万次证明了的。可是，对于这个正确性的了解或看法唯心主义者和辩证唯物主义者就有原则上的对立。辩证唯物主义者认为（甲）的正确性是建立在或者根源于（甲）的真实性的。（甲）是千百万的客观事物上的例证所证实了的，也是几千年来思维实践所检验、证实过了的，它是通过不断的证实方才凝固成为普遍公式的。（甲）的正确性是有客观基础的，是根源于客观事物之间客观的关系的。唯心主义者就不同了，它们只承认（甲）的正确性，不承认（甲）的真实性，更不承认（甲）的正确性是根源于它的真实性的。唯心主义者也承认（甲）是可以证明的，不过用以证明它的原则仍然只有正确性。形式逻辑方面的先验论和约定论就是从这里产生的。我个人在解放前也犯了这个错误。我虽然不同意罗素的先验论，然而自己所搞出来的也是先验论。这是原则性的错误，这不只是学术上的意见不同而已，而且是无产阶级和资产阶级学术思想上的对立。这个错误是非严肃地批判不可的。

唯心主义者在什么地方钻空子呢？基本环节在以下两点：（一）是（甲）的正确性是不靠（甲）的组织部分〔以上用（1）（2）（3）表明的三个判断〕的真实性的；（二）是客观世界没有必然性，客观事物之间没有客观的逻辑。上面说的（一）是我们要承认的。我们是辩证唯物主义者，我们承认客观的事实，我们承认（甲）的真实性是不靠甲的组成部分（1）（2）（3）三个判断的真实性的。这就是说（1）（2）（3）可以是不真实的，然而（甲）仍然是正确的。在这里我们可以引用类似沈秉元先生用过的例子用（甲）的形式表示出来。

（甲）如果所有的金属都是液体（1），而且所有的铁都是金属（2），那么所有的铁都是液体。在这里（1）（3）都是假的，而（甲）是正确的。为什么（1）（3）是假的，而（甲）又是正确的呢？上面在一般地谈到蕴涵和"所以"的分别的时候，我们已经表示正确蕴涵所肯定的是前后件所说的东西的关系本身是客观的事实，而没有肯定前件是事实，也没有肯定后件是事实。在这里（甲）也是这样的。它肯定了（1）（2）和（3）的关系是事实。我们认为这关系确实是事实，（甲）是正确的。但是，（甲）只假设了（1）（2），没有肯定（1）（2），这就是说它没有要求（1）（2）的真实性，也没有要求（3）的真实性。（1）（2）（3）的真实性不是（甲）所肯定的，它和（甲）的正确性不相干。（甲）的正确性和"如果我昨天死了，那么我昨天停止呼吸了"的正确性是相似的。我们不能因为唯心主义者承认这点，我们就否认这一点。我们要承认（甲）的正确性和（1）（2）（3）的真实性是两件事，是应该分开来说的。承认了这一点之后，我们还是有（甲）的正确性的根据这样一个根本问题。这就牵扯到上面说的第二点。

上面说的（二）是辩证唯物主义者所坚决不承认的。我们坚决地肯定客观世界有必然性，客观事实之间有客观的逻辑。因此我们认为（甲）的正确性是建立在或根源于客观的必然性的。这也就是说（甲）的正确性是建立在或根源于（甲）的真实性的。唯心主义者就不同了，他们只承认（甲）的正确性，不承认（甲）的真实性。他们不承认客观世界，也不承认客观世界有必然性。他们只承认零零碎碎的事实，偶然的没有内部关联的现象。因此，必然的判断不是反映客观世界的规律或客观事物的关系的。（甲）的必然性不是从客观世界来的。唯心主义者是非常之顽固的。洛克把天生的观念驳倒了，用那种形式表示的先验论不行了，他们就另外想办法，他们就在形式逻辑上耍花招。他们说："如果××是红的，××是有颜色的"，或者"红的东西是有颜色的东西"是先验的分析判断。他们说"红"这一概念里面本来就有"有颜色"这一概念，或者说主词里面本来就已经有了宾词。这样的判断是必然的，单靠概念我们就可以知道它们是正确的，它们的正确性是先验的。这就是说是不靠客观世界的。这样判断的必然性是客观世界所没有的。唯心主义者好像是很得意似地向我们说："你以为洛克把我们打倒了。告诉你吧！没有。从康德到罗素，先验论一直在流行。现在的约定论不就是新的先验论吗?"这个论点在资产阶级的逻辑学家那里确实流行。

但是，这一论点仍然是胡说八道。我们不否认"红"这一概念里已经有"有颜色"这一概念，"红"这个主词里已经有"有颜色"这个宾词；我们也不否认"如果××是红的，××是有颜色的"，"红的东西是有颜色的东西"是必然的判断。可是，我们还是要问，你的概念是从哪里来的呢！你们会提出定义问题。难道定义是主观任意地下的吗？你们自己当中不也有不满意关于上帝存在的所谓本体论论证的吗？这个论证实在是主观地把上帝的存在包括在它的定义里面去了，因此按照定义上帝就存在了。你们当中不也有人以为这是不正确的吗？为什么你们把"红"这一概念看作好像是任意地就可以包括了"有颜色"这一概念呢？假如这不是心血来潮任意想象的话，"红"这一概念之所以包括了"有颜色"这一概念就有超过思想的原因。我们坚决地认为概念本身就是反映客观事物的本质属性的。正确的概念是正确地反映了客观事物的本质的。"红"这一概念之所以包涵"有颜色"这一概念，正是因为红的东西客观地包括在有颜色的东西的范围之内，正是因为红的东西的本质里面客观地有有颜色的东西的本质。"如果××是红的，××是有颜色的"，"红的东西是有颜色的东西"确实是必然的判断。但是它们之所以是必然的，正是因为它们正确地反映了客观事物的必然性，正是因为它们反映了客观的必然的规律。这就是说：它们的正确性是建立在它们的真实性上的。

像（甲）这样的判断或者更根本的思维规律的正确性是建立在它们的真实性上面的。否认这一点就是否认这些规律的客观基础，也就是否认反映论，就是，否认客观物质是第一性的，思维意识是第二性的，也就是否认辩证唯物主义的根本原理原则的。也许有人以为这是老生常谈，不爱听。如斯大林说过的，真理有时是需要重复的。正确性和真实性的分家在别的方面可能只是学术思想上的分歧，可是，在我们所讨论的这一点上，它是无产阶级和资产阶级学术思想上的对立。我认为否认思维规律或者（甲）这样的判断的客观基础是资产阶级的逻辑思想。根据这一看法来使正确性和真实性分家也是属于资产阶级逻辑思想的范围的。

有一点我们可能会产生误会。我们说（甲）这一判断是不靠它的组成部分（1）（2）（3）的真实性的。这可能会产生蕴涵是可以任意断定的印象。蕴涵是不能够任意断定的。很明显，我们就不能断定这样的蕴涵：如果 PAM（1），SAM（2），那么 SAP（3）；我们也不能断定：如果 MAP（1），SEM（2），那么 SEP（3）。这两个判断都不正确，都不真实。它们的不正确性也不是建立在（1）（2）（3）的不真实性上面的。很可能（1）（2）（3）当中有真实的判断，然而就整个的蕴涵说，这些都不是真实的。它们不正确，因为它们没有反映并且还违背了客观事物的必然性，客观事物的规律。蕴涵判断不是随便下的。（甲）这样一个判断的正确性是建立在它本身的真实性上，而它本身的真实性不靠它的组成部分（1）（2）（3）的真实性，而是靠（1）（2）和（3）的关系正确地反映了客观事物的必然性的。

上面是从蕴涵这一方面来论证像（甲）这样的形式逻辑的规律的正确性和真实性是统一的，并且还肯定它们的正确性是建立在它们的真实性上面的。

二

下面我们要从"所以"提出这一问题。我们要重新提出一下蕴涵和推论的不同，"那么"和"所以"的分别。"如果……那么……"这样的判断不肯定"如果"之后的前件是真的，也不肯定"那么"之后的后件是真的，它所肯定的是，前件和后件的关系正确地反映了客观事物的必然性、规律性。"所以"就不同了。我们用（乙）来表示：

（乙）MAP（1），SAM（2），所以 SAP（3）。"所以"不只是要求（1）（2）和（3）的关系反映了客观规律而已。它确实要求这个，但是它不只是要求这个而已。它还要求肯定（1）（2）的真实性。这一点非常之重要。不肯定（1）（2）的真实的话，（甲）判断中的前件就只是前件而已，不是前提，（1）（2）既不是前提，"所以"就不能肯定，后件也就不是结论了。"所以"既不能说，推论当然就不存在了。我们不能以为凡是有"那么"的地方，我们就可以跟着说"所以"。"如果我昨天死了，那么我昨天也停止呼吸了"，这个判断千真万确，这个蕴涵是亿万个人所证实了的。我想没有人跟着说"我昨天死了，所以我昨天停止呼吸了"。我之所以挑上了这样一个例子，就是因为前面那个蕴涵是任何人所不能驳倒的道理，而后面那个"所以"又是任何人所不能承认的胡说。这是鲜明的对照。谢天谢地，有智慧的劳动人民是不会跟着"那么"就急急忙忙来肯定"所以"的。我不敢说，可是我猜想在中国逻辑史里就没有人把"那么"和"所以"混淆起来。现在的逻辑工作者当中确实有人把"那么"和"所以"混淆起来了。一部分正确性和真实性分家的说法是混淆蕴涵和推理的结果，是混淆"那么"和"所以"的结果。

我不同意周谷城先生在1956年《新建设》第2期第58页上所提出的："凡金属是不能熔解的"，"金子是金属"，"故金子不能熔解"；"社会发展不是一定有阶段可言的"，"中国社会的发展是一种社会发展"，"故中国社会发展是不一定有阶段可言的"。我认为在这两个地方，周谷城先生都不能说"故"。我不同意沈秉元先生在1958年第7期《新建设》第56页上所举出的例子："所有的金属都是液体；铁是金属；所以，铁是液体"，"所有的金属都是液体；水银是金属；所以，水银是液体"。我不同意沈秉元先生在这里说的"所以"。1958年《新建设》第8号第60页上，一兵同志说："任何国家是爱好和平的；美国是资本主义国家；所以，美国是爱好和平的。"这句话当然是不合事实的，是错误的，这一点一兵同志和我没有分歧是不待言的。但是一兵同志却认为"这个论式是合乎形式逻辑的"，我不同意这一说法。在这里，一兵先生不但不能说"所以"，而且也不能说"那么"，作为一个三段论，这个例子犯了四名词的错误。我认为这里所举的例子，都没有满足"所以"这个形式的要求。周谷城先生和沈秉元先生都认为他们所举的例子当中，"形式"是对的，内容错了。我不同意这个看法。我认为在这些例子中，不但内容是虚伪的，而且形式也是错误的。他们心目中所想的形式，可能是蕴涵的形式，可能是"如果……那么……"的形式。果然如此的话，我是同意的。"如果金属是不能熔解的，而且金子是金属，那么金子是不能熔解的"。"如果社会发展是不一定有阶段可言的，而且中国社会的发展是一种社会发展，那么中国社会发展是不一定有阶段可言的"。沈秉元先生在举了上述的例子之后，接着就说，"形式"是正确的，如果他说的形式是"如果……那么……"，"如果所有金属都是液体；而且铁是金属；那么铁是液体"，"如果所有的金属都是液体；而且水银是金属；那么水银是液体"，那么我同意，可是原来例子的形式也是错误的。在这些例子中，"那么"虽然可以肯定，"所以"是不能肯定的。肯定"所以"，就等于肯定了这些"如果……那么……"当中的前件。周谷城先生是不是肯定了他的例子的前件呢？沈秉元先生是不是肯定了他的例子当中的前件呢？我们是不是肯定了这些前件呢？没有。我们既没有肯定这些前件，它们就只是前件，而不是前提。"所以"是跟着前提说的，这是"所以"的要求，这是推论的要求。我们既没有通过肯定前件内容的真实性，从而把前件转化为前提，我们就不能跟着上面所说的"如果……那么……"肯定"所以"。我认为在这些例子当中，"所以"都是错误的。

上面说"所以"是错误的，不只是说内容的虚伪而已，而且是说形式的错误。根据上面已经说过的，"那么"和"所以"是两种不同的形式。它们的要求是不一样的。"如果……那么……"的要求是前件和后件有蕴涵的关系，"所以"不是只要求前后件的蕴涵关系而已，而且还要求肯定前件的真实性。这一要求不满足的话，我们是不能够单独地根据"如果……那么……"通过"所以"把后件当作结论来肯定的。不肯定前件，我们虽然在形式上能不犯错误地肯定"那么"，然而在形式上不能不犯错误地肯定"所以"。在这里，我们不妨引用假言推论所明确地承认了的原则：承认前件就承认后件。"如果甲是乙，那么丙是丁（一），甲是乙（二），所以丙是丁（三）。单独地肯定（一），我们是不能接着就肯定（三）的。肯定（一）之后，非通过肯定（二），在形式上也是不能够肯定（三）的。我们现在看看（甲）（乙）两个判断的关系。

（甲）如果 MAP（1），而且 SAM（2），那么 SAP（3）。

（乙）MAP（1），SAM（2），所以 SAP（3）。

（甲）（乙）的关系是什么样的关系呢？它们实际就是上述假言推论的例子。（甲）相当于上述的（一），（乙）的前提相当于上述的（二），（乙）的结论相当于上述的（三）。没有（二）是不能有（三）的。这也就是说，就是在形式上，不肯定（乙）的前提，是不能够肯定（乙）的结论的。这就是说，单独地肯定了（甲），不通过肯定（乙）的前提，我们在形式上是不能够肯定"SAP"的。这也就是说，我们在形式上虽然能够肯定（甲）这一判断中的"如果……那么……"，然而要肯定（乙）这一判断中的

"SAP"，我们还得要肯定（乙）前面所说的 MAP，SAM。没有这个肯定，"所以"在形式上是错误的。

蕴涵和推论的形式，是不同的，是不能混淆的。"如果……那么……"肯定前件与后件的蕴涵关系，它反映了客观事实的规律。"所以"不但要肯定前后件的蕴涵关系，而且要肯定前件的真实性，从而把前件转化为前提，并且通过肯定前提用"所以"的形式把后件肯定为结论。周谷城先生和一兵同志认为只要我们能够肯定"那么"，我们就能够肯定"所以"，因此一切正确的"那么"都成为"正确"的"所以"了。其实有些正确的"那么"并不是正确的"所以"，有些正确的前件并不是正确的前提。正确的前件可以不是我们所肯定其真实的判断，它虽不真实然而它仍是正确的前件。正确的前提一定是我们肯定其真实的判断，不然的话，它不是前提。周谷城先生和一兵同志把蕴涵混淆为推论，把"那么"混淆为"所以"，把前件混淆为前提，这样一来，不是前提的前件被认为是前提了，不是"所以"的"那么"被认为是"所以"了，不是推论的蕴涵被认为是推论了，结果是周谷城先生自己所不能承认的"故"，他也只好承认了；一兵同志自己所不能承认的"所以"，他也只好承认了。（把"所以"混同于"那么"，把推论混同于蕴涵，这样，就取消"所以"与推论要求的肯定前提的真实性，这样就使真实性和正确性分家了。）

沈秉元先生是主张正确性和真实性的统一的。我同意他这一主张。但是，在上述的例子中，他同周谷城先生和一兵同志一样把"那么"和"所以"相混了，把前件和前提相混了，他也同样被迫把自己所不能接受的虚伪的判断当作结论肯定下来。按照他的主张，正确性和真实性应该是统一的，在"所以"上也应该是统一的。可是，按照他所承认的例子说，"所以，铁是液体"当中的"所以"是正确的，可是它是不真实的，而在"所以，水银是液体"当中的"所以"是正确的，但是，也是不正确的，因为结论虽然真实，然而不是必然地推论出来的。我虽然同意沈秉元先生的主张，然而我不同意他这里的说法。理由和上面说的一样，他把蕴涵和推论混淆起来了。其结果是"形式的正确性""强迫"他接受了不真实的结论了。形式的正确性没有强迫周谷城先生和一兵同志，也没有强迫沈秉云先生去接受我们所不能承认的、事实上是虚伪的结论，只要他们区分清楚蕴涵和推论，前件和前提，"那么"和"所以"的分别。根据它们的分别，我们很容易看出，不论是在蕴涵或是在推论，正确性和真实性是统一的。把它们混淆起来，正确性和真实性就分家了。

　　按照这个说法，正确性和真实性既然统一，它们是否一个概念呢？它们不是一个概念。在具体的思维认识过程中，只要我们正确地反映了客观世界的事物，形式的对和内容的真总是统一的。但是我们的反映常常是错误的。有时错误主要是属于形式的，有时又主要是属于内容的。错误是可以纠正的。如果我们知道错误的性质，错误的来源，我们就可以根据错误的性质和来源把它纠正，来提高我们的思想认识。形式的对错和内容的真假，是有分别的。据我的印象，二者之间的分别没有人否认过，在本文我也不多谈。

客观事物的确实性和形式逻辑
的头三条基本思维规律[*]

为了使得思维认识能够正确地反映客观事物及其规律，两个带根本性的矛盾需要解决。一个大矛盾是客观事物的不断运动变化发展和思维认识的僵化，客观事物的普遍联系和思维认识的孤立化，客观事物的整体性和思维认识的零碎化……等的矛盾。另一个大矛盾是客观事物的确实性和思维认识经常出现的不确定性的矛盾。逻辑是为真理服务、为认识服务的工具。解决前一矛盾的主要是辩证逻辑。解决后一矛盾的主要是形式逻辑。本文的题目是后一方面的。

一 客观事物的确实性和思维认识
的可能的不确定性的矛盾

（一）客观事物的确实性
（1）什么是确实性。客观事物的确实性说的是，它们的形色

---

* 本文原载于《哲学研究》1962 年第 3 期。——编者注

状态是独立于我们的思维认识而然的关系质，或者说，独立于思维认识而这样或那样的关系质。（关系质是因关系而有的质，例如甲是父亲，父亲这一质就是因甲是乙的父亲而有的关系质。）这句话需要解释。客观事物是独立于我们的思维认识而存在的。显然存在不是光溜溜的，存在总是具有各种各样的性质和关系的，总是有同有异的。我们把这些都叫作形色状态。客观事物既然是独立于我们的思维认识而存在的，它们的形色状态也是独立于我们的思维认识而然的，或者说，而这样或那样的。确实性是不能离开独立性的。在许多场合上，我们只提独立性就够了，不必提确实性。但是，就现在所讨论的矛盾说，确实性是头等重要的事情。说客观事物的形色状态是独立于我们的思维认识而这样或那样的，也就是说它们是哪样的，它们就是哪样的，不是因为我们思维认识到它们，它们才是哪样的。假如一客观事物有子、丑、寅、卯……等等的形色状态，这个事物是子，它就是子，不是因为我们思维认识到它，它才是子，其余同样。概括地说就是：甲是甲（口说时"是"字声音大），或甲就是甲（口说时"就"字声音大）。一客观事物是甲；它确实是甲。这是所谓"实"的根本意义之一。这个"实"的意义是本来，是没有外加。对于它，我们的思维认识不能附加不能减少，它如何，它就哪样。有两点我们要注意。我们这里说的是客观事物形色状态的确实性，而不是形色状态本身。如果表示形色状态的是形容词，表示确实性的是副词，"红确实地是红"。为什么我们要提出这一点呢？我们要着重地指出确实性不是形色状态之一，而是任何形色状态所有的独立于思维认识而这样或那样的关系质。第二点我们要注意的是，确实性是针对于思维认识而说的，不是形色状态彼此独立。形色状态彼此的联系或关系完全是另外一回事。为什么要提到这一点呢？确实性不涉及到客观事物的相对稳定或急剧变化，也不涉及到形色状态各自相对稳定或急剧变化。如果某一事物是相对稳定的，那么，它确实是相对稳定的，这就是说，它是独立于思维认识而相对稳定的。如果某一事物是急剧变化的，那么它确实是急剧变化的，这也就是说，它是独立于思维认识而急剧变化的。以上说的不只是客观事物独立于思维认识而存在，而且它们的形色状态也是独立于我们的思维认识而这样或那样的。

(2) 确实性与变革现实的实践。有人会问：认识是不能够离开实践的，而实践是需要变革现实的，这岂不是要变革确实性吗？毛泽东同志说过：你要知道梨子的滋味，你就得变革梨子，亲口吃一吃。这是认识和认识论的大道理。不仅感性认识需要变革现实的实践，理性认识也要。普通所谓实验或试验也是这样的实践。为了认识，我们所需要变革的大都是认识的条件，不是认识的对象。当然，在很特殊的情况下，我们也要用实践来变革认识的对象，因为对象本身成为阻碍认识它的条件，例如原子。在这种情况下我们要用实践来冲破原子；这样做我们还是为了克服阻碍认识原子的条件。认识本身不变革它的对象。就以上面的梨子说，变革的是那梨子的形状，它原来是完整的，现在有了咬去的一块空白，但是所要知道的滋味没有变革。我们要变革梨子的形状去发现它的滋味，没有前者是不能得到后者的。但是，认识的对象不是被思维认识所变革的。果然，认识变革了它的对象的话，在感性方面我们事实上成为休谟主义者，因为客观事物的本来面目感觉就反映不出来了；而在理性上我们又成为康德主义者，因为原理原则就不反映物自体的规律了。认识的对象是不能够也不应该被思维认识所变革的。显然，假如我们要知道的不是梨子的滋味而是它的重量，我们决不会先咬它一口。要不要变革它的条件呢？要。我们要称它、秤它。认识是需要深入的。但是，认识的深入不是变革对象的确实性。认识的深入是撇开现象的确实性，深入到本质的确实性，撇开偶然的确实性，深入到必然的确实性，撇开支流的确实性，深入到主流的确实性……认识总是要由浅入深的，但是，无论是浅也好深也好，认识总是要反映对象的确实性的。对象的形色状态不是相等的，它们有深有浅有表有里，但是，它们又都有确实性，它们都是独立于我们的思维认识而这样或那样的形色状态。认识总是要反映确实的形色状态的。在这里我们可以说我们实在是进行两方面的斗争。一方面我们反对那种否认实践作用的静止的认识论，抹杀主观能动性的认识论，我们坚持认识过程是需要变革现实的实践的。另一方面我们也反对客观主义地对待形色状态的认识论。我们坚持形色状态是不平等的，而认识是需要深入的。无论在哪一方面我们都坚持认识是要反映客观事物的确实性的。

（3）思维认识不改变客观对象的形色状态。上段已经提到这一点，现在简单地引申一下，因为有人感觉到确实性难于抓住。我们举一个例吧！我们说：天安门城墙的颜色确实是红的。我们究竟说了什么呢？这句话可能包括这些意思：天安门城墙的颜色不是我们说它是红的，它就是红的，不是我们想象它是红的它就是红的，不是有人制造错觉或幻觉使我们看起来它好像是红的，而是它客观地是红的。这又是什么意思呢？就正确的认识说，分析到最后，这句话是说天安门城墙的颜色不是因为我们思维认识到它，它才是红的，而是说如果我们不思维认识到它，它仍然是红的。这就是说，我们虽然认识了天安门城墙的颜色，我们虽然用了"红"这一概念去反映它，我们和它虽然有了这种思维认识的关系，然而我们的思维认识不影响它，不改变它。这就是说，天安门城墙的颜色是独立于我们的思维认识而红的。客观事物形色状态的这个不受思维认识的影响，不为思维认识所改变的情况，就是客观事物形色状态的确实性。

(4) 客观化了的思维认识的确实性。正在我们头脑里进行的思维认识只是主观的思维认识。这样的思维认识不仅别人不知道，事后连自己也经常忘记。但是，思维认识是有语言作为它的"物质"外壳的。通过它的"物质"外壳，思维认识是可以转化为客观事物的。说出来了的，特别是写出来了的思维认识都是已经转化为客观事物的思维认识。我们要特别指出这样的思维认识仍然不是物质。它仍然是看不见摸不着的，一般地说，感觉不到的。如果我们不指出这一点，我们可能会混淆物心的界线。但是，指出这一点之后，我们也要承认这种转化了的思维认识是客观事物。这样的思维认识也经常是我们研究的对象。这也就是说，它是研究它的思维认识的对象。逻辑学所研究的对象正是这样的思维认识的形式及其规律。作为对象的思维认识，客观化了的思维认识也和其他的客观事物一样有它的确实性。这就是说，这样的思维认识的形色状态是独立于我们的研究（思维认识）而然的，不然的话，逻辑就不成其为科学了。

(5) 客观世界确实性的规律。确实性被掌握了之后，我们就可以进一步发现它的规律。我们是彻底的可认识论者。我们只承认有尚未被我们认识的事物，不承认有不可知的事物。客观事物是千变万化多种多样无限丰富的，它们的形色状态，如果用比喻说的话，是万头攒动纷至沓来的。认识是艰巨的，长期的，没有止境的。但是，其所以可能是因为无论客观事物多么复杂，它们都有确实性。没有确实性的客观事物就成为不可知的了。事实上客观事物是可知的，因此，它们必然地是有确实性的。这还是不够的。客观事物不只是有确实性而已，而且它们的确实性只有一个。在这里说确实性只有一个好像难于了解似的，在这里可能不如说本来面目只有一个。其实所谓本来面目就是确实性。正如所谓本来面目一样，确实性只能是一个，不可能是多样的。确实性是独立于认识而然（即这样或那样）的关系质。独立于思维认识而"然"的情况只有一个。独立于认识而"然"的就是不受思维认识的影响的。受影响时的影响可能是多种多样的，不受影响时的没有影响只是原来的一个而已。显然客观确实性只有一个。这就是关于确实性的客观规律。

（二）思维认识的可能的不确定性

（1）思维认识的确实性和确定性。确实性和确定性一般地说是没有混淆的问题。客观物质事物有确实性，但是，至少在我们现在讨论的范围内，它们无所谓确定性。思维认识就不同了。任何客观化了的思维认识，作为客观事物，都有确实性，它们的确实性是一样的。但是，它们的确定性就不一样了。下面（甲）、（乙）、（丙）三个例子都是客观化了的思维认识，作为客观事物，它们的确实性是一样的。（甲）"下雨天留客天留客不留"。（乙）"下雨天留客，天留客不留"。（丙）"下雨天，留客天，留客不？留"。（甲）、（乙）、（丙）的形色状态不同，它们的确实性是一样的，它们同样地是独立于我们的认识而然的。这就是说，它们是独立于我们现在的思维认识而甲样或乙样或丙样的。但是，它们的确定性不一样。（甲）没有确定性，它没有说什么，它只是有一定秩序的十个汉文字而已。它可能有几个解释，但是，单靠它自己，我们是无法决定的。（乙）有确定性，但是，思想比较简单。（丙）有确定性，它复杂多了，它陈述了情况，它有问有答。它的思想和（乙）的很不一样。（甲）、（乙）、（丙）都有确实性，他们不都有确定性。确实性和确定性是不一样的。确实性是确定性的必要条件，不是充分条件。上面三个例子也就证明了这一点。从一般的认识论着想，我们可能要着重地指出确实性之为必要条件。思维认识如果没有确实性它也不可能有确定性。但是，从本文的特定角度说，我们要着重地指出：确实性并不充分。这就是说，在思维认识过程中出现的而又客观化了的思维认识并不都是确定的。

（2）何谓确定性。下面利用句子或命题或判断来介绍确定性。如果一个句子（或命题或判断，以下同此）说了什么，或者有意义，或者有真有假，该句子是确定的；反过来，如果一个句子没有说什么，或者没有意义或者既不可能是真的也不可能是假的，那么该句子是不确定的。确定性或不确定性是一个复杂的问题。自相矛盾的句子，就是不确定的句子，而自相矛盾是极其复杂的问题。悖论我就不懂。把属于不相干的论域的东西结合在一块儿的句子是废话、也是不确定的，例如"公道是二的开方"。这样的废话很明显，在思维认识过程中可能是不大出现的，但是，不确定的东西不都是这样明显的。在本条我们只是介绍一下确定性和不确定性而已。

（3）不确定的思维认识的例子。也许有人会怀疑：思维认识是否能够不确定？他们可能会说，在思维认识的过程中，不确定的东西可能出现，但是，这样的东西能够被保存下来，被正式地提出来吗？我们且看下面这个句子。这样的句子在 30 年代某日报的短评中出现过，我从前在课堂上引用过。现在是靠记忆写出来的，字句可能有差别。

"本来中苏边界相隔太近，脚踏一步，即已出国。"
这样的句子曾经被想出来了，写出来了，而且印出来了，显然，它不只是在思维认识过程中昙花一现而已。在汉语语法上，我看不出它有什么毛病。就我个人的感觉说，文字还很简洁。有些同志可能认为这里有语言上约定俗成问题。有些字汇不合理，可是，约定俗成，用起来并不犯错误。"在未解放之前"，"超出讨论范围之外"都是不合理的；解放有"之前"，未解放没有"之前"，范围可以"超出",范围之外无法"超出"。但是,我们用这些字汇,不是按不合理的方面去用的,了解也不是。上面的例子不是这样的东西。中苏边界能相隔吗?如果能相隔的话,两国中任何一国的边界是中苏边界吗?这里是能相隔不能相隔的问题。能相隔才有远近问题,不能相隔就没有远近问题。如果根本不能相隔,也就无所谓太近了。至于"脚踏一步,即已出国",要看从哪里踏起。如果从广州或昆明踏起,踏上几百万步也不行,如果正站在边界上去踏,可能一步不动,半个身子已经出国了。"本来"两字最难体会。是不是说中苏边界有特点,它相隔太近,而法意、意瑞、加美……等边界就不同呢?后者都相隔很远呢?是不是在这些边界上脚踏一步就不能出国了呢?显然这个句子所表达的思维认识是不确定的。它虽然是句子,虽然包含了十几个字,虽然想出来了,写出来了,印出来了,然而它没有说什么,它所表达的思维认识是不确定的,是不可能反映客观现实的。

(4)不确定性仍然发生。认识的发展是知识越来越多,也越来越广越深越复杂。在这个发展中,不确定性思维认识是否也越来越少了呢?不确定的思维认识仍然是不断地产生的。我的文章里就有,别人的文章里不见得就没有。它是增加,还是减少呢?我没有研究过,不敢说,有些不确定性的性质可能是越来越清楚了。大体说来,形式逻辑里所讲的形式的和部分的实质的错误也可以说是不确定性的分类,纠正这些错误就是避免不确定性;遵守形式结构的要求也是对确定性的保障。这只是一个方面而已。科学愈发达,思维认识也愈来愈复杂,愈准确,愈精密。随之而来的是新的不确定性。以自相矛盾为例。有些自相矛盾是跟着数学或逻辑学的发展而出现的,这些是古时候所不可能有的。不确定的思维认识在刊物上出现的时候,似乎比从前少了些,但是,在思维过程中还是会不断地产生,就是在刊物上也不会绝迹。

(三) 矛盾和解决矛盾的方式

(1) 反映规律之一。客观事物之没有不确实性和思维认识之有不确定性是有矛盾的，而这个矛盾是相当根本的。无论如何，它是本节所讨论的主要矛盾。这个矛盾的主导面是遵守辩证唯物主义的原理原则的。物质是第一性的，思想认识是第二性的，这样一个最根本的原理是贯彻到这个矛盾里来的。我们是反映论者，思维认识不仅是客观事物的反映，而且是要正确地反映客观事物的。显然，在本矛盾中客观确实性是主导的一面。我们要克服的是思维认识的不确定性。反映是有规律的，而规律之一就是：只有确定的思维认识才能正确地反映客观事物的确实性。确定的思维认识不一定正确，不确定的思维认识不可能正确。我们的任务就是要克服不确定性。但是，不确定性不是可以用唯心主义的方式去克服的。这个方式也是要从客观事物中来，通过思维认识的引用，回到客观事物上去，受到实践的检验才能最后肯定地成为克服不确定性的方式。形式逻辑这门科学的主要内容之一就是要研究出克服不确定性的方式。有一点我们应当着重。上面提到的规律相当根本，而就形式逻辑说，特别重要。

(2) 形式逻辑的头三条基本思维规律的作用。头三条基本思维规律正是在上述情况下提出而又历史地肯定下来的。本文的基本看法上面已经提出来了。认识世界的根本矛盾之一是客观事物之有确实性和思维认识之有不确定性的矛盾。反映规律之一是：只有确定的思维认识才能正确地反映客观事物的确实性。按照这个规律，为了使我们能够正确地反映客观事物，我们要研究确定性的条件，寻找确定性的规律来克服不确定性。头三条基本思维规律的作用正是克服这个不确定性。但是，它们的有效性还须具体地说明。

（3）头三条基本思维规律的两重性。头三条基本思维规律之所以有效，因为它们有两重性质。一重性质是它们有正确的反映性。它们正确地反映了根本的客观规律。从这一方面着想，它们和别的具体科学的原理一样。就它们所反映的客观规律说，客观事物都是遵守的，根本就没有任何例外。作为这条客观规律的正确反映，任何事物都是遵守它们的，这就是说对于任何事物，它们都是能够引用的。但是，头三条基本思维规律不只是有反映性而已。另一重性质是它们的规范性。思维认识有不确定性，不确定的思维认识是不能够正确地反映客观事物的。头三条基本思维规律规范思维认识，要求后者遵守它们。对客观事物，头三条基本思维规律说：它们是如何的；对思维认识，头三条基本思维规律说：它们必需如何。头三条基本思维规律之所以能够规范，因为它们所反映的客观规律有它的特点，以这个特点去要求思维认识而又得到满足的话，思维认识就成为确定的。下面我们就反映与规范两方面来讨论。

二　头三条基本思维规律的反映性

（一）头三条基本思维规律所反映的是：客观事物的确实性只有一个

（1）头三条基本思维规律是一组规律。在本条我们首先表示一下，这三条规律不只是个别地反映客观事物的确实性只有一个，而且结合为一组也反映，而且更完整地反映客观事物的确实性只有一个。从这一点来看，我们也可以看出它们和第四条规律是不一样的。第四条规律不属于这一组。虽然如此在下面我们还是要先分别地讨论。在这里我要谈一谈表达方式。逻辑教科书里的表达方式并不一致。本文采取如下的表达方式。同一律的表达方式是：如果××是甲，它就是甲。更简单的方式是：是甲就是甲。我们也同意甲是甲的表达方式，但是，我们的了解仍然是如果××是甲，它就是甲，或者，是甲就是甲。不矛盾律的表达方式是：××不能既是甲而又不是甲。排中律的表达方式是：××是甲或者不是甲。这个表达方式可以帮助我们使我们更好地看出它们实际上是一组的规律。

（2）同一律。同一律肯定如果××是甲，它就是甲。"甲"是所谓变词。它代表什么呢？它的值（变词的值）是形色状态。"是甲"（口说时"是"音声重些）表示甲的确实性。整个的同一律表示甲的确实性的同一。前面已经提到天安门城墙的红，现在仍然结合到那个例子来谈。用到这个例子上，同一律说：如果天安门城墙是红的，它就是红的。肯定天安门城墙是红的，不是同一律的任务，它没有肯定天安门城墙是红的。它说的是：如果天安门城墙是红的，那么如何如何。也许有人会说：假如天安门城墙不是红的，怎么办呢？他们还会指出在反动统治阶级统治时期，这城墙曾经不是红的。它只有小小的几块红色。这和同一律不相干，显然如果天安门城墙不是红的，它就不是红的。同一律对于甲的值没有偏爱，这个值是红的也好，不是红的也好，形色状态的确实性的同一是一样的。这和天安门城墙颜色的变化也不相干。如果天安门城墙变化了，那么它变化了。这也许笼统一些。我们可以用一具体的例子。西红柿是由绿（苹果绿）变红的。当它是由绿变红的时候，它就是由绿变红的。当它是绿的时候，它就是绿的，而当它成为红的时候，它就是红的了。当然，它会有不绿不红的阶段，不错，可是当它是不绿不红的时候，它就是不绿不红的。其所以如此，是因为同一律所反映的不是形色状态或它们的变化，而是形色状态和它们的变化的确实性的同一。形色状态和它们的变化都是独立于思维认识而然的，这个然法只有一个，确实性也只能是同一的。这个然法是普遍的，确实性的同一也是普遍的。同一律作为同一确实性的反映也是普遍有效的。

（3）不矛盾律。上面是从正面来反映确实性只有一个。但是，单从正面来反映是不够的。我们还要从两个侧面来反映确实性只有一个。不矛盾律就是从一个侧面来反映确实性的。在这里我们不能不结合到否定判断或命题来谈。说"××不是甲"，或说"某某不是红的"的意义是什么呢？它所否定的首先是某某客观事物有红这一属性，但是它同时也否定了"某某是红的"这一判断。否定这一判断也就是断定这一判断是假的。它断定了某某没有红这样的确实性。为什么要提到这一点呢？这里有相容或不相容的问题。二十多年前曾经接触到这样的议论：××是红的长方桌子，可是，长方不是红，因此××既是红的又不是红的。这是错误的。"××是红的"和"长方不是红"根本不是一个类型的命题或判断。它们根本不能混在一块儿。具体的事物总是各种各样的形色状态综合在一块儿的，不然，它就不成其为具体的东西。显然，一个红的东西可以是长方的，圆的，香的，臭的，木头做的，石头做的……等等。这些都是相容的多种多样性。不矛盾律所反映的是不相容的情况：无论某某是什么，它不能有既红而又不红的确实性，或者说它不可能确实地是既红而又不红的。客观的情况正是这样。难道一个事物能够独立于思维认识地红而又不独立于思维认识地红？这显然是没有的事，不可能的事，违背客观规律的事。拿呆板的事物来作例，问题还可能不够明确。现在就以萤火虫作例吧！它忽然亮忽然不亮了。当它亮的时候，它确实那样亮，当它不亮的时候，它又确实那样不亮了。这好像没有什么问题。但是，它是否有半明不亮的时候呢？尽管这时候很短，这时候还是有的。但是，请注意这不是既亮而又不亮的时候。以从前的亮为标准，萤火虫的亮和以前不一样了，半明虽明，然而它已经不是从前那样的亮了。同时它也没有成为以后的黑暗，因为它还是半明的。这半明不亮显然既不是从前那样亮而又不像从前那样亮。同时尽管时间很短，半明不亮显然有它的确实性。半明不亮就是半明不亮，它在那一阶段不能既是那样的半明不亮又不是那样的半明不亮。不矛盾律是从是甲和不是甲二者不可得兼（无论是肯定的兼或否定的兼）来反映确实性的。这是从一个侧面来反映客观事物的确实性只有一个。和同一律结合起来说，这就是同一的那一个。

（4）排中律。排中律是从另一个侧面来反映客观确实性只有一个的。这是什么侧面呢？是甲和不是甲之间既没有二者相容的确实性（不矛盾律所反映的），也没有二者之外的确实性。后者就是排中律所要反映的侧面。从我们的取舍说，是与不是之间，我们必取其一必舍其一，没有第三可能。从具体的例子来看，情况正是这样。解放前北京的许多红柱子向太阳的一面经常是由深红变成浅红，由浅红变成白的。就整个的过程说，是由红变白和不是由红变白二者之间没有第三可能。整个过程中的前一阶段是由深红变浅红的。在这一阶段问题同样，是由深红变浅红和不是由深红变浅红二者之间仍然没有第三可能。问题仍然是确实性只有一个。如果整个的过程是由红变白的，它就确实是这样，它既不能确实地是这样而又确实地不是这样，也不能再是这样与不是这样之外还来一个确实地怎样。回到排中律，××是甲，或者不是甲，说的正是二者之外没有任何第三可能。

（5）头三条基本思维规律结合起来的反映。在（1）条里我们已经表示三条基本规律是一组的规律。整组结合起来反映了客观事物的确实性只有一个这样一条根本的客观事物方面的规律。分别地讨论了之后，我们可以更清楚地看出结合起来的结果如何。

同一律所反映的实在是：是甲就是甲。不矛盾律实在是说是甲与不是甲不可得兼，而排中律实在是说是甲与不是甲之外没有第三可能。用最简单的话说，确实性是同一的，不二的，无三的。回到确实性的定义，独立于思维认识而然的形色状态的关系质是同一的，不二的，无三的。这也就是说客观事物的确实性只有一个。这是作为认识对象的客观事物的根本规律之一。这个规律之所以根本，因为它是彻底的可认识论的必要条件之一。没有这个条件认识世界就成为不可能的。当然强调这条规律并不意味着我们可以忽视客观事物的可改造性。客观事物的可改造性不能够忽视。从辩证唯物主义说，改造世界是十分重要的事情。但是，那一方面的问题不是本文的问题。从本文的角度说，客观事物的确实性只有一个这一条规律特别重要，因为它正是头三条基本思维规律所反映的客观事物的规律。它不只是头三条基本思维规律的客观基础，而且是有关部分的形式逻辑的客观基础。

（二）本文的所谓同一

本文的所谓同一是从头三条基本思维规律所反映的客观规律那里来的。相对于思维认识，客观事物的确实性只有一个。这就是说客观事物独立于思维认识的关系质只有一个，或者独立于思维认识而然的然法只有一个。首先我们要注意这里说的是客观事物的形色状态独立于思维认识而然的然法只有一个，或独立于思维认识而然的关系质只有一个；这里说的不是形色状态。上面曾提到"本来面目只有一个"这句话好像是容易被人接受些。但是，我们用"确实性"而不用"本来面目"这个词汇也是有理由的。"本来面目"容易使人想到面目上去，而我们所要着重的不是面目。面目总是多种多样的，千变万化的。我们着重的是本来，是本来之所以为本来，而本来之所以为本来只有一个。它就是独立于思维认识而然的关系质。头三条基本规律反映了这个客观规律。单就一条规律说，问题可能还不太清楚。三条结合起来看，显然它们反映了客观确实性是同一的，不二的，无三的。这就是说客观确实性只有一个。本文所说的同一就是从这个客观规律来的。本文的同一不是所谓"不变"的事物的同一，但是，它是否有不变这一因素呢？它有。客观事物无论如何地变，它独立于思维认识的关系不变。本文的同一不是一般地不受别的事物的影响的同一，但是，它是否有不受影响这一因素呢？它有。它不受思维认识的影响。请注意这里说的是客观事物不受思维认识的影响，这就是说，它不以思维认识为转移，这里说的不是思维认识不受它的影响。这里说的也不是客观事物不受人的影响或不受人的实践的影响，它显然是受人的影响，受人的实践的影响的，这里说的只是它不受思维认识的影响。本文的同一不是超出关系网的，或没有关系的光溜溜的同一，但是，它有没有一种不相干的因素呢？它有。无论思维认识的性质如何，即令是极端唯心主义或形而上学的，这和客观事物的形色状态不相干。显然，唯心主义者或形而上学者只是错误地反映客观事物而已，他们决不能改变客观事物的确实性，他们的观点和方法和作为它们的对象的客观事物的形色状态是不相干的。最简单的说法是：本文的同一就是头三条基本思维规律所反映的同一。更简单的说法是说它就是同一律所说的同一。根据本条的说法，本文的同一与其说重点在同，不如说重点在一。同时我们也要明确地指出：本文的同一没有无所对的绝对性，可是，有有所对的绝对性，没有绝对的绝对性，可是，有相对的绝对性。我们不能够也不应该把不是绝对的东西绝对化，但是，本来是相对地绝对的东西，我们还是要如实地反映，不然的话，我们还是犯了错误。

三　头三条基本思维规律的规范性

(一) 为什么有规范性这个问题

（1）作为思维规律，头三条不是所有的思维认识所实际上遵守的规律。客观化了的思维认识有两重性。一方面它们是客观事物，另一方面，它们是反映工具。作为客观事物，它们都有确实性，它们都是遵守客观确实性只有一个这一条客观规律的。这就是说，它们所遵守的是头三条基本思维规律所反映的那条客观规律的。但是，作为思维认识，作为反映工具，它们是不是都遵守头三条基本思维规律本身呢？问题就两样了。作为客观事物和作为反映工具的思维认识虽然是统一的，然而是有分别的。这个分别在第一大节第（二）小节第（1）条已经提出。那条里的甲例就是确实的客观事物，但是它不是确定的思维认识，它只是写在纸上的图形而已。每一个字虽然有意义，然而十个字联系起来的整体没有意义。它是不确定的。我们已经断定并不是所有的思维认识都是确定的。这也就是说实际上并不是所有的思维认识都遵守头三条基本思维规律。

（2）头三条基本思维规律是规范确定性或一贯性的。头三条基本思维规律虽然不是所有的思维认识都实际上遵守的，然而它们是所有的思维认识所必须遵守的。不遵守它们，思维认识就不确定了或者说就不一贯了。确定性和一贯性是一件事情。前者是就个别的概念、判断（或命题）或推理说的，后者是就一整篇文章、整个报告或一整套理论说的。所谓整体是一贯的，也就是说，整体的确定性只有一个。客观事物的确定性只有一个，思维认识的确定性也只有一个。我们经常不这样想因为思维认识是反映形色状态的，而形色状态是多种多样的。我们经常忽略了形色状态虽然是多种多样的，然而它们的确实性只有一个。因此，我们也经常忽略了作为反映形色状态的思维认识虽然也是多种多样的，然而它们的确定性也只有一个。概念、判断（或命题）、推理是多种多样的，但是，它们都必须各自是确定的，这就是说，它们都必需是同一的，不二的，无三的；或者说，它们都必须是遵守头三条思维规律的。一篇文章，一个报告，一套理论，无论它的内容多么丰富，多么复杂，它本身必须是一贯的，这也就是说，它必须是同一的，不二的，无三的，而这就是遵守头三条基本思维规律。当然，确定的概念、判断（或命题）或推理不一定正确，有一贯性的文章、报告或理论也不一定就正确。要思维认识正确地反映客观事物，我们还要在别的方面下许多工夫，单单要求思维认识遵守头三条基本思维规律显然是不充分的。但是，不确定的思维认识，包括不确定的概念、判断（或命题）或推理和不一贯的文章、报告或理论，不可能是正确的。确定性或一贯性是正确的思维认识的必要条件。这个条件是低级的，但是，它也是非常重要的。头三条基本思维规律虽不是所有的思维认识都实际上遵守的，然而它们是所有的思维认识所必须遵守的。它们所规范的正是思维认识的确定性或一贯性。形式逻辑之有规范性是人们早就承认的，只最近几十年来人们忽略了它而已。

（3）反映性和规范性的对象和关系。反映性和规范性的对象是不同的。头三条基本思维规律所反映的是客观事物，是它们的确实性，是客观事物的确实性只有一个这样一条规律。这三条规律所规范的是思维认识，所反映和所规范的是完全不同的对象。这一分别是头等重要的事情。我们自己要经常意识到这一分别。这一方面是使自己避免错误，另一方面是使我们和唯心主义进行斗争。唯心主义者的一个重要的歪曲就是否认或取消头三条规律的反映性，歪曲它们的规范性，把它们说成是规范客观事物，从而把事物说成为我们规范的结果。反映性和规范性的关系如何呢？反映性是基本的。显然，没有反映性就是没有客观基础，而没有客观基础的思维规律是不能够执行规范任务的。说反映性基本是从执行任务的有效性的根源来说的。这不是降低规范性的重要性。愈强调规范性的重要，也就愈强调反映性的基本。这仍然是说没有反映性，规范性就成为无源之水，无本之木。当然，就思维认识之是否能够正确地反映客观事物，就不确定的思想认识在事实上存在，就这样的不确定性非排除不可来说，规范性是头等重要的事情。

（二）如何规范

（1）作为规范的头三条基本思维规律。因为规范的对象不同，作为规范的头三条思维规律的内容也就不一样了。首先是前面表达方式中的"××"这一符号的值的转变。作为反映客观事物的规律，这个符号的值是客观事物（它们的形色状态），它虽然没有指出某某具体的事物，然而它的所指不出客观事物的范围。作为规范确定的思维认识的规律"××"这一符号已经不是指一般的客观事物了，它的值已经转变成为思维认识和它的形式，虽然这一符号所指的不是某某具体的思维认识或某某具体的思维形式。不仅"××"已经不只是指客观事物了，而且"是"与"不是"也转变了，它们不只是表达客观确实性如何如何的"是"或"不是"了，它们兼有应该和必需的意义了。这样一来，同一律不只是：如果××（概念、判断、推理、证明）是甲，它就是甲，而且是：如果××（同上）是甲，它就必需是同一的甲。不矛盾律不只是：××（同上）不能既是甲又不是甲，而且是：××（同上）不应该既是甲又不是甲。排中律不但是：××（同上）或者是甲或者不是甲，而且是：××（同上）必需或者是甲或者不是甲。

确定性和一贯性本来是一件事，但是，我们把一件事从两方面来讨论是有好处的。在好些人心目中确定性是很容易和僵死联系起来，和不灵活联系起来的，而一贯性并不如此。确定性或一贯性不是僵死性，但是在具体运用时，我们要利用相对凝固性来维持确定性，不然确定性是无法维持的。同时，我们也要利用相应的发展性来维持确定性，不然确定性也是无法维持的。我们这里说利用并不是无中生有地利用。所利用的性质仍然是确定性所固有的。这一点很重要，这就是说，相对凝固性和相应发展性都是确定性所固有的。下面我们就要从两方面进行讨论。这个讨论既表示如何规范，又论证确定性或一贯性不是僵死性。

（2）确定性中有相对凝固性。我们从反映这一任务的执行中来看确定性。这样来看，我们会发现确定性中有相对凝固性。就确定性中的相对凝固性说，思维认识是不跟着客观事物的变化而变化的。我们又拿萤火虫作例吧！它忽然亮，忽然又不亮了。当它亮的时候，它确实地那样亮，当它不亮的时候，它又确实地那样不亮。反映亮或不亮的概念"亮"或"不亮"之有确定性在这里没有多大的问题。但是，萤火虫是否有半明不亮的时候呢？有。可是，请注意这不是既"亮"而又"不亮"的时候。同时，在这个变化过程中，我们不是能够继续地以"亮"这一概念去反映萤火虫的形色状态的。在半明不亮的时候，以从前的亮为标准，萤火虫已经不一样了，半明虽明然而已经不是从前那样的亮了，因此，它已经属于后面两个字所说的那样的不亮了。从前那样地亮和不那样地亮仍然没有兼。同时半明不亮尽管时间很短，还是有它的确实性。它不能既是那样地半明不亮又不是那样地半明不亮。半明不亮也是独立于思维认识而然的半明不亮。萤火虫已经变了，它已经由亮变为半明不亮了。原来正确地反映它的"亮"概念是不是也应该跟着萤火虫的变而变为"半明不亮"这一概念呢？不。萤火虫虽然已经终止其为亮，然而反映亮的那个"亮"概念并不跟着就终止其为"亮"概念。我们的办法是以另一概念，即"半明不亮"这一概念去反映变化，而不是改变原来的"亮"概念。这就是说，原来的概念是有相对凝固性的。这就是说，概念是不跟着它所反映的客观事物的形色状态的变化而变化的。没有这种相对凝固性，概念是不能够确定的。确定性中本来就有这种相对凝固性。不然的话，概念是不能够反映客观事物的变化的。显然，如果"亮"这个概念跟着萤火虫的变化而变化，那么"亮"这概念也就变为或偷换成为"半明不亮"这一概念了，"亮"这一概念就失去它的确定性了，而半明不亮这一状态，就反映不出来了。这里只是用概念来说明确定性中有相对凝固性而已，别的思维形式的问题同样。

（3）确定性中有相应的发展性。思维认识也是运动变化发展的。上面既然已经提到萤火虫的"亮"，我们就可以从它说起。这是天然的亮，以后就有人为的亮。在人为的"亮"中，我们是由碰石头而产生星星的"亮"，到钻木取火的"亮"，到青油灯的"亮"，到蜡烛的"亮"，到煤油灯的"亮"，到电灯的"亮"的。这是一个很大的发展过程。亮的内容变了，发展了，标准也就改变了。"亮"这一概念也以满足新的标准为它的要求了。如果有几个发亮的萤火虫在没有开上电灯的房子里飞来飞去，我们还是会肯定该房子是"黑暗的"。房子的"亮"已经不是萤火虫那样的"亮"了。就整个的发展过程说，"亮"还是"亮"，它也必需是"亮"。就每一阶段说，"萤火虫的亮"仍是"萤火虫的亮"，"电灯的亮"仍是"电灯的亮"。在这里，"亮"这一概念是跟着有亮的客观事物的质的变化发展而变化发展的。显然，不跟着客观事物的质的变化发展而变化发展的话，我们就会抹杀不同阶段的差别，而萤火虫的亮和电灯的亮就会被等同起来了，而这也就是抹杀它们的分别了。"亮"这一概念也就会成为不确定的了。上面说的是概念跟着客观事物的质的变化发展而变化发展。认识是要深入的。概念也是跟着认识的深入而发展的。古代的"原子"概念包括"不可分"的组成部分，而现在"原子"概念包括"可分"的组成部分了。这是认识深入的发展。这个发展的时期很长，而在这一很长的发展时期中，就有"原子"概念发展史。在这个发展史中，原来的"原子"概念必需是那个"原子"概念，现在的"原子"概念必需是现在的"原子"概念，不然的话，"'原子'概念发展史"这一概念就不能确定，因而也就不能反映那个发展过程了。思维认识的确定性是有相应的发展性的。没有这种相应的发展性，思维认识也是不能够确定的。

以上（1）条分别地表示头三条基本思维规律各自的规范性。因为结合起来它们规范思维认识必需同一，不二，无三，而这就是规范确定性，所以在以后的讨论中我们就不分别地提到头三条规律，只谈它们结合起来所规范的确定性或一贯性。（2）、（3）两条表示在执行反映任务的过程或活动中，我们如何具体地维持确定性，这也就是说，我们如何贯彻头三条基本思维规律的规范性。同时，我们表示只有确定的思维认识才能正确地反映客观现实。客观事物是运动变化发展的，确定的思维认识和这个情况不但没有不可克服的困难，而且只有它才能把这个情况正确地反映出来。上面我们只提到运动变化发展，没有特别地提客观事物的矛盾问题。我们可以用类似的方式表示只有确定的思维认识，这就是说，只有在形式逻辑上不矛盾的思维认识才能正确地反映客观事物所固有的矛盾。我们没有多提这一方面或其他方面的问题，尽管这些问题重要。我们的重点是摆在确定性上的，而这正是头三条基本思维规律所规范的。

＊　　　＊　　　＊

以上第一大节提出了客观事物的确实性和思维认识的可能的不确定性的矛盾。它也指出了头三条基本的思维规律是解决这个矛盾的。它表示了这三条基本思维规律既有反映性又有规范性。在第二大节里，本文提出了这三条规律所反映的是客观确实性只有这样一条客观规律。但是，尽管如此，在第三大节里，本文指出它们仍然是思维和思维形式的基本规律，它们是规范思维认识的确定性的。

·政治学·

T.H. 格林的政治学说[*]

前　言

　　有着神秘主义外貌的唯心论政治哲学似乎远离实际政治，就像爱因斯坦的公式远离通常的工程一样；然而，尽管它看来如此远离实际政治，但它始终具有值得重视的影响。正是由于这个理由，写这篇专题论文是可以的，而这篇论文的读者（如果有的话）也不必把它视为在精神健身房里的一种不必要的努力。

　　错误和不准确之处是可能的。作者使用非本国语言来写这篇论文难免遇到不少困难，而这些困难只有在遥远的土地上力求表达自己思想的那些人才能真正体会到的。作者有幸获得一些朋友的帮助。我感谢他们。作者感谢曾聆听其讲授的教授们。最后，

---

　　*　本文系作者作为完成哥伦比亚大学政治学系博士学位的部分要求而提交的论文，原文存哥伦比亚大学图书馆。全文包括前言、序论、形而上学的和伦理学的背景、自然权利学说、格林和他的先辈、国家的基础、国家干预原则、国家干预原则的适用、国家干预原则的适用（续）、格林的影响、结论等章。这里只选了前言、序论和结论部分。杜如楫、汪静姗译。——编者注

作者对邓宁教授的感恩之情是难以充分表述的。在各个阶段中邓宁教授对我的启示和批评都是很有裨益的；然而，按照"东方人的奥秘"，无言比有言也许意味更深长。

金岳霖

纽约市，1920 年 9 月。

<h1 align="center">序　论</h1>

霍布豪斯教授在他的《民主和反动》一书中写道："三十多年间英国思想受到国外的强烈影响，尽管这不是英国近代史中的第一次。莱茵河已流入泰晤士河，不管怎样已流入泰晤士河的上游，当地人称为艾西斯，而德国唯心论的河水已从艾西斯散开，分布在大不列颠的整个学术世界中。"①

在霍布豪斯教授看来，德国政治哲学，简略地说，包含着三个基本概念。② 其一，意志是自由的；它是自我决定的；个性或真正的自由在于与我们的真实意志相一致，而真实意志又不同于我们作为自己个人所表现的那种意志。其二，我们的真实意志与公意是同一的，后者在社会结构中得到最好的表现，如果不是充分的表现的话。其三，国家是公意的体现，国家赋予它以"活力"、"表现"和"一致性"。国家是公共的自我，而个人的自我是融合于其中的。国家是权威的泉源。它是我们道德理想的实现。它本身就是目的。因此，德国唯心论就成为政治绝对主义。

T.H. 格林是属于因引进德国政治思想到英国去而起先被赞赏后来被谴责的那些学者之列。他于 1836 年 4 月 7 日生于约克郡西区的伯金，是一位地方教长的儿子。他在拉格比上学，并于 1855

---

① 霍布豪斯：《民主和反动》，第 77 页。
② 霍布豪斯：《形而上学的国家学说》。

年 10 月进入牛津大学巴利爱尔学院（Balliol College）。1860 年他
受聘讲授历史，"在这年的十一月，他实现了他在青年时的抱负，
被选为该学院的研究员。"① 从 1860 年直到他在 1882 年去世期间，
他在牛津大学教书并积极参与地方政治，在 1876 年被选为牛津市
议会议员。他是参与这类公共事务的第一位学院导师。② 他对教育
问题和禁酒问题很感兴趣。在 1878 年，他被聘任为怀特道德哲学
教授，这个职位是许多人长期以来认为对他是合适的。他在 1882
年 3 月 26 日去世。

　　我们感谢 R.L. 内特尔希普（Nettleship）先生出版格林著作
集，共有三卷。第一卷和第二卷是关于哲学的，第三卷包括其他
各种内容。格林的政治学说实际上体现在他在 1879 年和 1880 年
所作的《政治义务的原则讲演》中。这些讲演在《著作集》第二
卷中重印，现在为了便于读者以单行本出版。他的《伦理学导论》
包含一系列哲学讲演的主要内容，体现了他的政治思想的形而上
学的和伦理学的背景。它是在他去世之后才出版的，没有收入
《著作集》里。他的《论善意》、《论英联邦》和《论自由主义立法
与契约自由》等讲演，对理解他的政治学说有直接的帮助。

　　为了对他的学说提出清晰的图像，有必要对他那个时代的学
术倾向进行概括的回顾。格林这种类型的人是不会轻易满足于传
统的和现存的英国政治哲学和社会哲学的。至少对他来说，那种
哲学缺乏一个关于个人的合适概念。人们往往把人视为对外界刺
激的一个被动的接受者，而不是在人类活动的各个领域中的创造
者。为了对这一点作出评价，让我们回顾从霍布斯到现在英国思
想的历程。

---

①　《T.H. 格林著作集》，第 3 卷，回忆录 XVII。
②　同上书，回忆录 CXIX。

霍布斯(1588—1679),我们记得,是坦率的唯物主义者。[①] 他解释说,知识的获得是由于感官的作用,他并且把人的感情和情绪归结为欲求和厌恶的对立。[②] 在政治学说上,他关于主权者权力的概念多少过于绝对,他对自然状态的描述也过于悲惨。在这方面,洛克(1632—1704)则较为乐观。他的自然状态绝不是无法无天。他热烈同情革命,为人民主权论证。在洛克看来,政府的权力总具有受委托职责的性质,因而他认为政府最终是要对人民负责的。[③] 在知识论上,洛克主要是一个感觉论者。他激烈反对关于生来俱有的观念的学说,这使他竟然达到支持塔布拉·雷沙(Tabula Rasa)的学说的危险境地。[④] 他直截了当地说,心灵不过是一块空白,而观念则只是"延长到大脑的"感觉。不用多说,这个学说对神学家来说是白费心机的。贝克莱(1685—1753)热衷于神学唯心论,他作出艰苦的斗争以推翻洛克的前提,但他的努力似乎只是导致大卫·休谟(1711—1776)的较有说服力的经验论。休谟在政治学说的领域里给予社会契约概念以致命的打击,[⑤] 但他在伦理学里为边沁开路。他认为功利是各种人类行为的决定性动机,而这正是功利主义的信念,而且他的人性概念基本上是丑恶的,[⑥] 与霍布斯的人性概念并无区别。

在此期间,洛克所提倡的政治学说广为传播。在美洲,自然权利的概念和人民主权的观念已写入法律文件中。[⑦] 尽管政党分歧很快出现,但是人们对于这个根本原则实际上并无意见分歧。在

---

① 邓宁:《政治学说史》,第 2 卷,第 266 页。
② 霍布斯:《利维坦》,第 6 章。
③ 洛克:《政府论两篇》。
④ 洛克:《论人类理解力》。
⑤ 休谟:《道德、政治与文学论文集》,第 1 卷,第 443 页。
⑥ 邓宁:《政治学说史》,第 2 卷,第 783 页。
⑦ 1776 年弗吉尼亚宪法和独立宣言。

法国，不管是对的还是错的，孟德斯鸠（1689—1775）推崇当时的英国政制。由于孟德斯鸠，制衡学说已成为一个政治信条，因为人们相信，只有通过这个制度，自由才能有所保证。[①] 与此同时，重农主义者正在提出放任主义信条，而卢梭（1712—1778）则为1789年的原则铺平道路。前者开始了经济学的研究，而后者则普及了社会契约论。[②] 卢梭的自然状态是孤独的状态。他的公意（general will）概念作为主权者的行为原则是对传统思路的革命，但他坚持政府必须以被治者完全同意为基础这一层，却包含着该学说所固有的同样困难。虽然他们（卢梭和重农主义者）的想法各异，但我们可以有把握地说，他们是从同一个原则出发的。在英国，正当有着浓厚重农主义倾向的亚当·斯密（1723—1790）带着一套洋洋大观的政治经济学体系出现在工业革命正取得最初进步的时候，苏格兰的道德哲学家还没有失去大批追随者。在那里，老师是谨小慎微的，而学生则变成实证的和确信的。清规戒律成为教条。社会关系成为经济规律。不久，被称为古典经济学家的一群人名声显赫起来。不论他们之间有什么分歧，不论马尔萨斯（1766—1834）的悲观，李嘉图（1772—1823）的固执，或者西尼尔（1790—1864）和麦克库洛赫（1789—1864）的刻板，他们都是那时人们所说的自然和自然规律的崇拜者。人类主要是经济性的，而经济规律一般被视为不可改变的。

在法学的领域里，布莱克斯通（1723—1780）以他的《评论集》出现了。他对历史有着强烈的兴趣，而不能对社会契约说表示赞同。事实上，按照他的看法，人民之所以结合在一起，乃是因为他们感到恐惧和无援。对于严格的主权概念，他是有着极大

---

① 孟德斯鸠：《论法的精神》，卷 XI，第 5 节。

② 关于卢梭对法国革命的影响，珍妮特（Janet）赞成，杰林里克（Jellinek）不同意。

的影响的。他对法律的分析，假定有一个政治上的最高者，而主权则是"至高无上的、不可反抗的、绝对的和不受制约的权力"。他的《评论集》使边沁的天才得以发挥。由于边沁（1748—1832）及其弟子，功利主义名声显赫起来。根据功利主义学说，人的动机和活动可以归结为快乐。使人快乐之事被视为好的和可取的，而使人痛苦之事则被视为坏的和必须避免的。在政治领域中，这个口号就变成"最多数人的最大幸福"。政府的存在是在于人民整个说来有政府较之没有政府更为幸福。[①] 在边沁看来，法律是意志以命令的形式的一种表达。权利概念若不伴随义务概念就毫无意义。权利和义务是相互依存的。法律的权利和义务不是主权者的属性，而道德的权利和义务才是主权者的属性。主权者的权力最终在于能够实现最多数人的最大幸福。功利主义者的影响是显而易见的，因为，即使没有人能够确切知道什么是幸福，但每一个人都可以算出什么是最多数的人。

从上述的回顾看来，我们不难理解，何以格林不赞同传统的政治哲学和社会哲学。从根本上说，它是唯物论的，或者充其量是经验论的，而格林则是一个唯心论者。霍布斯和洛克都相信社会契约论，但在格林看来，这种契约在历史上以及在逻辑上都是不可能的。功利主义者把人们的努力视为追求快乐，但格林则认为快乐绝非这种动力。经济学家创造了经济人的虚构，而格林则认为相信经济人的虚构就等于使自由从属于必然。

J.S. 密尔（1806—1873）多少令人迷惑。确实，可以说他和《圣经》那样，圣者和魔鬼一样都可以利用他。他以资产阶级经济学家著称，但有人说他是作为一个社会主义者而死的。[②] 他开始是

---

① 边沁：《政府论残篇》。

② 巴克（Barker）：《从斯宾塞到当前的政治思想》，第 213 页。皮斯（Pease）：《费边社史》，第 259 页。

一个边沁信徒，但后来他只是名义上的功利主义者。他为个人主义论证，但他并不具有无政府主义的倾向。他的《论自由》是对传统观点的决裂。用巴克（Barker）先生的话来说，它"给予自由权概念以更深刻的和更属于精神上的解释。密尔从一个意味着每个个人为发现和追求物质利益所必须的外在行为自由的自由权概念提升为自由施展精神创造性以及由此产生的个人活力和多样性的自由权概念……同样，在他的《论代议制政府》中，他把边沁对民主的辩护加以精神化了。"①

从1848年开始到其后的70年代这个期间是多变的，密尔的智性人格也是多变的。社会科学在各个方面都取得了巨大的进步。让我们看一下对政治学说有所影响的政治经济学、法理学、历史学、社会学乃至生物学方面的发展趋势吧。

在政治经济学方面，古典经济学家的学说仍然占统治地位。他们对经济规律的解释和表述，使他们事实上已成为那时的现存秩序的辩护者。外来的影响，不论弗德里克·李斯特的国家保护主义，或者卡尔·马克思（1818—1883）的国际社会主义，或者法国早期作家的共产主义乌托邦，在英国仍未为人所熟知，但一种多少使人困窘的学说则出现在地平线上。罗伯特·欧文的计划在实践中失败了，但他的观念却把人们的思想引导到新的方向去。在理论的领域里，李嘉图式的社会主义者② 未能看到现存财富分配制度有任何值得夸耀之处。在实际政治中，伦敦不同于1848年的巴黎，因为它并不存在任何国家工厂；但在另一方面，经济的和社会的各种改革努力却并非一点儿也没有。科布顿（1804—1865）和布赖特（1811—1889）特别致力于谷物法，提倡放任主义；而莫里斯（1805—1872）和金斯莱（1819—1875）则为当时到处存

① 巴克：《从斯宾塞到当前的政治思想》。
② 洛温撒尔（Lowenthal）：《李嘉图式的社会主义者》。

在的苦难所感动，而企求一种真正的相互合作。① 当亨利·乔治（1839—1897）在1879年发表他的《进步与贫困》时，经济思想已进入到一个新的时期。

在法理学领域，分析学派有了它的代表人物约翰·奥斯丁（1790—1859）。他认为国家主要以暴力为基础，而服从则主要出于恐惧。他的主权学说，不管如何简明地说，所谈论的是某种描述而不是某个定义。它首先包括某个确定的在上者，它并无服从同样的在上者的习惯。其次它包含一个特定社会，这个社会的大部分人都习惯地服从那个确定的在上者。"实在法"不同于"实在道德"。因为"实在法"首先被视为在上者的命令，因此，主权者高于法律的权利和义务。在另一方面，亨利·梅因爵士（1822—1888）不满意分析学派，他涉足到远古，而在返途中力图堵住正在上涨的人民统治的潮流。② 他对卢梭的学说和边沁派的学说都感到厌恶。他力图用他那巨大的智力一下子摧毁这两种学说，但他这样做的结果，他可能变得比他所料到的更为悲观。巴克先生认为，梅因是一位律师，他有着他的职业的保守主义。③ 但吉丁斯（Giddings）教授则认为，梅因对古时制度的透彻研究使他忽视了现代人的心理。④

法律研究中的历史方法，不论在德国和英国，都必须对历史本身有所影响，尤其是进化观念开始受到知识界著名人物的欢迎。进化观念被视为适用于自然事实的历史方法，而历史方法又被视为适用于人类制度发展的进化观念。人们认为现在的根是过去所深埋的。于是，各种好古精神就开始进行它们的精神旅行，进入

---

① 伍德沃思（Woodworth）：《英国的基督教社会主义》。
② 梅因：《人民统治》。
③ 巴克：《从斯宾塞到当前的政治思想》，第168页。
④ 吉丁斯：《民主和帝国》，第181页注脚。

到德意志的边远森林中去，以便解释当时的现存政治社会事实。历史解释并非毫无创新之处。对事件的逐年叙述这个传统方法已不能完全令人满意。技术学的解释与时代精神又不十分一致。卡尔·马克思的经济决定论① 尚未风行。但亨利·托马斯·巴克尔（Henrq Thomas Buckle）就已经在 1857 年以同样的方向作出了雄心勃勃的努力。② 尽管他这项工作没有取得预期成功，但它激励年轻的一代人作出进一步的努力。

从海峡对岸传来了实证主义和对人的崇拜的福音。先验的或形而上学的思辨已不被视为能够指导我们了，因而知识只能从经验材料的积累中产生出来。看来，人被视为一个独立的原子单位这个观念，又要返回到亚里士多德的格言——人在本性上是社会性的。一般而论，传统的经验主义看起来似乎获得了一件新的外衣并引起人们广泛注意。这对密尔有着巨大的感召力，同时驱使弗里德里克·哈里逊（1831— ）对"秩序和进步"作一番思考。孔德进一步地被视为社会学的先行者。美国过去是也许现在仍然是这一科学分支的肥沃土地，而英国对此并无羡慕之感。沃尔特·巴奇霍特（1826—1877）不属于正式的社会学家，但他真诚地希望在社会学的模仿过程中使政治学获得更新。他的《英国宪法》在相当的一个时期里是这个课题的定论，而他的《物理学和政治学》至少在方法上与较为形式的和条文主义的作者迥然不同。赫伯特·斯宾塞把社会学与他的综合哲学相结合，而为放任主义提出了后到的论证，这体现在他的《人与国家的对立》一书中。

在达尔文（1809—1882）及其观察结果提出之后，自然科学的研究取得了巨大进步。这促进对动物有机体及其适应性的研究。根据类比，这种研究逐渐扩展到所谓的社会有机体。正如动物有

---

① 《共产党宣言》，1848 年。
② 巴克尔：《英国文明史》。

机体有血管和动脉，社会有机体据认为也有同样情况。正如动物有机体为生存而斗争，社会有机体据说也进行同样的斗争。据说适者生存，但是，正如赫胥黎教授所指出的，[①] 适者未必就是较优者，更不是最优者。这种社会有机体学说并不是一个新学说，它只是在内容上大为丰富，并有着不同的解释罢了。在柏拉图的手中，这个学说为一个目的服务。在德国人手中，它为另一个目的服务。然而，在赫伯特·斯宾塞的引导下，它变成某种宿命论，因为它在哲学上导致宣布物质的独立性，[②] 同时它在政治上为个人主义的无政府主义辩护。

尽管有上面的说明，人们仍然可以问道，这些科学同政治学说之间究竟有什么关系。我们必须记住，政治学说并不限于这套法律和那套法律的条文，也不限于宪法和政府以及习俗或习惯，如果它研究社会中的人，那么它就得研究作为个人的人；如果它研究政治社会的目的，那么它也必须明确个人的使命。那么，根据刚才所提到的那些科学，人的概念又是什么呢？在古典经济学家看来，人是一种经济动物。在功利主义者看来，人是快乐的追求者。从自然主义者的观念看来，人首先是一种动物有机体，而从历史的经济解释的观点看来，人主要是外在力量的被动接受者。历史学家告诉人们，他们是怎样成为现在这个样子的，而法律学家则描述人们的法律地位。事实上，正如华莱士（Wallas）先生所指出的，[③] 政治思想的每一位著作家和学派，都有自己的人性概念，而概念一般是基于某种并不存在的抽象物。很可能其中每一个都包含着一定的真理。更可能的是它们都有夸大之处。不管怎样，在格林看来，它们都是片面的，因而都不是据以建立某种综

---

① 赫胥黎：《生存斗争》，载《十九世纪》，1888 年 2 月，第 165 页。

② 《T.H. 格林著作集》，第 1 卷。

③ 华莱士：《政治学中的人性》，第 12 页。

合的政治哲学的一些恰当的概念。政治哲学若建立在这些不恰当的概念之上，就不可能令人满意。如果政治哲学是不能令人满意的，那它就需要修正，但它又不能彻底修正，除非你为此又建立一个牢固的基础。于是，这就是格林在他的伦理学中要解决的问题。他的政治学说是以他的伦理学为基础的，这体现在他的《政治义务的原则》之中。对他的伦理学和政治学进行研究，是不能割裂的。格林作为一个彻底的唯心论者是反对经验论的。他相信人的道德使命而使人不同于纯粹的动物有机体。他要负起责任把英国政治学说从它们的自然主义倾向的支配下解放出来。

结　　论

以上我们浏览了对格林的批评和评论。这些批评及评论说明，格林尚未得到恰如其分的对待。他的追随者们过高地赞美他，并且把不属于他的功德归于他；而他的批评家们则对他有时显示了不该有的敌意。我在这一章的目的是想指出格林哲学中突出的长处和不足，但是在开始这样做之前，应该首先澄清一个错误的印象。认为政治唯心论必然是政治绝对主义的信念是毫无根据的。产生这种信念的原因恐怕是偶然因素。洛克是最有影响的民主的拥护者之一，而他恰巧是一个经验论者。黑格尔是德国绝对主义思想界领袖，而他恰恰是一个唯心论者。大概可以断言，洛克是作为实践政治家进行写作的，他所以有影响是因为英国人崇尚实际；而黑格尔是作为哲学家进行写作的，他被人们仿效是因为德国人崇拜深刻。但是实际上，经验主义与民主的联系并不比唯心主义与绝对主义的联系来得更直接。我们只需记住，霍布斯的绝对主义是从他的唯物论中得来的，可以归功于卢梭的雄辩的18世纪民主倾向，可以溯源到他的唯心论学说。不管是否就像霍布森

(Hobson) 先生声称的那样"由进化论科学产生出的决定论"[1] 已经向保守主义的策略投降,可以轻易指出的是:经验论有时已经落入极权政治或者富豪政治的魔爪。现代政治中由唯心论滋育出离心力也不乏其例。哲学标签没有多大意义,举足轻重的是它们的应用。

对格林写作的时代是需要略加说明的。1776 年和 1870 年标志着不同的时代。众多原因使得美国革命时期值得纪念。在日常生活方面世界开始了伟大的转变。手工业将被机械工业所取代。由我们自己创造出来的东西——引用威廉·莫里斯(William Morris)的话说——在 19 世纪初叶已经开始"迅跑"。悲惨和贫困与工人阶级结了缘。在思想领域,1776 年是值得纪念的。亚当·斯密的《国富论》和边沁的《政府片论》于同年问世。带着重农主义倾向和 18 世纪哲学传统,可以说世界已经选择了一个极端个人主义的道路。无论思想上还是事实上,从 1776 年到 1870 年间都是一个放任主义时期。

上个世纪的后二十五年标志着一个明显的变化。从 1870 年到 1914 年是一个集体主义时期,一个被海斯(Hayes)教授称为"慈善的资产阶级时代"的时期。从政治上讲,这是一个在对外关系方面表现了强烈的民族主义的时期。竞争性地备军、资本输出和秘密外交是国际政治的突出标志。对内,这是一个实际中央集权下的经济统制的时期。从原来被称为中产阶级的那些人当中涌现出来的资产阶级的政治地位得到提高。骄傲地自称为"自我造就"的成功的企业家们,对曾经品尝过的经验苦酒记忆犹新。多亏民主制他们才取得成功。成功似乎是一个魔术般的目标。一些人已经成功,一些人正在成功,所有的人都在力图成功。在他们

---

[1]　霍布森:《自由主义的危机》,第 187 页。

为了成功而进行的疯狂努力中，与马克思的预言相反，各个阶级的人都为了"发展"和"进步"而共同劳作。民族意识比阶级意识在更大程度上占主导地位。为了取得内部的和平和外部的荣耀，国家必须拥有"管理"、"调整"以及最后能作出指导所必需的权力。这便是那个时代的精神，正是带着这种精神格林提出了他的学说。

很明显，格林的哲学并不乏长处。不幸的是，黑格尔的标签使人们对它的内容具有了偏见。但是，那些研究过格林的人，一般都否认他是黑格尔式的。阿尔弗雷德·威廉·本（Alfred William Benn）先生在他的《十九世纪英国唯理论之历史》一书中，激烈主张格林不是黑格尔式的。巴克教授将格林的著述形容为牛津的产物，它直接受到德国哲学的影响，但最终可溯源到希腊思想。

更具体地讲，格林是亚里士多德式的，而不是柏拉图式的。在这种估计上，巴克教授并不孤立，里奇教授用不同的语言几乎得出了相同的结论。后者的观点是，格林的哲学是用亚里士多德纠正康德，和用康德纠正亚里士多德。如果是这样，可以说格林既是康德式的，又是亚里士多德式的。这种说法在某种意义上对黑格尔也同样适用，但这并不等于可以把他与黑格尔看成一回事。在提到黑格尔的工作时，格林说到应该对它重新做过。这些观点表明，格林的确没有借用黑格尔的衣钵。对黑格尔的爱不应用格林来培养，同样，对黑格尔的偏见也不应迁怒格林。

首先应该提到的长处是格林的自然权利学说。首先，在格林方面这一学说为两个不同的目的服务。它批判了那种将权利说成是由主权者赋予的绝对主义，并且它证明了政府基于被统治者的同意这一学说的错误。如果"同意"是绝对必需的，那么投票数将是政府的必要部分。如果投票数是必要的，那么解释和证明少数人服从的合理性将永远是件困难的事。从来还没有人能证明其合理性，格林也没有证明；但是格林的自然权利学说将这种证明的必要性减少到相当的程度。格林厌恶数学式的政府。基于数鼻子的政府可能在实践中是权宜之计，但它不能成为我们民主的思想。说到底，政府是手段；如果你把手段当作目的，那么你就丧失了生活中的最终目的。

进一步讲，格林的自然权利学说与现代经济事实和社会学的理论是协调一致的。劳动分工在比以前任何时候更大的规模上盛行，而且个人的互相依存性也越来越明显。今天在伦敦的一顿早餐可能包括南美的咖啡，美国北达科他州的小麦，锡兰的茶叶，古巴的糖，大概还有爱尔兰的土豆。不仅经济上的互相依存是不容争辩的事实，而且正如社会学家们所指出的，为社会的善而奋力的社会意识也经常表现得十分明显。我们经常听到"类的意识"、"社会心态"、"社会精神"和"社会意识"之类的议论，如果我们能够从中推导出任何值得记取的教诲，那么就该是互相依存和合作的必要性。

现在，自然权利的传统学说与这些即使不是新的，至少也是清楚地加以界说的事实和倾向不相协调。一个人不可能生活在一个相互依存的社会中，同时又保留那种假定存在于孤立的自然状态下的自然权利。一个人不可能生活在以合作为其突出特征的社会中，同时又完全坚持那些假定是从个人彼此独立和隔绝为其主要特征的自然状态下带来的权利。18世纪的经济学被加以尝试并证明是不足取的。18世纪的政治哲学也同样如此。至于自然权利学说，格林的纠正很可能方向是对的。

格林的国家干预学说也是有价值的。我们当还记得，密尔把人类行为分为只与自己相关的和与他人相关的两种，并认为只有后者才是国家干预的对象。这种划分并不十分稳妥，因为人类行为在绝大多数情况下既与自己有关，又与他人相关。一个本身有缺陷的原则对国家干预的实践不能提供指导。格林对外在行为和内在意志的区分尽管不是十全十美，但在复杂的人类关系中更具有指导性意义。只有外在行为才是国家干预的对象，因为内在意志不仅不该，而且不能是国家干预对象。

许多人不能同意格林在这方面胜过密尔；因为他们会说，决定哪些行为应该是国家干预的对象，是和区分只与自己有关的行为和与他人的有关的行为同样困难。格林学说的优越性就在于格林的划分至少将部分人类行为排除在政治范畴之外。进一步讲，格林的划分毕竟是一个真正的划分，而密尔的则不是。至于哪些行为应该是国家干预的对象？格林的回答是：只有那些阻碍道德生活的可能性的外在行为才是国家干预的对象。从根本上讲，国家只是为了排除障碍才进行干预。鲍赞克特博士力图在提法上加以改进，他力主"对阻碍的阻碍"这一用语。这是康德用过的提法，[①] 格林对此谅必是熟知的。

如上所述，密尔和格林的不同基本上是自由概念的不同。密尔的自由观是消极的，它是去除障碍的自由。格林的自由观是积极的，它是去做和享受某件值得的、并且与他人共同去做和享受的事的一个积极的力量或能力。这种不同大概是很自然的。密尔的自由观是以18世纪哲学为其背景的传统概念。自然人是好的，让人们自己管理自己的事便万事大吉。正是限制使人们变糟，由此得来消极的自由观。但是到了格林的时代，放任主义的弊端已经变得显而易见。商业方面、劳力方面、工厂条件方面和一般工业方面的契约自由已经产生童工和女工，造成悲惨、贫困和奴役，这些是具有格林这样性情和宗教热忱的人不能容忍的。对这种状态必须有所作为，那么谁又能比国家做得更好呢？18世纪哲学家

主要关心的是排除来自上面的压迫。压迫就是障碍，因此自由便是去除障碍。首先是去除来自上面的障碍。到了格林的时代，问题是排除人们自愿地加于自身的障碍，这些障碍剥夺了对他们内在力量或能力的行使。问题是这些障碍主要不是来自上面，而是来自那些能够将自己的意志强加于弱者的强者。因此，如果国家进行干预，它这样做正是为了维护自由，而不是妨碍自由。

即使在国家干预原则以外诸方面，积极的自由概念本身也不无用处。消极概念的一些不足，正是积极概念的长处。消极自由观很容易堕入放任自流。这种概念经常被人认为是一个人可以随意处置他自己和他自己的所有。如果是这样，就会在社会中引起极大的混乱，并很可能会招致无政府状态。积极的自由观意味着人类创造性的努力。根据定义，它是指做或享受值得去做和享受的事。如何强调人类自觉的创造性努力的重要性都不过分，因为到处充斥着认为前途必定光明的盲目自信，或者抱定前途黯淡无光的这种对宿命论的屈服。两者中无论哪一种都危害着人类的进步。通过把自由等同于人类创造性的努力，这种危险假若不能完全避免，至少也是减少了。再者，这种积极的自由概念具有优越性，是因为它意味着共同的善的思想。自由不仅是做和享受某件值得去做和享受的事的能力，而是与其他人共同去做，去享受。它不是随意处置一个人的所有，因为这样做可能并不是与其他人共同去做。

与自由观和国家干预原则密切相关的是调和个人主义和集体主义。说格林是彻头彻尾的集体主义者，并不比说他是彻底的个人主义者更正确。他两者都不是，同时两者又都是。也就是说，在他那里两者得到了令人满意的调和。格林关于理性和向善的意志的概念包含了至善的思想，或者至善是可能的这种思想。一个人决心为了尽可能地完善自己而行为，但是一个人通过什么途径追求他自己的善和提高自己，则要由他自己的能力或力量来决定。这又使我们回到自由的概念上。

如果道德意义上的理性是指意识主体和通过意识主体实现可能的尽善尽美的一种意识，政治意义上的自由是指做和享受某些值得去做和享受的事的能力；那么两者合在一起用今天的话说便是"自我表现"。它们是指一个人的一种意识，也就是满足自我而做值得去做的事的能力达到完美的可能性的意识。这是个人主义，并且是最高层次上的个人主义。它没有任何无政府主义倾向，因为这些倾向已经被排除在它的构成成分之外了。

至于集体主义，我们无须重复在讨论国家干预原则时已经做过的论述。惟一需要指出的是：在格林那里，个人主义和集体主义是互相协调一致的，而不是互相敌对的。在国家干预原则的指导和应用下的集体主义，促进和加强了个人主义。的确，巴克教授关于道德而发的议论也同样适用于个人主义。如果国家不进行干涉，那正是为了个人的缘故不去干涉；如果国家进行干涉，那也是为了个人的缘故而进行干涉。

格林的哲学中有一点与当代精神尤为合拍。他把国家与可以称为"大社会"的东西区别开来。在格林看来，国家以其他组织为先决条件。例如，国家并不产生权利，而是赋予已经存在的权利更充分的实在性。① 但是，什么权利是已经存在的呢？也就是说，什么权利是在国家建立之前存在的呢？

关于这个问题的答案，让我们看看格林的自然权利学说。因为人生活在社会中，那么为了使他们能够实现其道德理想，也就是为了使他们的能力能够得到充分发挥和发展，他们生活在其中的某些关系和环境便应该得到保障。这在本质上构成权利的基础。

---

① 格林：《政治义务的原则》，第138页。

这些权利是靠国家才存在的吗？在格林看来，它们"从社会关系而生，这些关系可以在没有国家的地方存在……它们的确是靠社会才存在的，但并不是靠社会采取了国家的形式而存在。"① 因此，存在着独立于任何国家的权利。这些权利不仅独立于国家，并且在某种意义上它们比国家更基本。因为首先，国家存在的目的是为了赋予这些权利更充分的实在性。其次，有些权利国家是永远不该侵犯的。格林在谴责战争方面是积极的，他所提出的理由是战争既侵犯了进攻国成员的生命权，也侵犯了防卫国成员的生命权。当讨论到国家之间的冲突是否不可避免时，格林说，作为权利的维护者和协调者的国家"为了自己利益的任何行为都不会与全人类的任何真正利益或权利发生冲突。"② 后来，他表达了这样的一个希望，即正义观念作为应该在全人类当中以及同一国家的成员之间维持生活的一种关系，可以像规范一个优秀公民的行为的观念那样，独立于他们各种利益的所有考虑而作用于人们的精神。③

对国家和人类社会的这种区分，以及格林关于公民反抗国家的权利的讨论，表现了他对国家行为的根本态度。国家行为不是不可反抗的，也不是不可驾驭的，而是可以正确地用是非这样的词汇加以形容的。国家对内和对外都不是高于道德的。对内，国家可能做错事，对外，对其他国家，它也可能做错事；格林的学说丝毫没有像周德先生似乎暗示的那样把国家和社会当作同义词。事实上，格林期望，当国家是根据国家的理念更好地、更完善地组织起来的时候，国家和社会两者可以协调一致。我们也没有任何根据设想，格林认为国家是不可能犯错误的，因为他至少已经

---

① 格林：《政治义务的原则》，第150页。
② 同上书，第170页。
③ 同上书，第178页。

指出在很多事例上，国家的确犯了错误。格林思想中的国家毕竟不是什么可怕的东西，就像那些不加区别的政治唯心论的批评家们所害怕的那样。

上面，我竭力说明了格林体系中的某些长处，这些长处似乎是很值得感谢的。下面，我要讨论他学说中的一些不足，这些不足是格林的崇拜者们愿意看到它们被消除的。

首先，认为制度是理性的体现的学说[①] 肯定是危险的。它最终导致了保守主义，导致了维护现存制度，并证明其合理性。我们并不是在断言制度不代表理性，或者理性对制度的起源没有起过作用。习惯和习俗的采用都有理性在发挥作用。但是，我们确实同意社会制度是客观理性的体现的观念是危险的这种说法，因为我们推崇理性的倾向可以转变为推崇制度的倾向，而过去的制度，或者现存的制度，都不总是值得我们推崇的。

对这点的解释是两方面的。第一，作用于采用某一特定制度的理性，尽管在采用那一制度时是合理的，由于环境已经变化或正在变化，可能现在就不再合理。在存在一个独特的、具有个性的地方生活的年代，地区性的代表制可能是代表制的合适方法，可是当现代工业主义将地方个性扫荡殆尽时，这种制度可能就不再适合了。

第二，一些制度可能是通过推理，但不是通过正确的推理而被采用的。结果是，这些制度在今天看来就像在过去一样是存在缺陷的。恰当的精神是改进的精神。但是如果我们美化在制度背后的理性的威严，我们就要对丧失改革和进步的精神负有责任。我们越要推崇我们的过去，就越坚信过去值得我们推崇。人类是好奇的。如果他们有一个理想，并且竭尽全力地实现这个理想，

---

① 格林：《政治义务的原则》，第94页。

他们最后可能把他们的努力当成他们的理想。如果他们崇拜理性，并且相信制度是理性的体现，他们最后可能崇拜制度。例如，在中国，创造性的贫乏主要是由于对过去过分推崇。不断进步的人民应当向前看。在这方面，说格林面向将来，而不是面向过去去寻找灵感，是十分公平的。他自己不断地探求着人类能力更充分的实现和发展。

但是，我们不应该用个人的美德抵消理论上的缺陷。格林正是在这件事上追随黑格尔。但是黑格尔并非毫无目的地提出他的理论。他的目的是在一个开明君主下的德国统一。为了达到此目的，他必须创制一个哲学体系，用以阻止法国革命前后革命学说的发展。他必须同那些了解他们职责的知识分子作斗争。这些知识分子知道，没有其他方面的革命，政治革命不能成功。一个无神论者不能毫无目的地砍掉上帝。教会的批评家们是有确定的目的而抨击教会的。理性的崇拜者并不是为了寻欢作乐而崇拜理性。科学的鼓吹者有一把确定的斧头要磨砺。他们知道，一个特定的政治制度是由一整套社会的、伦理的和宗教的观念支持的，并与这些观念相互交织。为了推翻那个政治制度，他们必须不仅反对政治的，而且反对社会的、伦理的和宗教的偶像。为了使人民做好准备以取得预期的目的，他们必须从否定现存的一切开始。他们必须摧毁迄今为止为人们珍爱的所有生活方式、习惯和习俗。黑格尔企图发展出一个哲学体系，用以暗中破坏革命将领的战略，这个哲学体系把制度说成是理性作用的结果，以使得理性的崇拜者崇拜制度。这种尝试就其目的而言，固然足智多谋，但却无力阻挡革新主义和激进主义的潮流。由于后者已经站住了脚，我们没有丝毫借口去复苏前者。

主权从来是政治哲学中的棘手问题。格林的讨论尽管在区分或毋宁说不区分法律上的主权和事实上的主权方面是极其中肯的，但似乎是徒劳无益地试图把奥斯丁和卢梭相结合。他同意奥斯丁的观点，认为主权是制定和执行法律的最高权力，这个权力是由确定的一个人或一些人掌握，并偶尔表现为强制力。但是他又同意卢梭的观点，认为主权基本上是意志。于是，主权只有在公意的支持下才是最高的。这种表述使主权的概念或者是一个大实话，它无须煞费苦心地进行论战；或者是一个智力上的遁词，它对我们毫无帮助。那些并没有在神秘主义中寻求避难所习惯的人们，将不问主权是意志还是权力的问题，而是更现实地问谁的权力是最高的，以及是谁的意志在支持那个权力。一个国家中享有行使最高权力的人是不易确定的，因此很难说这些人是确定的。他们形成一个阶级，并且我们知道谁的权力是最高的。但是，我们却不能那么容易地概括出是谁的意志在支持这个权力。不反对并不意味着全心全意的支持。一般的默认也够不上公意。的确，我们很想同意霍布豪斯的话。他说："就它是意志来说，它不是公的；就它是公的来说，它不是意志。"① 纯粹法学的和纯粹形而上学的主权概念都不令人满意；因此，不必期待两者的大杂烩会使当代的政治理论家更为满意。

毫不掩饰地说意志而非暴力是国家的真正基础，会鼓舞许多人将此作为抽象的原则来想往并加以实现，但是这几乎并不是对事实的分析。在我们并不相信强力就是权利的同时，我们却太经常地看到无论在历史上还是在现今，权力或暴力是公共事务中一个强有力的决定性因素。格林在为阐明其主张提供的论据方面特别不幸。令人遗憾的是，强力，无论是体力上的还是经济上的，正像经验所说明的那样，它在指导人类事务中一直是无限制的。更令人遗憾的是，如果通过某种手段而达到目的，不管手段正当

① 霍布豪斯：《国家的形而上学理论》，第127页。

是否，正像弗雷德里克一世（Frederick the Great）断言的那样，总有某个哲学家欢呼所达到的目的，并且美化其手段。如果我们看看格林对拿破仑战争所作的事后的论证，我们便会对那位君主的挖苦表示折服。一件与坏事附带发生的好事，不应为了坏事而被"否定"。而一件与好事附带发生的坏事，也不应为了好事而被"肯定"。格林自己对其逻辑上的错误是深知的。① 在我们进行道德评价时，不那么严格也许会给人温馨的感觉，但是在指导性原则方面，出于同情感而做出宽容的道德判断则是危险的。似乎存在一种支持用目的证明手段合理的谬论的顽固倾向。应该指出的是，不是目的证明手段合理，而是如果手段与目的不一致就会毁掉目的，无论该目的可以多么令人想望。

　　格林关于国家的真正基础的学说，还有一点不应逃过我们的注意。当意志被宣布为国家的真正基础时，这很容易导致我们相信，国家是由我们的自由意志有意识地建立的，因为"意志"一词通常意味着积极的努力。实际上，心理学家的论点是不容反驳的，他们认为下意识的心理现象与意识的意志一样对维护国家起到帮助。意识的意志不是国家的惟一基础，恐怕这就是为什么在若干地方格林提到赞同，而不是同意。但是，如果他对同意和赞同加以区别，他也应该对积极的或者肯定的意识的意志，和被动的或者否定的或者习惯性的默认加以区别。当他说到罗马帝国基于意志时，我们可以假定，意志的确是指被动的默认。我们可以很容易地想象，假使允许人民自由选择的话，他们恐怕便不会选择对罗马帝国效忠。如果对意志和默认加以了区分，并且把两者都作为国家的基础，格林反对暴力的论证恐怕可以更好地被人认识和更深地被人理解。

---

① 格林：《政治义务的原则》，第168页。

对为数众多的人来说，反对格林的主要理由在于他在经济问题上的观点。他是坚持土地改革的，但是他反对单一税制度，而这正是可以治愈邪恶制度的惟一补救方法，尽管他对这些邪恶制度如此雄辩地加以控诉。他对资本的看法是不入时的。他对资本的弊端很敏感，但同时他没有看到资本控制的集中存在着固有的危险。首先，他对这个问题的研究方法是与现代自由主义者不同的。现代自由主义者会探究财富分配的正义性，而格林却满足于对逐渐改善工人物质条件表示慈父般的兴趣。例如，现代社会主义者的基本问题是：允许一些人在现今情况下积累尽可能多的财富，而使大多数人，用格林的话说，没有实现他们道德理想的足够手段，是不是公正的。与19世纪初叶工人的状况相比，今天的激进分子并不为工人今天的相对状况而烦扰。格林的立法和契约自由的思想可能遭到个人主义者的反对，认为这是国家方面的不必要的干预；也可能遭到新型社会主义者的反对，认为是国家对专断权力的篡夺。他的经济学当然有更多的不足之处。他与任何一派都不相吻合。如果我们称他为基督教社会主义者，我们就会遭到这样的反对，说他是个基督徒，但不是社会主义者。如果我们把他归入罗斯彻（Roscher）、瓦格纳（Wagner）和施墨勒（Schmoller）之列，称他为历史的民族经济学家，我们又太清楚地知道，不管他是否有足够的民族味，他的历史味却决不够浓。他对无产阶级历史起源的解释，足见他是受了自己对土地恶感的影响。比较保险的结论是，他根本不是一位经济学家。他并没有很好地把握经济事实。如果我们批评他的政治学说中的经济部分，我们应当更谨慎地考虑到他缺少足够的信息，而不是归咎于他的动机。

格林的政治学说最突出的缺点，是它没有对政府的组织加以任何讨论。国家的基本问题固然重要，但在充分地讨论了这些问题之后，接下来的问题便是提出一个政治组织的纲领，用以使政府思想付诸实践。如果政治学说不仅研究原则，而且探讨这些原则的实际作用，那么它也应当指出可能有助于实现那些政治原则的政治组织形式。如果政府应当基于被统治者的同意，那么使人民能够表达在某些问题上的赞同或不赞同，当然是值得注意的。如果全体人民的政府由全体人民来治理是不可行的，那么代议制的问题便应加以考虑，以便找出最为可能的解决办法。如果政府不是基于数鼻子，那么用什么来代替？一些权宜之计将必须被采用，因为在实际事务中，对一些决定性的策略必须取得一致意见才能成事。如果不是多数票制，那么就必须是别的什么。就这个问题而言，格林没有给我们提供任何启发。在其他地方我曾说过，格林的自然权利学说减少了论证多数人对少数人统治的迫切性，但它丝毫不能消除这个问题。在没有提出任何建议性的代替物的情况下，我们可以假定，格林承认多数人统治原则不可避免是权宜之计。如果是这样，证明少数人服从的合理性仍然是一个问题。在没有提出政府组织的纲领的情况下，我们可以下结论说，在格林那里，这个问题仍然没有得到解决。

当然，在一些地方格林提到了政府，但是必须承认，它的含义是很模糊的。国家和政府的区分并不像我们期望的那样清楚。这种含混不清，大概是由于英国的状况造成的。议会中的国王经常被形容为大不列颠的法律主权者。不管它做什么，它都不受法律的限制。如果没有混淆政府与国家的倾向的话，至少没有特别的必要对两者作严格的区分。但是，例如在像美国这样的国家中，成文宪法在某些明确定义的范围内限制政府的地方，在经过适当程序通过的法律可以被宣布违宪的地方，在宪法只能通过特定的严格程序加以修正的地方，一个人多少可以了解到国家与政府之间的不同。当一个人观察一些州内动议权和公民投票的采用，他会惊叹政府权力的萎缩和国家权力的扩张。在这种情况中，国家一般地被称为"人民"。人们可以提出疑问：这种区分对格林来说是否必要？就我个人而言，我想是必要的。例如，在政治义务原则方面，我觉得如果在头脑中想到我们的义务是由于国家而不是由于任何特定政府的缘故，我们的情况会更好。进一步讲，区分政府和国家是非常民主的，而不是反动的学说。因为这个理论在很多情况下提供了必要时用国家的名义反抗政府的机会和证明这种反抗的合理性。

最后我们可以问，归根结底，是否格林自己也重蹈了那些被他攻击为片面性的人的复辙呢？经济学家们创造出了经济人；我们同意格林的说法，并不存在这种经济人。功利主义者把人形容为快乐的追逐者；我们知道，在太多的情况下，我们并不符合这种描述。感觉论者把我们降低为柯达胶片；但是反映在我们眼睛视网膜上的物像并不必然能印成相片。自然主义者认为我们首先是动物有机体；但是我们绝不仅仅是动物有机体。格林知道这一点，并且他努力使我们从仅仅是经济的、排他的功利主义、机械的感觉论和简单的动物性中解脱出来，他几乎使我们成为单纯的意识。难道我们不能问：这样一个意识人是否存在呢？难道这个意识人不和经济人、快乐的追逐者、仅仅是动物的有机体共命运吗？

逻辑有时使人疯狂，但是逻辑中存在美。唯心论以及唯物论哲学有其智性的魅力。人们这样谈论马克思，说马克思体系是人类天才的产物；因此，与其把它蚕食掉，不如让它获得崇高与辉煌。对格林也是如此。研究他不仅可以享受到思想上的魅力，还可分享受他的社会理想主义。他实际上承认他"期望着一个时代的到来，到那时，那句话〔一个绅士的教育〕将失去它的意义，因为所有人都将可以受到惟一造就在任何意义上都可称为绅士的那种教育。因为摩西的期望是上帝的所有人民都应该成为先知，因此，带着全部的严肃和崇敬，我们可以为了英国社会的那样一个状况而希冀和祈祷。在那个状况中，所有的诚实公民都将确认他们自己，并且被相互确认为绅士。"① 这样的理想在今天是太经常地被置于脑后了。

---

① 《T.H. 格林著作集》，第3卷，第475页。

论政治思想*

一

本文中使用"政治体"（body politic）一词是有几分希腊语 polis（城邦）一词的意义的，不过不包含一座城市的概念罢了。它表示这样一个有机整体：有着一政府作为核心，而其非核心部分所包括的成分或者趋向于，或者背离于，或者更一般地，通过政府的中间作用，依据整体的行为方式而活动。所以，它在社会中没有固定的机构，因为它有些成分或许在一个时间、一个地点与整体无关地活动着，而在别的时间和地点又与之相当有关地活动着。因而，虽然从目前的思想意识角度看，某一政治体可能是资本主义的或无产阶级的，但富人与穷人并不总是，也无须总是一个政治体的必要组成部分。政治体的实质是它的最高权力；正是通过行使这种权力，某一部分或某些部分才成为整体中指导性的影响力量，而在极端的例子中则与整体合一。

"政治"一词是指整体的不同部分对于行使最高权力的某些方

　　* 本文原载于《Tien Hsia Monthly》1939年第9卷第3期；中译文载于《清华大学学报（哲学社会科学版）》1986年第1期。赵文洪译，何兆武校。——编者注

式或模式的相互影响。因此它不同于行政，行政只不过是政治体机器的运行活动。凡从属于政治的，就被称作是政治性的。本文中的政治思想是指对政治的思想，应该有别于对政治思想的思想。无论研究政治的路数是经济的（马克思）、历史的（斯塔布斯、梅因）、法律的（奥斯丁）、心理的（华莱士）或哲学的（黑格尔、格林），这一区别都是根本性的。这些方法中的任一种都可以或则是对政治的思想或则是对政治思想的思想。本文是要探讨前者。因此，邓宁、巴克尔的著作，拉斯基的部分著作，以及政治科学家的大部分著作都不算是这种意义上的政治思想。例如邓宁必定曾以其一生主要时间来研究政治思想，但他已出版的著作并没有表明他对政治作过任何积极的思考。在别人的，例如拉斯基的著作中，上述的区别也许看上去有些模糊，但它依然存在着，而且为了本文的目的，还必须承认它的存在。

政治思想还必须首先区别于政治思考，再区别于政治观念，再区别于政治理论或政治哲学。思考可能仅仅与发生于时空中的实际事件过程有关，因此可能不形成一个观念的结构或体系，即本文所指的思想。无论哪一个因任何政治思想而出名的人都必定进行过政治的思考，但进行了政治思考的人并非根据这一事实就获得了政治思想。这很容易地从中国官吏、英国政治家或美国政治领袖们的例子中看出来。观念和思想当然是紧相联系的，不过当此处把思想当成一个体系或结构时，观念却是成为这种体系或结构的要素的实体。政治思想是一个政治观念的体系，这些观念不限于一个体系之内，而能组成不同的体系。既然政治思想是一个体系或结构，所以它就不仅是对行使政治权力的方式而更其是对于它的模式的思想。政治理论或政治哲学可能是或可能不是政治思想，虽然这方面已经给出的例子大多数也是政治思想的例子。如果我们认为政治哲学是指整个哲学的或形而上学的体系中的那一部分，它以政治观念为其演绎出的成分，那么，政治哲学可能不是政治思想。因为既然是纯粹演绎的，它就可能没有本文中政治思想所指的那种与实际政治的关系。因此，虽然柏拉图的政治哲学是此处所指的这种意义上的政治思想，而布拉德和鲍桑葵的却不是。

政治思想必须总是趋向于要求它为之服务的那些目的。它可以用形式的或抽象的语词表达，但在其历史联系之中却总能看到，它是为一定的利益而发言的。柏拉图代表知识分子的利益说话，黑格尔企图阻止可能动摇日尔曼政治体基础的反偶像崇拜的理性主义思潮，因此可以说他以维护现状为其利益。正如圣徒和魔鬼都能同样便利地引用《圣经》一样，相同或相近的观念也可以代表不同的利益。在霍布斯那里，社会契约观念是对君主专制主义的捍卫，而在卢梭那里，它却用于论证全然不同的另一种专制政治。辩证法在黑格尔那里是为既存的现状而说话的，但根据今天的唯物主义，它却成了维护无产阶级利益的工具。

既然政治思想在心目之中必须有一特定的目的，所以它就是某种显然是实际性的事物在理论上的翻版。我们可以说虽然它形式上是一个思想体系，然而它却充满了情感，这种情感总伴随着要看到它付诸实践的欲望。这里的意思可以由认识性的和意动性的之间的区别来表达。这两个词涉及到人类的行为。例如，在数学和物理学背后的活动可能是纯粹认识性的，而在政治思想背后的活动却还有意动性的。政治思想体现出某种意志，不管它是全体的或集团的意志，或公认的政治领袖们的意志。它或者传达意志，或者能被转化为一个纲领；当这个纲领被实施时将部分地实现某些原则。因此它一方面完全不同于纯粹的哲学或数学或逻辑，另一方面又完全不同于自然科学。

本文所探讨的政治思想可以大致分为两个主要类别：一类是

寻求维护现状的，一类是企图推翻现状的。用更一般性的语词来表达这个观念，则政治思想或者拥护某种东西，或者反对某种东西。对于它，总是有拥护或反对。因为政治思想背后的活动部分地是意动性的，所以，各敌对学派之间的对立在一方面就不同于——让我们说——欧几里德几何和黎曼几何之间或牛顿力学和波动力学之间的对立，因为在这些例子中分歧可以说总是由于不同的应用领域所致；另一方面，这种对立也不是逻辑上的矛盾，因为一派政治思想的实现并不使其对立派政治思想成为虚妄，至多仅意味着它们的失败而已。上述对立既非实质上的差异，也非形式上的矛盾，它总是可以归结为一种意志的对抗和利益的冲突。

以下几节目的在于表明，按上文所大致规定的意义来看，政治思想就是一种特殊的外观，在它的掩盖下，积极的、强干的而又无情的人们领导着人民去完成他们的个人或集团所意欲完成的事业。

二

当一个政治体在外部条件变得使其政治重心不再振动于其传统路径之内这种意义上出了故障时，就出现政治思想了。所谓外部条件是指任何一种事态增长到了不是由于任何明显的政治思想所致的一个时期。从事件上讲，这些条件必定既多且杂。也许真的是，经济因素始终是主要的；甚至也许真的是，从此以后经济正变为惟一的决定因素。如果是这样的话，我们可以说每一种政治变革总有其底层的经济原因。不过经济决定论如果正确的话，也只是解释政治变革，它并不在任何意义上蕴涵着经济因素构成了政治变革。换言之，经济决定论可以是一种政治思想的形式。然而经济运动却可以不是政治活动。政治体可能被包括在经济体内，但它们并不吻合：政治可以是经济，但不必定反之亦然。政治体有其自己的存在理由，政治思想也有其自己存在的理由。

对于那些不是经济决定论者的政治学研究者，也许有必要研究历史才能确定导致某一政治体兴衰的特定因素。他们可以从故纸堆中挖掘出有趣的事实，然后得出可行的概括，但这些都不是本文所要提供的。如同经济一样，历史涉及但不等于政治。此处我们对于导致某些政治体兴衰的特定因素并无兴趣。本节只拟表明一个政治体决非永恒的，如同任何其他个体一样，它有其生长、成熟、衰亡的周期。如果我们从政治角度分析它，而不试图从经济或历史角度解释它，那么我们将发现它的这些时期中的每一个都等于可以用政治上积极的、强干的和无情的政治家的行为加以描述的政治体的某些状态。

政治体的生长时期是政治创造性的时期。这是一个以破坏为其前奏的时期。通过这一时期，政治统一或者行将达到，或者已成为现实。新秩序在形成的过程中需要创造性天才，于是政治上富于开创性的、强干的、无情的人被吸引来接受它，作为他们精力的一条出路，并且把它当作实现他们野心的手段。换言之，这些人凭借正在形成的秩序而行动着。不过他们的作用有积极的与消极的两个方面。因为有创造性、而又强干，他们向着所要求于他们的政治创新而活动；但如果他们或他们中一些人，尤其他们的领袖们，还是无情的话，则他们不会容许任何来自多情或灵心善感的其他形式方面的障碍来阻止已经开始了的政治势头。因此，在积极的意义上，通过正在形成的秩序而活动时，这些人便取得政治上的建树。但无情的人在建设方面和破坏方面，在创新方面和守旧方面都是同样无情的。把这些人吸引到建设性的工作中来就减少了从事破坏的顽固敌人的数量。所以，在消极意义上，通过新秩序而活动时，这些人就不再可能是旧秩序的捍卫者。

　　成熟时期一般不是政治的开创时期，而是政治保守或守成时期。开创事业已经完成，留待政治体去作的便是保守它已经取得的成就，这是一种已成为了现状的秩序，它逐渐变得或多或少精致而又动人，并且充满了制约与平衡，及这种那种巧妙的调节，以至于通过它而起作用就要求有一批具有可以称为有法律的头脑和明断的性格的人。这些人也许强干而无情，但他们不大可能具有政治开创性，因为他们对现存制度有着强烈的依附感。不管其天性如何，制度和操纵这个制度的人都趋向于保守。从他们自身的制度来讲，甚至进行革命的组织也是保守的。若掌权者强干、公正和灵活，则保守主义在政治上并非有害。如果情况如此，并且客观事态又未逼迫着进行剧烈变革，这些潜在的革命者即使被拒于政府之外也总能将其精力花费于别处，并寻找其他可征服的领域。当人类的创造性力量不为垄断，并且政治体处于其成熟阶段的稳定平衡的状态时，文明一般都是兴旺发达的。

　　然而一个政治体并不会永远稳定，总有一个时候，权力和制度都变得不能吸引无论是创造型还是保守型的灵活而强干的人了。一个衰颓着的政治体并不意味着一个腐朽或无能的政府。政府可能腐朽或无能或二者兼而有之，但政治体却可能在另一方面强健到足以吸引强干的人来发动改革。改革意味着一方面现存政治制度的一部分可以用来作为表明一个强健的政治体的各种政治变革的工具；另一方面，强干的人仍愿接受现存政治制度作为自己精力的发泄口并作为实现自己野心的舞台。只有政治重心不再储存于正式的政治制度之中，因而政治制度已成空壳，不能作为积极、强干而无情的人们借以实现其野心的工具时，改革才会变成不可能。当情况如此时，我们就看到了衰亡时期。

　　无疑地我们能够做出更为充分的分析，不过即使是如上文这样简要并且可能不适当的分析，也足以表明这些时期意味着什么了。在生长时期，斗争主要关系着旨在实现某些或多或少已为人们接受了的原则的实践措施或纲领。这些原则也许或多或少能在感情上打动群众，但一般都不再在思想上引起社会精英们的兴趣。在成熟时期，通常并没有很多活跃的政治思想，虽然可能有学术性的阐释。它会是这样一个时期，在这个时期，有关政治的教科书会流行，任何不是维护现状的东西可能要么被忽略要么仁慈地被宽容，要么就成为政治荒野里单纯的回声。但是在衰亡时期，政治思想更可能是——而不是不可能是——对基本原则的思想。开始的步骤是以富于魅力通俗易懂的形式打扮出来，继而则把它们作为思想流通的条文而加以推广，直至这些观念中的一部分通过斗争取得优势地位——部分是由于它们模式的说服力，不过主要地却是由于受到已在政治上成为强有力的人民的支持。当政治竞争中不再存在着与占统治地位的政治思想不同的政治思想时，另一个政治体的生长时期就开始了。

　　在一个例如中国这样历史悠久的社会或国度里，可以有不同的政治体的连续相继，因此也就有着不同的生长、成熟和衰亡时期的循环。已经提到过，我们无意于探讨导致政治体兴衰的原因。我们仅仅说明有这样的时期，并且通过对于它们的分析可以发现它们对政治思想有一定的关系。大体说来，本文那种意义上的政治思想繁盛于政治体的生长和衰亡时期，而在成熟时期则是沉默的，这不是在缺乏政治理论的意义上的沉默，而是在这些理论——如果有的话——并未从事于主宰实际政治斗争那种意义上的沉默。

三

　　但是，到底为什么要政治思想呢？也许可以论证说，在动物中间有数不清的出自本能的领袖这类例子，它们无须任何联合的思想就可成群结队达成集体的行动。当学童们成群游戏时，他们也提供了这同一现象的例证。历史上充满了无须以任何一种政治观念结构的形式作为其思想联合的政治权力的转移这类证据。那么，我们又一次问，到底为什么要政治思想呢？下几节将试图说明对于像人类这样的动物来说，政治思想是需要的，尽管有着认为无须联合的思想就能取得集体行动的论证。

首先，在人类中间，对于同情与理解的渴望不可避免地要产生对获得正当理由的愿望。正当理由并非只是对某人的行为给出一个理由，而必须包括诉诸共通的或别的什么原则。根据它们，才可能获得同情、理解、甚至赞同。存在着这样一种对正当理由的愿望，这是毫无疑义的，虽然关于这一事实的理论的论述可能在不同人的不同研究中有所不同。有些人可能用同类的观念进行论述，另一些人则可能把它归因于所谓的本能，还有人则可能声称它是由于条件反射。无论是什么解释，事实依然是，人类希望和需要有正当理由。既然正当理由在如此众多的人类活动中被需要着，它在成其为政治性的活动中就更加需要了。政治思想就是对政治活动给出的正当理由，并且它自身间接地就是乔装着的政治活动。

除了渴望正当理由之外，政治思想为人需要也还有别的原因。先说最明显的原因。政治活动是在人民中的集体活动，这些人民在他们生活的其他方面有着不一致的利益，要获得他们的支持只能通过某种共同的纲领。一个行动想要取得的东西必须传达给、并且部分地——如果不是整个地——为所有有关的人所理解，如果这一行动想获得动力的话。但是这种对那些将接受某一纲领的人的传达就要求在提出纲领的人这方面有起联合作用的思想，而对知识精英的传达则尤其要求以非个人的语句表明所提出的纲领迫切的合需要性及其合理性和说服力。如果先没有原则或一套政治观念结构，这一点就不可能做到。因而，就有了政治思想。

　　一个更为敏感的理由是，政治活动的开始必须从一定群体利益出发，而又不必一定等同于这一利益。也许群体利益一词正会导致错误。有人现在也许易于把群体利益认作本质上是资产阶级或无产阶级或工会的经济利益。这可能对，也可能不对。重要的是，人民能够结合，形成群体，增进他们自己的利益，而无需从严格的政治利益之外的任何利益出发。换言之，政治团体可以用纯粹政治的理由而集合起陌生的伙伴来。如果不是基于政治集团的利益之上的话，一项政治活动将仅成抽象的渴望。不过却不能将政治活动等同于任何特定集团，因为它可以不再成为政治性的。问题在于政治行为之所以不应在理论上限于集团利益——虽然实践上总是如此，这仅仅因为政治行为被设想为无论如何都是为着整个政治体而进行的。如果理论上它们只限于某一特定集团，它们在该集团之外也许会找不到支持。但是如果它们一点儿也不基于任何集团利益之上的话，它们就只不过是现实政治家（real politiker）所诬蔑的人民在玩走马灯似的游戏罢了。政治思想——无论它也可能是别的什么——就是政治活动的背后的理论。

　　需要有政治思想还有另一个理由。如果政治活动当真必须是认识性的，那么它也决非纯粹认识性的。无论如何，它是意动性的。如果它终究是无所不包的，它就包括有一种意志的强迫来改造或再改造政治环境的某一方面或某些方面。为了使这个意志可以在任何可观的程度上为大家所分担——不说它的充分实现，群众的情绪就必须被鼓动起来。但因为这类情绪不能凭这种或那种专门的方式鼓动起来，所以就要诉之于一般的原则，以便能使人民在感情上依附它们并准备把它们当作我们惯称的"原因"而加以接受。这些原因之不同于其他原则在于它们具有情感的价值，使得依附它们的人们难于接受或甚至是考虑任何别的代替物。在这个特殊的意义上，它们是基本性的。目前辩证唯物主义原则，虽然远远有别于实践的措施，却激动了千百万追随者们的热血；而根据其他理由也是重要的相对论原则却让人们处于一种正常的精神状态。包罗万象或影响深远的政治活动不可能让人民处于正常精神状态，尽管事实是在成为该活动的正当理由的思想体系之内可能有着持久不息的对理性的要求。我们不应忘记，18世纪理性主义是突出地富于感情的。人类大体上比起接受有利于理性的理智论证来，总是更易于接受感情上对理性的要求，这也许是他们的命运。既然不能没有感情因素，政治活动就不得不伴随着政治思想，它那原则通常也就是原因。

政治中所需要的既不是纯行为，也不是纯纲领。包括了政治家在内的人类，其天真和世故都没有达到这种程度，这是因为极端的天真和极端的世故在赤裸裸的现实主义中有一个共同的会合点，而人类则从未达到过头脑顽强到彻底的现实主义的地步。是人，就要与感情和理智的复杂结构不可摆脱地交织在一起，要沉浸于一堆希望、恐惧、疑虑、信念、热望和禁忌之中，对于这一切，时代精神（Zeitgeist）就以思想意识和价值观念的形式指引着主要的行为动力。既然在生活中纯粹冲动性的行为和彻底的受控行为之间要维持某种平衡，政治思想就必须依据这种平衡而得出。一方面，政治行为必定伴随着思想，另一方面，政治思想又必须鼓动人民去从事政治活动。

四

尽管有着关于永恒概念或永恒原则的观念，政治思想却必须是合时代的。合时代性在这里涉及到某些概念或原则或体系借以在一定的时代为人们承认的那种便利。这种承认不是承认其有效性，也不仅仅是承认其存在。从存在的角度看，观念在它们是在时间之外的这一意义上，是永恒的；但这种永恒的意义无关乎我们目前的论题，因为在这种意义上一切观念都是同样地永恒的。从有效性角度看，某些原则可以说是永恒有效的。但是，在政治思想领域里找出任何这类例子，如果不是不可能的话，也是困难的。即使能找到，我们也不能下结论说它就总是合时代的。

在理论的一面之外，政治思想还有其实践的一面。某一政治思想的实践的方面就把我们引向事实和观念的历史。对当代事实的检验说明了某些已发生的问题、某些提出的措施；对当代观念的检验则说明了为人们使用的某些词句、在某一政治思想中被强调的某些原则。没有这种历史背景，就没有什么政治思想是可以完全理解的。这是明白的。不过不大明白的是政治思想与时代精神之间的关系。上节业已指出，从一堆希望、恐惧、信念、疑虑及其他等等之中产生的人类行为的主要动力，是由某一时代的思想意识和价值观念所指引的。从思想意识的角度看，所谓某一时代的时代精神不过是它对各种复杂的问题的占主导地位的过分简单的概括。因此，有了它，懒人蠢人就免得做任何积极的思考。一个依附于任何一种流行的"主义"的人就像戴上了有色眼镜，他可以如别人一样看到很多东西，但总是在一种特定的光线中看到的。凡是实际上为自己的需要而进行的任何思考，他都容许。从价值角度看，某一时代的时代精神就反映于该时代人民在纷纭复杂的生活中的行为方式上。因此，有了它，懒人或冥顽不灵的人就可以免得要有时代精神的永恒形式之外的任何积极而真实的感觉了。一个按当代价值观念而行动的人本质上是个墨守常规的人，虽然他可能是合时代的；因为对于他来说，他应有的和实有的感觉方式都是社会规定了的。因此，时代精神是某种联结思想和行为的东西，它是一根指挥棒，通过它集合起群众去行动。既然政治行动须有群众参加，政治思想就必须与时代精神共鸣，才能有鼓动性。特别是在这一意义上，政治思想才必须是合时代的。

因为时代有不同，所以不同时代的思想意识和价值观念有时也不同。举一个思想方面较简单的例子。在18世纪，"理性"的口号激动人心，19世纪后叶进化的观念也是动人的，而目前经济决定论或辩证唯物论的观念对千百万青年政治热情分子就像是钧天音乐。这些观念也许有效或无效，但在它们流行期间它们全都是简单化的信条。根据它们，思考活动被压缩到最小范围，而与之共鸣的政治思想也就在不同时代是及时的。这显然并不意味着与时代精神不合拍的思想就必定失败。一些占主导地位的观念延续于不同时代这一事实本身就表明一度是不流行的东西可以衍变为合时代的。但是不流行的政治思想要获得统治地位就有一场拼死斗争。在获得一定程度的合时代性之前，它没有任何政治功效。虽然它也许是某种政治观念的模型，然而却还不是本文强调的意义上的政治思想。虽然抽象的和基本的政治原则可以有长期的合时代性，但此处强调的这种政治思想却一般地随时代的变迁而变迁。

政治思想的合时代性表现为它的结构的合时代性与表现为它的观念的合时代性是一样的。后者很容易看出。以政治思想的历史学派为例，它可能没有进化观念也进行过奋斗，但有了它，则在一段时间内就俘虏了知识界的想象。大约20年前，当西方人民有些厌倦于近代机器时代时，基尔特社会主义就流行过一个短暂的时期。作为一个体系，它对早已流行的各种社会主义思想形式补充得很少，但它因与中世纪行会联系起来而在当时具有了浪漫的吸引力。虽则托马斯·霍布斯的说服力很投合知识上过分讲究的人们，尤其是有着抽象倾向的人们，但它从不是合时代的，也从没有鼓动起群众的心。也许社会契约的观念为观念的合时代性以及结构的合时代性两者提供了一个范例。在它盛行的时代，它一定有巨大的吸引力，不过，在有说服力而不合时代的霍布斯体系里，其吸引力却远远小于合时代的卢梭的体系。

合时代性是一个方便的名词，掩盖了极难分析的复杂情况。也许我们能说，某一政治思想赖以在一定时期内为人接受的那种便利性，是指该政治思想结构之中或观念之中或者两者之中的，或关于它们的，某种要吸引人的东西，因为政治思想并不就是串在一起的任何流行观念，所以它背后的思想家必须也是一位艺术家。这一点对于其他思想体系当然也是真实的。欧几里德既是一位艺术家又是一位思想家，卢梭与马克思都如是，只不过他们是在不同的领域里罢了。作为一件艺术品，政治思想一方面在它有意号召大批的人并在他们中间唤起纷纭复杂、有时甚至是互相冲突的感情的意义上区别于其他的思想体系；另一方面，它又在它同时是一种思想体系、因而具有逻辑的严格性这一点上区别于通常所称的艺术品。它是从历史与当代所给定的材料中创造出来的观念模式，不过经过了精细的调节，可以诉之少数人的知识，满足某些人的兴趣，激发大多数人的感情。它纯粹是政治思想，不是别的；它不是纯粹的思想、或纯粹的历史、纯粹的科学、或纯粹的艺术，而是这一切结合成一个整体，编织成一个模式，对于它的欣赏不是在画廊里的沉醉，而是趋向于运用或多或少按照这个创造出来的模式的政治权力的政治行动。虽然难于分析，但政治思想却必定有其自身的技巧。如果赛耶斯（I'AbbéSieyès）能够在过去发展出编写宪法的艺术，那么某些有才能的人也许会在未来发展出一种能创造政治思想以适应不同时代的不同条件的艺术来。

五

然而，谁需要政治思想呢？如果提供了政治思想，它必定是提供给某些人的。我们必须记住，政治中基本的东西就是对于政治权力的控制，以及对这一权力加以运用的模式。如果从任何时代获得的客观环境的角度来看，该模式已不能满足使政治网球赛能开场得利的话，那么，控制权将必须易手。如果这种易手能不经革命取得，则万事大吉；如果必须经革命取得，那么革命就会来临。在任何情况下，不同集团的强干、活跃而无情的人们，都将会互相争斗。这些人都是政治舞台上的明星演员，没有他们，将不可能有激动人心的政治戏剧。

这些人的活动是无法阻止的。这些人构成任何社会的天然贵族。到处都可以发现他们，在银行和工会，在资产阶级、也在无产阶级之中。如果对于任何规模广大的政治行动，客观条件还未成熟的话，他们就寻找别的领域去征服。但如果客观条件允许发动一场政治意义深远的运动，他们就成为了政治领袖。无情具有着头等重要性。柔和者可能以别的方式继承一个世界，但决非政治的方式。那些不愿把自己的意志强加于人的人决不能成为政治家，那些由于任何形式的心灵稚弱而可能被妨碍作到这一点的人，也不能成为成功的政治领袖。坚定地献身于事业是可钦佩的，并且往往是真诚的表现，不过在它背后的心理学现实则总是一种把自己的意志强加给他的同胞们的坚定不移的决心。对于这些人类领袖，政治思想一方面是一种华丽的外观、一种尊严的姿态，从而能把追随者吸引过来；另一方面也是一种有效的掩盖，使他们的精力得以发泄，野心得以实现，而最后把他们的意志强加给他们的同胞。

正是对于这些人，政治思想才作为他们的行动的一种外观而被提供出来。为了避免一个很可能会有的误解，应该说明，本文并不是支持伟人理论的一种论据。伟大这一概念包括各种不同的评价，一个人可以因其人品或行为或二者兼之而被人尊重。一个人被尊重的原因可能完全不同于另一个人被尊重的原因。无论如何，人的伟大关系着规定性的价值标准，而非描述性的品质。伟人可能存在，但伟人理论是否有效则是完全另一个问题。我们在本文中不涉及它或他们。本文描述那种强干、活跃而无情的人们是为了表明他们在政治体中的职能，而非社会给他们规定的并堆砌在他们身上的那些价值。他们可能是恶棍、无耻之徒、无赖、讨厌鬼或伟大的人。单是中国历史上就充满了恶棍和伟人变成有力的政治领袖甚至于王朝建立者的例证。他们怎样根据不同的价值标准而被评价，这对于本文的目的无关重要，起作用的是他们的功能。

也许如果我们从另一个角度出发，上述这一点可能带来一种甚至更惊人的安慰。毕竟尚有其重要意义的那种伟人理论不仅肯定伟人的存在，而且也肯定他们不顾客观条件而实现他们的意愿。换言之，领袖们只是领导，而在任何意义上都不是被领导的。现在，虽然本文主张强干、活跃而无情的人是政治领袖，但并不断言他们永远不被领导。只有理论家们才坚持领袖们只是领导，而领袖们本身却足够现实得不管他们实际上是领导还是有时候也被领导。他们的要务是当事情成熟时抓住机会，或是像古代的费边那样等待时机。他们可能是也可能不是机会主义者。他们要么获得机会要么就等待机会，但他们不能无视机会。他们所代表的观念可能是他们自己创造的，或是从不事实践的思想家们那里借来的，或仅仅是俯拾皆是的思想潮流中的一些条目，但是，一旦他们拥护这些观念，他们也就成了实现这些观念的工具了。如果在政治思想中，他们究竟是师傅还是徒弟毫无不同的话，那么他们究竟是强加于他们同胞们的那个意志的创造者还是它的单纯的工具就更无关紧要了。这里无须讨论究竟是时势造人或人造时势。在一方面或另一方面，正是仅仅有些具有某种重要性的人，正是政治中强干活跃而无情的那种类型的人才起作用，不管他们究竟是圣徒或魔鬼、徒弟或师傅。

不过，实际政治中的领袖照例很少同时又是政治理论家的。擅长理论的人作实际工作一般都不能干，反之亦然。马克思无疑地是共产主义思想的伟大宣传者，然而他却不是它的政治家，如果给他以斯大林的地位，他也许不会有后者的成功，而极可能的是他会作为一位哲学家而痛苦。如果墨索里尼和希特勒满足于作为从群众的压抑之中爆发出来的盲目冲动的工具，他们可能是悲剧性的，从而在某种意义上是伟大的。但是当他们企图同时进行理论化时，他们就仅仅变成为滑稽可笑的了。把这两种任务结合起来，就会在整体上贬低了这一方或另一方。在较早的时代有些例外，但在近代，当分工已发生在人类努力的几乎每一个方面时，作一个统治者是很难同时与作一个理论家相适应的。政治理论工作将比以往更加落入知识分子手中。他们对鼓动人心的政治观念推波助澜，并企图通过强干、活跃而无情的人在政治上继承这个世界。

描述性地当作一种外观来看待政治思想并不意味着贬低理论家或政治家；他们在政治体中各有其职能和存在的理由。指出他们的不同是本文的部分目的。附带也提到，本文仅仅是对政治思想的思想，而并不是政治思想本身的主题。

·教 育 学·

当代中国的教育[*]

——在美国芝加哥大学"中国问题座谈会"上的讲演

我觉得自己处于一种很为难的窘境。我是某些方面的百事通而又什么都不精。与会的我的同事们都是专家，而我则在哪一方面都不是专家。多年来我的研究领域一直是逻辑和认识论，但我认为我同样可以说这方面也并无什么专家。即使有，他们大概也不会是哲学家。

碰巧教育又是一个很特殊的题目，因此当我面对大家试图讨论它时感到胆怯。我由衷地恳求你们谅解。

坦白地讲，我并不精确地知道教育是什么。数理逻辑（我一度曾经感兴趣的一个学科）被罗素定义为我们不知道在讲什么、也不知道讲得是否对的一个学科。因此很显然，依据清楚明白的概念来说，我的确不知道什么是教育。我认为它就是中学、小学和大学中所从事的那类，并且我也将仅在此意义上来考虑它。

这里有一些统计数字。它们也许还未得到妥当的解释，因为

---

* 本文发表于 1943 年 8 月。后收入 Harley Farnsworth 编的 *Voices from Unoccupied China*，芝加哥大学出版社 1944 年版，第 81—99 页。张清宇译。——编者注

我还没有充分理解它们。我们可以把教育划分成通常的初等教育、中等教育和高等教育。我先从数量上讲起。教育方面的专家们听到数量这个词也许会笑。但我想不起别的什么词，只好用数量这个词来讲。

有可能令你们吃惊的一件事是：中国的学生人数在增加。在你们的战争岁月中，你们的学院和学校都多多少少地空了，而中国的学生人数在中学和大学两方面居然都增长了。我不知道小学方面的学生人数是否增长，但我相信一定也有增长。

中国的大学和学院 1936 年至 1937 年共有 36 所；1937 年至 1938 年是 29 所；1938 年至 1939 年是 32 所；1939 年至 1940 年是 36 所；1940 年至 1941 年是 41 所；最后，1941 年至 1942 年是 45 所。可见高等院校的数量确有增长。这些数字都是就公立大学而言的。在有名的私立大学方面学校数量确有下降，从 1936 年的 42 所下降到 1941 年的 38 所。

1936 年，在学院、大学和工业专科学校中的学生人数是 41922 位。1941 年共有 59000 位学生。即粗略地讲，大学生的在校人数五年间从 41000 位增长到了 59000 位，这是一个相当大的增长。下面，我将用"大学"一词兼指学院和工业专科学校。

就中学而言，也有同样的增长。1936 年至 1937 年有 627000 位中学生；而在 1940 年至 1941 年共有 768000 位。

1941 年至 1942 年小学的学生人数大约是 22000000 人。以前的数字我们一点儿都没有，所以最后这个数字无法作比较，不知道是否增长。但是，今年 5 月下半月我和我的同事们离开重庆时，教育部长告诉我们说小学生人数也有相当的增长。

总之，我们在初等、中等和高等三个教育方面学生人数都有增长。

现在来讲教育质量问题。所谓"质量"我也许指许多事情，但我将要说的是水准。就此而论，战前教育确有一个比较优良的水准。与那时的水准相比，现在降了很多，相信下降的趋势还会更大，结果质量上会有明显的恶化。

我们可以从小学讲起。在战前，小学都配有行政人员和教师，现在他们中许多人都转去做其他工作了。留下的这部分教师的质量大概也不能与战前的相比。我个人不知道小学的状况。由于没有小孩，我想我会偷一点懒，而且也决不会为朋友们关心的那些小学劳神。

拿我和我的一位朋友一起居住的那个村庄中的学校来说。我老是听到我的朋友诉说那所学校。我认为，即使按照健康教育的标准，那所学校也完全落后于那位朋友所习惯的其他一些学校。我的这位朋友有两个孩子都在那个村庄里的学校上学，上学几周以后他们俩就老是流清鼻涕，这在进那学校以前从未有过。此外，他们还经常不断地伤风。除了偶尔听到朋友们说的那些事情外，我没有任何第一手知识。

对于中学我也没有什么诸如此类的知识。我认为战前我们很少有什么好的中学。我相信我的同行们将支持我的这一判断。就我在入学考试以及那类事情方面的经验所及，北京的师大附中、天津的南开中学以及扬州中学都是很好的中学，至少对大学教育而言是好的预备学校。我不知道它们现在在哪里。也许听众中有人能告诉我扬州中学是否还存在，要是在，又在哪里。南开中学还在重庆。对于这所中学我有个疑问，稍后讲到高等教育时再说。

在这些中学中，我们也有师资问题。那里的教师一般都是年轻人，他们志向多，可能不像一些大学教员们那样依恋他们的学校。同时他们的薪水又很低，因此中学教师完全有可能用生活标准和生活费用的话题来代替数学、物理等类的话题。于是出现了教员离职的问题。他们中的许多人进了政府机构，如国家资源委员会或军械部办的工厂、其他工厂、铁路，或者政府机构的其他部门。因此，除了去年那段时间以外，很难留住中学教师。我认为去年也有一些困难，只是在那以前要留住教师尤其困难。仅就这一点就可很容易地明白，中等教育的质量会有下降。

关于高等教育，我有较多的直接经验。大体上，我应当说，假定战争再持续 5 年，战后大概将再需要 5 年才能恢复。这也就是说，一共要 10 年才能恢复到战前的水准。要是战争再持续 10 年，那我们大概将需要又一个 10 年光景才能恢复。总之，在我看来，以战前的水准为出发点，战争阻碍教育的进程达两倍于战争时间之久。

战争造成大学的图书和实验装置的匮乏。这对某些大学是相当突出的，而对另一些大学的影响可能不是那么大，不过从新书的角度来看对他们也还是有影响。有些大学带着他们的图书和一些实验装置从原来的位置移到远方。当然，他们一定会丢失某些东西。要移动由大而笨重的机械组成的工程实验装置那是很难办的。关于图书，有些大学很幸运，将数目巨大的图书移到了内地。但另外有些大学，像清华大学、北京大学和南开大学，就不那么幸运了。在大部分东西能搬出来以前，北京就于 1937 年 7 月 29 日失陷了。实际上，我们的同事们只好潜逃出来，大部分东西都留在北京。尤其严重的是，南开可以说就是一个战场，南开大学的损失要比其他大学大得多。

就这些大学而言，损失了几乎百分之九十的财产——从实验装置和图书方面来说大概要达到百分之八十五，而且我认为在有些情形中你也可以说是百分之一百。即使对那些比较幸运的大学来说，新书和新装备的问题也还是跟其他大学一样艰难。

在联大（这是指西南联合大学，也就是由国立北京大学、国立清华大学和南开大学组合起来的大学），目前图书很少，而且为了那些书也常有战斗——为它们而争。傍晚，学生们匆忙用过晚餐，围在图书馆大门外，努力挤到别人前面，尽可能地靠近大门，以便门一开立即冲向书桌占有他们的图书；那场面看起来真是令人感动。

由于不是科学家，我不能讨论实验装置的问题。不过，大家完全能明白，那些大学损失的实验装置无法弥补，因此普遍缺乏实验装置。就联大这样一个特殊的大学来说，根本无什么实验能做。我想其他一些大学的条件也许还稍好一点儿。这是高等教育质量恶化的一个因素。

另一个因素也有点儿像上面这个因素。战前，清华大学每年要在中国各地举办招生考试，例如在北京、上海、广州和汉口，一般有三千多学生参加。我相信其中只有三百零一点能被接纳为新生，大约也就是十个中有一个能为大学所接纳。因此，对报名者中间较聪明的学生有挑选的余地。同样的比例大概也适用于北京大学，我不知道其他大学的比例数。

但在战争开始以后我们达不到那个比例，其原因在某种程度上是明白的。有许多年轻人沦落在敌占区。或许，本来他们还未到上大学的年龄，假定某人在战争开始时是十四、五岁，几年以后，他也就达到了上大学的年龄。顺理成章他应当进大学。于是，他要到未被占领区进入自由中国的一所大学。

现在假定他要接受一个很严格的入学考试，这些人中有一些不会被承认，他们也无法使自己得到承认。因为他们将被困在某个地方，并且非常失望。因此，从许多观点来说（当然有政治的以及其他的观点），都应当降低录取标准，使大多数来自敌占区的年轻人都能在自由中国学习。

最初交通还相当便利，学生们可以从上海乘船，或者从北京，或者绕道香港，来到腹地。后来旅行就不那么方便了，近来我听到了年轻人在奔赴自由中国的大学时的悲壮故事。其中我认识的两位从北京一直步行到成都，我相信他们最后一定是搭卡车到的昆明。他们从中国的东北角到遥远的西南，从北京到洛阳只能完全靠步行，这两位当然也走完了全程，在那以后他们又步行了相当一段路程，大概也搭公共汽车、卡车，或火车走了一部分路程。

你们大家都会同意，这样的人必须予以一定的照顾，办法之一就是满足他们的要求。如果他们想在大学学习，那么大学就录取他们。因此，尽管由于实验装置和图书等东西的缺乏，他们在敌占区没有作好充分的准备（并且来到大学以后他们也没有希望能得到良好的训练），他们也还是进了自由中国的大学。

在有些地方（并非到处如此）还有空袭问题，以及其他种种可能与大学教育并存的问题，如生活困难等等。这些问题往往造成高等教育质量的恶化。因此大体上可以说，尽管大学数量上有增长，但在教育质量上有恶化。

大学的数量肯定有增长。尽管我给你们读了那些数字，但我实在不知道它会增长到什么程度（增长多少）。我想要说的是，这些统计数字或多或少是精确的，但也或多或少是不精确的。我弄不清说哪一个好。我想究竟如何取决于你的态度。不过无论如何，那些数字的趋向确实说明数量上有增长。

对于质量上的恶化，我较为相信。这也就是说，我的确认为质量上有恶化。

接下去我讲一点儿跟质量或数量无关的事情。噢，它也许跟质量还有点儿关系，即教育的方向和目的。除了在讨论中出现有数量和质量以外，我将不再论述它们。仅就方向和目的所及，我将还说几句。

我认为教育的目的（中学、小学和大学要培养的那个东西）

就是要造就学生性格上的某种发展，个性发展的某种完成。这里确实有某些内在的目的。我个人比较感兴趣于教育的这些内在目的。

例如，我相信有人昨晚讲的意见，受过教育的人就是存有以往所得的知识而又一头扎向未来改进这些知识的人。从人类文化的观点来看，教育确有那种目的，确有那种或多或少内在的目的。我不知道你们中有哪位想到过这样一个假定：假定人类停止教育50年，我是指完全停止，不是指偷偷摸摸地继续进行，而是完全停止——停止学习，停止学如何写，停止学如何读书。如果你想要做得彻底，还可以假定所有的书都已被烧毁。实际上，你当然明白，我是不赞成这样做的！但是假定那是真的。我只说50年是因为我是中国人；或许最好是把它说成100年，因为我意识到英国人和美国人现在活到90岁或100岁相当容易。我想我们中国人现在还活不到很长。

假定你考虑教育完全停止100年。那么，我想我们将会返回到被人们称作亚当和夏娃的极乐时代。关于历史我们将什么也不会知道。停止教育100年后诞生的孩子们将不会知道任何历史，不会知道任何科学，不会知道祖先传给我们的任何累积的知识。他们大概会开始他们自己的探索。但要是教育完全停止100年，那总该再花上三四千年才能达到人类知识的现在阶段。由此可以明白，从知识的观点来说教育有它内在的价值。于是，从人类性格造就的观点、人类理解的观点、社会中的行为的观点以及精神上的或道德上的发展的观点来说，教育有它自己内在的价值。

但是，除此之外，我们不能完全忽略教育还有另一种价值：那就是教育要跟某种国家目的相一致。我认为我们不能消除这个因素。教育毕竟要为某种国家目的服务。或许，对我们中某些人来说，这不是有价值的。但是，对我们许多人，尤其对我们在中国的那些人来说，你很容易就能明白那是有价值的。这也就是说，除了内在的目的以外教育还必须为国家目的服务。这也就是我接下去想要讲的那个因素。

国防涉及工业化和机械化。我的大多数同胞和政府都想要加速祖国的工业化和机械化，对此我有同感。我们的政府强烈地感觉到，它的责任就在于使中国有一个能较容易地免受侵略危险的基础。

当战争最终于1937年来临的时候，我们在北平的一些人确实在某些感受方面得到了暂时缓解。我将向你们传达我们当时的感受以及为什么会有那样的感受。从1931年起到1937年以前（整个那长长的时期），北平的人民都有这样的心情：日本下一步要干什么？日本明天会干什么？老是忧虑不安，老是那么紧张，使人非常恼火，非常不自在。它使生活紧张不安，以致当战争最终降临时倒成了一种调剂。我们都感觉到最终我们总要摊牌。政府人员自然也有那样的感受。十分明白，中国不能始终这样下去。为了获得随时免受侵略危险的某种最低限度的保障，中国必须达到某种程度的工业化和机械化。我赞同政府和我为人民期求保证，期求那种只有通过机械化、工业化和现代化才能得到的保证。

因此，教育也必须沿着那一方向来作帮助。旧教育在20世纪当然不起作用。我想我的同行中没有哪一位经历过真正的老式教育。我受过一段时期的老式教育（经典教育）。先生教我背诵四本书：《礼记》，《易经》，《诗经》等。我不得不毫无理解地背诵那些东西。我读它们，然后再背它们。到年末的时候，我还必须接受差不多十卷书的考查，十卷书码在教书先生的书桌上差不多有一英尺高。我必须转过身去，从一本书的第一行一直背到那本书的最后一行。我背《易经》时是相当调皮的，我干了不诚实的事，还为此狠狠地挨罚。要不，我想我是会顺顺利利地通过的！

但是，长期实行的那种老式教育当然不会使中国变得摩登。1905 年清朝正式废除老式教育，但代之而起的那种教育也不是合适的教育。我们有分成系科的大学，例如，或多或少依据美国计划，大学里划分哲学系或历史系，等等。从迅速工业化和现代化的观点来看，似乎需要有学生进工业专科学校去学习经济学，但更主要学习工程学和与之有关的科目。

有一种想法，要在下一个十年内产生一百万工程师。我很理解这种想法（不过，我不知道究竟要多少年）。为此，我们必须修改目前的教育系统，使它适合国防、工业化和现代化的目的。在大学里，我想也包括在中学里，现时的效果都是相当显著的。这也就是说，学生成群地进修工程学，其中有一些进修经济学。但对纯科学感兴趣的比较少，对文科感兴趣的也很少。所以，不仅文科（不仅文学、哲学和历史）受影响，我们过去的清华大学有很强的物理系，一般是最好的学生才被接纳进那个大学。目前，很难吸引学生学习物理。我想在某种程度上，对化学和其他纯科学也都可以这么说。

为了国家迅速工业化和机械化，中国进入实用研究的趋势已经形成。这个趋势既是有计划的，也是为情势所迫的。即使没有政策鼓励，这一趋势大概无论如何也会出现。现在一代的年轻人大概都意识到，在工程学和经济学方面要比其他方面更加有前途。如果一个年轻人心中既有个人打算又有国家利益，那他就很可能进入那些分支之一，而不进入其他分支。

我说过，我对为国防而加速机械化和工业化的要求跟政府有同感。我认为我自己在某种程度上相信并且理解，如果没有别的办法，我们真是只好工业化并尽快着力机械化。我不想留下一个我反对工业化的印象。我认为那是不可避免的，并且为了民族能自立我们真是只好工业化。

我不希望看到的是我们在着手进行工业化时的匆忙草率。如果我们想要在一定时期（比方说，10 年、20 年或者 30 年）内加速这一过程，那我能看到结果。不过，客气地讲，它将使我很不舒服，并且我认为它大概不仅对中国而且对其他国家都会有相当不好的影响。

我后面再说那些结果中的一些情形。此刻，我将考虑鼓励那种倾向于尽快加速工业化的教育的政策。

我认为，我们的工业化并不是以给我们以指望通过它的加速来达到的那种保证。我发觉我不知道如何表达才充分。我心中有这样的想法：为了工业化，我们不仅需要工程师，也需要经济学家，我们同样需要纯科学家。我认为，我们也需要文科以及纯科学。这也就是说，我觉得发展工业化的整个尝试应该是综合的。

为了工业化或者机械化，需要的不只是工程学和所有"实用的材料"，而且也需要别的东西。我认为，我们很容易确证我们需要纯科学。如果缺乏纯科学，我们将不会有很好的工程学。物理和化学跟任何别的学科一样为工业化所需要。

拿目前的战争来说，在战争开始以前，我们训练了一点儿空军。我们买到相当多的飞机，其中有一些我想是来自意大利，也有一些飞机是来自美国。战争一开始这些飞机就投入了战斗。飞行员的训练还在继续。我在昆明的那五年期间，在那里见到了许多空军学员，而且熟悉许多飞机的名字，夏威克，道格拉斯 E-15 和 E-16（学员们称之为"布法罗斯"），以及众多的其他名字，但这些名字中的大多数现在已不再能听到了。它们能力不足，不能应付敌机的变化。一开始中国空军还能上去打一下，但逐渐就不行了。我个人认得的那些空军学员，除了两位外其余的都已战死。这两位中的一位有点儿伤残，另一位还在干。我想他一定有世界上最好的运气。

当然，有个情况是我们不制造飞机，我们依赖于来自国外的飞机。问题就是，我们能制造吗？我们不妨试它一下。但是，如果我们想要造出能对付敌国制造的最新式飞机，那我们必须有航空工程学，而且大家也很容易明白它涉及物理、化学（以及其他一些事情）。没有好的航空工程师，我们造不出自己的飞机。

因此你们可以看到，就在这么一个单独的方向，一个建立一支空军或一个飞机工业的问题上，我们也需要纯科学家。我们同样必须鼓励纯科学。我们很容易就能明白，其他事情也都是密切相关的。所以我倾向于认为，如果我们想要迅速地（或者完全）工业化，那不仅工程学需要研究，而且大量其他学科也需要研究。况且，如果我们过多（或者只）强调工程学，那我们将不会达到机械化和工业化。

为国家安全而加快工程教育的尝试不会成功。急匆匆试办此事，使教育适应加速工业化和机械化，这样做的结果将得不到我们设想的工业化或机械化会带给我们的那种保证。

以牺牲其他学科为代价鼓励工程学和经济学的政策，不足以给我们一个迅速的工业化和机械化来达到我们需要的那种保证的目的。从个人来说，我倾向于认为，就教育而论我们只好慢慢试着办。

这是从充分性的角度来讲的（我认为这件事并不充分）。但还有另一个角度，也就是它是否可取。如果我们过分强调教育中的某些因素、某些知识分支，那它就不是可取的。如果我们回到教育的某些内在目的，例如，知识的保存，知识的增长，以及人性的造就，我是说，如果我们回到教育的某些内在价值方面看，那我们很容易就能明白，过多强调或者过多地把年轻人转入一二个公认的很有用的方向，将不会给我们那种我们有些人想要的文化。

大体上，我相信教育中的新趋势对期望于它的目的而言是不充分的。而且，从另一个角度来看，我认为它也是不可取的。

在引起工业化和现代化并迅速取得效果的尝试中，我担心全体人民将逐渐地成为组织化的：以教育变成单纯训练的方式而组织起来，而且具有自由个性的人也许就变成了社会结构中的原子——而不是自由的原子。整个中国社会组织也许会被拼凑成类似于一个有机体的某种东西，很少有什么个体的创造性。我不愿意这样讲，但又不得不说。我想，在迅速达到工业化的过程中，有使我们可能成为结构中的极权主义者的危险。这正是我担心的那种事，也是我认为美国人应当担心的那种事。

从我的观点来说，为了我们可以预防它，我们必须有一个战后的世界计划（事实上，我不知道那个计划应该什么样，我对这话题也没有任何明确的想法），以便从世界作为一个整体的角度来给各个国家以安全保证，而不是从各个国家自己的努力得到它的充分保证。

我心中对这个题目的考虑要多于对任何其他题目的考虑。我讲教育仅仅只是作为导向这个话题的一个通道，一种途径。

有人说过，"有些人生来伟大，有些人达到伟大，而有些人则把伟大强加给他们"。关于国家，我们有类似的情形。我不知道美国是否生来就是一个伟大的领袖，也不知道美国是否已成就为领导者。但无论如何，领袖地位是强加给美国了。因此在我看来，在美国，为了避免将来的战争，以及避免到处都组织成保障安全的武器，我们不得不考虑世界计划。

我确信我没有把自己的意思表达清楚。我的英语很荒疏，难以表达清楚自己的意思，但我想要把这个题目作为问题提供给所有出席者考虑。我感谢你们使我有机会吐露我对这个话题的一部分想法。

·附　　录·

作者主要论著目录

一 著 作

逻辑（大学丛书）

    清华大学出版部　1935年

    商务印书馆　1936年　1937年
第2版

    三联书店　1961年（作为逻辑
丛刊的一种）　1982年重印

论道

    商务印书馆　1940年　1985年
重印

逻辑通俗读本

    中国青年出版社　1962年
1964年第2版　1978年第3版
　1979年第4版　1982年第5
版　曾翻译成哈萨克文和日文
出版

    注：与汪奠基等合著。

形式逻辑简明读本

    注：本书即《逻辑通俗读本》，
1978年第3版时由刘培育等修
订后改现名。

形式逻辑（高等学校文科教材）

    人民出版社　1979年　1984年
第4次印刷

    注：主编。

知识论

    商务印书馆　1983年　1996年
重印

    注：此书完稿于1948年。

罗素哲学

    上海人民出版社　1988年

    注：此书初稿完成于60年代
初。

金岳霖学术论文选

    中国社会科学出版社　1990年

注：刘培育编

金岳霖文集（4卷）

　　甘肃人民出版社　1995年

　　注：周礼全主编

中国现代学术经典·金岳霖卷（上、下）

　　河北教育出版社　1996年

注：胡伟希编

哲意的沉思

　　百花文艺出版社　2000年

　　注：刘培育编

道、自然与人

　　百花文艺出版社　2000年

　　注：刘培育编

二　论　文

The Financial powers of Governors

　　（美）哥伦比亚大学　1918年

　　注：本文是作者的硕士论文，用英文发表，题为"州长的财政权"。

The Political Theory of Thomas Hill Green

　　（美）哥伦比亚大学　1920年

　　注：本文是作者的博士论文，用英文发表，题为"T.H.格林的政治学说"。

唯物哲学与科学

　　晨报副刊　57期　1926年6月

自由意志与因果关系的关系

　　晨报副刊　59期　1926年8月

说变

　　晨报副刊　61期　1926年10月

Prolegomena

　　哲学评论　1卷1—2期　1927

年4月、6月

　　注：用英文发表，题为"序"。

论自相矛盾

　　哲学评论　1卷3期　1927年8月

同·等与经验

　　哲学评论　1卷5期　1927年11月

美国

　　东方杂志　24卷　1927年

休谟知识论的批评（限于 Treatise 中的知识论）

　　知识评论　2卷1期　1928年8月

外在关系（External Relation）

　　哲学评论　2卷3期　1928年12月

知觉现象

哲学评论　3 卷 2 期　1930 年 3
月

Internaland External Relations

清华学报　6 卷 1 期　1930 年 6
月

注：用英文发表，题为"内在
关系和外在关系"。

A.E.I.O 的直接推论

哲学评论　3 卷 3 期　1930 年 8
月

论事实

哲学评论　4 卷 1 期　1931 年 7
月

思想律与自相矛盾

清华学报　7 卷 1 期　1932 年 1
月

释必然

清华学报　8 卷 2 期　1933 年 6
月

彼此不相融的逻辑系统与概念实用
主义

大公报《世界思潮》副刊
1933 年 10 月 5 日

范围的逻辑

哲学评论　5 卷 2 期　1933 年
11 月

Note on Alternative Systems of Logic

The monist（一元论者）44 卷
1934 年

注：用英文发表，题为"简论

不相容的逻辑系统"。

不相融的逻辑系统

清华学报　9 卷 2 期　1934 年 4
月

冯友兰《中国哲学史》审查报告

《中国哲学史·附录》（上海　商
务印书馆）　1934 年 9 月

注：本文写于 1930 年 6 月 26
日。

关于真假的一个意见

哲学评论 6 卷 1 期 1935 年 3 月

论手术论

清华学报　11 卷 1 期 1936 年 1
月

Truth in True Novel

T′ien Hsia Monthly（天下月刊）
4 卷 4 期　1937 年

注：用英文发表，题为"真小
说中的真概念"。

On Political Thought

T′ien Hsia Monthly（天下月刊）
9 卷 3 期　1939 年

注：用英文发表，题为"论政
治思想"。1986 年被译成中文。

The Principles of Induction and Apriori

The Journal of Philosophy（哲学
杂志）　37 卷 7 期　1940 年

注：用英文发表，题为"归纳
原则与先验性"。

论不同的逻辑

清华学报　13卷1期　1941年4月

势至原则

哲学评论　8卷1期　1943年5月

注：本文为1940年8月中国哲学会第四届年会论文。

Chinese Philosophy

Social Sciences in China（中国社会科学）Vol. I. No. 1, 1980.

注：本文写于1943年，用英文发表，题为"中国哲学"。1985年被译成中文。

Tao, Nature and Man

注：本文写于1943—1944年访美期间，题为《道、自然与人》。

Philosophy and life

注：本文写于1943—1944年访美期间，题为《哲学与生活》。

了解《实践论》的条件

新建设　4卷5期　1951年8月

批判实用主义者杜威的世界观

哲学研究　1955年2期

批判唯心哲学关于逻辑与语言的思想

北京大学学报（人文科学）1956年1期

A Freeman's Task

注：1957年在华沙国际哲学会上的发言，题为《自由人的使命》。

Philosophy as a Cuide to Social Practise

注：1958年在英国牛津大学欢迎会上的讲话，题为《哲学是社会实践的指南》。

论真实性与正确性底统一

哲学研究　1959年3期

对旧著《逻辑》一书的自我批判

哲学研究　1959年5期

注：本文后收入《逻辑》（三联书店　1961年）一书，做为序言。

论"所以"

哲学研究　1960年1期

读王忍之文章之后

光明日报　1961年7月8日2版

客观事物的确实性和形式逻辑的头三条基本思维规律

哲学研究　1962年3期

论推论形式的阶级性和必然性

哲学研究　1962年5期

On the Essence of Russell's Neutral Monism

注：可能写于1964年或1965年。题为《论罗素中立一元论的本质》。

（刘培育整理）

作者年表

1895年　1岁（虚岁）

8月26日（农历七月初七），金生于湖南省长沙市。

1901年　7岁

金入明德学校读小学。

1907年　13岁

金入雅礼学校读中学。

1911年　17岁

夏，金到北京考取清华学堂高等科。

10月，辛亥革命爆发，金剪去头上的辫子，还仿唐诗人崔颢的《黄鹤楼》写了首打油诗："辫子已随前清去，此地空余和尚头。辫子一去不复返，此头千载光溜溜。"11月，离校回到"乡居的家"。

1912年　18岁

5月，清华学堂复课，金返校。

1914年　20岁

9月，金于清华学堂毕业，以官费留学美国，入宾夕法尼亚大学读商业科。后因引不起兴趣而改学政治学。

1917年　23岁

暑期，金于宾夕法尼亚大学毕业，获学士学位。后入哥伦比亚大学研究院继续学政治学。

1918年　24岁

夏，金完成《州长的财政权》论文，获硕士学位。继之在哥大攻读政治学博士学位。

1920 年　26 岁

夏，金完成《T.H. 格林的政治学说》论文，获博士学位，并对哲学发生了兴趣。

9 月起，金在华盛顿乔治城大学讲授中文。

1921 年　27 岁

6 月，金获悉母亲去世，回国奔丧，"绕棺悲歌"。居家期间，撰写了《金家外史》文稿。

12 月，金赴英国留学，在伦敦大学听课。

1922 年　28 岁

金受罗素和休谟的影响，从此"注重分析"，在思想上"慢慢地与格林分家"。后来到剑桥大学从事研究工作。

9 月，金到德国游历。

1924 年　30 岁

是年，金到法国游历。

1925 年　31 岁

是年，徐志摩致函金，劝金回国合办英文《全球季刊》，发出中国知识分子的声音。

11 月，金回国。

1926 年　32 岁

2 月，金任中国大学教授，讲授英文和英国史。同时在清华大学兼课。

秋，金应聘到清华大学任教。

1927 年　33 岁

金创办清华哲学系，任教授兼系主任，主讲逻辑学和西方哲学。

1928 年　34 岁

9 月，金任清华大学评议员。

年末，金与徐志摩、张彭春、瞿菊农等人赴江苏、浙江两省考察，选择农村建设实验区。未果。

1929 年　35 岁

9 月，金辞去清华哲学系主任职务。

10 月，金参加燕京大学哲学年会，宣读《知觉现象》论文。

1930 年　36 岁

6 月，《清华学报》编委会重组，金被选为编委会成员。

同月，冯友兰的《公孙龙哲学》一文刊于《清华学报》6 卷 1 期。冯称："本文承金岳霖先生指正数处，谨此致谢。"

同月 26 日，金完成对冯友兰

《中国哲学史》一书的审查报告。

是年，金为清华大学哲学系研究所开洛克、休谟、布莱德雷等课程。

1931年　37岁

5月，清华大学爆发"驱吴（南轩）运动"。金与萨本栋、张奚若等15位教授联名函请清华大学教授会开临时会议。会上公推金与张奚若、蒋廷黻等7人组成起草委员会，拟写致教育部电文。金与朱自清、张奚若等发表《48位教授态度坚决之声明》。6月，教授会决定请萨本栋、周炳琳、蒋廷黻、金岳霖等9人为教授会临时委员，主持校务。7月，吴南轩以"调摄病体"为由获准辞职。

11月，徐志摩不幸因飞机失事遇难。金与梁思成、张奚若等赶到济南，向徐志摩遗体告别。

是年，金赴美国休假。借此机会到哈佛大学向谢非教授学习逻辑学。

1932年　38岁

是年，金在美国休假结束，回国。在北京大学兼课，讲授符号逻辑。

1934年　40岁

10月，哲学界推举金岳霖、冯友兰、贺麟、黄子通等筹备中国哲学会。

1935年　41岁

4月，中国哲学会成立。金任常务委员，兼任会计，并任《哲学评论》编委。

12月，金签名支持"一二·九"学生爱国运动。

是年，金与湖北黄冈的一名中学生殷福生（后更名为殷海光）通信，指导其学习逻辑学。

1936年　42岁

4月，金出席中国哲学会第二届年会。

秋，殷福生到北平求学，金负担殷的生活费用。

10月，金与朱自清、张子高等66位教授签名发表《教授界对时局的意见书》，提出抗日救亡8项要求。

12月，经金与赵访熊、吴有训等7人提议，召开清华教授会临时会议。会后以教授会名义分电太原阎锡山、绥远傅作义，鼓励将士抗日。

1937年　43岁

1月，金参加在南京召开的中国哲学会第三届年会，并当选为第二届理事会常务理事。

3月，金与贺麟等人发起组织逻辑学研究会。

10月，金与清华、北大教授一起南下到长沙，任长沙临时大学哲学心理教育系教授。

1938年　44岁

2月，金与清华教授一起抵昆明，任西南联合大学哲学心理学系教授，兼清华哲学系主任。

1939年　45岁

5月，冯友兰《新理学》出版。"自序"云，金岳霖"阅原稿全部"。

1940年　46岁

8月，金参加中国哲学会第四届年会。

1941年　47岁

秋，金赴四川李庄休假，与费正清夫妇、梁思成夫妇有亲切交往。

1942年　48岁

9月，金致信梅贻琦校长，报告一年休假研究情况，称完成《知识论》前十一章。

11月，美国驻华大使高思代表美国国务院致函西南联大选派一名教授访美讲学。12月，联大244次常委会推定金岳霖代表联大应请赴美讲学。

1943年　49岁

1月，冯友兰致函梅贻琦校长，拟下学期在国内休假半年，离校期间请金岳霖代哲学系主任一职。

6月，金与费孝通、张其昀等教授由渝飞美，作为期一年的访问和讲学。8月，金出席芝加哥大学举办的有关中国问题的座谈会，发表《当今中国的教育》之演讲。访问期间，完成《道、自然与人》一书。

1944年　50岁

8月，金访美归来。

秋，金与哈佛大学教授费正清共同推荐陈梦家到芝加哥大学任教。

11月，林志钧撰成《〈论道〉述评》一文。认为《论道》一书"组织之严密，思想之精辟，感情之深挚，规模之伟大，皆不易及"。

是年，金出席中国哲学会年会，当选为第四届理事会理事、常务理事。

1945年　51岁

1月，冯友兰致函梅贻琦校长，拟回河南省亲，离校期间请金代哲学系主任。

8月，贺麟的《中国哲学》完稿，书中称金的《逻辑》为国内"惟一具有新水准的逻辑教本"；《论道》是一本"最有独创性的玄学著作"；金关于知识论的思想对于新实在论"有不少新的贡献"。

1946年　52岁

2月，林徽因飞昆明小住，与老友金岳霖、张奚若、钱端升等相聚。

5月，清华、北大、南开三校向平津迁移，金从昆明抵重庆，再飞返北平。

10月，清华大学在北平开学，金仍任哲学系教授。

12月，冯友兰《新知言》出版。"自序"云："原稿承金龙荪先生（岳霖）校阅一过，多所指正。"

1947年　53岁

2月，金与朱自清、俞平伯等教授签名发表《保障人权宣言》，抗议北平警察"午夜闯入民宅，肆行搜捕"。

4月，谢幼伟的《现代哲学名著述评》出版。书中称金的《论道》为"有创获的、有永久价值的哲学著作"。

9月，何其芳在一份材料中称，金是平津学生运动中"签名同情学生运动的教授之一"。

1948年　54岁

3月，金当选为中央研究院第一届院士。

4月，金与吴晗、俞平伯等89名教授共同提出质询文，驳斥国民党北平市党部主任吴铸文所谓"奸匪宣传"煽动学潮之谬论。

6月，金与吴晗、俞平伯等103人签名发表《抗议轰炸开封宣言》。

11月，金与俞平伯、郑天挺等46人签名发表《我们对于政府压迫民盟的声明》。

1949年　55岁

5月，金与郑昕教授召集解放后第一次哲学座谈会。后来每双周举行一次。

7月，在全国新哲学研究会筹备会议上，金被推选为筹委会常务委员。后新哲学会定名为中国哲学会，金为理事。

9月，金任清华大学哲学系

主任。

10月，金任清华大学辩证唯物主义与历史唯物主义教学委员会常委。

11月，原清华文学院院长吴晗出任北京市副市长，推荐金任清华文学院院长。

1950年　56岁

2月，教育部照准清华大学校委会推荐函，任命金为清华大学文学院院长，兼校务委员会委员。

6月，金列席第一届全国高等教育会议。

1951年　57岁

1—2月，金两次参加中国哲学会举办的座谈会，并就学习毛泽东《实践论》谈体会。

9月，金应邀到怀仁堂听周恩来总理关于知识分子思想改造的报告，获益良深。

10月，金参加《毛泽东选集》英文版翻译定稿工作。

1952年　58岁

2—3月，金3次在清华大学文法学院师生大会上做思想检查，受到"群众热烈欢迎"。

春，金出席亚洲及太平洋地区和平会议筹备会。

3月，金动员清华哲学系师生写信签名，抗议美国发动细菌战争。

10月，北京大学、清华大学、燕京大学、南京大学、武汉大学、中山大学等6所大学的哲学系合并为北京大学哲学系。金任哲学系教授，系主任。

1953年　59岁

是年，经朱伯昆、任继愈介绍，金加入中国民主同盟。

1954年　60岁

3月，金任《新建设》杂志编委会委员。

春，光明日报《哲学研究》专刊创刊，金任主编。

10月，在北京大学举办的纪念斯大林《马克思主义与语言学问题》出版4周年报告会上，金作了题为《批判唯心主义哲学关于逻辑与语言的思想》的报告。

12月，金作为社会科学团体的全国政协委员出席中国人民政治协商会议二届一次会议。

同月，金代表社会科学界出席中苏友好协会第二次全国代表大会。

同月，金任中国科学院《哲学研究》杂志筹备组成员和哲学所筹备委员会委员。

1955年　61岁

4月，林徽因教授病逝。金与张奚若、周培源、钱端升等为治丧委员会成员。金撰"一身诗意千寻瀑，万古人间四月天"挽联。

5月，《哲学研究》创刊，金任编委。

6月，经国务院批准，中国科学院哲学社会科学部成立，金任学部委员。

8月，经国务院批准，金等15人任中国科学院哲学社会科学部常务委员。

9月，中国科学院哲学所成立。金任副所长。

10月，金任哲学所学术委员会成员。

11月，金兼任哲学所逻辑组组长。

12月，金主持哲学所学术委员会第一次会议，制定1956年科学研究规划（草案）。

1956年　62岁

1月，毛泽东主席请金吃饭，对金说，"数理逻辑还是有用的，还要搞，希望你写个通俗小册子，我还要看。"

2月，金主持哲学所学术委员会第二次会议，通过1956年至1968年科研规划。

同月，金任中国民主同盟第二届中央委员会委员；中国亚洲团结委员会委员。

6月，毛泽东致章士钊信说："读金（岳霖）著而增感。"

9月，金为北京大学哲学系讲授《罗素哲学批判》，至1957年1月结束。

同月，金提出加入中国共产党的申请，哲学所党支部通过金为中共预备党员。

是年，金被评为一级研究员。

1957年　63岁

1月，金出席北京大学哲学系召开的哲学座谈会，就日丹诺夫的哲学史定义问题作了发言。

4月，金应毛泽东主席邀请到中南海讨论逻辑学问题。

5月，金出席中国科学院学部委员会第二次全体会议。

7月，金与潘梓年（团长）、冯友兰等赴波兰出席国际哲学会议——华沙会议。并在会上作了《自由人的任务》的发言。会后在波兰参观。回国途中访问了苏联科学院。

10月，金签发中国科学院哲学所致波兰科学院函，请求波方向哲学所赠送有关数理逻辑和辩证逻辑方面的书籍资料。

1958年　64岁

3月，金作为中国文化代表团副团长，与许涤新（团长）、周培源、谢冰心等出访欧洲。先后访问了英国、德国、意大利、瑞士等国。在英国牛津大学一个学术俱乐部召开的欢迎会上，金作了《哲学是社会实践的指南》的讲演。6月初回国。

12月，中国科学院哲学所把金的《知识论》未刊稿编入《资产阶级学术思想批判参考资料》第6辑，交商务印书馆出版，内部发行，印2000册。

1959年　65岁

1月，金在逻辑组讨论1959年工作时提出，逻辑组的工作不应脱离国内逻辑界，要写文章参加逻辑讨论。

年初，金领导逻辑组的同事共同编写《逻辑通俗读本》一书。年底完成初稿，广泛征求意见。

4月，金任第三届全国政协委员。

同月，金的《论道》一书被收入《资产阶级学术思想批判参考资料》第7辑，由商务印书馆出版，内部发行，印2000册。原书序被删去。

5月，金与于光远、潘梓年、胡锡奎等主持召开京津地区逻辑讨论会，作为纪念"五四"运动四十周年学术活动之一。

7月，金专访北京市副市长吴晗，建议发展阉鸡事业以提高北京副食品生产，改善人民生活。

12月，金主持哲学所接待会议，安排苏联哲学家凯德洛夫、约夫楚克来访事宜。

1960年　66岁

4月，金参与主持召开纪念列宁诞辰90周年逻辑讨论会，并发表讲话。

5月，金与姜丕之率哲学研究所科研工作者到东北三省参观、学习，先后在哈尔滨、长春、吉林、沈阳同高校师生及工人、农民学哲学积极分子座谈，交流学习哲学的经验。

秋，金参加中国科学院哲学社会科学部学部委员会第3次扩大会议，并就发展逻辑科学问题发言。

9月，金转为中共正式党员。

年底，金应邀到毛泽东主席家中吃饭。在座的客人还有章士钊和程潜。毛向章、程介绍说："这是中共党员金岳霖。"

1961年　67岁

春，金作为全国政协委员到安徽视察。

6月，周扬组织全国高校文科教材编写工作。金任《形式逻辑》主编。此书于1963年完成初稿，1979年由人民出版社出版。

是年，金主持京津地区第3次逻辑讨论会，作了题为《读王忍之文章之后》的发言。

是年，金指导倪鼎夫同志学习《穆勒名学》。

1962年　68岁

7月，金主持哲学所1963年至1967年科研规划制定工作。

8月，金到大连休假。

10月，金会见日本哲学家山崎谦一行4人。

1963年　69岁

10月—11月，金参加中国科学院哲学社会科学部学部委员会第4次扩大会议，先后任北京5组和哲学3组召集人。

12月，金与张奚若、邓以蛰等几位老朋友在家中为毛泽东主席祝寿。金作寿联："以一身系中国兴亡，入此岁来已七十矣；行大运于寰球变革，欣受业者近卅亿焉。"

1964年　70岁

7月，金任哲学所新一届学术委员会副主任。

9月，金招收的逻辑专业研究生刘培育入学。

12月，金当选为第三届全国人民代表大会代表，出席全国人民代表大会。

1965年　71岁

2月，金前往嘉兴寺殡仪馆吊唁梁启雄先生。

8月，金召集哲学所逻辑组同事讨论逻辑如何为群众服务问题。

9月，金出席中宣部于光远主持召开的逻辑学座谈会，讨论逻辑学如何为革命和建设服务问题。

是年，金出席中国科学院哲学社会科学部学部委员会议，受到毛泽东主席的接见。

是年，金请侄女金顺成一家到政协俱乐部吃饭，鼓励侄女好好到青海工作，支援边疆。

1966 年 72 岁

1 月,金召集逻辑组同事开会,讨论逻辑学发展方向和今后研究计划。

5 月,开始"文化大革命"。金每周到哲学所参加政治学习一次。

1967 年 73 岁

9 月,金听到有人对周总理有"看法",马上贴出大字报,拥护周总理。

1968 年 74 岁

12 月,首都工人、解放军宣传队进驻中国科学院哲学社会科学部。金和哲学所群众一起参加运动。

1969 年 75 岁

7 月,金被错误地当作"资产阶级反动学术权威",遭到批判。

1970 年 76 岁

5 月,哲学所全体人员奉命到河南省息县办"五七"干校,走"五七"道路。只有金一人被批准留京,在"学部"留守处参加学习。

1972 年 78 岁

5 月,美国著名汉学家、金的老朋友费正清夫妇访华。金应邀参加乔冠华外交部长为费举行的欢迎宴会。

7 月,金的学生、美籍著名逻辑学家王浩在离开中国 27 年之后首次回到中国,拜见老师。金希望王继续研究逻辑。

1973 年 79 岁

7—10 月,金 3 次复冯友兰信,就冯诗发表评论。

12 月,著名逻辑学家王浩再次来京,拜见金先生。

1974 年 80 岁

3 月,梁思成和林徽因之子梁从诫一家搬到干面胡同,与金同住。

12 月,金参加哲学所整党学习,并恢复组织生活。

1976 年 82 岁

7 月,唐山地震。金到单位大院住防震棚,由逻辑组的同事们照顾生活。

1977 年 83 岁

4 月,中国科学院哲学社会科学部改名为中国社会科学院。哲学所隶属中国社会科学院。金任哲学所副所长兼逻辑研究室主任。金因身体原因基本上没有到所上班。

12 月，金患肺炎住进北京医院，约月余。

1978 年　84 岁

2 月，金当选为第五届全国政协委员。

5 月，金出席全国逻辑讨论会开幕式，建议逻辑工作者研究"典型"这一范畴，批判"四人帮"。

是年，金为王浩著《数理逻辑通俗讲话》中文版题写书名。

1979 年　85 岁

6 月，金任哲学所新一届学术委员会委员。

8 月，第二次全国逻辑讨论会在京举行。金因身体原因没有到会。开幕式上宣读了金的书面发言，他要求逻辑工作者必须学习两个专业：正业是逻辑学，副业是一门自然科学或工程技术科学。会上成立了中国逻辑学会，金任首届理事长。

1980 年　86 岁

春，美籍著名语言学家赵元任来北京，到金寓所看望老朋友，二人合影留念。

11 月，金患肺炎住进首都医院，约一个月。

12 月，金任国务院学位委员会哲学评议组成员。

是年，金写信推荐叶秀山赴美访问。

1981 年　87 岁

2 月，金患肺炎住进邮电医院，约一个半月。

7 月，金在老朋友姜丕之的建议下撰写回忆录。至 1983 年 7 月止共写 100 个片断。

1982 年　88 岁

2 月，金为《逻辑与语言学习》杂志题词："逻辑科学必须普及"。

4 月，中国逻辑与语言函授大学成立。金任名誉校长。

6 月，金致胡乔木信，建议用革命的世界观教育富裕起来的人民。

10 月，哲学所隆重举行"金岳霖同志从事哲学、逻辑学教学和研究工作五十六周年庆祝会"。胡乔木、胡愈之、杨献珍、周培源、钱昌照及首都哲学和逻辑学工作者 250 多人参加了庆祝会。邢贲思所长全面介绍和高度评价了金先生一生对中国现代哲学和逻辑学所做的重要贡献。胡乔木说，我们党以自己的队伍中有像金老这样著名的老学者感到骄傲，希望所有的科学工作者都要向金老那样在学术上、政

治上、工作上不断追求进步。首都
多家新闻媒体对此作了报道。

1983 年　89 岁

3月，金任《中国大百科全书·
哲学卷》编委会顾问，并打电话祝
贺撰稿人大会在京召开。

6月，金任第六届全国政协委
员。

7月，金为中国逻辑与语言函
授大学《函授通讯》题词："（逻辑
学）走出大学和研究所的大门，这
是莫大的好事。"刊在该刊第 1 期
上。

9月，金为中国逻辑与语言函
授大学《逻辑》教材题写书名。该
教材由北京大学出版社出版。

10月，金被推选为中国逻辑学
会名誉会长。

12月，金主编的《形式逻辑》
获 1976 年至 1980 年哲学所优秀科
研成果一等奖，金参加撰写的《形

式逻辑简明读本》获二等奖。

1984 年　90 岁

7月，金患病住进 305 医院。

10 月 19 日下午 3 时 35 分，金
病逝。

10 月 20—23 日，中央人民广
播电台、光明日报、人民日报报道
了金岳霖逝世的消息。说："金岳霖
毕生致力于我国哲学、逻辑学的研
究和教学工作，对我国逻辑学的建
设和发展，对我国哲学研究和教育
事业都做出了重大的贡献，在国内
外学术界享有很高声誉。"连日来，
全国各地纷纷发来唁电唁函，对著
名哲学家、逻辑学家金岳霖的逝世
表示沉痛的哀悼。10 月 26 日，国家
领导人、金岳霖的生前友好、亲属
及首都哲学工作者数百人到八宝山
革命公墓礼堂瞻仰金岳霖遗容，寄
托无限哀思。

（刘培育　编）